こんなときどうする？

連結税効果の実務詳解

第2版

EY新日本有限責任監査法人 編

中央経済社

刊行にあたって

　税効果会計は，会計上の税引前（税金等調整前）当期純利益と法人税等を合理的に対応させるために適用されている会計基準です。ただし，実務での適用の場面では，「繰延税金資産の回収可能性」という論点があり，会計上の利益と法人税等の対応関係はそれほど単純なものとはなっていません。この論点によって，個別財務諸表上の税効果会計は，会計上の見積りの観点もあいまって，決算上の重要な検討事項となることも多いのではないでしょうか。

　そして，税効果会計は連結財務諸表でも適用されます。連結財務諸表における税効果会計は，種々の連結修正仕訳に対応して計上されるもののみならず，子会社および関連会社に対する投資に関する税効果もあります。これらは金額的にも重要となるケースも多く，実務に携わる皆さまにとって，非常に悩ましい論点が出てくることもしばしばあると思われます。

　本書は，この「連結財務諸表における税効果会計」をテーマとして企画したものです。そのハイライトは第3章で，項目別に節を分け，評価差額，投資の一時差異，未実現損益といった基本的な論点から，令和2年度税制改正で導入されたグループ通算制度，グループ法人税制，その他の包括利益，持分ヘッジといった特殊論点まで，さらには，後発事象や表示・開示（税率差異注記を含む。）もそれぞれ独立の節を設けて解説を行っています。連結税効果に初めて携わる方から，より深く勉強したいと考えられている連結決算経験者の方まで，実務家の皆さまのデスクに備え置かれる必携の書としていただけると嬉しく思います。

　また，本書では，最新の会計基準・適用指針および税制改正に対応しています。第2版では，序章を新設し，税効果会計の基礎となる法人税等の概要を解説するとともに，2024年4月1日以後開始する連結会計年度から原則適用となる企業会計基準第27号「法人税，住民税及び事業税等に関する会計基準」の改正内容および実務対応報告第46号「グローバル・ミニマム課税制度に係る法人税等の会計処理及び開示に関する取扱い」の内容を反映しています。さらに，四半期開示制度の見直しに対応して2024年3月に公表された「中間財務諸表に関する会計基準」等の内容も反映しています。

最後になりますが，本書の初版および第2版の企画段階から中央経済社の末永芳奈氏には，あらゆる場面でご尽力いただきました。この場をもって，御礼を申し上げたいと思います。

2024年7月

新日本有限責任監査法人
執筆者一同

目　次

序　章　法人税の概要　　1

1　法人税の性質　1

2　法人税等の会計処理　3
(1)　当事業年度の会計処理　*3*
(2)　法人税等の発生源泉となる取引等の例　*5*
(3)　翌事業年度以降の会計処理　*7*

3　法人税等の表示および注記事項　9
(1)　損益計算書における表示　*9*
(2)　包括利益計算書における表示および注記事項　*11*
(3)　貸借対照表における表示　*11*
(4)　注記事項　*12*

4　グローバル・ミニマム課税制度に係る法人税等の会計処理および表示　12
(1)　会計処理　*13*
(2)　表　示　*14*

第1章　税効果会計の基礎　　17

1　税効果会計の意義　17
┃設例1-1┃税効果会計の適用による会計上の利益と法人税等の対応　*18*

2　一時差異等　20
(1)　一時差異の意義　*20*
(2)　財務諸表の一時差異の種類　*22*
(3)　繰越欠損金等の取扱い　*22*

3 資産負債法と繰延法 ··· *23*

4 繰延税金資産と繰延税金負債 ·· *25*

(1) 繰延税金資産と繰延税金負債の計上 *25*

(2) 繰延税金資産および繰延税金負債の増減額の会計処理 *26*

┃ 設例1－2 ┃ 繰延税金資産の計上の仕訳 *26*

┃ 設例1－3 ┃ 資産の評価替えにより繰延税金資産を計上する場合 *27*

5 繰延税金資産の回収可能性 ·· *27*

(1) 繰延税金資産の回収可能性 *27*

(2) 回収可能性の判断 *28*

6 適用税率 ·· *30*

(1) 税効果会計の対象となる税金と法定実効税率 *30*

(2) 税率の変更があった場合 *31*

| 第2章 | **連結税効果の基本的な考え方** | *33* |

1 連結税効果の基本的な考え方 ·· *33*

2 連結財務諸表固有の一時差異 ·· *33*

(1) 連結財務諸表固有の一時差異の種類 *33*

(2) 連結財務諸表固有の一時差異が生じる場合 *34*

3 連結固有の一時差異に係る繰延税金資産および繰延税金負債の
計上 ·· *37*

(1) 連結決算手続により生じた繰延税金資産および繰延税金負債
の計上 *37*

(2) 繰延税金資産および繰延税金負債の増減額の会計処理 *38*

| 第3章 | **ケース別　実務上の論点** | *39* |

1 連結時の時価評価（評価差額）に係る税効果 ─────── *39*

1 子会社の資産および負債の時価評価 ···································· *39*

　　　　　　　　　　　　　　　　　　　　　　　　目　次　*iii*

- ⑴　新規設立により支配を獲得した場合　*40*
- ⑵　買収により支配を獲得した場合　*40*
- ⑶　時価評価の方法　*40*
- ⑷　みなし取得日　*41*
- ⑸　評価差額に重要性が乏しい場合　*42*
- ⑹　全面時価評価法と部分時価評価法　*42*

2　子会社の資産および負債の時価評価による評価差額に係る一時差異の取扱い‥‥‥‥‥‥‥‥‥‥‥‥‥‥‥‥‥‥‥‥‥‥*44*

┃設例3－1－1┃子会社の資産および負債の時価評価に係る税効果　*44*

3　子会社の資産および負債に係る評価差額の実現‥‥‥‥‥‥‥*46*

┃設例3－1－2┃評価差額の実現　*49*

4　法定実効税率の変更‥‥‥‥‥‥‥‥‥‥‥‥‥‥‥‥‥‥‥‥*52*

┃設例3－1－3┃法定実効税率の変更　*52*

5　在外子会社の簿価修正に伴う資産，負債および評価差額の換算‥‥‥‥‥‥‥‥‥‥‥‥‥‥‥‥‥‥‥‥‥‥‥‥‥‥‥‥‥‥‥‥*53*

┃設例3－1－4┃在外子会社の簿価修正に伴う資産，負債および評価差額の換算　*54*

6　繰延税金資産の回収可能性の変動‥‥‥‥‥‥‥‥‥‥‥‥‥*55*

┃設例3－1－5┃繰延税金資産の回収可能性の変動　*56*

7　タックスヘイブンに所在する子会社を取得した場合の評価差額に関する税効果‥‥‥‥‥‥‥‥‥‥‥‥‥‥‥‥‥‥‥‥‥‥*57*

┃設例3－1－6┃タックスヘイブンに所在する子会社の取得　*57*

2　子会社株式評価損等に関する連結上の取扱い──────*58*

1　子会社株式評価損等に関する個別上の取扱い‥‥‥‥‥‥‥*58*

- ⑴　子会社株式評価損等の個別上の会計処理　*58*
- ⑵　子会社株式評価損等に関する個別上の税効果の取扱い　*60*

2　子会社株式評価損等に関する連結上の取扱い‥‥‥‥‥‥‥*61*

- ⑴　子会社株式評価損が税務上損金に算入されない場合（有税処理のケース）　*61*

┃設例3－2－1┃子会社株式評価損に関する連結上の取扱い（有税処理のケース）　*62*

(2) 子会社株式評価損が税務上損金に算入される場合（無税処理
のケース）*63*

┃設例3－2－2┃子会社株式評価損に関する連結上の取扱い（無税処理のケース）*63*

3　子会社株式の減損に伴うのれんの追加償却……………………*64*

4　その他の論点………………………………………………………*65*

(1) 子会社の清算　*65*

(2) 子会社の清算と（分類1）との関係　*66*

---

3 **子会社投資に係る税効果**────────────── *66*

1　子会社投資に係る税効果の概要……………………………………*66*

2　段階取得の場合における子会社への投資に係る一時差異………*68*

(1) その他有価証券から段階取得により子会社となったケース　*68*

(2) 関連会社から段階取得により子会社となったケース　*69*

3　取得関連費用と子会社への投資に係る一時差異…………………*70*

┃設例3－3－1┃段階取得に係る損益および付随費用が発生するケースの税効果　*70*

4　子会社の留保利益に係る一時差異…………………………………*72*

(1) 子会社の留保利益に係る税効果の概要　*72*

(2) 在外子会社の留保利益に係る税効果　*73*

(3) 国内子会社の留保利益に係る税効果　*83*

┃設例3－3－2┃留保利益の税効果　*84*

(4) 子会社の配当政策等を変更した場合　*85*

(5) 留保利益が負の値である場合の税効果の取扱い　*85*

(6) 親会社と子会社の決算期が異なる場合の留保利益に係る税効果の取扱い　*86*

5　為替換算調整勘定に係る税効果……………………………………*86*

┃設例3－3－3┃子会社株式の売却意思決定を行った場合の留保利益および為替換算調整勘定に係る税効果　*87*

6　その他の包括利益に係る税効果の認識……………………………*90*

┃設例3－3－4┃その他の包括利益（投資に係る一時差異）に係る税効果の認識　*91*

目　次　*v*

4 **支配の喪失を伴わない子会社持分の変動と税効果**————— *92*

1　追加取得，時価発行増資等の引受け·······················*92*

(1)　追加取得等の会計処理　*92*

(2)　税効果会計上の取扱い　*93*

┃設例3−4−1┃追加取得による子会社持分の変動に係る税効果　*94*

2　一部売却（支配関係が継続している場合）·····················*96*

(1)　一部売却の会計処理　*96*

(2)　税効果会計上の取扱い　*96*

┃設例3−4−2┃子会社に対する投資の一部売却（支配関係が継続しており，親会社において子会社株式売却益の税金が全額生じている）　*98*

┃設例3−4−3┃子会社に対する投資の一部売却（支配関係が継続しており，親会社において子会社株式売却益の税金が生じていない）　*102*

5 **株式の売却に伴う投資に係る税効果の振戻し**————— *104*

1　株式の売却により支配を喪失する場合の税効果の概要·········*104*

(1)　子会社株式の売却を意思決定した時点での税効果の取扱い　*105*

(2)　子会社株式を売却した時点での税効果の取扱い　*107*

(3)　支配獲得後に追加取得等があった子会社株式を売却する場合の税効果の取扱い　*109*

┃設例3−5−1┃持分比率が80％→10％と推移するケース　*110*

┃設例3−5−2┃持分比率が60％→80％→20％と推移するケース　*115*

6 **債権債務・取引の相殺消去に係る税効果**————— *122*

1　債権債務・取引の相殺消去·······························*122*

2　貸倒引当金に係る税効果·······························*123*

(1)　税務上の損金算入限度額を超えて計上された貸倒引当金　*123*

┃設例3−6−1┃税務上の損金算入が認められない貸倒引当金　*124*

(2)　税務上の損金算入限度内で計上された貸倒引当金　*125*

┃設例3−6−2┃税務上の損金算入限度内の貸倒引当金　*125*

(3)　税務上の損金算入限度内で個別に計上した貸倒引当金　*126*

3　連結会社間取引の不一致に係る税効果会計‥‥‥‥‥‥‥‥*127*

　　⑴　連結会社間取引の不一致　*127*

　　⑵　子会社決算日と連結決算日の相違による連結会社間取引の不一
　　　　致　*127*

　　　┃設例3－6－3┃子会社決算日と連結決算日が相違する場合　*127*

　　⑶　連結会社での会計処理の漏れ・連結会社間での会計方針およ
　　　　び会計処理のタイミングの相違　*130*

　　　┃設例3－6－4┃連結会社間での会計方針の相違　*130*

7　未実現損益に係る税効果　　　　　　　　　　　　　　　*131*

　1　連結財務諸表における未実現損益の取扱い‥‥‥‥‥‥‥‥*131*

　2　未実現損益の消去に係る税効果‥‥‥‥‥‥‥‥‥‥‥‥*132*

　　⑴　基本的な考え方　*132*

　　　┃設例3－7－1┃未実現利益の消去に係る税効果　*133*

　　　┃設例3－7－2┃非支配株主が存在する場合　*136*

　　⑵　適用税率　*138*

　　⑶　繰延税金資産の回収可能性　*140*

　　⑷　一時差異の上限　*140*

　　　┃設例3－7－3┃課税所得が未実現利益を下回る場合　*140*

　　　┃設例3－7－4┃繰越欠損金がある場合　*141*

　　　┃設例3－7－5┃未実現損失の消去に係る税効果　*142*

　　⑷　繰延税金資産および繰延税金負債の取崩し　*143*

　　　┃設例3－7－6┃固定資産の売却に係る未実現利益の税効果　*144*

　　　┃設例3－7－7┃減損損失による未実現利益の実現と税効果　*146*

　3　決算日が異なる連結子会社の取扱い‥‥‥‥‥‥‥‥‥‥*147*

　4　中間連結財務諸表（第1種中間連結財務諸表）における取扱い
　　‥‥‥‥‥‥‥‥‥‥‥‥‥‥‥‥‥‥‥‥‥‥‥‥‥‥*148*

　　⑴　適用税率　*148*

　　⑵　一時差異の取扱い　*148*

　5　実務上の論点‥‥‥‥‥‥‥‥‥‥‥‥‥‥‥‥‥‥‥‥*149*

　　⑴　過去に減損損失を計上した資産を連結グループ内で売却した場
　　　　合　*149*

目　次　*vii*

┃ 設例 3 － 7 － 8 ┃ 未実現損益に関連する一時差異の解消に係る税効果　*150*

(2)　過去に未実現損益を計上した会社を連結除外した場合　*151*

┃ 設例 3 － 7 － 9 ┃ 連結除外による未実現損益の戻入れおよび税効果の
取崩し（ダウンストリーム）　*152*

┃ 設例 3 － 7 －10 ┃ 連結除外による未実現損益の戻入れおよび税効果の
取崩し（アップストリーム）　*154*

8 グループ法人税制・グループ通算制度適用下の未実現損益に係る税効果 ────── *155*

1　グループ法人税制およびグループ通算制度における譲渡損益の繰延べ ················ *155*

(1)　譲渡損益繰延制度の導入経緯　*155*

(2)　グループ法人税制とグループ通算制度の違い　*155*

2　譲渡損益繰延べ時の税効果会計 ················· *156*

(1)　譲渡損益繰延べの対象となる資産　*156*

(2)　個別財務諸表における税効果会計　*157*

(3)　連結財務諸表における税効果会計　*157*

┃ 設例 3 － 8 － 1 ┃ 譲渡損益が税務上繰り延べられる場合の会計処理　*158*

(4)　連結会計上と税務上の取扱いの相違　*159*

(5)　譲渡損益の繰延べが行われない場合との比較　*160*

(6)　グループ通算制度において時価評価された資産を譲渡した場合　*162*

┃ 設例 3 － 8 － 2 ┃ 時価評価された資産をグループ内で譲渡した場合の
税効果会計　*162*

3　繰延譲渡損益の実現時の税効果会計 ··························· *164*

(1)　繰延譲渡損益が実現する要件　*164*

(2)　個別財務諸表における税効果会計　*164*

(3)　連結財務諸表における税効果会計　*164*

┃ 設例 3 － 8 － 3 ┃ 譲渡資産の再譲渡が行われた場合の会計処理　*166*

4　子会社株式等を譲渡した場合 ·························· *167*

(1)　個別財務諸表における税効果会計　*167*

(2)　連結財務諸表における税効果会計　*167*

┃設例3－8－4┃譲渡損益が税務上繰り延べられる場合の会計処理
　　　　　　　（子会社株式の場合）　*169*

（3）　通算子会社の株式を他の通算会社に売却した場合の取扱い　*172*

⑨　自己株式等の売却に係る税効果 ─────────── *173*

1　自己株式等の売却に係る法人税等の基本的な取扱い ················ *173*

（1）　本節で解説する取引パターン　*173*

（2）　自己株式の売却に係る会計上および税務上の基本的な取扱い　*174*

2　親会社株式等の売却に関連する税金費用の連結上の取扱い ······ *174*

（1）　子会社および関連会社が保有する親会社株式等の連結上の取
　　　扱い　*174*

（2）　子会社が保有する親会社株式を外部に売却した場合の取扱い　*175*

┃設例3－9－1┃子会社が保有する親会社株式を外部に売却した場合
　　　　　　　の取扱い　*176*

（3）　子会社および関連会社が保有する親会社株式等を当該親会社
　　　等に売却した場合の取扱い（グループ法人税制の適用対象で
　　　はない場合）　*178*

┃設例3－9－2┃子会社が保有する親会社株式を当該親会社に売却し
　　　　　　　た場合の取扱い　*179*

┃設例3－9－3┃持分法の適用対象となっている関連会社が保有する
　　　　　　　投資会社株式を当該投資会社に売却した場合の取扱
　　　　　　　い　*181*

3　子会社および関連会社の株式を当該会社に売却した場合に発生
する税金費用の連結上の取扱い（グループ法人税制の適用対象
ではない場合）··· *183*

（1）　連結子会社または持分法適用会社が保有する当該会社の自己
　　　株式の連結上の取扱い　*183*

（2）　親会社が保有する子会社株式を当該子会社に売却した場合の
　　　取扱い　*184*

┃設例3－9－4┃親会社が保有する子会社株式を当該子会社に売却し
　　　　　　　た場合の取扱い　*185*

（3） 親会社が保有する関連会社株式を当該関連会社に売却した場
合の取扱い　*188*

┃設例3－9－5┃親会社が保有する関連会社株式を当該関連会社に売
却した場合の取扱い　*189*

（4） 子会社が保有する他の子会社株式を当該他の子会社に売却し
た場合の取扱い（グループ法人税制の適用対象ではない場
合）　*192*

┃設例3－9－6┃子会社が保有する他の子会社株式を当該他の子会社
に売却した場合の取扱い　*193*

10 のれんと税効果 ——————————————————— *198*

1 連結財務諸表におけるのれんの取扱い ……………………… *198*
（1） 個別財務諸表で計上されたのれんの税効果　*198*
（2） 資本連結手続により計上されたのれんの税効果　*198*

2 のれんの償却額に係る一時差異への税効果 ……………… *199*
（1） のれんの償却額が連結財務諸表固有の一時差異となる根拠　*199*
（2） のれんの償却額に係る一時差異　*200*
（3） 負ののれんの利益計上額に係る一時差異　*201*

3 非適格合併等に係る税務上ののれん ……………………… *202*
（1） 個別財務諸表上の処理　*202*
（2） 連結財務諸表上の処理　*202*

4 在外子会社で税務上ののれんが計上されている場合の税効果 … *203*
（1） 個別財務諸表上の処理　*203*
（2） 連結財務諸表上の処理　*203*

11 退職給付に係る資産または負債に係る税効果 ——————— *204*

1 連結財務諸表上の退職給付会計の処理 …………………… *204*
┃設例3－11－1┃未認識項目に係る会計処理　*205*

2 退職給付に係る資産または負債に係る税効果の会計処理 ……… *205*
（1） 将来減算一時差異の増加　*207*
┃設例3－11－2┃ケースFに関する税効果　*207*

(2) 将来加算一時差異の増加　*208*

┃設例3−11−3┃ケースCに関する税効果　*209*

(3) 将来減算一時差異の減少　*210*

(4) 将来加算一時差異の減少　*210*

3 繰延税金資産の回収可能性に関する企業の分類……………………… *210*

┃設例3−11−4┃繰延税金資産の回収可能性に関する企業の分類　*211*

4 長期解消将来減算一時差異への該当の有無……………………… *212*

5 将来減算一時差異をスケジューリングする上での留意点……… *212*

6 繰延税金資産の回収可能性の見直し……………………………… *213*

┃設例3−11−5┃繰延税金資産の回収可能性の見直し（繰延税金資産
が増加する場合）　*215*

┃設例3−11−6┃繰延税金資産の回収可能性の見直し（繰延税金資産
が減少する場合）　*216*

7 税率変更時の処理…………………………………………………… *217*

┃設例3−11−7┃税率変更時の処理　*217*

**8 退職給付に係る調整額（その他の包括利益）に対して生じる当
期税金**…………………………………………………………………… *218*

---

12 その他の包括利益(累計額)(退職給付を除く)に係る税効果

―――― *219*

1 その他の包括利益に係る税効果………………………………… *219*

**2 子会社または関連会社に対する投資に係る連結財務諸表固有の
一時差異**…………………………………………………………………… *219*

3 その他有価証券評価差額金に係る税効果………………………… *220*

(1) その他有価証券評価差額金に係る税効果の基本的な考え方　*220*

(2) 譲渡損益調整資産である市場価格のある株式（関係会社株式
を除く）の譲渡　*221*

┃設例3−12−1┃譲渡損益調整資産である市場価格のある株式（関係
会社株式を除く）の譲渡　*222*

(3) 追加取得時に計上されていたその他有価証券評価差額金の実
現時の取扱い　*223*

| 設例3−12−2 | 追加取得時に計上されていたその他有価証券評価差
額金の実現時の取扱い　*224*

 (4) 連結子会社が保有するその他有価証券の評価差額に係る一時
差異の連結財務諸表上の取扱い　*228*

| 設例3−12−3 | 連結上のその他有価証券評価差額金に係る税効果　*228*

 (5) 減損処理に係る税効果　*231*

| 設例3−12−4 | 減損処理に係る税効果　*232*

4 繰延ヘッジ損益に係る税効果····························*233*

 (1) 繰延ヘッジ損益に係る税効果の基本的な処理　*233*

 (2) 追加取得時に計上されていた繰延ヘッジ損益の実現時の取扱い　*234*

| 設例3−12−5 | 追加取得時に計上されていた繰延ヘッジ損益の実現
時の取扱い　*234*

5 その他の包括利益に対して生じる当期税金（法人税等）··········*238*

| 設例3−12−6 | 市場価格のある株式を連結グループ内で売買し，含
み益に課税された取引　*239*

**6 タックスヘイブン対策税制による合算課税を踏まえた在外子会
社におけるその他有価証券評価差額金に係る税効果**··············*241*

 (1) 税効果の認識の要否　*241*

 (2) 税効果に使用する税率　*242*

 (3) 外国税額控除の取扱い　*242*

13　連結財務諸表における回収可能性の考え方————*243*

1 個別財務諸表における繰延税金資産の回収可能性の検討·········*243*

**2 連結財務諸表固有の将来減算一時差異に係る繰延税金資産の回
収可能性**···*244*

**3 連結財務諸表固有の将来減算一時差異に係る繰延税金資産の回
収可能性に係る企業の分類**·····································*245*

4 資本連結手続にて発生した将来加算一時差異·····················*245*

 (1) 子会社の将来減算一時差異に係る繰延税金資産の回収可能性　*245*

 (2) 子会社の税務上の繰越欠損金に係る繰延税金資産の回収可能
性　*246*

5　重要性の乏しい連結子会社等における繰延税金資産に関する取
　　　扱い……………………………………………………………………………… 246

14　持分法会計と税効果 ———————————————— 247

　1　概　　要…………………………………………………………………………… 247
　2　持分法適用会社に関する評価差額に係る税効果……………………… 248
　　(1)　持分法適用により生じる評価差額に係る一時差異　248
　　┃設例3−14−1┃持分法適用により生じる評価差額　249
　　(2)　持分法適用により生じる評価差額の実現　250
　　┃設例3−14−2┃持分法適用により生じる評価差額の実現　250
　　(3)　法定実効税率の変更があった場合の取扱い　251
　　┃設例3−14−3┃法定実効税率の変更　251
　　(4)　持分法適用会社が土地再評価差額金を計上している場合　252
　　┃設例3−14−4┃持分法適用会社が土地再評価差額金を計上している
　　　　　　　　　　場合　253
　　┃設例3−14−5┃持分法適用会社が土地再評価差額金を計上している
　　　　　　　　　　土地を売却した場合　254
　3　未実現損益に係る税効果…………………………………………………… 256
　　(1)　基本的な考え方　256
　　(2)　アップストリーム（売却元が持分法適用会社である場合に発
　　　生した未実現損益）　256
　　┃設例3−14−6┃持分法における未実現利益（アップストリーム）　257
　　(3)　ダウンストリーム（売却元が連結会社である場合に発生した
　　　未実現損益）　258
　　┃設例3−14−7┃持分法における未実現利益（ダウンストリーム）　258
　　(4)　ダウンストリーム（未実現損益を全額消去するケース）　259
　　(5)　持分法適用会社間の取引　259
　4　持分法適用会社に対する投資に係る税効果…………………………… 260
　　(1)　基本的な考え方　260
　　(2)　株式取得後の留保利益　261
　　(3)　のれんの償却額および負ののれんの処理　262
　　┃設例3−14−8┃売却の意思がない場合　262

┃ 設例 3 −14− 9 ┃ 売却の意思がある場合　*264*

(4)　持分法適用会社に関する欠損金　*265*

┃ 設例 3 −14−10 ┃ 持分法適用会社に関する欠損金（持分法適用会社に
繰延税金資産の回収可能性がある場合）　*266*

┃ 設例 3 −14−11 ┃ 持分法適用会社に関する欠損金（持分法適用会社に
繰延税金資産の回収可能性がない場合）　*267*

(5)　持分法適用会社が債務超過に陥った場合の会計処理　*268*

┃ 設例 3 −14−12 ┃ 持分法適用会社が債務超過に陥った場合　*268*

(6)　持分法適用会社の財務諸表の換算により生じた為替換算調整
勘定　*270*

┃ 設例 3 −14−13 ┃ 為替換算調整勘定に対する税効果　*270*

(7)　持分法適用会社に関するその他の包括利益累計額（退職給付
を除く）　*272*

┃ 設例 3 −14−14 ┃ その他の包括利益（投資に係る一時差異に関する税
効果）　*273*

5　退職給付に係る資産または負債 ……………………………………… *274*

┃ 設例 3 −14−15 ┃ 退職給付に係る資産または負債　*274*

6　持分法適用会社が投資会社株式を売却した場合における税効果会計 …………………………………………………………………… *274*

7　持分法適用会社に対する投資に係る投資有価証券評価損の取扱い …………………………………………………………………… *275*

15 　企業結合における税効果と連結財務諸表 ───── *275*

1　事業を直接移転するような企業結合 ……………………………… *275*

(1)　取得とされた場合　*275*

┃ 設例 3 −15− 1 ┃ 取得とされた企業結合　*276*

(2)　共通支配下の取引の場合　*279*

2　事業を間接的に取得するような企業結合 ………………………… *280*

(1)　個別財務諸表上の会計処理　*280*

(2)　連結財務諸表上の会計処理　*280*

3　移転事業に対する投資が継続している場合の事業分離 ………… *280*

┃ 設例 3 −15− 2 ┃ 投資が継続している事業分離　*281*

4　吸収合併する子会社との間の過年度の未実現利益に対する繰延
　　　税金資産の取扱い……………………………………………………… *284*
　　　┃ 設例 3 −15− 3 ┃ 吸収合併する子会社との間の過年度の未実現利益に
　　　　　　　　　　　　対する繰延税金資産の処理　*285*

　　5　子会社同士を合併させた場合の連結財務諸表上の繰延税金資産
　　　の回収可能性の判断……………………………………………………… *286*
　　(1)　回収可能性の判断　*286*
　　(2)　回収可能性の考え方　*286*
　　　┃ 設例 3 −15− 4 ┃ 子会社同士の合併に係る繰延税金資産の回収可能性
　　　　　　　　　　　　の取扱い　*287*

　16　グループ通算制度およびグループ法人税制と税効果───── *289*
　　1　グループ通算制度を適用した場合に税効果会計に与える影響… *289*
　　2　グループ通算制度の適用を開始する場合における税効果会計
　　　（子会社がグループ通算制度に新規加入する場合を含む）……… *290*
　　(1)　グループ通算制度の適用を前提とした税効果会計の適用開始
　　　　時期　*290*
　　(2)　グループ通算制度適用前または加入前の繰越欠損金の取扱い　*292*
　　(3)　グループ通算制度の適用開始時または加入時における通算子
　　　　会社保有資産の時価評価損益の取扱い　*294*
　　　┃ 設例 3 −16− 1 ┃ 通算子会社保有資産に対し時価評価差額が計上され
　　　　　　　　　　　　た場合　*296*
　　　┃ 設例 3 −16− 2 ┃ 土地再評価差額金を計上していた場合の取扱い　*298*
　　(4)　連結会社ではない会社が決算日以外の日にグループ通算制度
　　　　に加入した場合　*299*
　　3　グループ通算制度を適用している場合の税効果会計……………… *300*
　　(1)　グループ通算制度を適用している場合の税効果会計の考え方　*300*
　　(2)　繰延税金資産の回収可能性　*301*
　　　┃ 設例 3 −16− 3 ┃ 通算子会社の一時差異等に係る回収可能性の判断　*306*
　　(3)　留保利益に係る一時差異の取扱い　*307*
　　(4)　通算会社間の債権債務の相殺消去により減額修正される貸倒
　　　　引当金に対する取扱い　*308*

目　次　*xv*

　(5)　通算子会社への投資の評価損の取扱い　*308*

　(6)　重要性の乏しい通算子会社の取扱い　*309*

　(7)　決算日に差異がある場合の取扱い　*309*

　(8)　連結グループ内取引に係る税効果会計　*309*

4　グループ通算制度からの離脱に関する税効果会計…………*310*

　(1)　子会社投資に係る税効果会計　*310*

　(2)　投資簿価修正の概要　*310*

　(3)　個別財務諸表における税効果会計　*310*

　(4)　連結財務諸表における税効果会計　*314*

5　グループ法人税制と税効果会計………………………………*314*

　(1)　100％グループ法人間の寄附による投資簿価修正　*315*

　(2)　100％内国子会社の清算（解散）　*318*

---

17 子会社持分の間接所有と税効果 ——— *320*

1　間接所有における基本的な取扱い………………………………*320*

　(1)　間接所有とは　*320*

　(2)　間接所有の会社を有する場合の連結財務諸表作成方法　*320*

2　間接所有における税効果…………………………………………*321*

　(1)　子会社を有する会社を買収した場合の税効果の取扱い　*321*

　┃設例3－17－1┃連結財務諸表を作成している会社を取得した場合　*322*

　(2)　間接所有の在外孫会社を売却（または清算）する場合の為替換
　　　算調整勘定に係る税効果　*325*

　┃設例3－17－2┃間接所有の在外孫会社を売却する場合の為替換算調
　　　　　　　　　整勘定に対する税効果　*327*

　(3)　間接所有の孫会社の留保利益に係る税効果　*331*

　┃設例3－17－3┃間接所有の孫会社の留保利益に係る税効果　*333*

---

18 持分ヘッジ取引と税効果 ——— *338*

1　持分ヘッジ取引の概要……………………………………………*338*

　(1)　在外子会社等への投資に伴う為替変動リスク　*338*

　(2)　為替変動リスクのヘッジ方法（持分ヘッジ取引）　*339*

(3)　ヘッジ会計適用の要件　*339*

　2　持分ヘッジ取引に係る会計処理⋯⋯⋯⋯⋯⋯⋯⋯⋯⋯⋯⋯⋯*340*

　　(1)　個別財務諸表における会計処理　*340*

　　(2)　連結財務諸表における会計処理　*343*

　　┃設例 3 －18－ 1 ┃持分ヘッジ取引の会計処理（税務上もヘッジ適格の
　　　　　　　　　　　　場合）　*346*

　3　税務上でヘッジ非適格となる場合の処理⋯⋯⋯⋯⋯⋯⋯⋯⋯⋯⋯*347*

　　(1)　税効果会計に関する取扱い　*347*

　　(2)　財務諸表上の表示に関する取扱い　*347*

　　┃設例 3 －18－ 2 ┃持分ヘッジ取引の会計処理（税務上でヘッジ非適格
　　　　　　　　　　　　の場合）　*347*

　4　ヘッジ対象である在外子会社投資に対して個別財務諸表上で評
　　価損を計上した場合⋯⋯⋯⋯⋯⋯⋯⋯⋯⋯⋯⋯⋯⋯⋯⋯⋯⋯⋯⋯⋯*348*

　　(1)　個別財務諸表における会計処理　*348*

　　(2)　連結財務諸表における会計処理　*349*

　　┃設例 3 －18－ 3 ┃個別財務諸表上でヘッジ対象の子会社株式を減損し
　　　　　　　　　　　　た場合　*349*

⟨19⟩　その他の連結修正と税効果────────────── *352*

　1　中間連結財務諸表（連結財規 1 条 1 項 2 号の第 1 種中間連結財
　　務諸表）に関する取扱い⋯⋯⋯⋯⋯⋯⋯⋯⋯⋯⋯⋯⋯⋯⋯⋯⋯⋯⋯*352*

　　(1)　簡便的な会計処理　*353*

　　(2)　中間特有の会計処理　*354*

　　(3)　重要性が乏しい連結会社における簡便的な会計処理　*355*

　2　中間財務諸表等（連結財規 1 条 1 項 3 号の第 2 種中間連結財務
　　諸表等）における税効果会計に関する取扱い⋯⋯⋯⋯⋯⋯⋯⋯⋯⋯*356*

　　(1)　原　則　法　*356*

　　(2)　簡　便　法　*357*

　　(3)　中間連結財務諸表における税効果会計に関する取扱い　*359*

　3　四半期連結財務諸表（第 1 四半期会計期間および第 3 四半期会
　　計期間⋯⋯⋯⋯⋯⋯⋯⋯⋯⋯⋯⋯⋯⋯⋯⋯⋯⋯⋯⋯⋯⋯⋯⋯⋯⋯*359*

　4　親子会社間の会計方針の統一と税効果⋯⋯⋯⋯⋯⋯⋯⋯⋯⋯⋯⋯*360*

（1） 親子会社間の会計方針の統一　*360*

（2） 連結決算手続上での修正と税効果　*361*

20　後発事象と税効果の関係 ―――――――――――――――― *362*

1　税効果に関連する後発事象 ……………………………………… *362*

2　税率の変更 ……………………………………………………… *362*

（1） 繰延税金資産および繰延税金負債の計算に用いる税率　*362*

（2） 税率の変更と後発事象の関係　*363*

（3） 中間決算等における税率が変更された場合の取扱い　*366*

（4） 連結子会社の決算日が連結決算日と異なる場合の取扱い　*366*

3　税率変更以外の税法改正 ………………………………………… *368*

（1） 財務諸表へ影響を与える税率変更以外の税法改正　*368*

（2） 税率変更以外の税法改正と後発事象の関係　*368*

（3） 連結子会社の決算日が連結決算日と異なる場合の取扱い　*369*

4　グループ通算制度への加入に係る意思決定と後発事象の関係 … *369*

21　開示上の取扱い（税率差異注記を除く）――――――――― *370*

1　繰延税金資産および繰延税金負債等の表示方法 ……………… *370*

（1） 基本的な取扱い　*370*

（2） 実務上の留意点　*370*

2　連結財務諸表における税効果会計に関する注記 ……………… *371*

（1） 繰延税金資産および繰延税金負債の発生の主な原因別の内訳　*372*

（2） 税率の変更に関する注記　*380*

（3） 連結税効果注記に係る会社法上の取扱い　*381*

3　グループ通算制度に係る開示 …………………………………… *382*

（1） 連結財務諸表における繰延税金資産と繰延税金負債の表示　*382*

（2） 連結財務諸表における注記　*383*

4　会計上の見積りに関する注記 …………………………………… *384*

（1） 会計上の見積りに関する開示　*384*

（2） 注記の内容　*384*

22 税率差異注記 ————————————————————— 386

1 税率差異の基本的な考え方 ………………………………………… 386

(1) 税率差異の発生 *386*

(2) 税率差異注記の必要性 *386*

(3) 個別財務諸表における税率差異の要因 *388*

(4) 税率差異注記が不要となるケース *388*

2 連結財務諸表における税率差異の基本的な考え方 ……………… 389

3 連結会社の個別財務諸表にて発生する項目 ………………… 390

(1) 各社の個別財務諸表で発生している税率差異 *390*

(2) 親会社と連結子会社における適用税率の相違 *390*

4 連結修正仕訳により発生する項目 ………………………… 392

(1) 未実現損益の消去 *392*

(2) 留保利益による影響 *393*

(3) 連結上ののれん償却額による影響 *394*

(4) 為替換算調整勘定による影響 *395*

(5) 連結子会社の時価発行増資等による投資持分の変動 *395*

(6) 持分法の適用による影響 *396*

5 税率差異注記に係る会社法上の取扱い ……………………… 396

凡　例

正式名称	略　称
「税効果会計に係る会計基準」	税効果会計基準
「外貨建取引等会計処理基準」	外貨建取引会計基準
企業会計基準第1号「自己株式及び準備金の額の減少等に関する会計基準」	自己株式会計基準
企業会計基準第7号「事業分離等に関する会計基準」	事業分離会計基準
企業会計基準第10号「金融商品に関する会計基準」	金融商品会計基準
企業会計基準第12号「四半期財務諸表に関する会計基準」	四半期会計基準
企業会計基準第16号「持分法に関する会計基準」	持分法会計基準
企業会計基準第21号「企業結合に関する会計基準」	企業結合会計基準
企業会計基準第22号「連結財務諸表に関する会計基準」	連結会計基準
企業会計基準第24号「会計方針の開示，会計上の変更及び誤謬の訂正に関する会計基準」	企業会計基準第24号
企業会計基準第25号「包括利益の表示に関する会計基準」	包括利益会計基準
企業会計基準第26号「退職給付に関する会計基準」	退職給付会計基準
企業会計基準第27号「法人税，住民税及び事業税等に関する会計基準」	法人税等会計基準
企業会計基準第28号「『税効果会計に係る会計基準』の一部改正」	税効果会計基準（一部改正）
企業会計基準第30号「時価の算定に関する会計基準」	時価算定会計基準
企業会計基準第31号「会計上の見積りの開示に関する会計基準」	見積開示会計基準
企業会計基準第33号「中間財務諸表に関する会計基準」	中間会計基準
企業会計基準適用指針第2号「自己株式及び準備金の額の減少等に関する会計基準の適用指針」	自己株式適用指針
企業会計基準適用指針第10号「企業結合会計基準及び事業分離等会計基準に関する適用指針」	企業結合適用指針
企業会計基準適用指針第14号「四半期財務諸表に関する会計基準の適用指針」	四半期適用指針
企業会計基準適用指針第26号「繰延税金資産の回収可能性に関する適用指針」	回収可能性適用指針

企業会計基準適用指針第28号「税効果会計に係る会計基準の適用指針」	税効果適用指針
企業会計基準適用指針第29号「中間財務諸表等における税効果会計に関する適用指針」	中間税効果適用指針
企業会計基準適用指針第32号「中間財務諸表に関する会計基準の適用指針」	中間適用指針
実務対応報告第18号「連結財務諸表作成における在外子会社等の会計処理に関する当面の取扱い」	実務対応報告第18号
実務対応報告第42号「グループ通算制度を適用する場合の会計処理及び開示に関する取扱い」	グループ通算制度取扱い
実務対応報告第44号「グローバル・ミニマム課税制度に係る税効果会計の適用に関する取扱い」	グローバル・ミニマム税効果取扱い
実務対応報告第46号「グローバル・ミニマム課税制度に係る法人税等の会計処理及び開示に関する取扱い」	グローバル・ミニマム当期税金取扱い
移管指針第2号「外貨建取引等の会計処理に関する実務指針」	外貨建取引実務指針
移管指針第4号「連結財務諸表における資本連結手続に関する実務指針」	資本連結実務指針
移管指針第7号「持分法会計に関する実務指針」	持分法実務指針
移管指針第9号「金融商品会計に関する実務指針」	金融商品実務指針
法人税法（昭和40年法律第34号）	法法
法人税法施行令（昭和40年政令第97号）	法令
租税特別措置法（昭和32年法律第26号）	措法
連結財務諸表の用語，様式及び作成方法に関する規則（昭和51年大蔵省令第28号）	連結財規
財務諸表等の用語，様式及び作成方法に関する規則（昭和38年大蔵省令第59号）	財規
「連結財務諸表の用語，様式及び作成方法に関する規則」の取扱いに関する留意事項について	連結財規ガイドライン
会社計算規則（平成18年法務省令第13号）	会計規

| 企業会計基準公開草案第60号「『税効果会計に係る会計基準』の一部改正（案）」等に対するコメントの「5．主なコメントの概要とその対応」 | ASBJコメント対応 |

序章

法人税の概要

1 │ 法人税の性質

　税金（租税）とは，「国家が，特別の給付に対する反対給付としてではなく，公共サービスを提供するための資金を調達する目的で，法律の定めに基づいて私人に課する金銭給付」[1]であり，税効果会計の対象となる法人税もその税金の1つである。企業の活動において課される法人税は，企業の各事業年度の所得に対して課されるものであることから（法法5条），税額計算の基礎となる課税標準は企業の各事業年度の所得の金額である（法法21条）。

　この所得の金額は，各事業年度の益金の額から当該事業年度の損金の額を控除した金額をいい，益金の額に算入すべき金額および損金の額に算入すべき金額は，別段の定めがあるものを除き，一般に公正妥当と認められる会計処理の基準に従って計算されるものとされており（法法22条），実務上，会計上の利益を基礎として，会計上の収益または費用の額と税務上の益金または損金の額との間の差異を調整して計算される（所得の構成要素について図表0－1参照）。このように，企業の所得の金額は会計上の利益を基礎として計算され，企業の事業活動の成果を意味するものと考えられる[2]。

　このため，各事業年度の所得に対する法人税は，法律の定めに基づいて企業の事業活動の成果に対して課される税金であると考えられる。ただし，一定の要件に該当する場合には，タックスヘイブン対策税制により自社の事業活動による所得だけでなく外国関係会社の所得も合算して課税される（第3章3参照）。

　1　金子宏『租税法（第24版）』9頁参照
　2　金子宏『租税法（第24版）』344頁参照

	構成要素	会計処理への影響
①	当事業年度の会計上の利益	対応する法人税は損益に計上（本章 2 (1)にて解説）
②	会計上は株主資本またはその他の包括利益（個別財務諸表上は評価・換算差額等）に計上されるが，税務上の所得計算では益金または損金に算入される取引または事象	対応する法人税は株主資本またはその他の包括利益（個別財務諸表上は評価・換算差額等）に計上（本章 2 (1)にて解説）
③	会計上の利益計算と税務上の所得計算の違いにより，貸借対照表に計上されている資産および負債の金額と課税所得計算上の資産および負債の金額との差額が生じるケース	一時差異に該当して税効果の対象（第 1 章以降で解説）
④	会計上の利益の計算においては収益または費用として計上されるが，税務上の所得計算においては永久に税務上の益金または損金に算入されないもの	いわゆる永久差異に該当し，税効果の対象にならず，対応する法人税は損益に計上
⑤	タックスヘイブン対策税制により合算される外国関係会社の所得	対応する法人税は損益に計上（第 3 章 ③ 参照）

図表 0 - 1　所得の金額の構成要素

　なお，各事業年度の所得に対する法人税とは別に，グローバル・ミニマム課税に関する国際的な合意に基づき，令和 5 年度税制改正において「各対象会計年度の国際最低課税額に対する法人税」が創設されているが，以下において特に断りのない限り，各事業年度の所得に対する法人税を「法人税」という。

　また，法人税のほかにも，地方法人税，住民税および事業税（所得割）についても所得の金額（および所得の金額を基に計算される法人税額）を課税標準とすることから，これらの税金は「利益に関連する金額を課税標準とする税金」といわれる。本章において，これらの法人税その他利益に関連する金額を課税標準とする税金（以下「法人税等」という。）を中心に解説する。

2 | 法人税等の会計処理

(1) 当事業年度の会計処理

① 法人税等の計上区分についての原則

　法人税等は，前記のとおり公共サービスの反対給付として課されるものではないと考えられるため，公共サービスの費消に応じて発生するものとはいえず，サービスの費消により発生する他の会計上の費用とは異なるものである。しかしながら，法人税等は，企業の事業活動の成果を意味する所得に対して法律により課されるものであり，その課税自体は企業の純資産に対する持分所有者との取引ではないことから，基本的には，各事業年度の損益に計上する（法人税等会計基準5項）。

　ただし，法人税等の発生源泉となる取引および事象（以下「取引等」という。）が1．企業の純資産に対する持分所有者との直接的な取引または2．資産または負債の評価替えであることにより，会計上は当該取引等に係る損益が計上されないとしても，税務上は法人税等が課されることがある。このように，法人税等の発生源泉となる取引等が当事業年度の損益以外に反映されるものである場合には，当該取引等に関連する法人税等の金額も損益に計上するのではなく，その発生源泉に応じて株主資本の区分に計上またはその他の包括利益で認識した上で純資産の部のその他の包括利益累計額（個別財務諸表上は評価・換算差額等）の区分に計上することになる（法人税等会計基準5-2項）。

② 法人税等の計上額

　前記のとおり法人税等は基本的には損益に計上されることから，損益に計上される法人税等の額は，基本的には法令に従い算定した額である。ただし，株主資本またはその他の包括利益（個別財務諸表上は評価・換算差額等）に計上した税額がある場合には，当該税額を法令に従い算定した法人税等の額から控除して，損益に計上される税額を算定することになる。

　ここで，株主資本またはその他の包括利益（個別財務諸表上は評価・換算差額等）に計上する税額は，法人税等の発生源泉となる取引等について株主資本またはその他の包括利益（個別財務諸表上は評価・換算差額等）に計上した額に対して，課税の対象となる企業の対象期間における法定実効税率（第1章**6**

参照）を乗じて算定することを原則としている（法人税等会計基準5-4項）。
ただし，課税所得が生じていないことなどから法令に従い算定した法人税等の
額がゼロとなる場合に株主資本またはその他の包括利益（個別財務諸表上は評
価・換算差額等）に計上する法人税等についてもゼロとするなど，他の合理的
な計算方法により算定することも認められている（法人税等会計基準5-4項
ただし書き）。

　なお，法令に従い算定する期間について，会計上の事業年度と税務上の課税
所得の計算期間が異なる場合（グループ通算制度において通算子会社における
事業年度が通算親会社の事業年度（通算対象期間）と異なる場合など）には，
会計上の事業年度に基づいて算定することになる。

　以上により，当事業年度の所得に対して法令に従い算定した法人税等の額に
ついて，その発生源泉となる取引等に応じて，損益，株主資本およびその他の
包括利益（個別財務諸表上は評価・換算差額等）に計上されることになる。な
お，この法人税等の発生源泉となる取引等に応じた計上区分の考え方は，繰延
税金資産および繰延税金負債を計上する（および取り崩す）際の計上区分にお
いても同様の取扱いである（第2章「3(2)　繰延税金資産および繰延税金負債
の増減額の会計処理」参照）。

　発生源泉となる取引等に応じた計上区分および計上額についてまとめると，
図表0-2のとおりとなる。

図表0-2　発生源泉となる取引等に応じた計上区分および計上額

法人税等の発生源泉と なる取引等	法人税等の計上区分	計上額
①企業の純資産に対する持分所有者との直接的な取引のうち，損益に反映されないもの	株主資本に計上（資本剰余金が想定される）	課税対象期間の法定実効税率を乗じて算定した額
②資産または負債の評価替えにより生じた評価差額等	その他の包括利益累計額（個別財務諸表上は評価・換算差額等）に計上	課税対象期間の法定実効税率を乗じて算定した額

③上記以外の取引または事象	損益に計上	当事業年度の所得に対して法令に従い算定した法人税等の額から上記①および②の金額を控除した額

③　法人税等の計上区分についての例外

　発生源泉となる取引等に応じた計上区分に法人税等を計上する原則に対して，例外的な取扱いとして，株主資本またはその他の包括利益（個別財務諸表上は評価・換算差額等）に計上すべき法人税等の金額に重要性が乏しい場合や，課税の対象となった取引等が複数の区分に関連することにより，株主資本またはその他の包括利益（個別財務諸表上は評価・換算差額等）に計上する法人税等の額を算定することが困難である場合（退職給付に関する取引が想定されている。第3章「⑪　退職給付に係る資産または負債に係る税効果」参照）には，当該法人税等を損益に計上することが認められている（法人税等会計基準5-3項，29-7項）。

(2)　法人税等の発生源泉となる取引等の例

　法人税等の発生源泉となる取引等のうち，損益に計上される取引等以外の取引等の例は次のとおりである。

①　企業の純資産に対する持分所有者との直接的な取引のうち，損益に反映されないもの

(i)　子会社が保有する親会社株式を企業集団外部の第三者に売却した場合

　この場合，連結財務諸表上，親会社にとっての自己株式処分差損益（資本剰余金）として処理されるが，当該自己株式処分差損益は関連する法人税等に相当する額を控除後の金額として算定される。すなわち，親会社株式の売却損益により課される法人税等のうち親会社持分相当額は，連結財務諸表上，損益ではなく資本剰余金として処理される（自己株式適用指針16項）。

(ii)　子会社が保有する親会社株式を当該親会社に売却した場合

　この場合，親会社株式（自己株式）は企業集団の外には移動しないため，連結財務諸表上，当該取引について損益も自己株式処分差損益も計上されないが，

6

当該取引に関連する法人税等のうち親会社持分相当額は損益ではなく資本剰余金として処理される（税効果適用指針40項，41項）。

(iii) **子会社に対する投資の一部売却後も親会社と子会社の支配関係が継続している場合**

この場合，連結財務諸表上，売却による損益は生じず，当該売却に伴い生じた親会社の持分変動による差額は資本剰余金として処理され（連結会計基準29項），また，当該差額に対応する法人税等も損益ではなく資本剰余金として処理される（税効果適用指針28項）。

(iv) **子会社に対する投資の追加取得や子会社の時価発行増資等に伴い生じた親会社の持分変動による差額を資本剰余金として処理した後に，当該子会社に対する投資を売却する場合**

追加取得等の際に生じた親会社の持分変動による差額（資本剰余金）は，投資の連結貸借対照表上の価額を構成し，当該投資の売却時において売却損益の調整額となる。当該調整額は資本剰余金として処理された過去の取引（追加取得等）において生じたものであると考えられることから，当該調整額に対応する法人税等に相当する額は，連結財務諸表上，損益ではなく資本剰余金として処理される（税効果適用指針31項）（第3章⑤1(3)設例3－5－2参照）。

② **資産または負債の評価替えにより生じた評価差額等**
(i) **グループ通算制度の開始および加入または非適格組織再編**

グループ通算制度の開始および加入または非適格組織再編において，税務上，一定の要件を満たす場合に，一定の資産の時価評価が求められる（法法64条の11第1項，64条の12第1項，62条の9第1項等）。この場合，会計上，その他の包括利益累計額（個別財務諸表上は評価・換算差額等）が計上されている資産（たとえば，その他有価証券）の時価評価による差額について，税務上の所得計算において益金または損金として算入されるが，それにより算定される税額は発生源泉となる当該取引等に応じてその他の包括利益（個別財務諸表上は評価・換算差額等）に計上される。

(ii) 在外子会社の持分に対するヘッジ会計

在外子会社の持分に対してヘッジ会計を適用し，会計上はヘッジ手段から生じた為替換算差額をその他の包括利益累計額（個別財務諸表上は評価・換算差額等）に計上している場合（外貨建取引会計基準注解注13），税務上は当該ヘッジ会計が認められず，益金または損金として算入されるとしても，それにより算定される税額は発生源泉となる当該取引等に応じてその他の包括利益（個別財務諸表上は評価・換算差額等）に計上される。

(iii) 企業集団内におけるその他有価証券の売却

この場合，会計上，その他有価証券は企業集団内を移動するのみであり外部に売却されないことから，連結財務諸表上のその他有価証券評価差額金は変動しない（すなわち，損益は計上されない。）。その一方で，税務上，売却損益は所得計算において益金または損金として算入されるが，それにより算定される税額は発生源泉となる当該取引等に応じてその他の包括利益（個別財務諸表上は評価・換算差額等）に計上される（第3章「12 5　その他の包括利益に対して生じる当期税金（法人税等）」参照）。

(3)　翌事業年度以降の会計処理

①　更正等による追徴または還付

各事業年度の所得に対する法人税等を計上した後の事業年度において，申告した課税標準または税額等について税務調査等により変更の必要が確認された場合には，当該課税標準または税額を変更するために，税務署による更正または企業による修正申告（あわせて「更正等」という。）が行われ，税額が追加で徴収または還付される。この更正等による追徴税額について，それが誤謬に該当するとき[3]を除き，追加で徴収される可能性が高く，当該追徴税額を合理的に見積ることができる時点において損益に計上する（法人税等会計基準6項）。また，更正等による還付税額について，それが誤謬に該当するときを除き，還付されることが確実に見込まれ，当該還付税額を合理的に見積ることが

3　更正等が税務当局との見解の相違による場合は会計上の誤謬には該当せず，計算ミスまたは明らかな法令の適用誤りなどの場合は会計上の誤謬と判断される可能性が高いと考えられる（新日本有限責任監査法人他　編『過年度遡及処理の会計・法務・税務』第5部Q-14参照）。

8

できる時点において損益に計上する（法人税等会計基準7項）。

　ただし，追徴税額または還付税額の発生源泉となる取引等が株主資本または
その他の包括利益（個別財務諸表上は評価・換算差額等）に関連するものであ
る場合には，前記の追徴税額または還付税額の認識の要件を満たした時点にお
いて，その発生源泉となる取引等に応じて株主資本またはその他の包括利益
（個別財務諸表上は評価・換算差額等）に計上することになる（法人税等会計
基準8-2項）。

　なお，更正等による追徴または還付に伴い繰延税金資産または繰延税金負債
に影響が生じる場合においても，当該影響額は発生源泉となる取引等に応じた
区分に計上することになる（税効果適用指針154項）。

②　その他の包括利益の組替調整（リサイクリング）に関する取扱い

　その他の包括利益に計上する項目については，わが国における会計基準に係
る基本的な考え方から，いずれかの期間においてその他の包括利益から当期純
利益に計上される（リサイクリング）ことになる。そこで，過年度に法人税等
が発生源泉となる取引等に応じてその他の包括利益で認識された場合，その発
生源泉となる取引等（たとえば，その他有価証券の時価評価）がその他の包括
利益から損益に計上された時点（たとえば，その他有価証券の売却時）におい
て，当該法人税等の額についてもその他の包括利益から損益（損益計算書にお
ける法人税，住民税及び事業税などの科目）に振り替えて計上することになる
（法人税等会計基準5-5項，29-9項）。

　ここで計上される損益の額は，当該法人税等をその他の包括利益に計上した
時に算定された金額である。すなわち，前記(1)のとおり，取引等が生じた時に
その他の包括利益（個別財務諸表上は評価・換算差額等）に計上した取引等の
額に対して，課税の対象となる企業の対象期間における法定実効税率を乗じて
算定した額である。このため，リサイクリングにより損益に計上されることに
なる法人税等の額の算定基礎となる法定実効税率は，損益に計上する事業年度
における法定実効税率ではなく，発生源泉となる取引等が生じた事業年度にお
ける法定実効税率であり，その間の期間の税制改正による税率の変更の影響は
法人税等の額（損益）に反映されないことに留意が必要である（法人税等会計
基準29-10項）。

3 │ 法人税等の表示および注記事項

(1) 損益計算書における表示

① 法人税等の表示区分

　法人税等のうち損益に計上される金額は，損益計算書の税引前当期純利益（または損失）の次に，法人税，住民税及び事業税などその内容を示す科目をもって表示する（法人税等会計基準9項，連結財規65条1項1号，会計規93条1項1号）。

　このように，企業の当事業年度の事業活動の成果である利益（法人税等控除前）とそれに関連する所得に対して課される法人税等が区分して並べて表示されることにより，損益計算書において両者の対応関係が表されることになる。

　また，前記2(1)のとおり，法人税等のうち株主資本またはその他の包括利益（個別財務諸表上は評価・換算差額等）に対して課される税額は税金費用（法人税等および税効果会計における税効果額）から除かれることにより，損益計算書において税引前当期純利益と税金費用の間の税負担の対応関係が図られ，税引前当期純利益と税金費用から算定される税負担率を基礎として将来の当期純利益を予測することに資すると考えられる（法人税等会計基準29-3項）。

② 受取利息および受取配当金等に課される源泉所得税

　受取利息および受取配当金等について，受け取った企業の税務上の所得計算に含まれて法人税等の額が計算される。その一方で，受取利息および受取配当金等に対して源泉徴収により所得税も課されている。このままでは同じ取引等に対して法人税と所得税が二重で課されることになることから，源泉徴収された所得税の税額を法人税の額から控除することが認められている（法法68条）。

　この源泉所得税は，企業の税務上の所得計算において所得に含めた上で算出された税額から控除されることから，当事業年度の所得に対する法人税等の額に含まれることになる。このため，税額控除の適用を受ける税額は，損益計算書の法人税，住民税及び事業税などその内容を示す科目に表示する（法人税等会計基準38項）。

　一方，法人税法等に基づき税額控除の適用を受けない税額は，当事業年度の所得に対する法人税等の額に含まれないことから，損益計算書において受取利

10

息および受取配当金等と同様に営業外費用として表示する。ただし，当該金額の重要性が乏しい場合，法人税，地方法人税，住民税及び事業税（所得割）に含めて表示することが認められている（法人税等会計基準13項）。

③　外国法人税

　企業が国際的に事業活動を行うにあたって，外国支店等における所得に対しても所在国において課税される場合がある。その一方で，わが国の企業の所得はそのような国外において生じる所得についても排除せずに計算される。しかし，このままでは外国支店等の所在国とわが国の両国において二重で課税されることになり，企業の国際的な事業活動の障害となる可能性がある。わが国においてはそのような二重課税を排除する必要性から，外国支店等が納付した外国税額を企業の税額から控除すること（外国税額控除）が認められている（法法69条）。

　この外国税額控除の適用を受ける外国税額については，企業の税務上の所得計算において損金に算入せず，所得に含めた上で算出された税額から控除されることから，当事業年度の所得に対する法人税等の額に含まれ，損益計算書の法人税，住民税及び事業税などその内容を示す科目に表示することになる（法人税等会計基準39項，38項）。これにより，損益計算書において外国税額控除後の法人税等の額と外国税額がともに法人税，住民税及び事業税などその内容を示す科目により表示され，二重課税を排除して課税された法人税等と税引前当期純利益の対応関係が表されることになる。

　また，二重課税を排除する方法として外国税額控除のほかに，外国税額を損金に算入する方法（法法41条参照）も認められている。この場合の税額控除の適用を受けない外国税額は，その内容に応じて適切な科目に表示することになるが（法人税等会計基準14項），当該外国法人税が利益に関する金額を課税標準とするものである場合には法人税，住民税及び事業税などその内容を示す科目に含めて表示する（法人税等会計基準40項）。

　同様の理由により，外国子会社からの受取配当金等に課される外国源泉所得税のうち税額控除の適用を受けない税額についても，子会社の利益に関する金額を課税標準とする税金と考えられるため，法人税，住民税及び事業税などその内容を示す科目に含めて表示する（法人税等会計基準14項なお書き，40項）。

序章　法人税の概要　　*11*

⑵　包括利益計算書における表示および注記事項

　その他の包括利益に関する法人税等および税効果がある場合，包括利益計算書において，その他の包括利益の内訳項目（その他有価証券評価差額金，繰延ヘッジ損益など）は次のいずれかの方法で表示する（包括利益会計基準 8 項，連結財規69条の 5 第 4 項）。

> ①　その他の包括利益の各内訳項目について法人税等および税効果を控除した後の金額で表示する。
> ②　その他の包括利益の各内訳項目について法人税等および税効果を控除する前の金額で表示して，それらに関連する法人税等および税効果の金額を一括して加減する方法で記載する。

　いずれの場合も，その他の包括利益の各内訳項目別の法人税等および税効果の金額を注記する必要があるが，その他の包括利益に関する法人税等の金額と税効果の金額を区分して注記することまでは求められてはいない（包括利益会計基準の設例参照）。

⑶　貸借対照表における表示

　法人税等のうち貸借対照表日までに納付されていない税額は，貸借対照表の流動負債の区分に，未払法人税等などその内容を示す科目をもって表示する（法人税等会計基準11項，連結財規37条 1 項 4 号，3 項）。また，法人税等の税額が還付される場合に，当該還付税額のうち貸借対照表日までに受領されていない税額は，貸借対照表の流動資産の区分に，未収還付法人税等などその内容を示す科目をもって表示する（法人税等会計基準12項）。

　ここで，未払法人税等と未収還付法人税等がともに計上される場合には，原則として総額で表示することになり，相殺表示の可否に関しては金銭債務および金銭債権の相殺表示の要件（金融商品実務指針140項）に照らして次の点について判断することになる。

> ①　同一の納付先に対する金銭債権と金銭債務であること
> ②　相殺して納付することが法的に有効で，企業が相殺する能力を有すること
> ③　企業が相殺して納付する意思を有すること

なお，連結財務諸表上，企業集団内の異なる企業（納税主体）における未払法人税等と未収還付法人税等については，異なる納税主体の間で法人税等を相殺して納付することはできないと考えられることから，相殺して表示はできないものと考えられる。この点に関して，繰延税金資産と繰延税金負債の表示についても同様であり，異なる納税主体の繰延税金資産と繰延税金負債は，双方を相殺せずに表示する（税効果会計基準（一部改正）2項）。

なお，グループ通算制度を適用する場合の連結財務諸表において，通算グループ全体の法人税および地方法人税に係る繰延税金資産の合計と繰延税金負債の合計は相殺して表示するとされている。これは，グループ通算制度を適用する場合の連結財務諸表において，通算グループ全体に対して税効果会計を適用することとしていることから，連結納税グループを同一の納税主体として扱っていた連結納税制度における取扱いを踏襲したものとされている（グループ通算制度取扱い27項，60項）。しかし，未払法人税等と未収還付法人税等については，繰延税金資産と繰延税金負債の相殺表示のような定めはないことから，前記の相殺の要件に従うことになると考えられる。

(4)　注記事項

法人税等に関して，前記2(1)のとおり株主資本またはその他の包括利益（個別財務諸表上は評価・換算差額等）に関連する税額が損益に計上されないことにより税引前当期純利益と税金費用の対応関係が図られており，当事業年度の所得に対する法人税等の内訳について注記は特段求められていない。

また，連結財務諸表上，異なる税制および税率が適用される各国の子会社の法人税が集計されて連結損益計算書に表示されるが，子会社に適用される税制および税率の概要に関する注記についても特段求められていない。この点，法人税の計算において親会社に適用される税率と在外子会社に適用される税率の違いについては，税率差異の注記において間接的に情報が提供される（第3章「22 3　連結会社の個別財務諸表にて発生する項目」参照）。

4 グローバル・ミニマム課税制度に係る法人税等の会計処理および表示

令和5年度税制改正において，グローバル・ミニマム課税のうち，所得合算

ルールに係る各対象会計年度の国際最低課税額に対する法人税が創設された。各対象会計年度の国際最低課税額に対する法人税は，各対象会計年度の直前の4対象会計年度のうち2以上の各対象会計年度の年間総収入金額が7億5,000万ユーロ以上の国際的な活動を行う多国籍企業グループ等を対象にして，当該グループに属する子会社等の所在地国別に算定された実効税率が最低税率（15％）を下回る場合に，日本に所在する親会社等に対して，当該子会社等の税負担が最低税率相当に至るまで課税する仕組みである。

このため，各事業年度の所得に対する法人税（本章「1　法人税の性質」参照）とは異なり，課税の源泉となる純所得（利益）が生じる企業（子会社等）と納税義務が生じる企業（親会社等）が相違する新たな税制であるとされている（グローバル・ミニマム当期税金取扱いBC1項）。

(1)　会計処理

①　年度における取扱い

各対象会計年度の国際最低課税額に対する法人税および特定基準法人税額に対する地方法人税（以下「グローバル・ミニマム課税制度に係る法人税等」という。）については，親会社等の所得（利益）に対する税には直接該当しないものの，納税義務を生じさせる事象が対象会計年度となる当事業年度において生じていると考えられる。このため，グローバル・ミニマム課税制度に係る法人税等は，対象会計年度となる連結会計年度および事業年度において計上する（グローバル・ミニマム当期税金取扱い6項，BC7項）。なお，ここでいう対象会計年度とは，多国籍企業グループ等の最終親会社等の連結等財務諸表の作成に係る期間をいう（法法15条の2）。

また，グローバル・ミニマム課税制度に係る法人税等は，算定にあたって必要な情報を適時かつ適切に入手することが困難である場合があることから，財務諸表作成時に入手可能な情報に基づき当該法人税等の合理的な金額を見積り，損益に計上する（グローバル・ミニマム当期税金取扱い6項，BC10項）。なお，対象会計年度となる事業年度に計上した金額と翌事業年度以降に見積りを変更した場合の金額または確定額との間に差額が生じる場合，各事業年度において財務諸表作成時に入手可能な情報に基づき当該法人税等の合理的な金額を見積っている限り，当該差額は誤謬には当たらず，差額が生じた年度の損益として処理することになると考えられる（グローバル・ミニマム当期税金取扱い

BC11項)。

② 中間財務諸表（または四半期財務諸表）における取扱い

中間財務諸表（または四半期財務諸表）においても，前記「①　年度における取扱い」と同様に，グローバル・ミニマム課税制度に係る法人税等を合理的に見積り，損益に計上する。ただし，中間財務諸表（または四半期財務諸表）の作成にあたって入手する情報は，年度に比して限定的な情報であると考えられる等の理由から，当面の間，当中間会計期間（または当四半期会計期間）を含む対象会計年度に関するグローバル・ミニマム課税制度に係る法人税等を計上しないことが認められている（グローバル・ミニマム当期税金取扱い7項，BC12項からBC14項）。なお，当該取扱いを適用する場合には，その旨を注記することが求められている（グローバル・ミニマム当期税金取扱い13項）。

(2)　表　　示

① 損益計算書における表示

連結損益計算書において，グローバル・ミニマム課税制度に係る法人税等は，税金等調整前当期純利益の次に，法人税，地方法人税，住民税及び事業税（所得割）を示す科目に表示する（グローバル・ミニマム当期税金取扱い9項）。連結損益計算書の税金等調整前当期純利益には，グローバル・ミニマム課税制度に係る法人税等の課税の源泉となる子会社等の利益が含まれており，法人税，地方法人税，住民税及び事業税（所得割）を示す科目に含めて表示することにより，対応関係が図られることになる。なお，グローバル・ミニマム課税制度に係る法人税等が重要な場合は，当該法人税等の金額を注記する（グローバル・ミニマム当期税金取扱い10項）。

また，親会社等の個別損益計算書において，グローバル・ミニマム課税制度に係る法人税等は，連結損益計算書における表示区分と合わせて，税引前当期純利益の次に表示する。ただし，グローバル・ミニマム課税制度に係る法人税等は納税義務が生じる親会社等の所得（利益）に対する税には直接的には該当しない。このため，親会社の個別財務諸表上，グローバル・ミニマム課税制度に係る法人税等の金額について親会社等の所得（利益）に対する税とは区分した金額が開示されるよう，次のいずれかの方法により表示または注記する（グローバル・ミニマム当期税金取扱い11項，12項）。

序章　法人税の概要　*15*

> ①　グローバル・ミニマム課税制度に係る法人税等の金額について，法人税，地方法人税，住民税及び事業税（所得割）を表示した科目の次にその内容を示す科目をもって区分して表示する
> ②　グローバル・ミニマム課税制度に係る法人税等の金額について，法人税，地方法人税，住民税及び事業税（所得割）に含めて表示し，当該金額を注記する（グローバル・ミニマム課税制度に係る法人税等の金額の重要性が乏しい場合には，当該金額の注記は要しない）

②　貸借対照表における表示

　各事業年度の所得に対する法人税については，納付期限は原則として各事業年度終了の日の翌日から2ヵ月以内とされている（法法77条，74条1項）。一方，グローバル・ミニマム課税制度に係る法人税については，納付期限は各対象会計年度終了の日の翌日から1年3ヵ月以内とされており（法法82条の6第1項，法法82条の9），納税義務が生じる対象会計年度においては貸借対照表日の翌日から起算して1年を超えて期限が到来することになる。

　このため，流動負債と固定負債を分類する一年基準に基づき，グローバル・ミニマム課税制度に係る納付されていない税額のうち，貸借対照表日の翌日から起算して1年を超えて期限が到来するものは，連結貸借対照表および個別貸借対照表の固定負債の区分に長期未払法人税等などその内容を示す科目をもって表示し（グローバル・ミニマム当期税金取扱い8項），貸借対照表日の翌日から起算して1年以内に期限が到来するものは流動負債の区分に未払法人税等などその内容を示す科目をもって表示する（法人税等会計基準11項）。

コラム　グローバル・ミニマム課税制度に係る税効果会計

　グローバル・ミニマム課税制度を前提とした税効果会計については，現行の枠組みにおいて適用すべきか否かが明らかではないと考えられること，さらに，仮に税効果会計を適用する場合であっても，当該制度に基づく税効果会計の会計処理については明らかではないことから，税効果適用指針の定めにかかわらず，税効果会計に当該制度の影響を反映しないこととされている（グローバル・ミニマム税効果取扱い3項）。当該取扱いは，わが国において令和5年度税制改正で導入された所得合算ルール（IIR）のみならず，今後の税制改正により法制化される予定の軽課税所得ルール（UTPR）および国内ミニマム課税（QDMTT）等も含めた取扱いとされている（グローバル・ミニマム税効果取扱い15-5項）。

また，グローバル・ミニマム課税制度の適用が見込まれるか否かの判断を適時かつ適切に行うことについての懸念があることから，当該取扱いを適用することについての注記は求められていない（グローバル・ミニマム税効果取扱い16項）。

なお，わが国のIIRにおいて，構成会社等の国または地域における実効税率の計算には，構成会社等を対象としたタックスヘイブン対策税制（外国子会社合算税制）の課税額が考慮され（法令155条の35第3項4号），IIRとタックスヘイブン対策税制による二重課税は回避される。また，他国のQDMTTにおける実効税率の計算には，親会社等に課されるタックスヘイブン対策税制の課税額は考慮されないが，わが国においては令和6年度税制改正によりQDMTTに係る税は外国税額控除の対象となり（法令141条2項5号），QDMTTとタックスヘイブン対策税制による二重課税は実質的に回避される。ただし，これらの外国子会社合算税制または外国税額控除との関係において，グローバル・ミニマム課税制度の影響は，上述のとおり税効果会計には反映されず，外国税額控除の繰越控除とされた場合（第1章「2(3)繰越欠損金等の取扱い」参照）に税効果会計の対象となる。

第1章

税効果会計の基礎

1 税効果会計の意義

　税効果会計は，企業会計上の資産または負債の額と課税所得計算上の資産または負債の額に相違がある場合に，法人税その他利益に関連する金額を課税標準とする税金（以下「法人税等」という。）の額を適切に期間配分することにより，法人税等を控除する前の当期純利益と法人税等を合理的に対応させることを目的とする手続である（税効果会計基準第一，税効果適用指針6項）。法人税等には，法人税のほか，都道府県民税，市町村民税および利益に関連する金額を課税標準とする事業税が含まれる。

　法人税等は，会計上，課税所得の源泉となる取引または事象が発生した期に認識すべき費用である。このため，当期の法人税等として納付すべき額が費用として計上されることになるが，会計上の利益と法人税等が対応しない場合がある。この場合に会計上の利益と法人税等の対応を図るために適用されるのが税効果会計である。

　企業会計における会計上の利益は収益から費用を差し引いて計算されるのに対し，法人税等は税務上の益金から損金を控除した課税所得（課税標準）に対して計算される。このため，会計上の収益認識または費用計上と税務上の益金算入または損金算入のタイミングの違い等より，貸借対照表に計上される企業会計上の資産または負債と課税所得計算上の資産または負債に相違が生じる場合があり，当該差額を一時差異という。税効果会計では，法人税等について，この一時差異に係る税金の額を適切な会計期間に配分し，計上しなければならないとされている。

　このように，一時差異に係る税金の額を期間配分することによって，会計上

18

の利益と法人税等を合理的に対応させることが，税効果会計の目的である。

設例 1 － 1　　税効果会計の適用による会計上の利益と法人税等の対応

前提条件

① 　X 1 期において，債権（2,000）に対して100％の貸倒引当金を計上した。当該貸倒引当金について，税務上は有税引当（損金算入が認められないもの）であり，課税所得計算において加算している。

② 　X 1 期の税引前当期純利益は10,000であり，X 1 期およびそれ以降の法定実効税率は30％とする。

③ 　X 2 期において2,000の債権が貸し倒れた。

④ 　X 2 期の税引前当期純利益は10,000であり，X 2 期およびそれ以降の法定実効税率は30％とする。

税金費用の算定

[税効果会計を適用しない場合]

(1) 　X 1 期

税引前当期純利益	10,000
法人税，住民税及び事業税	3,600[※1]
当期純利益	6,400（実質税率36％）

（※ 1 ）　3,600＝（税引前当期純利益10,000＋加算調整2,000）×法定実効税率30％

　会計上費用として計上した貸倒引当金繰入額（2,000）は，課税所得計算において損金算入が認められないため，税引前当期純利益10,000に2,000を加算した12,000に対して税金を計算することになる。結果として，税引前当期純利益10,000に対して法人税等は3,600となり，負担率（法人税等÷税引前当期純利益）は36％と法定実効税率30％を上回ることになる。

(2) 　X 2 期

税引前当期純利益	10,000
法人税，住民税及び事業税	2,400[※2]
当期純利益	7,600（実質税率24％）

第1章　税効果会計の基礎　　*19*

（※2）　2,400＝（税引前当期純利益10,000＋減算調整△2,000）×法定実効税率30％

　　X2期に貸倒引当金の対象となる債権が実際に貸し倒れているが，X1期に貸倒引当金を計上済みであり，会計上の費用は発生しない。しかし，税務上はX1期に損金不算入としていたため，X2期に損金算入され，課税所得計算において減算調整がなされる。X2期の負担率は24％であり，法定実効税率を下回ることとなる。

［税効果会計を適用する場合］

⑴　X1期

税引前当期純利益	10,000
法人税，住民税及び事業税	3,600^{（※1）}
法人税等調整額	△600^{（※2）}
当期純利益	7,000（実質税率30％）

（※1）　［税効果会計を適用しない場合］⑴参照。
（※2）　600＝加算調整額2,000×法定実効税率30％

　　税効果会計を適用する場合には，加算調整した2,000が一時差異となるので，この一時差異2,000に対応する税金分600を法人税等調整額としてX2期へ期間配分することになる。この結果，10,000に対する税金費用は3,600－600＝3,000となる。このときの負担率は30％であり，税引前当期純利益と法人税等の対応が図られることになる。

⑵　X2期

税引前当期純利益	10,000
法人税，住民税及び事業税	2,400^{（※3）}
法人税等調整額	600^{（※4）}
当期純利益	7,000（実質税率30％）

（※3）　［税効果会計を適用しない場合］⑵参照。
（※4）　600＝減算調整額2,000×法定実効税率30％

　　税効果会計を適用する場合には，前期に加算調整した2,000の一時差異が減算調整により解消するので，この一時差異2,000に対応する税金分600が期間配分されることとなる。この結果，10,000に対する税金費用は2,400＋600

＝3,000となる。この場合の負担率も30％であり，税引前当期純利益と法人税等の対応が図られることになる。

　上記の設例をまとめると以下のとおりとなる。

[税効果会計を適用しない場合]

	X1期	X2期	累　　計
税引前当期純利益	10,000	10,000	20,000
法人税，住民税及び事業税	3,600	2,400	6,000
法人税等調整額	―	―	―
当期純利益	6,400	7,600	14,000
実質税率	36％	24％	30％

[税効果会計を適用する場合]

	X1期	X2期	累　　計
税引前当期純利益	10,000	10,000	20,000
法人税，住民税及び事業税	3,600	2,400	6,000
法人税等調整額	△600	600	―
当期純利益	7,000	7,000	14,000
実質税率	30％	30％	30％

　このように，税効果会計適用の可否にかかわらず，獲得される当期純利益の累計額は同額となるが，税効果会計を適用することによって，各期の税引前当期純利益と当期純利益の対応が図られる。

2 ｜ 一時差異等

(1) 一時差異の意義

　一時差異とは，貸借対照表および連結貸借対照表に計上されている資産および負債の金額と課税所得計算上の資産および負債の金額との差額をいう。

　貸借対照表または連結貸借対照表に計上されている資産および負債の金額と

は，いわゆる会計上の簿価であり，課税所得計算上の資産および負債の金額とは，いわゆる税務上の簿価である。したがって，一時差異とは，会計上の簿価と税務上の簿価の差額であるといえる。

財務諸表上の一時差異が生じる場合の主な例は図表1－1のとおりである（税効果適用指針75項）。

図表1－1 財務諸表上の一時差異が生じる場合

種類	一時差異が生じる場合
財務諸表上の一時差異	①　収益または費用の帰属年度が税務上の益金または損金の算入時期と相違する場合
	②　資産または負債の評価替えにより生じた評価差額が直接純資産の部に計上され，かつ，課税所得の計算に含まれていない場合

①　収益または費用の帰属年度が税務上の益金または損金の算入時期と相違する場合

前記の設例1－1のように，当期に会計上の収益または費用としたものの，翌期以降に課税所得計算上の益金または損金となる場合や，反対に，当期に課税所得計算上の益金または損金となり，会計上の収益または費用計上が翌期以降になる場合には，一時差異が生じることになる。

なお，課税所得は，会計上の利益を基礎として加算または減算による税務調整を行い計算されるが，税務調整項目のうち将来に当該差異が解消するものだけが税効果の対象となる。このため，交際費や寄附金の損金算入限度超過額または受取配当金の益金不算入額のように，会計上の収益または費用と課税所得計算上の益金または損金との範囲が異なり，永久にその差異が解消されないものは，一時差異ではなく永久差異として税効果の対象とならない（税効果適用指針77項）。これは，一般的に法人税申告書の別表四における留保欄に計上され別表五（一）に転記されて，翌期以降に繰り越されるものが一時差異であり，別表四の社外流出欄に計上されるものが永久差異であると言い換えることもできる。

② 資産または負債の評価替えにより生じた評価差額が直接純資産の部に計上され，かつ，課税所得の計算に含まれていない場合

その他有価証券を時価評価した場合に計上されるその他有価証券評価差額金やヘッジ会計を適用した場合に計上される繰延ヘッジ損益などがこの場合に該当する。税務上は，有価証券等の金融資産に対して時価評価が行われず，また，ヘッジ会計が適用される場合に，会計上の繰延ヘッジ損益は純資産の部に計上されるが（金融商品実務指針174項なお書き参照），税務上は資産または負債として計上されるため，会計上の簿価と税務上の資産または負債の帳簿価額（税務上の簿価）が異なり，一時差異が生じることとなる。

(2) 財務諸表の一時差異の種類

財務諸表の一時差異には，一時差異が解消する期に課税所得を減額する効果を有する一時差異と課税所得を増額する効果を有する一時差異がある。前者を将来減算一時差異といい，後者を将来加算一時差異という（図表1－2参照）。

① 将来減算一時差異

将来減算一時差異は，会計上費用として計上された棚卸資産の評価損のうち，税務上の損金として認められないもの，未払事業税，貸倒引当金の損金算入限度超過額，賞与引当金，退職給付引当金など，差異が生じたときには課税所得計算において加算調整されるが，当該差異が解消する時には減算調整され，将来の課税所得を減額する効果がある一時差異のほか，資産または負債の評価替えにより生じた評価差損が含まれる（税効果適用指針84項）。

② 将来加算一時差異

将来加算一時差異は，積立金方式による租税特別措置法上の諸準備金等，税務上の特別償却により生じた個別貸借対照表上の資産の額と課税所得計算上の資産の額の差額など，差異が生じたときには課税所得計算において減算調整されるが，解消時には加算調整される一時差異のほか，資産または負債の評価替えにより生じた評価差益が含まれる（税効果適用指針85項）。

(3) 繰越欠損金等の取扱い

将来の課税所得と相殺可能な繰越欠損金等については，一時差異と同様に取

り扱うものとされている。繰越欠損金等には，繰越外国税額控除や繰越可能な租税特別措置法上の法人税額の特別控除等が含まれる。繰越欠損金は一時差異ではないものの，発生年度以降に生じる課税所得を減額することができる。また，繰越外国税額控除や繰越可能な租税特別措置法上の法人税額の特別控除は，翌期以降の税額を控除することが認められるため，一時差異と同様の効果を有し，一時差異に準ずるものとして取り扱う（税効果適用指針76項）。

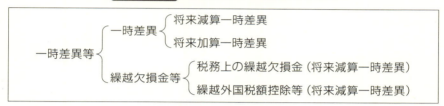

図表1－2　財務諸表の一時差異等の分類

3 資産負債法と繰延法

　税効果会計の方法には，資産負債法と繰延法の2つがある（税効果適用指針89項）（図表1－3参照）。

　資産負債法とは，会計上の資産または負債の金額と税務上の資産または負債の金額に差異（一時差異）があり，会計上の資産または負債が将来回収または決済されるなどにより当該差異が解消されるときに，税金を減額または増額させる効果がある場合に，当該差異の発生年度にそれに対する繰延税金資産または繰延税金負債を計上する方法である。資産負債法の場合には，差異解消時の対応関係を重視しており，税効果会計に適用される税率は，差異が解消される将来の年度に適用される税率である。

　繰延法とは，会計上の収益または費用の金額と税務上の益金または損金の額に相違がある場合，その相違項目のうち，損益の期間帰属の相違に基づく差異（期間差異）について，発生した年度の当該差異に対する税金軽減額または税金負担額を差異が解消する年度まで貸借対照表に繰延税金資産または繰延税金負債として計上する方法である。繰延法の場合には，差異発生時の対応関係を重視しており，税効果会計に適用される税率は，差異が発生した年度の課税所得に適用された税率である。

いずれの方法も，会計上の利益と法人税等を対応させるという目的は同じであるが，調整の視点が異なるため，税効果会計を適用する場合に違いが生じる。たとえば，資産の評価替えにより生じた評価差額が直接純資産の部に計上され，かつ，課税所得の計算に含まれていない場合には，一時差異が生じることとなるが，期間差異は発生しない。このため，資産負債法では税効果会計の対象となるが，繰延法では税効果会計の対象とはならない。また，税率の変更があった場合に，資産負債法では，一時差異が解消すると見込まれる期の税率を用いて繰延税金資産および繰延税金負債を計算し直すのに対し，繰延法では計算をし直すことはない。

わが国の税効果会計基準では，原則として資産負債法が採用されている（税効果適用指針88項）。

図表1－3 **資産負債法と繰延法**

	資産負債法	繰延法
調整対象となる差異	一時差異（会計上と税務上の資産または負債の差異）	期間差異（会計上の収益または費用と税務上の益金または損金との差異）
調整の視点（会計と税務の対応）	差異解消時の対応関係を重視する	差異発生時の対応関係を重視する
損益計算書を経由しない（直接純資産に計上される）資産または負債の評価差額	税効果会計の対象となる	税効果会計の対象とならない
税率が変更となった場合	繰延税金資産および繰延税金負債を一時差異解消時の税率を用いて再計算する	繰延税金資産および繰延税金負債を再計算しない（期間差異発生時の税率のまま）
繰延税金資産の回収可能性の検討	毎期検討が必要	検討不要（実際に課税された額を限度として計上される。）

4 繰延税金資産と繰延税金負債

(1) 繰延税金資産と繰延税金負債の計上

　一時差異等に係る税金の額は，将来の会計期間において回収または支払が見込まれない税金の額を除き，繰延税金資産または繰延税金負債として計上することとされている（税効果会計基準第二 二1，税効果適用指針7項）。

① 個別財務諸表における繰延税金資産

　個別財務諸表における繰延税金資産は，将来の会計期間における将来減算一時差異の解消，税務上の繰越欠損金と課税所得との相殺および繰越外国税額控除の余裕額の発生等に係る減額税金の見積額について，回収可能性適用指針に従い，回収可能性を判断し計上する。

② 個別財務諸表における繰延税金負債

　個別財務諸表における繰延税金負債は，以下の場合を除き，原則として計上することとなる。

(i) 企業が清算するまで課税所得が生じないことが合理的に見込まれる場合

　企業が清算するまで課税所得が生じないことが合理的に見込まれる場合には，事業休止等により，会社が清算するまでに明らかに将来加算一時差異を上回る損失が発生し，課税所得が発生しないことが合理的に見込まれる場合等が含まれる。

(ii) 子会社株式等に係る将来加算一時差異について，親会社または投資会社がその投資の売却等を意思決定することができ，かつ，予測可能な将来の期間に，その売却等を行う意思がない場合

　親会社または投資会社が投資の売却等を意思決定することができ，かつ，予測可能な将来の期間に，その売却を行う意思がない場合，連結財務諸表において，子会社に対する投資に係る将来加算一時差異に対して繰延税金負債を計上しないこととされているため，個別財務諸表においても同様に，例外として繰延税金負債を計上しない。

(2) 繰延税金資産および繰延税金負債の増減額の会計処理

① 原則的な取扱い

繰延税金資産と繰延税金負債の差額を期首と期末で比較した増減額は，原則として法人税等調整額を相手勘定として計上する（税効果適用指針 9 項柱書き）。

設例 1 － 2　繰延税金資産の計上の仕訳

【前提条件】

設例 1 － 1 に基づき，繰延税金資産を計上する。

【会計処理】

[X 1 期]

繰延税金資産を計上し，相手勘定は法人税等調整額となる。

| （借）　繰 延 税 金 資 産 | (※)600 | （貸）　法人税等調整額 | (※)600 |

（※）　設例 1 － 1 ［税効果会計を適用する場合］の(1)（※ 2 ）参照。

[X 2 期]

一時差異が解消し，繰延税金資産を取り崩すこととなる。相手勘定は法人税等調整額となる。

| （借）　法人税等調整額 | (※)600 | （貸）　繰 延 税 金 資 産 | (※)600 |

（※）　設例 1 － 1 ［税効果会計を適用する場合］の(2)（※ 4 ）参照。

---

② 資産の評価替えの場合

個別財務諸表において資産の評価替えにより生じた評価差額が直接純資産の部に計上される場合には，当該評価差額に係る繰延税金資産または繰延税金負債の増減額は，純資産の部の評価・換算差額等を相手勘定として計上する（税効果適用指針 9 項(1)）。

第1章 税効果会計の基礎 *27*

設例1-3	資産の評価替えにより繰延税金資産を計上する場合

【前提条件】

① X1期末において，取得原価10,000であるその他有価証券の時価は12,000であり，時価評価を行う。

② 法定実効税率は30％とする。

【会計処理】

(借) 投資有価証券	(※1)2,000	(貸)	その他有価証券 評価差額金	(※2)1,400
			繰延税金負債	(※3)600

（※1） 2,000＝時価12,000－取得原価10,000
（※2） 1,400＝含み益2,000（※1）×（1－法定実効税率30％）
（※3） 600＝含み益2,000（※1）×法定実効税率30％

　なお，その他有価証券の評価差額および繰延ヘッジ損益に係る将来減算一時差異については，回収可能性適用指針に従い計上が認められる範囲で繰延税金資産を計上することとなる（回収可能性適用指針38項から42項，46項）。

　また，連結財務諸表において資産または負債の評価替えにより生じた評価差額等をその他の包括利益で認識した上で，純資産の部のその他の包括利益累計額に計上する場合，当該評価差額等に係る一時差異に関する繰延税金資産および繰延税金負債の増減額は，その他の包括利益を相手勘定として計上する（税効果適用指針9項(2)）。

5 繰延税金資産の回収可能性

(1) 繰延税金資産の回収可能性

　繰延税金資産および繰延税金負債の計上額については，一時差異等に係る税金の額のうち，将来の会計期間において回収または支払が見込まれない額を控除し計上しなければならないとされている（税効果会計基準注解（注5））。これは言い換えれば，将来の会計期間に回収または支払が見込まれる一時差異等に係る税金の金額を限度として計上されるということである。

たとえば，会計上費用として計上しているものの，課税所得計算においては損金算入していないことにより生じた一時差異は将来減算一時差異となる。この場合，会計上の費用計上時に税金費用を支払うこととなるが，これは会計的には一時差異に対応する税金費用を前払いした状態であり，これに見合う繰延税金資産が計上されていると考えることもできる。しかし，一時差異等の解消時にそもそも課税所得が発生しない場合には，税金費用が発生しないため，課税所得の減算による税金費用の減額効果は得られない。このように，一時差異等の解消時に税金費用が発生しない場合には，繰延税金資産は税金の前払いとしての資産性が認められないと考えられることから，資産計上が認められないこととなる。

繰延税金資産については，将来の税金費用の負担額の軽減効果の有無を検討することが求められている。これを繰延税金資産の回収可能性の検討という。税効果会計の方法として資産負債法が採用されていることから，繰延税金資産の計上時のみならず，回収可能性の見直しは毎期必要とされている。

(2) 回収可能性の判断

将来減算一時差異および税務上の繰越欠損金に係る繰延税金資産の回収可能性は，次の①～③に基づいて，将来の税金負担額を軽減する効果を有するかどうかにより判断することになる（回収可能性適用指針6項）。

① 収益力に基づく一時差異等加減算前課税所得

(i) 将来減算一時差異に係る繰延税金資産の回収可能性

将来減算一時差異の解消見込年度およびその解消見込年度を基準として税務上の欠損金の繰戻しおよび繰越しが認められる期間（以下「繰戻・繰越期間」という。）に，一時差異等加減算前課税所得が生じる可能性が高いと見込まれるかどうか。

(ii) 税務上の繰越欠損金に係る繰延税金資産の回収可能性

税務上の繰越欠損金が生じた事業年度の翌期から繰越期限切れとなるまでの期間（以下「繰越期間」という。）に，一時差異等加減算前課税所得が生じる可能性が高いと見込まれるかどうか。

② タックスプランニングに基づく一時差異等加減算前課税所得

将来減算一時差異の解消年度および繰戻・繰越期間または繰越期間に，含み益のある固定資産または有価証券を売却する等，一時差異等加減算前課税所得が生じるようなタックスプランニングが存在するかどうか。

③ 将来加算一時差異

(i) 将来減算一時差異に係る繰延税金資産の回収可能性

将来減算一時差異の解消年度および繰戻・繰越期間に，将来加算一時差異の解消が見込まれるかどうか。

(ii) 税務上の繰越欠損金に係る繰延税金資産の回収可能性

繰越期間に税務上の繰越欠損金と相殺される将来加算一時差異の解消が見込まれるかどうか。

上記の手続は，図表1－4に掲げた繰延税金資産の回収可能性の検討手順に従って行われる（回収可能性適用指針11項）。

図表1－4　繰延税金資産の回収可能性の検討手順

①	期末における将来減算一時差異の解消見込年度のスケジューリングを行う
②	期末における将来加算一時差異の解消見込年度のスケジューリングを行う
③	将来減算一時差異の解消見込額と将来加算一時差異の解消見込額とを，解消見込年度ごとに相殺する
④	③で相殺しきれなかった将来減算一時差異の解消見込額については，解消見込年度を基準として繰戻・繰越期間の将来加算一時差異（③で相殺後）の解消見込額と相殺する
⑤	①から④により相殺しきれなかった将来減算一時差異の解消見込額について，将来の一時差異等加減算前課税所得の見積額と解消見込年度ごとに相殺する。
⑥	⑤で相殺しきれなかった将来減算一時差異の解消見込額については，解消見込年度を基準として繰戻・繰越期間の一時差異等加減算前課税所得の見積額（⑤で相殺後）と相殺する。
⑦	①から⑥により相殺しきれなかった将来減算一時差異に係る繰延税金資産の回収可能性はないものとし，繰延税金資産から控除する。

6 | 適用税率

(1) 税効果会計の対象となる税金と法定実効税率

　税効果会計の目的は，会計上の利益と法人税等を合理的に対応させることであるため，税効果会計の対象となる法人税等に含まれる税金は，利益に関連する金額を課税標準とする税金である。このため，事業税のうち，いわゆる利益に関連しない外形標準課税などは税効果会計の対象となる法人税等には含まれず，所得割部分のみが対象となる。

　また，法定実効税率の計算において，事業税は損金算入が認められるため，以下の計算式により求められる。

$$
法定実効税率 = \frac{法人税率 \times （1 + 地方法人税率 + 住民税率） + 事業税率 + （特別法人事業税率 \times 事業税率（標準税率））}{1 + 事業税率 + （特別法人事業税率 \times 事業税率（標準税率））}
$$

　前記のように，税効果会計の考え方として，資産負債法を採用していることから，法定実効税率は回収または支払が見込まれる期の税率に基づいて計算する。また，法人税，地方法人税，住民税および事業税について繰延税金資産および繰延税金負債の計算に用いる税率は，決算日において国会で成立している法人税法や地方税法に規定されている税率によることとなる（税効果適用指針45項以下）。

　なお，国会で成立している地方税法等に基づく税率とは，図表1－5のとおりである（税効果適用指針48項）。

第1章 税効果会計の基礎 *31*

図表1-5 地方税の税率

ケース			適用される税率
当事業年度において地方税法等を改正するための法律が成立していない場合			決算日において国会で成立している地方税法等を受けた条例に規定されている税率（標準税率または超過課税による税率）
当事業年度において地方税法等を改正するための法律が成立している場合	改正された地方税法等を受けて改正された条例が決算日以前に各地方公共団体の議会等で成立している場合		決算日において国会で成立している地方税法等を受けた条例に規定されている税率（標準税率または超過課税による税率）（改正後の税率）
	改正された地方税法等を受けて改正された条例が決算日以前に各地方公共団体の議会等で成立していない場合	決算日において成立している条例に標準税率で課税することが規定されている場合	改正地方税法に規定する標準税率
		決算日において成立している条例に超過課税による税率で課税することが規定されている場合	改正地方税法に規定する標準税率に，決算日において成立している条例に規定されている超過課税による税率が改正直前の地方税法等の標準税率を超える差分を考慮する税率

(2) 税率の変更があった場合

税率の変更があった場合には，繰延税金資産および繰延税金負債は新たな税率に基づき再計算し，その修正差額を税率が変更された年度に，原則として法人税等調整額を相手勘定として計上する（税効果適用指針51項柱書き）。

ただし，個別財務諸表において，資産または負債の評価替えにより生じた評価差額等を直接純資産の部に計上する場合，当該評価差額等に係る一時差異に関する繰延税金資産および繰延税金負債の差額について，税率変更による修正差額を，その税率が変更された年度に，純資産の部の評価・換算差額等を相手勘定として計上する（税効果適用指針51項(1)）。

また，連結財務諸表において，資産または負債の評価替えにより生じた評価差額等をその他の包括利益で認識した上で，純資産の部のその他の包括利益累計額に計上する場合，当該評価差額等に係る一時差異に関する繰延税金資産および繰延税金負債の差額について，税率変更による修正差額を，その税率が変更された年度に，その他の包括利益を相手勘定として計上する（税効果適用指針51項(2)）。同様に，連結財務諸表上で子会社の持分変動による差額を資本剰余金に計上する場合，当該資本剰余金に係る一時差異に関する繰延税金資産および繰延税金負債の差額について，税率変更による修正差額を資本剰余金を相手勘定として計上する（税効果適用指針9項(3)参照）。さらに子会社の資産および負債の時価評価により生じた評価差額に係る一時差異について，子会社において税率が変更されたことによる繰延税金資産および繰延税金負債の修正額を計上する場合には，その税率が変更された連結会計年度に，法人税等調整額を相手勘定として計上する（税効果適用指針52項）。

なお，連結財務諸表作成手続における未実現損益の消去に係る繰延税金資産または繰延税金負債の額は，税率の変更があった場合でも修正されない。これは，税効果適用指針において，未実現損益の消去に係る税効果会計のみが，資産負債法ではなく繰延法を採用しているためである（税効果適用指針56項）。

コラム　在外子会社における税率変更

わが国の税制改正によって税効果会計に影響する税率（法人税率など）が変更された場合，国会での成立をもって税率変更を決算に反映することになる。一方，在外子会社において，所在地国の税法改正によって，重要な税率変更が生じた場合にはどうであろうか。

在外子会社においても，適用する会計基準は日本基準とすることが原則であるため（連結会計基準17項参照），この取扱いに拠っている場合には，本邦企業と同じく，国会での成立（またはこれと同等の状態になったとき）に税率変更を決算に反映する。他方，在外子会社においては，実務対応報告第18号の連結決算手続における在外子会社等の会計処理の統一の「当面の取扱い」を用いて，IFRSまたは米国会計基準を適用した決算を一定の修正のもとで利用しているケースも多いと思われる。この場合，IFRSまたは米国会計基準の定めに従って税率変更を決算に反映することになるが，各々の会計基準において，税率変更は（実質的な）成立時に反映することとされており，日本基準との間に大きな相違はないと考えられる。

第2章

連結税効果の基本的な
考え方

1 | 連結税効果の基本的な考え方

　連結財務諸表における税効果会計は，個別財務諸表において財務諸表上の一時差異等に係る税効果会計を適用した後，連結財務諸表作成手続において生じる連結財務諸表固有の一時差異に係る税金の額を期間配分する手続である[1]。

2 | 連結財務諸表固有の一時差異

(1) 連結財務諸表固有の一時差異の種類

　連結決算手続の結果として一時差異が生じる場合があり，この一時差異を連結財務諸表固有の一時差異という。連結財務諸表固有の一時差異は，連結会社の個別財務諸表上の簿価と連結財務諸表上の簿価の差額であり，課税所得計算には関係しない。当該一時差異も，財務諸表の一時差異と同様に，将来減算一時差異と将来加算一時差異に分類される（図表2－1参照）。

① 連結財務諸表固有の将来減算一時差異

　連結財務諸表固有の将来減算一時差異は，連結決算手続の結果として連結貸借対照表上の資産の金額（または負債の金額）が，連結会社の個別貸借対照表

1　廃止前の会計制度委員会報告第6号「連結財務諸表における税効果会計に関する実務指針」第2項において，連結税効果の基本的な考え方が示されていたが，税効果適用指針には引き継がれていない。しかしながら，連結税効果の基本的な考え方については，移管（改正）前後で変更はないものと考えられる。

上の資産の金額（または負債の金額）を下回る（または上回る）場合に，当該連結貸借対照表上の資産（または負債）が回収（または決済）される等により，当該一時差異が解消するときに連結財務諸表における利益が減額されることによって，当該減額後の利益の額が当該連結会社の個別財務諸表における利益の額と一致する関係をもつ連結財務諸表固有の一時差異である。

② **連結財務諸表固有の将来加算一時差異**

連結財務諸表固有の将来加算一時差異は，連結決算手続の結果として連結貸借対照表上の資産の金額（または負債の金額）が連結会社の個別貸借対照表上の資産の金額（または負債の金額）を上回る（または下回る）場合に，当該連結貸借対照表上の資産（または負債）が回収（または決済）される等により，当該一時差異が解消するときに，連結財務諸表における利益が増額されることによって当該増額後の利益の額が当該連結会社の個別財務諸表における利益の額と一致する関係をもつ連結財務諸表固有の一時差異である。

図表2－1 連結財務諸表固有の一時差異

連結上の簿価と個別上の簿価の関係	一時差異の種類	勘定科目
連結上の資産＞個別上の資産	将来加算一時差異	繰延税金負債
連結上の資産＜個別上の資産	将来減算一時差異	繰延税金資産
連結上の負債＞個別上の負債	将来減算一時差異	繰延税金資産
連結上の負債＜個別上の負債	将来加算一時差異	繰延税金負債

(2) **連結財務諸表固有の一時差異が生じる場合**

連結財務諸表において連結財務諸表固有の一時差異が生じる場合として図表2－2に記載された事項が例示されている（税効果適用指針86項）。

図表2－2 連結財務諸表固有の一時差異が生じる場合

種　類	連結財務諸表固有の一時差異が生じる場合
連結財務諸表固有の一時差	①　親会社および子会社の会計方針の統一のために連結貸借対照表上の資産および負債の額と個別貸借対照表上の資産および負債の額に生じた差異の額

異	② 資本連結に際しての子会社の資産および負債の時価評価による評価差額
	③ 子会社の資本に対する親会社持分相当額およびのれんの未償却額の合計額と親会社の個別貸借対照表上の投資簿価との差額
	④ 連結会社相互間の取引から生ずる未実現損益を消去した場合の消去額
	⑤ 連結会社相互間の債権と債務の相殺消去により貸倒引当金を減額修正した場合の修正額

① 親会社および子会社の会計方針の統一のために連結貸借対照表上の資産および負債の額と個別貸借対照表上の資産および負債の額に生じた差異の額

連結財務諸表作成にあたり，親会社および子会社の会計方針と連結財務諸表の会計方針が異なる場合，連結財務諸表の会計方針に統一するため，連結会社の個別財務諸表を修正するための仕訳を計上する場合がある（連結会計基準17項，（注２）参照）。この結果，親会社および子会社の連結貸借対照表上の資産および負債の金額と個別貸借対照表上の資産および負債の額が相違することとなり，この差額が連結財務諸表固有の一時差異となる。

② 資本連結時の子会社の資産および負債の時価評価による評価差額

子会社の支配獲得時において，子会社の資産および負債を時価評価することとされているが（連結会計基準20項参照），当該時価評価のために評価差額を計上する修正仕訳により，個別貸借対照表上の資産および負債の計上額が修正されることになる。このため，個別貸借対照表上の資産および負債の額と連結貸借対照表上の資産および負債の額が相違することとなり，この差額が連結財務諸表固有の一時差異となる。

③ 子会社の資本に対する親会社持分相当額およびのれんの未償却額の合計額と親会社の個別貸借対照表上の投資簿価との差額

子会社の資本（子会社の純資産の部における株主資本および評価・換算差額等（子会社の資産および負債の時価評価による評価差額を考慮した額））に対する親会社持分相当額およびのれんの未償却額の合計額は，子会社投資に係る

連結貸借対照表上の簿価であり，これと親会社の個別貸借対照表に計上されている投資簿価（課税所得計算上の子会社株式の価額）との差額は，連結貸借対照表上の簿価と個別貸借対照表上の簿価の差額であり，連結財務諸表固有の一時差異である。

たとえば，連結子会社が取得後利益剰余金を稼得した場合，連結貸借対照表上の簿価は変動するが，個別財務諸表上の簿価は変動しない。また，子会社取得時に連結上ののれんが計上されている場合には，償却や減損により連結貸借対照表上の簿価は変動するが，個別財務諸表上の簿価は変動しない。このため，連結貸借対照表上の簿価と個別貸借対照表上の簿価に差異が生じ，連結財務諸表固有の一時差異となる。

④　**連結会社相互間の取引から生ずる未実現損益を消去した場合の消去額**

連結会社相互間の取引から生ずる未実現損益を消去した場合（連結会計基準36項参照），連結上の資産計上額を修正することとなるため，連結貸借対照表上の計上金額と個別貸借対照表上の計上金額が異なり，連結財務諸表固有の一時差異が生じることとなる。

なお，棚卸資産や固定資産の未実現利益を消去した場合の一時差異は，連結財務諸表上の資産計上額が連結会社の個別財務諸表上の資産額を下回るため，将来減算一時差異である。

⑤　**連結会社相互間の債権と債務の相殺消去により貸倒引当金を減額修正した場合の修正額**

連結会社相互間の債権債務に関して，連結会社の個別貸借対照表上で貸倒引当金を計上している場合，債権債務の相殺消去（連結会計基準31項参照）に伴い，貸倒引当金も減額されることとなる。この際の一時差異は，連結貸借対照表上の貸倒引当金は個別貸借対照表上の貸倒引当金よりも小さくなるため，将来加算一時差異となる。

①から⑤までの連結手続や連結仕訳により，個別財務諸表で計上されていた会計上の簿価と連結財務諸表上の簿価に差が生じることとなり，この差の分だけ会計上の簿価と税務上の簿価にも差が生じることとなる。つまり，連結修正仕訳により貸借対照表の簿価が修正された金額が連結財務諸表固有の一時差異

となる。

　なお，自己株式適用指針第10項(2-2)で定める場合（保有する完全子会社株式の一部を株式数に応じて比例的に配当（按分型の配当）し子会社株式に該当しなくなった場合）において，連結決算手続の結果として生じる一時差異については，連結財務諸表固有の将来減算一時差異または連結財務諸表固有の将来加算一時差異に準ずるものとして同様の取扱いをすることとされた（税効果適用指針4項(5)なお書き）。

　この点，2024年に改正された資本連結実務指針では，保有する完全子会社株式を株式数に応じて比例的に配当（按分型の配当）し子会社に該当しなくなった場合の会計処理について，連結財務諸表においても現物配当に係る損益を計上しないこととした（資本連結実務指針46-3項，46-4項，66-8項および66-9項）。このため，当該取引について税効果適用指針第4項の定義に従って検討した場合，連結決算手続の結果として生じる一時差異のうち，自己株式適用指針第10項(2-2)で定められた取引において解消する部分が解消する時に連結財務諸表における利益が減額または増額されないことから，連結財務諸表固有の一時差異は生じているものの連結財務諸表固有の将来減算一時差異または連結財務諸表固有の将来加算一時差異の定義に直接的には該当しないと考えられる。しかしながら，税制非適格の場合に連結財務諸表上の税金等調整前当期純利益と税金費用との対応関係を図ることを考えた場合，当該一時差異についても税効果適用指針が定める連結財務諸表固有の将来減算一時差異または連結財務諸表固有の将来加算一時差異に係る定め（税効果適用指針18項から27項参照）を適用するのが適切と考えられることから，連結財務諸表固有の将来減算一時差異または連結財務諸表固有の将来加算一時差異の定義に準ずるものとして同様の取扱いをすることとされた（税効果適用指針第124-2項）。

3 連結固有の一時差異に係る繰延税金資産および繰延税金負債の計上

(1) 連結決算手続により生じた繰延税金資産および繰延税金負債の計上

　連結決算手続において，連結財務諸表固有の一時差異が生じた場合，連結財

務諸表固有の一時差異が生じた納税主体ごとに連結財務諸表固有の一時差異に係る税金の見積額を計上する。この際，連結財務諸表固有の一時差異に係る繰延税金資産は，当該一時差異が生じた納税主体ごとに，個別財務諸表で計上された繰延税金資産と合算し，回収可能性を検討して計上することとなる（税効果適用指針 8 項(3)）。

(2) 繰延税金資産および繰延税金負債の増減額の会計処理

連結財務諸表固有の一時差異に係る繰延税金資産および繰延税金負債も，財務諸表上の一時差異と同様に，年度の期首における繰延税金資産の額と繰延税金負債の額の差額と期末における当該差額の増減額を，原則として法人税等調整額を相手勘定として計上する（税効果適用指針 9 項柱書き）。ここで，当該連結財務諸表固有の一時差異が生じた子会社に非支配株主が存在する場合には，親会社持分と非支配株主持分に配分する（税効果適用指針10項）。

ただし，連結財務諸表において，資産または負債の評価替えにより生じた評価差額等をその他の包括利益で認識した上で純資産の部のその他の包括利益累計額に計上する場合，当該評価差額等に係る一時差異に関する繰延税金資産および繰延税金負債の差額について，年度の期首における当該差額と期末における当該差額の増減額を，その他の包括利益を相手勘定として計上する（税効果適用指針 9 項(2)）。

また，連結財務諸表における子会社投資の持分変動による差額が生じた場合で，当該差額を直接資本剰余金に計上する場合には，当該親会社の持分変動による差額に係る一時差異に関する繰延税金資産または繰延税金負債の額を，資本剰余金を相手勘定として計上することとなる（税効果適用指針 9 項(3)）。

39

第3章

ケース別　実務上の論点

1 連結時の時価評価（評価差額）に係る税効果

1 子会社の資産および負債の時価評価

　他の会社の株式を買収し，子会社の支配を獲得した場合，連結貸借対照表の作成にあたって，原則として，子会社の資産および負債を支配獲得時の時価により評価する（連結会計基準20項）。このとき，子会社の資産および負債の時価による評価額と，当該資産および負債の個別決算上の帳簿価額との差額を評価差額として，子会社の資本に計上する（連結会計基準21項）。

　これは支配獲得時における子会社のすべての資産および負債の重要な含み益（または含み損）を認識することを意味しており，子会社の複数の資産および負債を一括して受け入れる場合に，取得原価を個々の資産および負債の時価を基礎として，配分するという考え方による（企業結合適用指針51項）。

　当該時価評価は，連結財務諸表の作成に先立ち，支配獲得日（みなし取得日を含む。）における子会社の個別貸借対照表を修正するものと位置付けられているため，連結財務諸表上では，子会社の資産および負債は支配獲得日の時価で計上される。

　ここで時価評価の結果として発生する評価差額は，いわゆる含み益（含み損）であり，実現していない損益であることから，連結グループの運用成績としての損益計算書に計上するものではない。よって損益計算書には反映させずに，直接貸借対照表の純資産の部に計上されることになる。

(1)　新規設立により支配を獲得した場合

　会社を新しく設立した場合は，設立日である支配獲得時における子会社の資産および負債の帳簿価額と時価に乖離はないため，評価差額が計上されることはない。現金出資による設立の場合は，時価評価の対象となる資産および負債は存在せず，現物出資の場合でも，親会社で計上されてきた資産，または事業が引き継がれるため，通常は時価による評価は行われない。

(2)　買収により支配を獲得した場合

　既存の会社の株式を買収し，支配を獲得した場合は，支配獲得時における子会社の資産および負債の帳簿価額と時価に乖離が生じることも多く，重要な乖離が生じた資産および負債については，評価差額が計上されることとなる（ただし，後記「(5)　評価差額に重要性が乏しい場合」を除く。）。

(3)　時価評価の方法

　ここで時価評価額は，原則は市場価格等に基づく評価額とされているが，適切な市場価格等が存在しない資産および負債も実務的に多い。たとえば，子会社が保有している土地は比較的市場価格を測定しやすい資産であり，その金額に重要性がある場合も多いため，鑑定評価等で市場価格を入手することが考えられるが，他の貸借対照表に計上されている資産および負債の中には市場価格等が入手しがたいものもある。

　そこで資本連結実務指針第12項において，市場価格等の代わりに，合意された評価額を使用することも認められている（ただし，子会社の売買契約等により取得側と売却側との間に合意された評価額が存在し，かつ，それらに合理性がある場合に限る。）。

　一般的に大型の企業買収をする際は財務デューデリジェンスを伴い，その際に貸借対照表分析として，売上債権，棚卸資産等の滞留調査等が行われ，仮に資産性に問題があった場合，評価損等を考慮した上で評価額が決定される。また，簿外負債や偶発債務といった負債の網羅性に問題がないかを確認し，仮に問題があれば当該負債も評価額に入れられることとなる。当該財務デューデリジェンスを踏まえたバリュエーションによって算定された評価額が，子会社の売買契約等により取得側と売却側で合意されており，かつ，その評価額に合理

性がある場合は，連結時の時価評価における時価として使用することが考えられる。

　主要な資産および負債ごとの代表的な評価方法は図表3－1－1のとおりとなる。

図表3－1－1　代表的な勘定科目ごとの評価方法

勘定科目		主な評価方法
有価証券	市場価格のない株式等以外	支配獲得時の時価（時価算定会計基準に従って算定）
	市場価格のない株式等	支配獲得時の実質価額
金銭債権・金銭債務		将来キャッシュ・フローを割り引いた現在価値（短期のものは通常重要性がないため割引計算を行う必要はないと考えられる。）
棚卸資産		支配獲得時の正味売却価額（通常の利益率を控除したコスト・アプローチベースの価額とすることも考えられる。）
有形固定資産	不動産	不動産鑑定評価額等の市場価格（重要性が乏しい不動産には公示価格，路線価等を基礎として算定された評価額も考えられる。）
	不動産以外	マーケット・アプローチ，インカム・アプローチ，コスト・アプローチのいずれかの方法（併用を含む。）で算定した価額
無形資産		マーケット・アプローチ，インカム・アプローチ，コスト・アプローチのいずれかの方法（併用を含む。）で算定した価額
偶発債務		支配獲得時において引当金の要件を満たす場合には，合理的な見積りに従った金額

(4)　みなし取得日

　現金を対価として他の会社の株式を取得し，子会社とする場合，支配獲得日は原則，親会社が現金を支出して他の会社の株式を取得した日となる。そして，当該支配獲得日が子会社の決算日以外の日である場合，子会社で仮決算を行う

ことが必要となる。

しかしながら，実際の支配獲得日に子会社で一律に仮決算を行うことは実務上の負担が大きいため，支配獲得日の前後いずれかの決算日に支配獲得が行われたものとみなして処理することができる（連結会計基準（注5））。この当該前後いずれかの決算日をみなし取得日という。

子会社の資産および負債を支配獲得日の時価により評価するにあたり，みなし取得日を用いている場合は，時価の測定時点もみなし取得日となる。

(5) 評価差額に重要性が乏しい場合

子会社の資産および負債のうち，重要な含み益（含み損）があるものについては，支配獲得時の時価で評価される。ただし，評価差額に重要性が乏しい子会社の資産および負債は，個別貸借対照表上の金額によることができるとされている（連結会計基準22項）。

また，この場合の重要性の有無は，個々の貸借対照表項目の時価評価による簿価修正額ごとに判断する（資本連結実務指針13項）。

時価評価についての重要性の有無を，個々の貸借対照表項目の時価評価による簿価修正額ごとに判断するのは，借方に発生する含み損と貸方に発生する含み益を相殺して純額で判断すると，時価評価対象となった資産および負債の実現年度に差が生じた場合，各実現年度の損益に大きな影響を及ぼすためである（資本連結実務指針56項）。

(6) 全面時価評価法と部分時価評価法

連結会計基準（2008年改正）の公表により，子会社の資産および負債の時価評価について，部分時価評価法は廃止され，全面時価評価法のみが認められることとなった。それぞれの評価方法は以下のとおりである（資本連結実務指針57項，58項）。

• 全面時価評価法
子会社の資産および負債のすべてを支配獲得した日の公正な評価額（時価）により評価する方法。すなわち，親会社持分のみならず非支配株主持分についても時価評価による簿価修正額の計上を行う。当該評価方法は，連結を親会社による非支配株主からの支配権の取得の結果と考えており，いったん取得した支配権については時価の変動による再評価は必要ないという見方に基づいている。

• 部分時価評価法

子会社の資産および負債のうち親会社の持分に相当する部分については株式の取得日ごとに当該日における公正な評価額（時価）により評価し，非支配株主持分に相当する部分については評価差額の計上は行われない。当該評価方法は，連結を親会社による非支配株主からの株式の取得の結果と考えており，株式の取得価額がその時点における子会社の資産および負債の時価を反映して決定されているはずであるという見方に基づいている。

　資産および負債の時価評価については，部分時価評価法と全面時価評価法が考えられるが，部分時価評価法は，親会社が投資を行った際の親会社の持分を重視する考え方であり，全面時価評価法は，親会社が子会社を支配した結果，子会社が企業集団に含まれることになった事実を重視する考え方である（連結会計基準61項）。

　子会社については，前記のとおり，2008年の連結会計基準の改正により，全面時価評価法のみ認められている。また，関連会社については，部分時価評価法で評価を行うこととなっている（後記「14 2　持分法適用会社に関する評価差額に係る税効果」参照）。

　ここで株式を段階的に取得することにより，関連会社から子会社になる場合，全面時価評価法により支配獲得時の時価評価を実施する必要がある。

　たとえば，子会社の個別財務諸表上の簿価400の土地に対し，株式を30％取得した場合，取得時の土地評価額500との差額である含み益100に対し持分比率30％を乗じた30について評価差額として考える。その後，株式を追加的に購入し，この段階取得により支配獲得した際の土地評価額が600である場合，含み益200に対し100％を乗じた200を評価差額として認識することとなる（図表3－1－2参照）。

図表3－1－2　部分時価評価法と全面時価評価法の評価差額

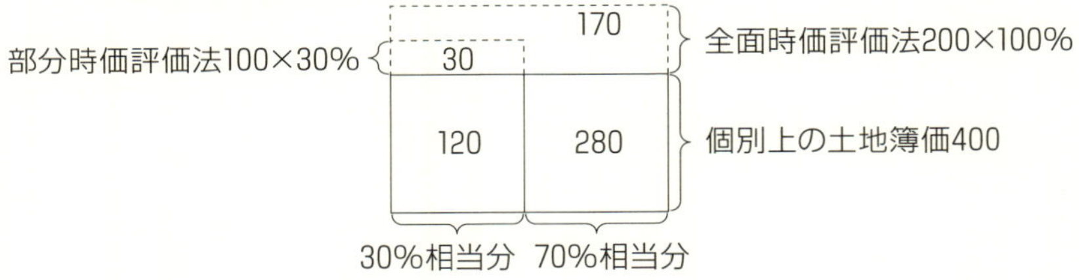

部分時価評価法100×30％　　170　全面時価評価法200×100％
　　　　　　　　　　　　　30

　　　　　　　　　120　　　280　　個別上の土地簿価400

　　　　　30％相当分　70％相当分

2 子会社の資産および負債の時価評価による評価差額に係る 一時差異の取扱い

　子会社の資産および負債を連結財務諸表上で時価評価したことに伴い，子会社の個別財務諸表上の資産および負債の計上額（帳簿価額）と連結財務諸表上の資産および負債の計上額（時価）に評価差額が生じることとなる。当該評価差額は資本連結手続により新たに発生したものであるため，連結財務諸表固有の一時差異となる。

　時価評価に係る評価差額を子会社の資本に計上しているため，当該税効果額は損益計算書の法人税等調整額には計上せず，直接評価差額から控除することとなる。これにより，評価差額の残高は当該税効果額を控除した後の金額となる（資本連結実務指針11項なお書き）。

- 評価差額が借方の場合
  時価評価により子会社の資産の評価減，または負債の評価増，すなわち費用側の評価差額（いわゆる含み損）が生じた場合，連結財務諸表固有の将来減算一時差異として，その回収可能性を判断して繰延税金資産を計上する（税効果適用指針18項本文）。繰延税金資産の回収可能性の詳細については後記「13　連結財務諸表における回収可能性の考え方」にて記載している。
- 評価差額が貸方の場合
  時価評価により子会社の資産の評価増，または負債の評価減，すなわち収益側の評価差額（いわゆる含み益）が生じた場合，連結財務諸表固有の将来加算一時差異として，繰延税金負債を計上する（税効果適用指針18項また書き）。

設例3−1−1　子会社の資産および負債の時価評価に係る税効果

前提条件

① 　P社はX1年3月31日にS社の株式80％を800で取得し，連結子会社とした。
② 　支配獲得時点において，土地に200の含み益，無形固定資産に100の含み損があることが判明した。その他の資産および負債には含み損益がないものとする。
③ 　P社およびS社の決算日は3月31日である。
④ 　S社のX1年3月31日における個別貸借対照表は以下のとおりである。

科目	金額	科目	金額
土地	400	諸負債	500
無形固定資産	200	資本金	200
諸資産	400	利益剰余金	300

⑤　S社の法定実効税率は30％とする。

⑥　S社の繰延税金資産の回収可能性には問題がないものとする。

> 会計処理

(1)　S社連結修正仕訳（土地に係る評価差額の計上）

　S社の支配獲得日（X1年3月31日）の土地に係る評価差額について，その全額をS社の資本に計上する。また，連結財務諸表固有の一時差異について税効果を適用する。評価差額の残高は税効果額を控除した後の金額となる。

（借）土　　　　　　地　$^{(※1)}$200　（貸）繰延税金負債　$^{(※2)}$60
　　　　　　　　　　　　　　　　　　　　評　価　差　額　$^{(※3)}$140

（※1）　200……支配獲得時の土地の評価差額（前提条件②参照）。
（※2）　60＝評価差額200（※1）×法定実効税率30％
（※3）　140＝評価差額200（※1）×（1－法定実効税率30％）

(2)　S社連結修正仕訳（無形固定資産に係る評価差額の計上）

　S社の支配獲得日（X1年3月31日）の無形固定資産に係る評価差額について，その全額をS社の資本に計上する。また，連結財務諸表固有の一時差異について税効果を適用する。評価差額の残高は税効果額を控除した後の金額となる。

（借）繰延税金資産　$^{(※1)}$30　（貸）無形固定資産　$^{(※2)}$100
　　　評　価　差　額　$^{(※3)}$70

（※1）　30＝評価差額100（※2）×法定実効税率30％
（※2）　100……支配獲得時の無形固定資産の評価差額（前提条件②参照）。
（※3）　70＝評価差額100（※2）×（1－法定実効税率30％）

46

【S社のX1年3月31日における時価評価修正後貸借対照表】

科目	金額	科目	金額
土地	600	繰延税金負債	60
無形固定資産	100	諸負債	500
繰延税金資産	30	資本金	200
諸資産	400	利益剰余金	300
		評価差額	(※) 70

(※)　70＝（土地に係る評価差額200－無形固定資産に係る評価差額100）×（1－法定実効税率30％）

評価差額の残高は税効果を控除した後の金額となるが，この後，投資と資本の相殺で消去されるため，最終的に連結財務諸表には残らないこととなる。

3 ┃ 子会社の資産および負債に係る評価差額の実現

支配獲得時において時価評価の対象となった資産または負債が，償却，売却，決済等により減少し，評価差額の全部，または一部が実現することがある。たとえば，償却性資産の減価償却による実現，棚卸資産や固定資産の売却による実現，売上債権の決済による実現等がこれに当たる。

具体的に，支配獲得時において，200の含み益がある土地（個別財務諸表上の土地の帳簿価額400，連結財務諸表上の土地の帳簿価額600）について，支配獲得後に子会社が連結外部へ700で売却することになった場合，個別損益計算書上は，個別貸借対照表上の帳簿価額400を基に土地売却益300が計上されるが，連結損益計算書上は連結貸借対照表上の帳簿価額600（含み益200）をもとに土地売却益100と計算される。

連結手続上は，個別財務諸表上の土地売却益300を連結財務諸表上の土地売却益100に修正するため，土地売却益の200の修正（減額）が必要となる（資本連結実務指針26項）。イメージとしては図表3－1－3で示したとおりである。

第 3 章　①連結時の時価評価（評価差額）に係る税効果　47

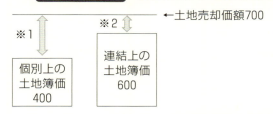

図表 3 − 1 − 3　個別と連結の土地売却益の関係

（※ 1）　個別上の土地売却益300
（※ 2）　連結上の土地売却益100

連結上の土地売却益は100であるため，200の修正（減額）が必要

図表 3 − 1 − 3 の土地売却益の連結修正仕訳は以下のとおりとなる。

（借）土　地　売　却　益	(※1)200	（貸）土　　　　　　　地	(※1)200
（借）繰　延　税　金　負　債	(※2)60	（貸）法　人　税　等　調　整　額	(※2)60

（※ 1）　200＝支配獲得時の土地の評価差額200×売却持分割合100％
（※ 2）　60＝評価差額200（※ 1 ）×法定実効税率30％

　支配獲得時において認識した評価差額200が実現したため，連結手続上，個別上の土地売却益を連結上の土地売却益に修正することとなる。また，評価差額の実現に伴い，評価差額に係る繰延税金資産（ないしは繰延税金負債）を実現した分だけ取り崩すことになる。この際の相手勘定は法人税等調整額を使用する。
　ここでのポイントは支配獲得時に計上した評価差額を修正しないことである。評価差額は連結手続上，子会社の個別財務諸表の修正として，税効果考慮後の純額で計上されたのち，投資と資本の相殺消去で全額消去されるが，評価差額の実現の際に評価差額の数値を動かすと，投資と資本の相殺消去で不整合が生じてしまう。よって評価差額の実現の際の税効果の調整は評価差額の修正ではなく，法人税等調整額を計上することとなり，結果として，将来減算一時差異（ないし将来加算一時差異）が解消した際の当該子会社の税金費用と税引前当期純利益を整合させることとなる（図表 3 − 1 − 4 参照）。

| 図表3－1－4 | 評価差額の実現に伴う実効税率 | | |

		個別財務諸表	連結修正	連結財務諸表
①	税引前当期純利益	300	△200	100
②	法人税等（30%）	△90	0	△90
③	法人税等調整額	0	60	60
①＋②＋③	当期純利益	210	△140	70
④＝②＋③	税金費用	△90	60	△30
④÷①×100	税率	△30%	－	△30%

税金の負担率が個別・
連結とも30%で整合

（注） 便宜的に収益をプラス，費用をマイナスで表示。

図表3－1－4は，単純化のために当期の取引は土地の売却のみであったと仮定している（土地売却益＝税引前当期純利益と仮定）。

個別財務諸表において土地売却益300が計上されており，税務上も300の所得が発生しているため，法人税等は所得の30％の90を費用で計上している。簡略化のため個別財務諸表上の法人税等調整額はゼロとしたとき，税金費用は90の費用となり，税引前当期純利益に対する税金費用の比率は30％となる。

一方で，連結財務諸表上は，連結修正として土地売却益の200の修正（減額）をし，当該評価差額の実現に伴う税効果による法人税等調整額を収益側に60計上する。当該連結修正の結果として，連結財務諸表上は，土地売却益100に対し，法人税等が90費用側に計上され，法人税等調整額が60収益側に計上されるため，税金費用としては30の費用計上となる。よって，評価差額の実現仕訳として法人税等調整額を計上することで，個別財務諸表と同様に税引前当期純利益に対する税金の負担率は30％という結果となる。

なお，評価差額は全面時価評価法により計上されているので，非支配株主が子会社に存在する場合には，個別財務諸表で計上された評価差額の実現額の修正のうち非支配株主に帰属する部分については，非支配株主に帰属する当期純利益として按分する必要がある。

第3章　①連結時の時価評価（評価差額）に係る税効果　*49*

設例3－1－2　評価差額の実現

前提条件

① 設例3－1－1の前提条件に以下の条件を加える。

② S社は土地400をX2年3月31日に700で売却し，土地売却益300を計上した。

③ S社は無形固定資産に対しX2年3月31日に100の償却費を計上した（残存簿価200÷残存耐用年数2年＝償却費100）。

④ P社およびS社のX1年3月31日における個別貸借対照表は以下のとおりである。

【P社貸借対照表　X1年3月31日】

科目	金額	科目	金額
諸資産 （うちS社株式）	5,000 （800）	諸負債	3,000
		資本金 利益剰余金	500 1,500

【S社貸借対照表　X1年3月31日】

科目	金額	科目	金額
土地 無形固定資産 諸資産	400 200 400	諸負債	500
		資本金 利益剰余金	200 300

会計処理

(1) S社の時価評価仕訳，およびS社のX1年3月31日における時価評価修正後貸借対照表

設例3－1－1の会計処理参照。

(2) 支配獲得時（X1年3月31日）の投資と資本の相殺

S社のX1年3月末の修正後貸借対照表に基づき，P社のS社株式800とS社の資本570との相殺消去および非支配株主持分への振替を行い，消去差額をのれんに計上する。全面時価評価法では，評価差額は親会社持分額およ

び非支配株主持分額が計上されるため，非支配株主持分にも評価差額が含まれる。

（借）	資　本　金	(※1)200	（貸）	Ｓ　社　株　式	(※1)800
	利　益　剰　余　金	(※1)300		非支配株主持分	(※3)114
	評　価　差　額	(※2)70			
	の　　れ　　ん	(※4)344			

（※１）　前提条件④より。
（※２）　70……Ｓ社のＸ１年３月31日における時価評価修正後貸借対照表より（設例３－１－１参照）。
（※３）　114＝Ｓ社資本（評価差額考慮後）570×非支配株主持分比率20％
（※４）　344＝取得価額800－（Ｓ社資本（評価差額考慮後）570×Ｐ社所有比率80％）

(3)　翌期決算時（Ｘ２年３月31日）の土地評価差額の実現

　　土地の売却に伴い，支配獲得時に計上された土地の含み益200を土地から減額するとともに，土地売却益を修正することにより，個別財務諸表上の土地売却益300を連結財務諸表上の土地売却益100に修正する（連結財務諸表上は，個別財務諸表上の土地売却益300のうち200について，支配獲得時に含み益を評価している。）。

　　また，当該修正に係る前期までに計上された繰延税金負債を取り崩して，法人税等調整額に計上することで，将来加算一時差異が解消した期の当該子会社の税金費用と税引前当期純利益が対応する。

（借）	土　　　　　地	(※)200	（貸）	繰　延　税　金　負　債	(※)60
				評　価　差　額	(※)140

（※）　開始仕訳のためＸ１年３月期の評価差額の計上仕訳を引き継ぐ（設例３－１－１参照）。

（借）	土　地　売　却　益	(※1)200	（貸）	土　　　　　地	(※1)200
（借）	繰　延　税　金　負　債	(※2)60	（貸）	法　人　税　等　調　整　額	(※2)60

（※１）　200＝支配獲得時の土地の評価差額200×売却比率100％
（※２）　60＝200（※１）×法定実効税率30％

(4)　翌期決算時（Ｘ２年３月31日）の無形固定資産償却費の修正

　　無形固定資産の償却に伴い，個別財務諸表上の償却費100（個別財務諸表上の残存簿価200÷残存耐用年数２年）を，連結財務諸表上の償却費50（連結財務諸表上の残存簿価100÷残存耐用年数２年）に修正する（連結財務諸

表上は，個別財務諸表上の償却費100のうち50について，支配獲得時に含み損を認識している。）。

　また，当該修正に係る前期までに計上された繰延税金資産を取り崩して，法人税等調整額に計上することで，将来減算一時差異が解消した期の当該子会社の税金費用と税引前当期純利益が対応する。

| （借） | 繰延税金資産 | (※)30 | （貸） | 無形固定資産 | (※)100 |
| | 評　価　差　額 | (※)70 | | | |

（※）　開始仕訳のためX1年3月期の評価差額の計上仕訳を引き継ぐ（設例3－1－1参照）。

| （借） | 無形固定資産 | (※1)50 | （貸） | 償　　却　　費 | (※1)50 |
| （借） | 法人税等調整額 | (※2)15 | （貸） | 繰延税金資産 | (※2)15 |

（※1）　50＝個別財務諸表上の償却費100－連結財務諸表上の償却費50
（※2）　15＝50（※1）×法定実効税率30%

　上記の処理により，土地と無形固定資産の評価差額がX2年3月期に実現したことにより，将来減算一時差異（ないしは将来加算一時差異）が解消された期における税金等調整前当期純利益と税金費用の比率（税効果会計適用後の実効税率）が個別と連結で整合することとなる。

		個別財務諸表 （P社＋S社）	連結修正	連結財務諸表
①	売上高	1,000	0	1,000
②	売上原価	△800	50	△750
③＝①＋②	売上総利益	200	50	250
④	土地売却益	300	△200	100
⑤＝③＋④	税金等調整前（税引前）当期純利益	500	△150	350
⑥	法人税等（30%）	△150	0	△150
⑦	法人税等調整額	0	45	45
⑤＋⑥＋⑦	当期純利益	350	△105	245
⑧＝⑥＋⑦	税金費用	△150	45	△105
⑧÷⑤×100	税率	△30%	－	△30%

（注1）　便宜的に収益をプラス，費用をマイナスで表示。
（注2）　無形固定資産の償却費の修正は全額売上原価とする。

税金の負担率が個別・連結ともに30%となる

4 法定実効税率の変更

　法人税法等の改正に従い，子会社の法定実効税率に変更があった場合，子会社の資産および負債の時価評価差額に係る繰延税金資産および繰延税金負債を新しい法定実効税率に修正する必要がある。当該繰延税金資産および繰延税金負債の修正の相手勘定は法人税等調整額とし，税率が変更された連結会計年度において計上する（税効果適用指針51項本文）。

　なお，税制改正に伴い法定実効税率が変更された際に，その他有価証券評価差額金や土地再評価差額金のように，評価差額等を直接純資産の部に計上する場合，繰延税金資産および繰延税金負債の修正の相手勘定は純資産の部の評価・換算差額等になる（税効果適用指針51項(1)）。一方で，子会社の資産および負債の時価評価差額については相手勘定が法人税等調整額と定められており，子会社の資産および負債の時価評価差額を後から修正しないことにより，支配獲得時の親会社の投資と子会社の資本の相殺消去が継続して実施されることとなる。

設例３−１−３　　法定実効税率の変更

前提条件

① 　P社はX1年3月31日にS社の株式80％を800で取得し，連結子会社とした。
② 　支配獲得時点において，土地に200の含み益があることが判明した。その他の資産および負債には含み損益はないものとする。
③ 　P社およびS社の決算日は3月31日である。
④ 　支配獲得時に適用する法定実効税率は35％とする。
⑤ 　翌期になり，法定実効税率が30％に引下げとなった。

会計処理

(1)　支配獲得時（X1年3月31日）の時価評価仕訳

| (借) 土　　　　　地 | (※1)200 | (貸) 繰 延 税 金 負 債 | (※2)70 |
| | | 評 価 差 額 | (※3)130 |

（※1）　200……支配獲得時の評価差額（前提条件②参照）。

第3章　①連結時の時価評価（評価差額）に係る税効果　　*53*

（※2）　70＝評価差額200（※1）×法定実効税率35％
（※3）　130＝評価差額200（※1）×（1－法定実効税率35％）

(2)　翌期決算時（X2年3月31日）の法定実効税率引下げに係る仕訳

（借）　土　　　　　　　地	(※1)200	（貸）　繰 延 税 金 負 債	(※2)60
		評 価 差 額	(※3)130
		法 人 税 等 調 整 額	(※4)10

（※1）　200……支配獲得時の評価差額（前提条件②参照）。
（※2）　60＝評価差額200（※1）×変更後の法定実効税率30％
（※3）　130＝評価差額200（※1）×（1－法定実効税率35％）
　　　　評価差額（税効果考慮後）は支配獲得時に計上した金額130のまま変動しない。
（※4）　10＝評価差額200（※1）×（変更前の法定実効税率35％－変更後の法定実効税率
　　　　30％）

5 ┃ 在外子会社の簿価修正に伴う資産，負債および評価差額の換算

　在外子会社の資産および負債に係る時価評価については，次のように定められている（外貨建取引実務指針37項）。

> ・簿価修正額ならびに繰延税金資産および繰延税金負債は，在外子会社の個別財務諸表上の他の資産および負債と同様に，毎期決算時の為替相場により円換算する。
> ・資本連結手続において相殺消去の対象となる子会社の資本（評価差額）の額は，支配獲得時の為替相場により円換算する。

　たとえば，支配獲得時において子会社の土地に含み損益があった場合に，当該土地の簿価修正額，および対応する繰延税金資産または繰延税金負債については，支配獲得後において，通常の在外子会社の資産および負債と同様に毎期決算時の為替相場により円換算される。

　一方で，評価差額については支配獲得時の為替相場により一度だけ円換算された後は，その後換算替えを行わない。このため，その後株式の追加取得または一部売却があっても，当該会社が連結子会社である限り，評価差額は外貨額および円換算額とも固定され，資本連結手続において，親会社持分と非支配株主持分に配分されることになる。

54

　前記「4　法定実効税率の変更」と同様に，子会社の資産および負債の時価評価差額を後から修正しないことにより，支配獲得時の親会社の投資と子会社の資本の相殺消去が継続して実施されることとなる。

設例3−1−4　在外子会社の簿価修正に伴う資産，負債および評価差額の換算

前提条件

①　P社はX1年3月31日に海外に所在するS社の株式100％を1,000で取得し，連結子会社とした。
②　P社およびS社の決算日は3月31日である。
③　支配獲得時点において，土地に2米ドルの含み益があることが判明した。
④　S社の法定実効税率は30％とする。
⑤　支配獲得時のレートを100円/米ドルとする。
⑥　翌期X2年3月31日における決算時レートは120円/米ドルとする。

会計処理

(1)　支配獲得時（X1年3月31日）のS社連結修正仕訳

　S社の支配獲得日（X1年3月31日）の土地に係る評価差額について，その全額をS社の資本に計上する。また，連結財務諸表固有の一時差異について税効果を適用する。

(借)　土　　　地	(※1)200	(貸)　繰 延 税 金 負 債	(※2)60
		評 価 差 額	(※3)140

(※1)　200＝評価差額2米ドル×支配獲得時レート100円/米ドル
(※2)　60＝評価差額2米ドル×法定実効税率30％×支配獲得時レート100円/米ドル
(※3)　140＝評価差額2米ドル×（1−法定実効税率30％）×支配獲得時レート100円/米ドル

(2)　翌期決算時（X2年3月31日）のS社連結修正仕訳

　土地の簿価修正額ならびに対応する繰延税金資産および繰延税金負債については，決算時レートで換算替えを行う。一方で，評価差額については支配獲得時レートのまま，換算替えを行わない。

第3章　1連結時の時価評価（評価差額）に係る税効果　*55*

（借）　土　　　　　地	(※1)240	（貸）　繰延税金負債	(※2)72
		評　価　差　額	(※3)140
		為替換算調整勘定	(※4)28

（※1）　240＝評価差額2米ドル×決算時レート120円/米ドル
（※2）　72＝評価差額2米ドル×法定実効税率30％×決算時レート120円/米ドル
（※3）　140＝評価差額2米ドル×（1－法定実効税率30％）×支配獲得時レート100円/米ドル
　　　　評価差額（税効果考慮後）は支配獲得時に計上した金額140のまま変動しない。
（※4）　差額により算出。

6 ┃ 繰延税金資産の回収可能性の変動

　子会社の支配獲得時において，子会社が保有している土地等の資産に含み損があり，かつ，その金額に重要性がある場合，資本連結に際して子会社の当該土地等を時価評価することになる。子会社の個別財務諸表上の資産計上額と連結財務諸表上の資産計上額（時価）の差額は，連結財務諸表固有の将来減算一時差異となるため，繰延税金資産の回収可能性が認められる場合には繰延税金資産を計上する。

　たとえば，当該子会社が回収可能性適用指針に定められる（分類3）に該当する企業で，将来の合理的な見積可能期間（たとえば，5年間）において，当該将来減算一時差異が解消する見込みがない場合は（土地の売却意思がない場合等），支配獲得時の資本連結においては繰延税金資産は計上されない（回収可能性適用指針23項）。

　支配獲得後において，当該含み損がある土地を連結外部へ売却する意思決定をした場合等，将来の合理的な見積可能期間において，将来減算一時差異が解消する可能性が高くなり，当該将来減算一時差異に係る繰延税金資産に回収可能性が認められる場合には，当該時点から繰延税金資産を計上する。

　当該繰延税金資産の修正の相手勘定は法人税等調整額とし，繰延税金資産の回収可能性が変動した連結会計年度において計上する。

　前記「4　法定実効税率の変更」，「5　在外子会社の簿価修正に伴う資産，負債および評価差額の換算」と同様に，子会社の資産および負債の時価評価差額を後から修正しないことにより，支配獲得時の親会社の投資と子会社の資本の相殺消去が継続して実施されることとなる。

56

| 設例 3 - 1 - 5 | 繰延税金資産の回収可能性の変動 |

前提条件

① P社はX1年3月31日にS社の株式80%を800で取得し，連結子会社とした。

② 支配獲得時点において，土地に200の含み損があることが判明した。その他の資産および負債には含み損益はないものとする。

③ S社はX3年3月31日に当該土地をすべて連結外部へ売却する意思決定を行った。

④ P社およびS社の決算日は3月31日である。

⑤ S社の法定実効税率は30%とし，回収可能性適用指針における企業の分類は（分類3）とする。

会計処理

(1) 支配獲得時（X1年3月31日）の時価評価

支配獲得時において，土地に係る将来減算一時差異が合理的な見積可能期間において，解消する見込みはなく，回収可能性がないため，繰延税金資産を計上しない。

| (借) 評 価 差 額 | (※)200 | (貸) 土 地 | (※)200 |

(※) 200……支配獲得時の評価差額（前提条件②参照）。

(2) 土地売却意思決定時（X3年3月31日）の繰延税金資産計上仕訳

土地売却意思決定時において，土地に係る将来減算一時差異が合理的な見積可能期間において，解消する見込みがあるため，回収可能性があると認められ，繰延税金資産を計上する。当該繰延税金資産の修正の相手勘定は法人税等調整額とし，支配獲得時の評価差額は事後的に修正されない。

| (借) 評 価 差 額 | (※1)200 | (貸) 土 地 | (※1)200 |
| (借) 繰 延 税 金 資 産 | (※2)60 | (貸) 法人税等調整額 | (※2)60 |

(※1) 200……支配獲得時の評価差額（前提条件②参照）。

(※2) 60＝評価差額200(※1)×法定実効税率30%

第3章 ①連結時の時価評価（評価差額）に係る税効果 57

7 | タックスヘイブンに所在する子会社を取得した場合の評価差額に関する税効果

新規連結子会社に対してタックスヘイブン対策税制が適用される場合には，当該新規連結子会社の資産および負債に係る評価差額に対して，タックスヘイブン対策税制も見込んだ税率で税効果を計上することになると考えられる。

設例3－1－6において，簡単な設例を示す。

設例3－1－6　タックスヘイブンに所在する子会社の取得

前提条件

① 日本に所在するP社はX1年3月31日にタックスヘイブンであるA国に所在するS社の株式100％を1,000で取得し，連結子会社とした。
② P社およびS社の決算日は3月31日である。
③ 支配獲得時点において，土地に200の含み益があることが判明した。
④ P社の法定実効税率は30％とする。
⑤ S社の法定実効税率は10％とする。
⑥ S社が仮に土地を売却した場合，A国で課税されるほか，日本でも合算課税される取扱いとなっている。

会計処理

(1) 支配獲得時（X1年3月31日）のS社連結修正仕訳

S社の支配獲得日（X1年3月31日）の土地に係る評価差額について，その全額をS社の資本に計上する。また，連結財務諸表固有の一時差異について税効果を適用する。ここでS社の土地の評価であるため，原則はS社の法定実効税率10％を使用することになるが，タックスヘイブン対策税制によりP社とS社は合算課税されるため，連結財務諸表で考えた場合の，将来の増加税金の見積額は，P社の法定実効税率30％分となると考えられる。

| (借) 土　　　　　地 | (※1)200 | (貸) 繰延税金負債 | (※2)60 |
| | | 評　価　差　額 | (※3)140 |

（※1） 200……前提条件③参照。
（※2） 60＝評価差額200（※1）×P社の法定実効税率30％

（※3） 140＝評価差額200（※1）×（1－法定実効税率30％）

2 子会社株式評価損等に関する連結上の取扱い

1 子会社株式評価損等に関する個別上の取扱い

(1) 子会社株式評価損等の個別上の会計処理

① 実質価額の著しい低下の場合

　子会社の業績が悪化することにより，親会社において，当該子会社への投資の評価および融資の回収可能性が論点となる。子会社株式が市場価格のない株式等である場合において，子会社の業績が悪化することにより，財政状態も悪化した結果として，子会社株式の取得原価の50％以下まで実質価額が著しく低下した場合，事業計画等から回復可能性が十分な証拠によって裏付けられるときを除いて，原則として，当該子会社株式の評価損の計上が必要となる（金融商品実務指針92項）。当該事業計画は実行可能で合理的なものである必要があり，おおむね5年以内に取得原価までの回復が見込まれるのであれば，株式評価損を計上しないことも認められる（金融商品実務指針285項）。

② 債務超過の場合

　当該子会社の業績悪化が改善せず（または事業計画が軌道に乗らず），実質価額がマイナスとなった場合，回復可能性がある場合を除き，親会社が所有する子会社株式の帳簿価額をゼロまたは備忘価額まで切り下げることとなる。また，株主有限責任の原則においては出資額までの責任が原則的な取扱いであるが，実務的には親会社が当該子会社の債務超過額について最終的に負担することが考えられる。このような場合，最終的な負担分も親会社の財務諸表に反映させる必要がある。

　まず，債務超過の子会社に対して貸付金や売上債権を保有している場合には，通常，親会社は当該債権を貸倒懸念債権に分類する。貸倒懸念債権については，財務内容評価法またはキャッシュ・フロー見積法に基づき，算定された回収不能と認められる部分について貸倒引当金を計上するが（金融商品会計基準28項

第3章　②子会社株式評価損等に関する連結上の取扱い　*59*

(2)，金融商品実務指針113項)，債務超過の場合，債務超過額と債権額のいずれか小さい額まで貸倒引当金を計上することが考えられる。

　次に，子会社に対して債務保証を行っている場合，債務保証損失という形で損失を負担することが考えられるため，未手当の債務超過負担額について，債務保証の金額の枠内で債務保証損失引当金の計上の要否を検討する。債務保証損失引当金は，債務保証の総額から，債務者の返済可能額および担保により保全される額等の求償債権についての回収見積額を控除した額を計上することが通常の取扱いであるが，債務超過の場合，前記の貸倒引当金でカバーされる部分を除き，残余の債務超過額と債務保証額のいずれか小さい額まで当該引当金を計上する。

　それでもなお，未手当の債務超過負担額が残る場合には，当該親会社の負担について，引当金の要件を満たすものとして，（関係会社）事業損失引当金等の名称で負債に計上することが考えられる（図表3－2－1参照）。

図表3－2－1　子会社の実質価額の推移と親会社における会計処理の相関

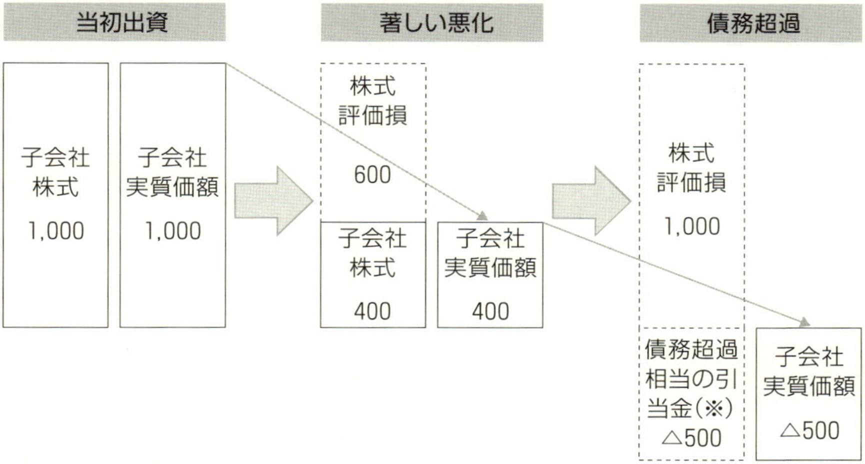

当初出資	著しい悪化	債務超過
子会社株式 1,000 ／ 子会社実質価額 1,000	株式評価損 600 ／ 子会社株式 400 ／ 子会社実質価額 400	株式評価損 1,000 ／ 債務超過相当の引当金（※）△500 ／ 子会社実質価額 △500

（※）　貸倒引当金，債務保証損失引当金，事業損失引当金等が考えられる。

⑵　子会社株式評価損等に関する個別上の税効果の取扱い

前記の株式評価損，貸倒引当金，債務保証損失引当金，事業損失引当金について，税務上損金算入が認められない有税処理となった場合，将来減算一時差異に該当するため，その回収可能性を判断して繰延税金資産を計上することになる。

子会社の業績悪化に伴い親会社で計上した各勘定科目について，税効果の基本的な考え方は同じであるため，以下において株式評価損の有税処理のケース，無税処理のケースに分けて詳細な説明をする。

①　子会社株式評価損等が税務上損金に算入されない場合（有税処理のケース）

子会社株式が，市場価格のない株式等である場合，子会社株式評価損は法人税法上の損金算入要件を満たすことが実務的に難しいため，有税処理になるケースが多いと思われる。

税務上損金算入しないこととなった場合，親会社が認識している子会社株式の会計上の簿価と税務上の簿価は一致せず，差額は将来減算一時差異に該当するため，個別財務諸表上での税効果会計の対象となる。当該将来減算一時差異は，一般的には子会社の売却等の意思決定が行われた時点でスケジューリングが可能となり，回収可能と認められる額で，繰延税金資産を計上することとなる。

なお，子会社株式評価損以外の諸引当金も，同様の取扱いとなる。

②　子会社株式評価損が税務上損金に算入される場合（無税処理のケース）

子会社株式が上場有価証券等であり，時価のある有価証券である場合など，子会社株式評価損が法人税法上の損金算入要件を満たす，すなわち無税処理になるケースがある。

税務上損金算入することとなった場合，親会社が認識している子会社株式の会計上の簿価と税務上の簿価は一致するため，将来減算一時差異は生じないこととなり，個別財務諸表上の税効果会計の対象外となる。

2 | 子会社株式評価損等に関する連結上の取扱い

　個別財務諸表で子会社株式の評価損を計上している場合，有税であるか無税であるかを問わず，連結修正仕訳（個別財務諸表の修正）で当該評価損の戻入れを行った上で，資本連結を行うことになる。

　これは子会社の業績悪化に伴う損失計上や，実質価額の低下は，毎期連結財務諸表に取り込まれているものであり，個別財務諸表で計上した株式評価損を連結財務諸表上も消去せずに残しておくことは，損失の二重計上になるためである。また，子会社株式の評価損は一種の連結会社間取引として考えられるため，親会社の個別財務諸表において計上された株式評価損は戻入れを行った上で，資本連結を行う必要がある。

　子会社株式評価損を戻し入れた結果，株式評価損の消去に伴う将来加算一時差異が発生する。この将来加算一時差異に対する税効果の認識については，投資に対する評価損の税務上の取扱いに関連して，以下のように取り扱うこととなる。

　なお，子会社が債務超過等に陥っており，株式評価損以外に貸倒引当金，債務保証損失引当金，事業損失引当金を親会社で計上している場合，いずれも株式評価損と同様に，連結財務諸表上は当該取引（引当金）を消去することとなる。

(1)　子会社株式評価損が税務上損金に算入されない場合（有税処理のケース）

　個別財務諸表において子会社株式の評価損を計上し，当該評価損に係る将来減算一時差異の全部または一部に対して繰延税金資産が計上されている場合，資本連結手続により株式評価損の消去に係る将来加算一時差異に対して，当該繰延税金資産と同額の繰延税金負債を計上し，繰延税金資産と繰延税金負債を相殺する（税効果適用指針20項本文）。

　すなわち，個別財務諸表上で計上した株式評価損に係る繰延税金資産と同額の繰延税金負債を連結財務諸表上で認識し，相殺することとなるため，連結財務諸表上，子会社への株式評価損等の一時差異が生じていないことと同様の結果となる。要するに，子会社株式評価損，および当該評価損に係る税効果について，連結財務諸表上は一連の仕訳が発生していなかったかのように処理を行

うこととなる。

　なお，個別財務諸表において回収可能性がないと判断し，繰延税金資産を計上していない場合においては，連結財務諸表上，一時差異が消去されるのみであるため，繰延税金負債を計上することはない（税効果適用指針20項また書き）。

設例３－２－１　子会社株式評価損に関する連結上の取扱い（有税処理のケース）

前提条件

① 　親会社Ｐ社は連結子会社Ｓ社の発行済株式総数の80％を保有しており，その取得原価は1,000である。

② 　Ｓ社の業績は悪く，Ｐ社の持分に相当するＳ社の実質価額は400まで下がっており，Ｐ社は個別決算上で600の子会社株式評価損を計上している。

③ 　子会社株式評価損はＰ社の税務上の損金算入要件を満たしていない。

④ 　Ｐ社は回収可能性適用指針における企業の分類が（分類１）の会社であり，子会社株式評価損に関する将来減算一時差異は全額回収可能性があるものとする。

⑤ 　Ｐ社の法定実効税率は30％とする。

会計処理

[Ｐ社個別財務諸表上の処理]

（借）	子会社株式評価損	(※1)600	（貸）	Ｓ　社　株　式	(※1)600
（借）	繰延税金資産	(※2)180	（貸）	法人税等調整額	(※2)180

（※1）　600＝投資額1,000－実質価額400
（※2）　180＝子会社株式評価損600×法定実効税率30％

[連結修正仕訳]

　個別で計上された繰延税金資産と，連結修正仕訳で計上された繰延税金負債は，相殺されることになり，結果として子会社に対する投資について一時差異が生じていないことと同様となる。

（借）	Ｓ　社　株　式	(※1)600	（貸）	子会社株式評価損	(※1)600
（借）	法人税等調整額	(※2)180	（貸）	繰延税金負債	(※2)180

（※1）　600……Ｐ社個別決算上で計上された子会社株式評価損の戻し。

第3章　②子会社株式評価損等に関する連結上の取扱い　*63*

(※2)　180＝子会社株式評価損600×法定実効税率30％

(2)　子会社株式評価損が税務上損金に算入される場合（無税処理のケース）

　個別財務諸表において子会社株式の評価損を計上し，当該評価損について税務上の損金算入の要件を満たしている場合（過去に税務上の損金に算入された場合を含む。），資本連結手続に伴い生じた当該評価損の消去に係る連結財務諸表固有の将来加算一時差異に対して繰延税金負債を計上しない（税効果適用指針21項）。

　親会社で認識している子会社株式の投資簿価と税務上の簿価は一致しているため，株式評価損に係る繰延税金資産は個別財務諸表上計上されていない。したがって，連結財務諸表において株式評価損を全額戻し入れるが，繰延税金負債の計上は不要となる。

設例3－2－2　子会社株式評価損に関する連結上の取扱い（無税処理のケース）

前提条件

① 　親会社P社は連結子会社S社の発行済株式総数の80％を保有しており，その取得原価は1,000である。
② 　S社の業績は悪く，P社の持分に相当するS社の実質価額は400まで下がっており，P社は個別決算上で600の子会社株式評価損を計上している。
③ 　子会社株式評価損はP社の税務上の損金算入要件を満たしているため，一時差異は生じていない。

会計処理

[P社個別財務諸表上の処理]

（借）　子会社株式評価損	(※)600	（貸）　S　社　株　式	(※)600

(※)　600＝投資額1,000－実質価額400

［連結修正仕訳］

| （借） | S　社　株　式 | (※)600 | （貸） | 子会社株式評価損 | (※)600 |

（※）　600……親会社個別財務諸表上で計上された子会社株式評価損の戻し。

3 ┃ 子会社株式の減損に伴うのれんの追加償却

　のれんは，親会社の子会社に対する投資とこれに対応する子会社の資本との相殺消去によって算出される超過収益力等と考えられる。

　子会社の業績の悪化に伴い，親会社の個別財務諸表上で子会社株式の減損処理を行い，連結財務諸表上でのれん未償却額（借方）が残っている場合には，当該超過収益力等を示すのれん残高を減少させる場合がある。

　具体的には，個別財務諸表上の子会社株式減損処理後の株式簿価が，連結財務諸表上の子会社の資本の親会社持分額とのれん未償却額（借方）との合計額を下回った場合には，株式取得時に見込まれた超過収益力等の減少を反映する必要があり，子会社株式の減損処理後の簿価と，連結上の子会社の資本の親会社持分額とのれん未償却額（借方）との合計額との差額のうち，のれん未償却額（借方）に達するまでの金額については，のれん残高から控除し，連結損益計算書にのれん償却額として計上しなければならないとされている（資本連結実務指針32項）。

　イメージとしては図表3－2－2のとおりである。

第3章 ②子会社株式評価損等に関する連結上の取扱い

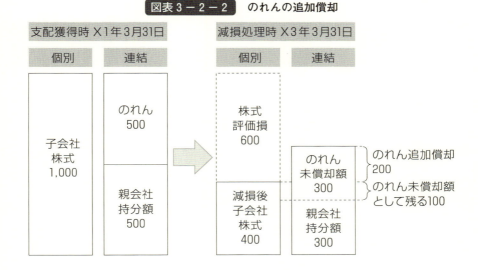

図表3-2-2 のれんの追加償却

この場合，まず個別財務諸表において子会社株式の減損が計上されることで，将来減算一時差異が生じることになる。当該評価損は連結財務諸表の作成に際して戻し入れられ，この場合の連結財務諸表の取扱いは前記「2　子会社株式評価損等に関する連結上の取扱い」のとおりとなる。これに加えて，のれんの一時償却が行われることになるが，こちらは通常ののれん償却と同様，のれんの償却額を将来減算一時差異とみて，繰延税金資産の計上の要否を検討することになる（後記「10 2(2)　のれんの償却額に係る一時差異」参照）。

4 その他の論点

(1) 子会社の清算

完全支配関係にある国内の子会社について，株式評価損は将来売却した際には税務上の損金に算入されるが，清算した場合は税務上の損金に算入されない。よって，親会社が国内100％子会社を清算するまで保有し続けるような場合，将来会社を清算した期の課税所得を減額する効果を有さない。

当該子会社株式評価損について，子会社株式を将来売却するか，当該子会社を清算するかが判明していないときは，一時差異（将来減算一時差異）として

取り扱うか否かが明確でないとも考えられる。

　これについて，当該子会社株式を将来売却するか清算するか判明していない場合であっても，個別貸借対照表に計上されている資産の額と課税所得計算上の資産の額との差額は，当該差額が解消するときにその期の課税所得を減額する効果を有する可能性があることから，将来減算一時差異に該当する（税効果適用指針80項，81項）。

　ただし，連結財務諸表においては，当該将来減算一時差異は戻し入れられることになるため，前記「2　子会社株式評価損等に関する連結上の取扱い」と同様になるものと考えられる。

(2) 子会社の清算と（分類1）との関係

　回収可能性適用指針の企業の分類が（分類1）に該当する企業においては，原則として，繰延税金資産の全額について回収可能性があるものとされている（回収可能性適用指針18項）。前記「原則として」の意味するところは，（分類1）に該当する企業であっても，たとえば，完全支配関係にある国内の子会社株式の評価損について，当該子会社株式を清算するまで保有し続ける方針がある場合など，将来税務上の損金に算入される可能性が低いときに，当該子会社株式の評価損に係る繰延税金資産の回収可能性はないと判断することが適切であると考えられるということである（回収可能性適用指針67-4項）。

　この場合，連結財務諸表においては，当該株式評価損を戻し入れることになるが，将来減算一時差異が消去されるのみであって，繰延税金負債は計上されない点をご確認いただきたい（前記「2(1)　子会社株式評価損が税務上損金に算入されない場合（有税処理のケース）」のなお書き参照）。

3 　子会社投資に係る税効果

1 子会社投資に係る税効果の概要

　子会社への投資後に，当該子会社において損益が計上されることや，のれんが償却されることなどにより，投資の連結貸借対照表上の価額と個別貸借対照表上の帳簿価額との間に差異が生じる。また，外国子会社への投資の場合には，

投資後の為替変動に伴い，為替換算調整勘定が計上されることにより，投資の連結貸借対照表上の価額と個別貸借対照表上の帳簿価額との間に差異が生じる。このように，子会社投資から連結財務諸表固有の一時差異が発生することとなる。当該一時差異に係る繰延税金資産および繰延税金負債の計上の要否の判断は，通常の取扱いとは異なる部分があるため，注意が必要である。以下，図表3－3－1に全体像を示した上で，個々の取扱いについて詳細に解説していく。

図表3－3－1　子会社投資に係る税効果の全体像

一時差異の種類	一時差異の発生要因	一時差異の解消事由	本章での取扱い箇所	税効果の認識
将来減算一時差異	子会社における損失の計上	投資の売却等または評価減による税務上の損金算入	③4	原則として繰延税金資産を計上しない。ただし，以下のいずれも満たす場合には，計上する。①予測可能な将来の期間に，子会社に対する投資の売却等（他の子会社への売却の場合を含む。ただし，税務上の要件を満たし課税所得計算において売却損益を繰り延べる場合（法法61条の11）を除く。）を行う意思決定または実施計画が存在する場合，もしくは個別財務諸表上の子会社株式評価損が税務上損金に算入される場合②当該繰延税金資産に回収可能性がある場合
	のれんの償却		⑩	
	為替換算調整勘定の計上（マイナス側）		③5	
	段階取得に係る差損の計上		③2	
	子会社株式取得に係る付随費用		③3	
将来加算一時差異	子会社の留保利益	配当の受領	③4	配当に係る課税関係が生じない場合を除いて，繰延税金負債を計上する。
	負ののれんの償却または発生益	投資の売却	⑩	原則として繰延税金負債を計上する。ただし，以下のいずれも満たす場合には，計上しない。①子会社投資の売却等を親会社自身が決めることができる場合②予測可能な将来の期間に，子会社に対する投資の売却等を行う意思がない場合，
	為替換算調整勘定の計上（プラス側）		③5	

			もしくは予測可能な将来の期間に，子会社に対する投資の売却等を行う意思があるが，当該子会社に対する投資の売却等に伴い生じる売却損益について，税務上の要件を満たし課税所得計算において当該売却損益を繰り延べる場合（法法61条の11）
段階取得に係る差益の計上		③2	

2 ┃ 段階取得の場合における子会社への投資に係る一時差異

(1) その他有価証券から段階取得により子会社となったケース

　子会社の支配獲得のパターンには，子会社株式を一括して取得する場合（一括取得）と複数に分けて取得する場合（段階取得）の二通りがある。いずれのケースにおいても，個別財務諸表上および連結財務諸表上の会計処理は以下のとおりとなる。

〔個別財務諸表〕
　支配獲得に至るまでの個々の取引ごとの原価の合計額をもって，被取得企業の取得原価とする（金融商品会計基準17項，企業結合会計基準25項(1)）。
〔連結財務諸表〕
　支配獲得に至るまでの個々の取引について，すべて企業結合日における時価をもって，被取得企業の取得原価とする（連結会計基準23項(1)，企業結合会計基準25項(2)）。

　前記を踏まえると，一括取得においては，個別財務諸表上の投資簿価と連結財務諸表上の投資の価額は原則として同額（付随費用の取扱いを除く。）となる。一方で，段階取得においては，支配を獲得するに至るまでのすべての取引について，取得時の原価から支配獲得日の時価へと連結財務諸表上で修正する必要があることから，それらの差額を特別損益の区分に「段階取得に係る損益」として計上することとなる（企業結合会計基準25項，企業結合適用指針305-2項）。これは，企業が支配を獲得したという事実は，単純に企業の株式を追加取得したということではなく，被取得企業の取得原価は，支配の獲得のために必要な額に切り替えられるべきとの考え方に基づいている。このため，

従前の投資は支配獲得時点でいったん清算され，改めて投資を行ったと考え，支配獲得時点での時価を新たな投資原価とすることとされている（企業結合会計基準89項）。

なお，支配獲得日の時価は，取得対価が現金である場合，その現金支出額となる点については留意が必要である（資本連結実務指針8項）。

個別財務諸表上においては，原則として税務上の子会社株式の投資簿価と乖離しないため，段階取得に係る損益は，連結財務諸表固有の一時差異となる（税効果適用指針107項(2)）。まとめると，図表3－3－2のとおりとなる。当該一時差異は，税効果適用指針第22項から第24項の要件に照らして，税効果の計上の要否を検討する必要がある（要件については図表3－3－1を参照）。

図表3－3－2 段階取得に係る損益から発生する一時差異

連結および個別上における投資の価額の関係	一時差異の種類
投資の連結上の価額＞個別上の投資簿価(※)	将来加算一時差異
投資の連結上の価額＜個別上の投資簿価(※)	将来減算一時差異

（※）関連会社から段階取得により子会社となったケースの持分法評価額を含む。

なお，支配獲得の有無がポイントとなるため，重要性がないことから持分法適用非連結子会社としているケースにおいても，支配獲得をしている事実に変わりがないことから，段階取得に係る損益を計上する必要がある（後記「(2)関連会社から段階取得により子会社となったケース」でも同様）。

(2) 関連会社から段階取得により子会社となったケース

関連会社から子会社となったケースにおいても，前記「(1) その他有価証券から段階取得により子会社となったケース」にて記載のとおり，支配の獲得により過去の投資の実態が変わったと捉えることから，支配獲得時点の時価にすべての既存投資を修正し，その差額は段階取得に係る損益として認識することとなる。このため，当該段階取得に係る損益の発生により，連結財務諸表固有の一時差異が生じることとなる（図表3－3－2参照）。

一方で，関連会社株式の買増しを行ったのみであり，支配を獲得していない段階においては，段階取得に係る損益が計上されることはない。

3 | 取得関連費用と子会社への投資に係る一時差異

　子会社株式の取得に際して発生する付随費用については，個別財務諸表上，原則としてその取得価額に含めることとされている（金融商品実務指針56項）。また，税務上，購入した有価証券の取得価額には，購入手数料その他その有価証券の購入のために要した費用がある場合には，その費用の額を加算するとされている（法令119条1項1号）。このため，個別財務諸表上では原則として一時差異が発生することはないと思われる。

　一方で，連結財務諸表上では，取得関連費用を発生した事業年度の費用として処理することから（企業結合会計基準26項），連結修正仕訳にて，個別財務諸表上，資産に計上した付随費用を費用に振り替える必要がある。その結果として，連結財務諸表固有の一時差異（将来減算一時差異）が発生することとなる（税効果適用指針107項(1)）。当該取扱いは，支配獲得後の追加取得時の付随費用についても同様となる。なお，段階取得により支配を獲得する場合には，支配獲得前に取得した株式に係る付随費用は段階取得に係る損益として処理される点に留意が必要であるが，連結財務諸表固有の一時差異となることに変わりはない（資本連結実務指針8項参照）。

設例3−3−1　段階取得に係る損益および付随費用が発生するケースの税効果

前提条件

① 　P社は，S社株式を以下のとおり段階的に取得し，同社を子会社としている。

取得日	持分比率	株式数	取得時点の時価	株式の取得価額	取得関連費用
X1年3月31日	10%	1,000株	30円/株	30,000	3,000
X2年3月31日	50%	5,000株	50円/株	250,000	12,000

② 　S社における発行済株式総数は10,000株である。

③ 　個別財務諸表上で，付随費用は子会社株式に含めて処理をしている。

④ 　便宜的に，繰延税金資産および繰延税金負債を計上する要件である税効果適用指針第22項から第24項の要件は満たしているものとする。

第3章　③子会社投資に係る税効果　71

⑤　法定実効税率は30％とする。

会計処理

[X1年3月期の個別財務諸表上の処理]

(1)　S社株式取得時の処理

（借）　S　社　株　式　　　(※)33,000　（貸）　現　　　　　金　　(※)33,000

（※）　33,000＝30円/株×1,000株＋付随費用3,000

[X1年3月期の連結財務諸表上の処理]

支配を獲得しておらず，連結対象とはならない。

仕訳なし

[X2年3月期の個別財務諸表上の処理]

（借）　S　社　株　式　　　(※)262,000　（貸）　現　　　　　金　　(※)262,000

（※）　262,000＝50円/株×5,000株＋付随費用12,000

[X2年3月期の連結財務諸表上の処理]

(1)　取得価額の時価への修正仕訳

（借）　S　社　株　式　　　(※1)20,000　（貸）　段階取得に係る差益　(※1)20,000
（借）　法人税等調整額　　　(※2)6,000　（貸）　繰 延 税 金 負 債　(※2)6,000

（※1）　20,000＝50円/株×6,000株－（30,000＋250,000）
（※2）　6,000＝20,000×法定実効税率30％

(2)　子会社株式に含まれる付随費用の費用化

（借）　段階取得に係る差益　(※1)3,000　（貸）　S　社　株　式　　(※3)15,000
　　　　取 得 関 連 費 用　(※2)12,000
（借）　繰 延 税 金 資 産　(※4)4,500　（貸）　法人税等調整額　　(※4)4,500

（※1）　支配獲得前に取得したX1年3月31日分は段階取得に係る差益から控除。
（※2）　支配獲得時に取得したX2年3月31日分は取得関連費用として処理。
（※3）　15,000＝12,000＋3,000
（※4）　4,500＝（3,000＋12,000）×法定実効税率30％

4 子会社の留保利益に係る一時差異

(1) 子会社の留保利益に係る税効果の概要

　支配獲得後に子会社において獲得された利益のうち，親会社に帰属する部分は，投資の連結貸借対照表上の価額を増大させる要因となる。その結果として，個別貸借対照表上の投資簿価を上回る結果となり，将来加算一時差異が発生する。当該一時差異は，親会社が投資の売却等を行うことによって解消する部分と，投資の売却等が見込まれない場合に，当該留保利益を配当金として受け取ることにより解消する部分がある。

① 将来の配当により解消する部分

　将来の配当により解消する部分については，以下のいずれかに該当する場合，将来の期間において追加で納付が見込まれる税金の額を繰延税金負債として計上する必要がある（税効果適用指針24項）。

> ① 親会社が国内子会社の留保利益を配当金として受け取るときに，当該配当金の一部または全部が税務上の益金に算入される場合
> ② 親会社が在外子会社の留保利益を配当金として受け取るときに，次のいずれかまたはその両方が見込まれる場合
> （i）当該配当金の一部または全部が税務上の益金に算入される。
> （ii）当該配当金に対する外国源泉所得税について，税務上の損金に算入されないことにより追加で納付する税金が生じる。

　ただし，親会社が当該子会社の利益を配当しない方針（配当政策等）を採用している場合，または株主間協定等で子会社の利益を配当しない方針について他の株主等との間に合意がある場合等，将来の会計期間において追加で納付する税金が見込まれない可能性が高いときは，繰延税金負債を計上しないこととされている。

② 投資の売却等により解消する部分

　前記「① 将来の配当により解消する部分」のほか，それ以外の事由（投資の売却等）により解消する部分についても，税効果適用指針第23項にあるとおり，以下のいずれも満たす場合を除き，将来の期間において追加で納付が見込

まれる税金の額を繰延税金負債として計上する必要があることに留意されたい。

> ①　親会社が子会社に対する投資の売却等を当該親会社自身で決めることができる。
> ②　次の(ⅰ)または(ⅱ)のいずれかを満たす。
> 　(ⅰ)　予測可能な将来の期間に，子会社に対する投資の売却等（他の子会社への売却の場合を含む。）を行う意思がない。
> 　(ⅱ)　予測可能な将来の期間に，子会社に対する投資の売却等を行う意思があるが，当該子会社に対する投資の売却等に伴い生じる売却損益について，税務上の要件を満たし課税所得計算において当該売却損益を繰り延べる場合（法法61条の11）（「8　グループ法人税制・グループ通算制度適用下の未実現損益に係る税効果」参照）。

　なお，上記のうち②(ⅰ)の要件について，子会社に対する投資の売却等を行う意思がないとは認められないケースに関して，必ずしも売却先や売却時期，売却金額が決定していることが要件ではないと考えられる点に留意が必要である。すなわち，具体的な売却計画が進捗していなかったとしても，会社として当該投資の売却方針が定まっているのであれば，売却を前提に税効果を認識することになると考えられる。また，将来の期間において追加で納付が見込まれる税金の額を繰延税金負債として計上することとされている。ここでの「追加で納付が見込まれる税金の額」という表現は2018年に公表された税効果適用指針において追加されたものであるが，それ以前の取扱いから変更する意図は結論の背景において特段示されていない。このため，税効果適用指針の公表以前の取扱いと同様に，売却金額の多寡によって税効果の金額が影響を受けるわけではなく，税効果の金額が投資の売却等により解消する部分の将来加算一時差異の金額に法定実効税率を乗じた額を計上することになる（益金に算入される売却益に税率を乗じた額よりも上回る場合であっても）と考えられる点にも留意が必要である。

(2)　在外子会社の留保利益に係る税効果

①　外国子会社配当金益金不算入制度適用会社の場合

　税務上の外国子会社から受ける配当については，外国子会社配当金益金不算入制度により，その95％を益金不算入とすることとされている。当該外国子会社の要件は以下のとおりである。

（ⅰ）　日本の親会社により，発行済株式等の25％以上（※）の株式等を保有されていること

（ⅱ）　その保有期間が配当の支払義務が確定する日以前6ヵ月以上継続していること

（※）　租税条約の二重課税排除条項において，25％未満の割合が定められている場合にはその軽減された割合を用いて行う。

　この外国子会社配当金益金不算入制度の適用対象となる会社においては，その配当源泉税について外国税額控除の対象外となり，損金算入もできないことから，当該源泉税は追加納付税額となる。よって，図表3－3－3に示したとおり，益金不算入の対象外となる配当総額の5％相当から生じる親会社における税額および配当源泉税部分が実質的な税負担となる。

　なお，親会社が在外子会社の留保利益を配当金として受け取ることで，追加納付税金が見込まれる場合，当該留保利益の換算は，当該子会社の決算日における為替相場を用いて算定する（税効果適用指針25項）。子会社の決算日が連結決算日と異なるものの，当該子会社が連結決算日に正規の決算に準ずる合理的な手続により決算を行う場合には，連結決算日における為替相場を用いて算定する。

②　外国子会社配当金が損金算入可能である場合

　平成27年度の税制改正により，外国子会社からの受取配当金の益金不算入制度について一部見直しが行われている点も考慮する必要がある。具体的には，外国子会社が配当した際に，現地税法上で損金算入が可能なケースに関しては，親会社において受領した配当の全部について益金算入（一部が損金算入可能なケースは，一定の要件を満たせば，それに対応する額とすることも可）することとなる。

　この場合，図表3－3－3に示したとおり，親会社が受け取る配当等の額について，親会社の個別財務諸表における税負担額から，子会社の個別財務諸表において損金算入され親会社の税負担額が軽減されると見積られる税額を控除した額を，連結貸借対照表上，繰延税金負債として計上することになる（税効果適用指針111項(1)）。なお，当該ケースでは，外国子会社配当金益金不算入制度の適用対象外であるため，その配当源泉税について外国税額控除の適用また

は損金算入が可能である。

当該取扱いは，2016年4月1日以後開始する事業年度において内国法人が外国子会社から受け取る配当等の額から適用されている。

図表3－3－3　外国子会社の留保利益に係る税効果

[前提条件]
- 外国子会社における法定実効税率は20％（源泉税率10％），親会社における法定実効税率は30％とする。
- 外国税額控除は控除限度額以内であり，全額使用可能なものとする。

① 外国子会社が配当した際に損金に算入されないケース（通常のケース）

② 外国子会社が配当した際に損金に算入されるケース

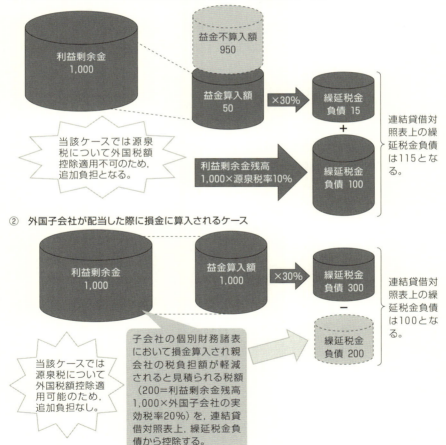

③ 外国源泉所得税額算定上の適用税率

前記「①　外国子会社配当金益金不算入制度適用会社の場合」に記載した，外国源泉所得税の額について追加で納付が見込まれる税額を算定する場合，配当を支払う在外子会社の所在地国の法令（または，わが国と当該所在地国で租税条約等が締結されている場合には法令および当該租税条約等）に規定されている税率を用いる。また，当該法令が改正される場合（または当該租税条約等が締結される，もしくは改正される場合）には，税効果適用指針第44項に準じて，決算日時点において国会等で成立している税法に規定されている方法によるものとされている（税効果適用指針26項）。このとき，租税条約の締結について税効果に反映させる時点は，両国間で批准書の交換，外交上の公文の交換，相互の通告等による締結（条約に拘束されることについての国の同意の表明）が行われたタイミングになると考えられる。

④ 在外子会社が外国子会社合算税制（タックスヘイブン対策税制）による合算課税の対象となっている場合

（i）　タックスヘイブン対策税制の概要

タックスヘイブン対策税制とは，内国法人が低税率の外国関係会社に自社の所得を移転することにより日本における法人税負担を不当に軽減することを防ぐため，一定の要件に該当する外国関係会社の所得について，内国法人の所得と合算して日本で課税するものである。

すなわち，仮に外国関係会社の所在地国の税率がゼロ％だとしても，一定の税金が日本で発生してしまうことになる。制度の概要は図表3－3－4のとおりである。

なお，従来はペーパーカンパニー等について，租税負担割合が30％未満の場合に当該税制の対象とされていたが，令和5年度税制改正で内国法人の2024年4月1日以後に開始する事業年度については27％未満に改正されている。

簡単にとりまとめると，外国関係会社への投資が50％以下であるケースは当該税制の適用対象外となるが，投資が50％超かつ税率が20％未満（ペーパーカンパニーに該当するケースでは27％未満）のケースについては適用対象となる可能性があることとなる。

(ii) 合算課税のタイミング

　タックスヘイブン対策税制の適用対象となった場合に，外国関係会社の所得は，外国関係会社の事業年度終了の日の翌日から2ヵ月を経過する日を含むその内国法人の各事業年度において合算される。このため，外国関係会社が12月決算であり，内国法人が3月決算である場合には，外国関係会社の3ヵ月ズレの決算を連結決算上で取り込んでいることを前提に，親会社の連結会計年度内において合算課税がなされることになる（すなわち，外国関係会社におけるX1年12月期分の課税対象金額が内国法人のX2年3月期の課税所得に合算される）。一方で，外国関係会社の決算が12月決算であり，内国法人も12月決算である場合には，内国法人の翌事業年度に合算課税がなされることになる（すなわち，外国関係会社におけるX1年12月期分の課税対象金額が内国法人のX2年12月期の課税所得に合算される。）。

(iii) 合算課税の会計処理

　外国関係会社が12月決算であり，内国法人が3月決算である場合には，前記のとおり，外国関係会社の3ヵ月ズレの決算を連結決算上で取り込んでいることを前提に，親会社の連結会計年度内において合算課税がなされることになるため，内国法人側の「法人税，住民税及び事業税」に含まれることとなる。一方で，外国関係会社の決算が12月決算であり，内国法人も12月決算である場合には，内国法人の翌事業年度に合算課税がなされるため，個別決算においては織り込まれるべきものではない。一方，課税は翌事業年度に行われるとしても，すでに課税の原因となる所得は連結会計年度末時点において発生していることから，連結上は，当連結会計年度の留保利益の税効果に準じて法人税等調整額（または法人税，住民税及び事業税）に含めて処理をすることが考えられる。

(iv) 外国税額控除の適用

　二重課税回避のために，外国関係会社にて課税される外国法人税については，外国税額控除の適用が可能である。当該外国税額控除の適用は，外国法人税の確定後に可能となるため，合算課税のタイミングと同一事業年度に適用できるとは限らない。しかし，すでに外国法人税の計算を合理的に行うことが可能であれば，合算課税のタイミングと同一事業年度の決算に，当該外国税額控除の影響を織り込むことも考えられる。

図表3-3-4 タックスヘイブン

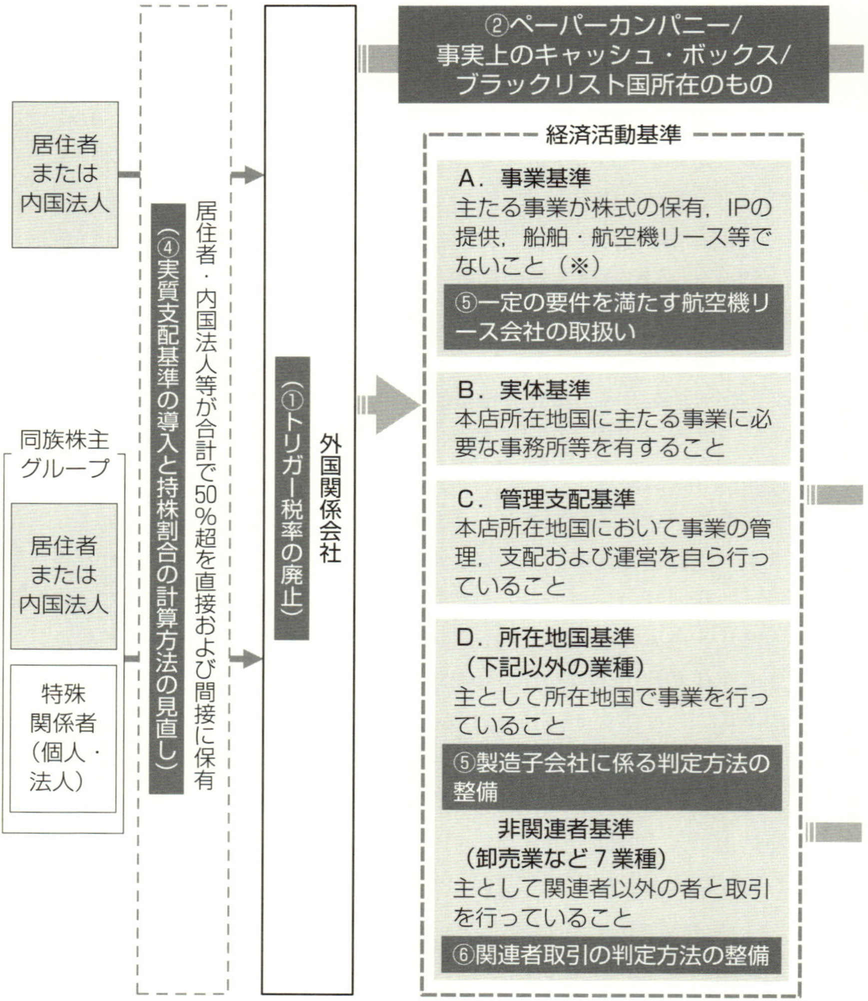

②ペーパーカンパニー/事実上のキャッシュ・ボックス/ブラックリスト国所在のもの

居住者または内国法人

同族株主グループ
- 居住者または内国法人
- 特殊関係者（個人・法人）

④実質支配基準の導入と持株割合の計算方法の見直し

居住者・内国法人等が合計で50％超を直接および間接に保有

①トリガー税率の廃止

外国関係会社

経済活動基準

A．事業基準
主たる事業が株式の保有，IPの提供，船舶・航空機リース等でないこと（※）
⑤一定の要件を満たす航空機リース会社の取扱い

B．実体基準
本店所在地国に主たる事業に必要な事務所等を有すること

C．管理支配基準
本店所在地国において事業の管理，支配および運営を自ら行っていること

D．所在地国基準
（下記以外の業種）
主として所在地国で事業を行っていること
⑤製造子会社に係る判定方法の整備

非関連者基準
（卸売業など7業種）
主として関連者以外の者と取引を行っていること
⑥関連者取引の判定方法の整備

対策税制（平成29年度税制改正後）の概要

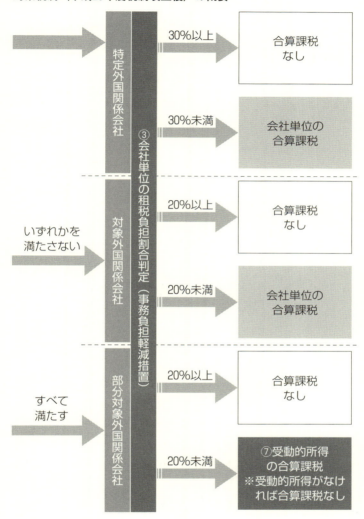

【令和元年度改正における主な改正事項】

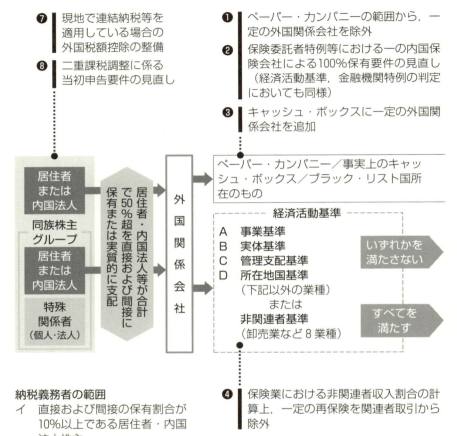

(出所:「外国子会社合算税制(タックスヘイブン対策税制)の令和元年度改正 前編」『情報センサー2019年11月号』宮嵜晃著(https://www.ey.com/ja_jp/library/info-sensor/2019/info-sensor-2019-11-08)を一部加筆

第 3 章　③子会社投資に係る税効果　*81*

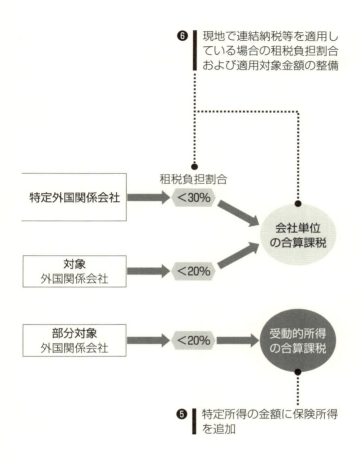

(v)　留保金課税に係る税効果

　外国法人から配当を受領する場合には，一度タックスヘイブン対策税制にて，合算課税されている留保利益に再度課税をするという二重課税を回避するために，特定課税対象金額に達するまでの金額について，受取配当金の全額が益金不算入（永久差異）とされている（措法66条の8第1項，2項）。ここで，特定課税対象金額とは，前事業年度以前10年間に合算課税の対象となった金額に当事業年度において合算課税の対象となる金額を合計し，すでに受取配当金益金不算入の適用を受けている金額を除いたものである（措法66条の8第4項）。すなわち，特定課税対象金額を超えない限りにおいては，源泉税部分を除き，配当に係る課税関係は生じないこととなる（源泉税部分は損金算入のみ認められている。）。

　特定課税対象金額を上回る配当額となる部分については，前記「①　外国子会社配当金益金不算入制度適用会社の場合」に記載の外国子会社配当金益金不算入制度適用会社か否かで取扱いが異なってくる。外国子会社配当金益金不算入制度適用会社に該当する場合には，配当の95％が益金不算入との取扱いになる（源泉税部分は税額控除不可，損金算入は可能）。また，外国子会社配当金益金不算入制度適用会社に該当しない場合には，配当の全額が益金算入となる（源泉税部分は税額控除不可，損金算入は可能）。

　以上の取扱いを整理すると，図表3－3－5のとおりとなる。

　なお，令和3年度税制改正により，図表3－3－5の（※1）は損金算入「不可」となり，当該部分に対応する繰延税金負債の金額は「（配当金額×5％）×法定実効税率＋源泉税額」となる。また，同図表の（※2）は外国税額控除「可」となり，当該部分に対応する繰延税金負債の金額は「配当金額×法定実効税率」となる。

第3章　③子会社投資に係る税効果　　*83*

| 図表3－3－5 | タックスヘイブン対策税制適用会社における留保利益に係る税効果 |

配当額が特定課税対象金額を超えているか	外国子会社配当金益金不算入制度対象か	配当金の取扱い	源泉税の取扱い		繰延税金負債の金額
超えていない部分	一（どちらのケースでも取扱いは同じになる）	100％益金不算入	外国税額控除	不可	源泉税額×（1－法定実効税率）
			損金算入	可	
超えている部分	対象である	95％益金不算入	外国税額控除	不可	（配当金額×5％）×法定実効税率＋源泉税額×（1－法定実効税率）
			損金算入	可（※1）	
	対象ではない	100％益金算入	外国税額控除	不可（※2）	配当金額×法定実効税率＋源泉税額×（1－法定実効税率）
			損金算入	可	

(3)　国内子会社の留保利益に係る税効果

　令和2年度税制改正後における受取配当金益金不算入制度は図表3－3－6のとおりとなっている。なお，従来は個社ごとの保有株式数により株式保有割合を算定していたのに対し，令和2年度税制改正にて，100％グループ内の法人全体の保有株式数等により行うものとされた。当該ルールの適用は，グループ通算制度の選択にかかわらず，単体納税適用法人でも対象となる点に留意が必要である。

| 図表3－3－6 | 受取配当金益金不算入制度 |

株式保有割合	益金不算入割合
100％	100分の100
3分の1超	100分の100（※）
5％超3分の1以下	100分の50
5％以下	100分の20

（※）は負債利子控除の対象

このため，株式保有割合が３分の１超となる会社は，受取配当金が全額益金不算入となっており，大半の子会社は，税効果適用指針第24項における配当金の一部または全部が税務上の益金に算入される場合に該当しないこととなる。しかし，連結子会社の判定は，実質支配力基準によることから，株式保有割合が３分の１以下であっても，緊密な者等と合わせると他の企業の議決権の過半数を所有している場合などには，子会社として判定されることがあり得る（連結会計基準７項(3)）。このように，ある一定のケースにおいては，益金不算入割合が100分の50以下となることがあり得るため，注意が必要である。

また，他の会社の議決権総数の20％以上を自己の計算において所有する場合には，原則として関連会社となり，持分法の適用対象となることから，持分法実務指針第28項に従い，原則として留保利益に係る税効果を認識する必要がある点，留意されたい。

なお，株式保有割合が３分の１超100％未満のケースでは，益金不算入割合は100％となるものの，負債利子控除の対象となる。当該受取配当金の益金不算入額から控除される負債利子の額は，原則として配当等の額の４％相当額（支払利子等の額の10％相当額を上限）とされている（法法23条１項，法令19条１項，２項）。当該部分については，将来において実質的に税金を増額させる効果があることから，一定の適正な見積りの上で繰延税金負債として計上することが考えられる。

設例３－３－２　留保利益の税効果

前提条件

① 　P社（３月決算）はX１年３月31日にS社株式の30％を取得した。
② 　P社と同一の内容の議決権を行使すると認められる者が議決権総数の25％を保有しており，他の要件にも照らし，S社はP社の子会社と判定された。
③ 　繰延税金資産および繰延税金負債を計上する要件である税効果適用指針第22項から第24項の要件は満たしているものとする。
④ 　法定実効税率は30％とする。
⑤ 　税効果に係る仕訳以外は省略する。

第3章　③子会社投資に係る税効果　*85*

［会計処理］

［X1年3月期の連結財務諸表上の処理］

S社のX1年3月31日時点での利益剰余金残高は10,000であった。

S社はX1年3月31日にP社の子会社となったため，それまでに獲得された利益はP社に帰属しない。このため，留保利益に係る税効果は計上されない。

> 仕訳なし

［X2年3月期の連結財務諸表の処理］

S社のX2年3月期の当期純利益は2,000であり，X2年3月31日時点での利益剰余金残高は12,000であった。

| （借）　法人税等調整額 | ^(※)90 | （貸）　繰延税金負債 | ^(※)90 |

（※）　90＝（12,000－10,000）×法定実効税率30％×50％×P社持分比率30％

⑷　子会社の配当政策等を変更した場合

　留保利益の税効果の計上要否については，図表3－3－1に示したとおり，原則として留保利益の税効果を認識することとしているものの，親会社が当該子会社の利益を配当しない方針（配当政策）を採用している場合，または株主間協定等により，子会社の利益を配当しない方針について他の株主等との間に合意がある場合等，将来の会計期間において追加で納付する税金が見込まれない可能性が高いときは，繰延税金負債を計上しないこととされている。一方，配当性向を50％にすることとしているケースなどにおいては，今後の配当の可能性を排除できず，必ずしも配当に係る課税関係が生じない可能性が高いとはいえない。したがって，このようなケースでは留保利益に係る税効果の認識が留保利益の全額について必要となると考えられる点に留意が必要である。

　また，当該配当政策等の変更がなされ，実際に配当を行う方針をとることとなり，課税関係が生ずることになる場合には，原則的な取扱いとなり，繰延税金負債の計上が必要となることにも注意が必要である。

⑸　留保利益が負の値である場合の税効果の取扱い

　留保利益が負の値となる場合でも，連結財務諸表固有の一時差異（将来減算一時差異）が発生することとなるが，当該一時差異の解消は，子会社に対する

投資の売却等または税務上の株式評価損の要件を満たし，損益算入される場合のみである。このため，図表3－3－1に記載した要件を満たす場合にのみ，繰延税金資産を計上することとなる（税効果適用指針22項）。なお，当該繰延税金資産は，親会社に適用される法定実効税率により計上する（税効果適用指針115項）。

(6) 親会社と子会社の決算期が異なる場合の留保利益に係る税効果の取扱い

　日本の会計基準では，子会社の決算日と連結決算日の差異が3ヵ月を超えない場合には，子会社の正規の決算を基礎に連結決算を行うことが認められている（連結会計基準（注4）本文）。このため，連結決算日は3月末であるが，子会社の決算日は12月末というケースは，実務上多く存在していると考えられる。当該ケースにおいては，連結決算日前に子会社からの配当が行われた場合，個別財務諸表上では，親会社側でのみ，受取配当金として収益計上されることとなる。ただし，決算期が異なる子会社における連結会社間取引は修正をすることが求められているため，子会社側における支払配当金の処理を連結修正仕訳として計上することとなる（連結会計基準（注4）ただし書き）。その結果として，留保利益の金額が変動することとなり，税効果の金額も変わる可能性があることに留意が必要である。なお，子会社に非支配株主が存在する場合でも，当該株主に支払われた配当は連結会社間の取引に該当しないため，調整は行わない。

5 ┃ 為替換算調整勘定に係る税効果

　在外連結子会社等への投資後に為替相場が変動することにより，為替換算調整勘定が発生し，当該在外連結子会社等に対する投資の連結財務諸表上の価額が変動する。この結果，当該連結財務諸表上の価額と親会社の個別財務諸表上の投資簿価とに差異が生じ，これが一時差異となり税効果が適用されることとなる（税効果適用指針27項(1)④，104項）。

　為替換算調整勘定が発生した結果として，在外連結子会社等に対する投資の連結財務諸表上の価額が親会社の個別財務諸表上の投資簿価を下回る場合（為替換算調整勘定が借方に発生する場合）に，当該差額は将来減算一時差異とな

第3章 ③子会社投資に係る税効果 *87*

る（税効果適用指針116項(1)）。また，為替換算調整勘定が発生した結果として，当該連結財務諸表上の価額が親会社の個別財務諸表上の投資簿価を上回る場合（為替換算調整勘定が貸方に発生する場合）に，当該差額は将来加算一時差異となる（税効果適用指針116項(2)）。まとめると，図表3－3－7のとおりとなる。

図表3－3－7 為替換算調整勘定と一時差異

為替換算調整勘定	一時差異の種類
借方発生	将来減算一時差異
貸方発生	将来加算一時差異

　当該差異は，主に親会社が投資を売却した場合に解消される。このため，子会社等の株式の売却の意思が明確な場合にのみ税効果を認識し，それ以外の場合には認識しないこととされている（税効果適用指針22項，23項，116項(3)）。したがって，子会社株式の売却を意思決定した際などには，当該一時差異に係る繰延税金資産および繰延税金負債の計上要否を検討する必要があることに注意しなければいけない。

　このとき，為替換算調整勘定に係る連結財務諸表固有の一時差異に関する繰延税金資産および繰延税金負債は，その他の包括利益を相手勘定として計上することとされている（税効果適用指針27項(1)④）。

　なお，子会社株式の売却の意思決定に伴い為替換算調整勘定に係る税効果を認識する場合，保有する子会社株式の一部のみを売却するようなときには，売却の対象となる部分の一時差異だけが解消することになるため，当該部分のみ税効果を認識することになる。また，子会社株式の一部を売却し，支配の喪失を伴わない場合には，子会社株式に係る売却損益は連結損益計算書に計上されないが，税効果の認識は同様に売却部分のみ行われることになると考えられる。

設例3－3－3 子会社株式の売却意思決定を行った場合の留保利益および為替換算調整勘定に係る税効果

前提条件①

① P社（親会社，3月決算）はX1年3月31日に20百万米ドルを出資して，S社（100％子会社）を設立し，連結子会社とした。

② 　P社は，一定のタイミング（X1年3月31日時点では当該タイミングを予見することはできない。）で他社へ売却することも視野に入れているが，X2年3月31日時点においてS社を売却する意思はない。

③ 　為替レートは以下のとおりである。

　　X1年3月31日時点：100円/米ドル

　　X2年3月31日時点：120円/米ドル

　　X2年3月期　期中平均レート110円/米ドル

④ 　P社とS社の間で配当を行わない旨の覚書を取り交わしている。

⑤ 　X2年3月31日におけるS社の貸借対照表は以下のとおりである。

科目	外貨	レート	円貨	科目	外貨	レート	円貨
資産	53	120	6,360	負債	21	120	2,520
				資本金	20	100	2,000
				利益剰余金	12	110	1,320
				為替換算調整勘定	—	—	520

（会計処理）

[X2年3月期の連結税効果仕訳]

　S社に関して売却する意思がないことから，為替換算調整勘定520に対して税効果は認識しない。また，配当を行わない旨の覚書を取り交わしていることから，留保利益に係る税効果も認識しない。

仕訳なし

（前提条件②）

① 　P社は，X5年3月末のタイミングで他社への売却を意思決定し，X5年4月1日に20百万米ドルで売却を行った。

② 　為替レートは以下のとおりである。

　　X5年3月31日時点：150円/米ドル（配当時のレートも同じとする。）

　　X5年3月31日までの利益剰余金加重平均換算レート140円/米ドル

③ 　P社の法定実効税率は30％，S社所在国における外国源泉所得税率は10％とする。

④ 　P社は，S社売却の意思決定と同時に配当を行わない旨の覚書を解消し，

第3章　③子会社投資に係る税効果　　*89*

　売却前（同日）に利益剰余金のうち8百万ドルを配当する予定である。

⑤　X5年3月31日におけるS社の貸借対照表は以下のとおりである。

科目	外貨	レート	円貨	科目	外貨	レート	円貨
資産	80	150	12,000	負債	40	150	6,000
				資本金	20	100	2,000
				利益剰余金	20	140	2,800
				為替換算調整勘定	—	—	1,200

会計処理

[X5年3月期の連結税効果仕訳]

(1)　為替換算調整勘定に対する税効果

(借)　為替換算調整勘定	(※)360	(貸)　繰延税金負債	(※)360

(※)　360百万円＝X5年3月末S社為替換算調整勘定1,200×法定実効税率30％

(2)　留保利益に対する税効果（配当により解消する部分）

(借)　法人税等調整額	(※)138	(貸)　繰延税金負債	(※)138

(※)　138百万円＝売却前配当予定額8百万ドル×期末日レート150円/米ドル×配当金益
金算入割合5％×P社法定実効税率30％＋売却前配当予定額8百万米ドル×期末日
レート150円/米ドル×外国源泉税率10％

(3)　留保利益に対する税効果（売却により解消する部分）

(借)　法人税等調整額	(※)480	(貸)　繰延税金負債	(※)480

(※)　480百万円＝（X5年3月末S社利益剰余金額2,800百万円−配当予定額8百万米ド
ル×期末日レート150円/米ドル）×P社法定実効税率30％

[X6年3月期の連結財務諸表上の処理]

(1)　S社からの配当受領およびS社株式売却に係る仕訳

(借)　受 取 配 当 金	(※1)1,200	(貸)　利 益 剰 余 金	(※4)2,800
繰 延 税 金 負 債	(※2)978	為替換算調整勘定	(※5)360
子会社株式売却損	(※3)1,600	法人税等調整額	(※6)618

(※1)　1,200百万円＝配当額8百万米ドル×配当時レート150円/米ドル

(※2)　978百万円……前期仕訳の戻し。

(※3)　差額により算出。

(※4)　2,800百万円……前提条件②の⑤参照。

(※5)　360百万円……前期仕訳の戻し。

（※6）　618百万円……前期仕訳の戻し。

6 ┃ その他の包括利益に係る税効果の認識

　親会社が子会社の支配を獲得した後に，当該連結子会社が計上したその他の包括利益累計額については，留保利益と同じく，個別財務諸表上の投資簿価と連結財務諸表上の純資産額（持分相当額）との差額となり，当該連結子会社の投資に係る一時差異を構成することとなる。当該一時差異は，投資に係る一時差異という観点からは，配当によっては解消しないものの，投資を売却することにより解消することになる。このため，将来減算一時差異と将来加算一時差異に分け，図表3－3－8の要件を満たす場合には，繰延税金資産または繰延税金負債を計上する（税効果適用指針27項(1)①から③，22項，23項）。

図表3－3－8　その他の包括利益累計額に係る一時差異に関する税効果

区　分	税効果を認識する要件
将来加算一時差異	次のいずれにも該当しない場合 • 親会社が子会社に対する投資の売却等を当該親会社自身で決めることができる • 予測可能な将来の期間に，子会社に対する投資の売却等（他の子会社への売却の場合を含む。）を行う意思がない
将来減算一時差異	次のいずれも満たす場合 • 予測可能な将来の期間に，子会社に対する投資の売却等（他の子会社への売却の場合を含む。）を行う意思決定もしくは実施計画が存在する場合，または個別財務諸表において計上した子会社株式の評価損について，予測可能な将来の期間に，税務上の損金に算入される場合 • 当該将来減算一時差異に係る繰延税金資産に回収可能性があると判断される場合

　この場合，特に将来加算一時差異については，子会社の個別財務諸表上で税効果が認識されている可能性が高い。ただし，留保利益の税効果のように，課税済の剰余金に対してさらに税効果が生じるものではなく，売却損益への振替え（組替調整）は税引前の金額で行われることから，親会社による子会社株式

第3章　③子会社投資に係る税効果　*91*

の売却によって実現すると見込まれる部分については，子会社で認識された税効果を振り戻した上で，親会社の法定実効税率をもって，新たに税効果を認識することが考えられる。なお，個別財務諸表上は認識されない退職給付に係る調整（累計）額についても，投資の一時差異として税効果を認識するケースでは親会社の税率で，それ以外のケースでは子会社の税率で繰延税金資産および繰延税金負債を計上する点に留意されたい。

設例3－3－4　その他の包括利益（投資に係る一時差異）に係る税効果の認識

前提条件

① 親会社P社（3月決算）は，連結子会社S社の発行済株式総数の100％を設立時から保有している。

② P社は，X2年5月1日に保有するS社株式のすべてを外部の第三者に売却することを，X2年3月の取締役会で決議し，同日に契約を締結した。

③ S社では，その他有価証券評価差額金1,000（税効果考慮前）が計上されており，S社での売却予定はない。

④ 法定実効税率は，P社が30％，S社が35％である。

⑤ 留保利益の税効果や資本連結仕訳については省略する。

会計処理

[S社個別財務諸表上の会計処理]

| （借）　投資有価証券 | (※1)1,000 | （貸）　繰延税金負債 | (※2)350 |
| | | その他有価証券評価差額金 | (※3)650 |

（※1）　1,000……前提条件③参照。
（※2）　350＝1,000×S社法定実効税率35％
（※3）　650＝1,000×（1－S社法定実効税率35％）

[P社連結財務諸表上の会計処理]

① S社個別財務諸表上の税効果仕訳の振戻し

| （借）　繰延税金負債 | (※)350 | （貸）　その他有価証券評価差額金 | (※)350 |

（※）　1,000……[S社個別財務諸表上の会計処理]の振戻し。

② 投資に係る一時差異としての税効果仕訳の計上

| （借）その他有価証券
評価差額金 | (※)300 | （貸）繰延税金負債 | (※)300 |

（※）　300＝1,000×Ｐ社法定実効税率30%

4　支配の喪失を伴わない子会社持分の変動と税効果

　本節では，子会社株式の追加取得および一部売却（支配の喪失を伴わない
ケースに限る。）における税金費用の取扱いを解説する。

　なお，子会社株式を売却し，支配を喪失した場合の取扱いについては，後記
「⑤　株式の売却に伴う投資に係る税効果の振戻し」をご参照いただきたい。

1 ┃ 追加取得，時価発行増資等の引受け

(1)　追加取得等の会計処理

　支配を獲得している子会社の株式の追加取得および時価発行増資等の引受け
に伴い，親会社の持分が変動することとなる場合，当該親会社の持分変動と取
得価額に差額（以下「親会社の持分変動による差額」という。）が生じること
がある。当該差額は資本剰余金に計上される（連結会計基準28項）。

- 資本剰余金＝取得価額－持分変動額（正の値のときは借方，負の値のときは貸
  方）
- 持分変動額＝追加取得時等における子会社の資本合計（評価差額を含む。）×追
  加取得比率

　なお，追加取得等により計上された資本剰余金は，親会社に帰属する資本剰
余金であるため，将来子会社への支配がなくなった場合であっても，当該資本
剰余金は引き続き連結上の資本剰余金として計上されることとなる（資本連結
実務指針49-2項本文）。

　また，親会社の持分変動による差額として計上した資本剰余金は，借方にも
貸方にも生じる可能性があり，当該増減の結果として，資本剰余金が連結会計

第3章　④支配の喪失を伴わない子会社持分の変動と税効果　　93

年度末において負の値となる場合には，資本剰余金をゼロとし，当該負の値を利益剰余金から減額する必要がある（連結会計基準30-2項）。これは，資本剰余金は株主からの払込資本のうち資本金に含まれないものを表すため，本来負の残高の資本剰余金という概念は想定されておらず，資本剰余金の残高が負の値になる場合は，利益剰余金で補てんするほかないと考えられるためである（自己株式会計基準40項）。

(2)　税効果会計上の取扱い

追加取得または時価発行増資等により認識した親会社の持分変動（持分の追加取得）による差額は，連結財務諸表固有の一時差異に該当するため，後記のとおり一定の要件を満たす場合には，当該一時差異に係る繰延税金資産または繰延税金負債を，資本剰余金を相手勘定として計上する（税効果適用指針9項(3)）。なお，当該繰延税金資産および繰延税金負債は，親会社に適用される法定実効税率（子会社株式を他の子会社が保有する場合は，当該保有会社に適用される法定実効税率）により計上されるものと考えられる。

ここで，将来減算一時差異の場合は繰延税金資産を，将来加算一時差異の場合は繰延税金負債を連結財務諸表上で計上するか否かが論点となるが，税効果適用指針では以下のとおり整理している。

①　将来減算一時差異の取扱い

親会社の持分変動による差額に係る連結財務諸表固有の将来減算一時差異について，当該一時差異の解消は，子会社に対する投資の売却等または税務上の株式評価損の要件を満たし，損金算入される場合のみである。

よって，原則として連結財務諸表上，繰延税金資産は計上されないが，予測可能な将来の期間において，子会社に対する投資の売却等を行う意思決定または実施計画が存在する（ただし，売却等に伴い生じる損益について税務上の要件を満たし課税所得計算において繰り延べる場合を除く。），もしくは個別財務諸表において計上した子会社株式の評価損について，予測可能な将来の期間に，税務上の損金に算入されるような場合には，繰延税金資産を計上することとなる（税効果適用指針22項）。

ただし，前記の繰延税金資産を計上するための前提として，納税主体ごとに個別財務諸表における繰延税金資産と合算し，回収可能性があると判断される

必要がある（税効果適用指針8項(3)）。納税主体ごとの回収可能性に係る詳細については後記「⒀　連結財務諸表における回収可能性の考え方」を参照のこと。

②　将来加算一時差異の取扱い

　親会社の持分変動による差額に係る連結財務諸表固有の将来加算一時差異について，当該一時差異の解消は，親会社が子会社に対する投資の売却等を行う場合が考えられる。

　よって，予測可能な将来の期間に，親会社が子会社に対する投資の売却等を行う意思がなく（または，当該意思はあるが，売却等に伴い生じる損益について税務上の要件を満たし課税所得計算において繰り延べる場合），かつ，売却等について親会社自身で決めることができる場合を除き，将来の会計期間において追加で納付が見込まれる税金の額を繰延税金負債として計上する（税効果適用指針23項）。

| 設例3－4－1 | 追加取得による子会社持分の変動に係る税効果 |

前提条件

①　P社はX1年3月31日にS社の株式60％を800で取得し，連結子会社とした。

②　S社のX1年3月31日における個別貸借対照表の純資産は資本金500および利益剰余金500であった（時価評価が必要となる重要な含み損益はないものとする。）。

③　S社のX2年3月期における当期純利益は200であった。

④　P社はX2年3月31日にS社の株式20％を300で追加取得した。

⑤　P社はX5年3月31日にS社の株式80％すべてを外部へ売却する意思決定を行った。

⑥　P社は，回収可能性適用指針における企業の分類が（分類3）の会社であり，将来5年間で回収可能な繰延税金資産を計上している。

⑦　P社およびS社の法定実効税率は30％とする。

⑧　のれん償却，非支配株主に帰属する当期純利益の計上については省略する。

第3章 ④支配の喪失を伴わない子会社持分の変動と税効果 　95

会計処理

(1) 支配獲得時（X1年3月31日）の投資と資本の相殺

（借）	資　本　金	(※1)500	（貸）	Ｓ　社　株　式	(※2)800
	利 益 剰 余 金	(※1)500		非支配株主持分	(※3)400
	の　れ　ん	(※4)200			

- （※1）　500……前提条件②より。
- （※2）　800……前提条件①より。
- （※3）　400＝Ｓ社資本1,000×非支配株主持分比率40％
- （※4）　200＝取得価額800－（Ｓ社資本1,000×原始取得比率60％）

(2) 支配獲得時（X1年3月31日）に生じるのれんに係る繰延税金負債の計上

　Ｓ社株式の取得に伴い，資本連結手続上，認識したのれんについて繰延税金負債を計上しない。

> 仕訳なし

(3) 追加取得時（X2年3月31日）のＳ社株式と非支配株主持分の消去

（借）	非支配株主持分	(※1)240	（貸）	Ｓ　社　株　式	(※3)300
	資 本 剰 余 金	(※2)60			

- （※1）　240＝（Ｓ社の支配獲得時の資本1,000＋当期純利益200）×追加取得比率20％
- （※2）　60＝追加取得価額300（前提条件④）－親会社の持分変動240（※1）
- （※3）　300……前提条件④より。

(4) 追加取得時（X2年3月31日）に生じた親会社の持分変動による差額に係る繰延税金資産の計上

　親会社の持分変動による差額が生じ，将来減算一時差異が発生した場合，原則として，繰延税金資産は計上しない。当設例の場合，Ｐ社は（分類3）であり，将来5年間の期間中に子会社に対する投資の売却等が行われ，将来の課税所得を減算するスケジュールがあれば繰延税金資産を計上することも考えられる。しかしながら，追加取得時（X2年3月31日）においては，将来減算一時差異が解消される可能性は高くないものと判断されれば，繰延税金資産は計上されない。

> 仕訳なし

(5) S社株式売却意思決定時（X5年3月31日）における親会社の持分変動による
　　差額に係る繰延税金資産の計上

　X5年3月31日になり，子会社株式売却の意思決定がなされたことにより，前記の将来減算一時差異が解消される可能性が高くなったことから，繰延税金資産の回収可能性があると判断されれば，X5年3月期の連結決算上において，繰延税金資産を計上する。ただし，当該繰延税金資産を計上するためには，売却の実行可能性，S社の個別財務諸表における繰延税金資産と合算しての回収可能性を考慮する必要があるため，留意が必要である。

| (借) 繰延税金資産 | (※)18 | (貸) 資本剰余金 | (※)18 |

(※)　18＝親会社の持分変動による差額60×法定実効税率30%

2 ┃ 一部売却（支配関係が継続している場合）

(1)　一部売却の会計処理

　子会社株式の一部を売却しても支配関係が継続する場合において，連結財務諸表上の親会社持分減少と売却価額の差額の処理が問題となる。当該親会社の持分の減少額と売却価額との差額（以下「親会社の持分変動による差額」という。）は，連結財務諸表上，資本剰余金に計上する（連結会計基準29項）。

　当該会計処理は，子会社の時価発行増資によって親会社の持分が減少した場合（支配関係が継続する場合に限る。）において生じる親会社の払込額と親会社の持分の減少額との差額についても同様である（連結会計基準30項）。

> ・資本剰余金＝売却価額−持分の減少額（正の値のときは貸方，負の値のときは借方）
> ・持分の減少額＝売却時における子会社の株主資本合計（評価差額を含む。）×売却比率

(2)　税効果会計上の取扱い

　子会社株式を一部売却し，親会社において子会社株式売却益を計上する場合，親会社の課税所得がマイナスである場合や，繰越欠損金がある場合等を除き，当該子会社株式売却益に対応する法人税，住民税及び事業税（以下「法人税

等」という。）が親会社で計上されるが，当該税金費用について，連結財務諸表上では以下のとおり処理されることになる。

---

① 親会社の持分変動による差額に対応する法人税等

　連結財務諸表上，売却に伴い生じた親会社の持分変動による差額（資本剰余金で処理される。）に対応する法人税等に相当する額（以下「法人税等相当額」という。）については，売却時に法人税等を相手勘定として資本剰余金から控除する（税効果適用指針28項）。

② 子会社への投資に係る一時差異

　子会社に投資した時点では，投資の取得価額と投資の連結貸借対照表上の価額とは一致し，親会社にとって投資に係る一時差異は生じないため，連結財務諸表上の税効果は計上しない。また，子会社株式等の取得に伴い，資本連結手続上，認識したのれんまたは負ののれんについては，繰延税金負債または繰延税金資産は計上しない（税効果適用指針43項）。

　支配獲得後の期間において子会社が利益を計上しており，当該子会社株式を売却する意思決定をした場合，親会社において，子会社株式への投資に係る将来加算一時差異に係る繰延税金負債を計上する（税効果適用指針23項，24項）。また，売却年度において，将来加算一時差異が解消することから，繰延税金負債を取り崩した結果として，法人税等調整額が発生する。

　なお，資本剰余金から控除する法人税等相当額は，売却元である親会社の課税所得の額や税金の納付額にかかわらず，原則として，売却に伴い生じた親会社の持分変動による差額に法定実効税率を乗じて計算する。ただし，親会社にて課税所得が発生しておらず，税金の納付が生じていない場合に資本剰余金から控除する額をゼロにするなど，他の合理的な計算方法によることを妨げるものではないとされている（税効果適用指針28項，118項）。

　前記の支配関係が継続している場合の子会社株式の一部売却に係る株式売却益の修正と，当該税金修正のイメージは図表3－4－1のとおりである。

図表３－４－１　子会社株式売却益に係る法人税等の連結上の処理

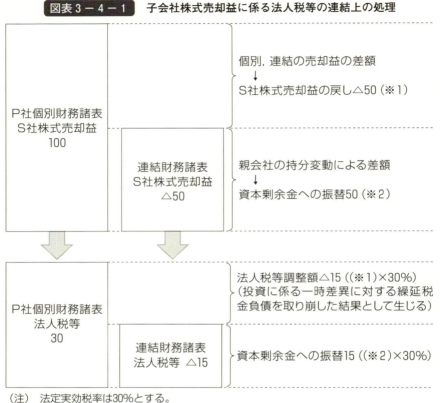

（注）　法定実効税率は30％とする。

設例３－４－２　子会社に対する投資の一部売却（支配関係が継続しており，親会社において子会社株式売却益の税金が全額生じている）

前提条件

① P社はX1年3月31日にS社の株式100％を1,200で取得し，連結子会社とした。
② S社のX1年3月31日における個別貸借対照表の純資産は資本金500および利益剰余金500である。
③ のれんの償却期間は5年とし，X2年3月期からX6年3月期にわたり償却される。

第3章　④支配の喪失を伴わない子会社持分の変動と税効果　99

④　S社のX2年3月期からX6年3月期における利益剰余金の計上累計額は500であった。

⑤　P社はX6年3月にS株式の20％を売却することを取締役会で決議した。売却日はX6年4月1日（X7年3月期）であり，売却価額は400である。

⑥　P社およびS社の決算日は3月31日である。

⑦　P社は，回収可能性適用指針における企業の分類が（分類3）の会社であり，将来5年間で回収可能な繰延税金資産を計上している。

⑧　P社およびS社の法定実効税率は30％とする。

⑨　税効果等に関する仕訳以外の連結修正仕訳は省略する。

⑩　S社売却時にP社で発生した160の子会社株式売却益については，P社で益金に算入され，法定実効税率を乗じた30％分の税金が全額発生している。

会計処理

[X1年3月期（S社支配獲得時）]

(1)　取得時に生じるのれんに係る繰延税金負債の計上

　S社株式の取得に伴い，資本連結手続上，認識したのれん200（取得価額1,200－取得持分1,000）について繰延税金負債を計上しない。

> 仕訳なし

[X6年3月期（S社株式の売却意思決定時）]

(1)　S社留保利益に係る税効果計上

　S社の留保利益から生じるS社株式に係る将来加算一時差異に関する繰延税金負債を計上する。

> （借）　法人税等調整額　　　(※1)18　（貸）　繰延税金負債　　　(※1)18

（※1）　18＝取得後の利益剰余金の増加額300（※2）×売却比率20％×法定実効税率30％

（※2）　300＝支配獲得後のX2年3月期からX6年3月期における利益剰余金の獲得累計額500－X2年3月期からX6年3月期までののれん償却累計額200（のれん200÷5年×5年）

　なお，S社の留保利益に係る繰延税金負債は売却の意思決定がされて初めて認識されることになるが，これは前提条件①のとおり，S社は完全子会社であり，留保利益からの配当金が100％税務上の益金不算入となるため，仮

に配当がされてもＰ社で追加の税金発生が見込まれない。当該留保利益は売却の意思決定がされて，初めてＳ社株式売却益を構成するものとしてＰ社における追加税金の発生が見込まれることになる。

［Ｘ７年３月期（Ｓ社株式の一部売却時）］

(1) 留保利益に係る税効果の開始仕訳

（借） 利益剰余金(期首)	(※)18	（貸） 繰延税金負債	(※)18

（※） 18……上記［Ｘ６年３月期］(1)の開始仕訳。

(2) Ｓ社株式売却に伴う売却簿価と売却持分の相殺消去

（借） Ｓ 社 株 式	(※1)240	（貸） 非支配株主持分	(※2)300
子会社株式売却益	(※3)60		

（※１） 240＝Ｓ社株式取得原価1,200÷保有比率100％×売却比率20％
（※２） 300＝Ｓ株式のＸ６年４月１日の資本合計1,500（支配獲得時Ｓ社資本1,000＋利益剰余金の獲得累計額500）×売却比率20％
（※３） 60＝売却持分300（※２）－Ｓ社株式売却簿価240（※１）

（参考） Ｐ社の個別財務諸表におけるＳ社株式の売却仕訳，および株式売却益に係る税金発生

（借） 現　　　　金	(※3)400	（貸） Ｓ 社 株 式	(※1)240
		子会社株式売却益	(※2)160
（借） 法人税，住民税 及 び 事 業 税	(※4)48	（貸） 未 払 法 人 税 等	(※4)48

（※１） 240＝Ｓ社株式取得原価1,200÷保有比率100％×売却比率20％
（※２） 160＝Ｓ社株式売却価額400－Ｓ社株式売却簿価240（※１）
（※３） 400……前提条件⑤参照。
（※４） 48＝子会社株式売却益160（※２）×法定実効税率30％
　　　　 Ｐ社の個別財務諸表において計上した子会社株式売却益160（全額益金算入）について，法定実効税率30％を乗じた額48が法人税等で計上される。

(3) Ｓ社株式の一部売却によるＳ社株式に係る将来加算一時差異の解消に伴う繰延税金負債の取崩し

（借） 繰 延 税 金 負 債	(※)18	（貸） 法人税等調整額	(※)18

（※） 18……Ｓ社株式の売却に伴い，売却意思決定時であるＸ６年３月期に計上した繰延税金負債を取り崩す。上記（参考）（※４）で示した，個別財務諸表上の法人税等48（費用側）に対し，連結財務諸表上は18の法人税等調整額（収益側）が計上される。

第3章　④支配の喪失を伴わない子会社持分の変動と税効果　　*101*

(4)　S社株式売却益の資本剰余金への振替（親会社の持分変動による差額分）

　　P社個別財務諸表上で計上した子会社株式売却益160のうち60については(2)の仕訳により連結上相殺消去される。また，子会社株式売却益160のうち100については以下の仕訳により資本剰余金に振り替えられる。よって個別財務諸表で計上された子会社株式売却益は，連結財務諸表上は残らないこととなる。

> （借）　子会社株式売却益　　（※）100　（貸）　資 本 剰 余 金　　（※）100

（※）　100＝売却価額400（前提条件⑤参照）－売却持分300（(2)参照）

(5)　S社株式の売却に伴うP社の持分変動による差額に係る法人税等相当額の計上

　　P社個別財務諸表上で計上した法人税等48（費用側）のうち18については，(3)の仕訳により法人税等調整額（収益側）として連結財務諸表上で実質的に消去（相殺）される。また，法人税等48のうち30については，以下の仕訳により資本剰余金に振り替えられる。よって，個別財務諸表で計上された税金費用48については，連結財務諸表上は残らないこととなる。

> （借）　資 本 剰 余 金　　（※）30　（貸）　法人税，住民税　　（※）30
> 　　　　　　　　　　　　　　　　　　　及 び 事 業 税

（※）　資本剰余金30＝P社持分変動による差額100（(4)参照）×法定実効税率30%

　　前記の各仕訳の結果として，個別財務諸表上で計上されていた子会社株式売却益160について，連結財務諸表上はゼロとなり，残らないこととなる。また，当該子会社株式売却益に係る法人税等48について，連結財務諸表上は法人税等18（48－30），および法人税等調整額△18（収益側）となり，税金費用としては同様にゼロとなり，残らないこととなる。

個別財務諸表P/L		連結財務諸表P/L	
子会社株式売却益	160	子会社株式売却益	0
法人税, 住民税及び事業税	48	法人税, 住民税及び事業税	18 } 税金費用0
		法人税等調整額	△18 }

　　また，当該設例の全体的なイメージ図は次のとおりとなる。なお，当該イメージ図のカッコ内の数値は税金費用を表している。

個別上		連結上		売却価額

個別上の
S社株式売却益
160（※2）
(48)

個別上の
S社株式売却
簿価
240（※1）

個別, 連結の
売却益修正
60（※5）
(18)

60を株式売却益の戻し。18を法人税等調整額で調整。

連結上の
S社株式売却益
100（※4）
(30)

連結上の
売却持分
300（※3）

親会社の持分変動による差額
100（※6）
(30)

100および30を資本剰余金に振替。

売却価額
400

（※1）　240＝個別上のS社株式簿価1,200×売却比率20%
（※2）　160＝売却価額400－個別上の子会社株式売却簿価240（※1）
（※3）　300＝（支配獲得時のS社資本1,000＋支配獲得後利益500）×売却比率20%
（※4）　100＝売却価額400－売却持分300（※3）
（※5）　60＝連結上の子会社株式売却益160（※2）－個別上の子会社株式売却益100（※4）
（※6）　100＝売却価額400－連結上の売却持分300（※3）

設例3－4－3　子会社に対する投資の一部売却（支配関係が継続しており, 親会社において子会社株式売却益の税金が生じていない）

【前提条件】

① 設例3－4－2の前提条件⑦, ⑩以外はすべて同設例と同じとする。

② S社売却時にP社で発生した160の子会社株式売却益については, P社で益金に算入されたが, 当該年度のP社では欠損金が発生しており, 子会社株式売却益に係る30%分の税金は発生していないものとする。

③ P社の売却年度の回収可能性適用指針における企業の分類は（分類4）であるが, 税務上の繰越欠損金に係る繰延税金資産の回収可能性はないも

第3章　④支配の喪失を伴わない子会社持分の変動と税効果　　103

のとする。

（会計処理）

①　設例3－4－2の［X7年3月期（S社株式の一部売却時）］における
　参考仕訳，および会計処理(5)以外はすべて同設例と同じである。

（参考）　P社の個別財務諸表におけるS社株式の売却仕訳および株式売却益に係
　　　　る税金発生

> | （借） 現　　　　　　金 | (※3)400 | （貸） S　社　株　式 | (※1)240 |
> | | | 子会社株式売却益 | (※2)160 |

（※1）　240……設例3－4－2参照。
（※2）　160……設例3－4－2参照。
（※3）　400……設例3－4－2参照。

(2)　S社株式の売却に伴うP社の持分変動による差額に係る法人税等相当額の計上

(i)　原則的な処理

　資本剰余金から控除する法人税等相当額は，売却元である親会社の課税所
得の額や税金の納付額にかかわらず，原則として，売却に伴い生じた親会社
の持分変動による差額に，法定実効税率を乗じて計算する。

> | （借） 資　本　剰　余　金 | (※)30 | （貸） 法人税，住民税 及　び　事　業　税 | (※)30 |

（※）　30＝P社持分変動による差額100×法定実効税率30%

個別財務諸表P/L		連結財務諸表P/L	
子会社株式売却益	160	子会社株式売却益	0
法人税，住民税及び事業税	0	法人税，住民税及び事業税△30	
		法人税等調整額　　　△18	

（右側）税金費用△48

(ii)　他の合理的な計算方法

　親会社にて課税所得が発生しておらず，税金の納付が生じていない場合に
資本剰余金から控除する額をゼロにするなど，他の合理的な計算方法による
ことを妨げるものではないとされている。

> 仕訳なし

（※）　Ｐ社個別財務諸表上でＳ社株式売却益に係る税金が発生していないため，持分変動による差額に係る法人税等相当額もゼロとする処理を行ったものとする。

個別財務諸表P/L	
子会社株式売却益	160
法人税，住民税及び事業税	0

連結財務諸表P/L		
子会社株式売却益	0	
法人税，住民税及び事業税	0	｝税金費用△18
法人税等調整額	△18	

5　株式の売却に伴う投資に係る税効果の振戻し

1　株式の売却により支配を喪失する場合の税効果の概要

　本節においては，前記「4　支配の喪失を伴わない子会社持分の変動と税効果」で取り扱った支配の喪失を伴わない子会社持分の変動以外の論点として，株式の売却により支配を喪失した場合について解説する。

　なお，図表3－5－1では，前記「4　支配の喪失を伴わない子会社持分の変動と税効果」における処理を含め，子会社株式の売却に係る会計処理をまとめている。

図表3－5－1　子会社株式の売却に係る会計処理

取引パターン	売却損益の取扱い	税効果会計上の取扱い
子会社→子会社	生じない（売却価額と減少する持分の差額は資本剰余金）	意思決定時に計上した留保利益の税効果（売却持分相当）を法人税等調整額（※1）で振り戻す
子会社→関連会社	減少する持分相当の売却損益が生じる（売却価額と減少する持分の差額）	意思決定時に計上した留保利益の税効果（売却持分相当）を法人税等調整額（※1）で振り戻す（※2）
子会社→子会社・関連会社以外		
全部売却	売却価額と連結持分の差額が売却損益となる	意思決定時に計上した留保利益の税効果を法人税等調整額（※1）で振り戻す

（※1）　利益剰余金以外の投資に係る一時差異（その他の包括利益累計額または資本剰余金）に対して税効果を認識している場合，税効果はその他の包括利益累計額または資

本剰余金に振り戻される。

（※2） 残存持分についても，投資に係る一時差異に対して税効果を認識している場合，子会社→関連会社のときには当該税効果の認識を継続し，子会社→子会社・関連会社以外のときには，繰延税金負債または繰延税金資産を取り崩して，利益剰余金およびその他の包括利益累計額（連結株主資本等変動計算書）に直接加減する。

(1)　子会社株式の売却を意思決定した時点での税効果の取扱い

①　将来減算一時差異の取扱い

　子会社に対する投資に係る連結財務諸表固有の将来減算一時差異については，以下のいずれも満たす場合に繰延税金資産を計上することとされている（税効果適用指針24項）。

> ①　当該将来減算一時差異が，次のいずれかの場合により解消される可能性が高い。
> 　(i)　予測可能な将来の期間に，子会社に対する投資の売却等（他の子会社への売却の場合を含む。ただし，税務上の要件を満たし課税所得計算において売却損益を繰り延べる場合（法法61条の11）を除く。）を行う意思決定または実施計画が存在する場合
> 　(ii)　個別財務諸表において計上した子会社株式の評価損について，予測可能な将来の期間に，税務上の損金に算入される場合
> ②　税効果適用指針第8項(3)に従って当該将来減算一時差異に係る繰延税金資産に回収可能性があると判断される。

　売却の意思決定が行われたことに伴い，上記①(i)が満たされることとなるため，回収可能性に問題がなければ繰延税金資産の計上を行うこととなる。

②　将来加算一時差異の取扱い

　子会社に対する投資に係る連結財務諸表固有の将来加算一時差異については，配当受領により解消される留保利益を除き，以下のいずれも満たすケースでは繰延税金負債を計上しないこととされている（税効果適用指針23項）。

> ①　親会社が子会社に対する投資の売却等を当該親会社自身で決めることができる。
> ②　次の(i)または(ii)のいずれかを満たす。
> 　(i)　予測可能な将来の期間に，子会社に対する投資の売却等（他の子会社への売却の場合を含む。）を行う意思がない。

> (ⅱ) 予測可能な将来の期間に，子会社に対する投資の売却等を行う意思がある
>   が，当該子会社に対する投資の売却等に伴い生じる売却損益について，税務
>   上の要件を満たし課税所得計算において当該売却損益を繰り延べる場合（法
>   法61条の11）

　多くの会社においては，上記の状況に当てはまることから，繰延税金負債の計上をしていないものと考えられる。しかしながら，ビジネススキームの変更などにより，売却の意思決定を行った際には，前記②(ⅰ)が満たされていないことが明らかであることから，②(ⅱ)を満たしていない限り，繰延税金負債を計上する必要がある。

③　税制非適格となる子会社株式の配当について

　2024年に改正された資本連結実務指針では，保有する完全子会社株式を株式数に応じて比例的に配当（按分型の配当）し子会社に該当しなくなった場合の会計処理について，連結財務諸表においても現物配当に係る損益を計上しないこととされた。このため，連結決算手続の結果として，発生した一時差異のうち，前述の取引において解消する部分が解消するときに連結財務諸表における利益が減額または増額されないことから，連結財務諸表固有の一時差異は生じているものの，連結財務諸表固有の将来減算一時差異または将来加算一時差異の定義には直接的に該当しないと考えられる。しかしながら，税制非適格の場合に連結財務諸表上の税金等調整前当期純利益と税金費用との対応関係を図ることを考えた場合，当該一時差異についても連結財務諸表固有の将来減算一時差異または将来加算一時差異に準ずるものとし，税効果会計が適用されることとなる（税効果適用指針124-2項）。

　なお，前述の改正に関連するが，令和5年度税制改正でパーシャルスピンオフ税制が新たに設けられ，完全子会社株式について一定の要件を満たして一部を残して配当する場合には税制適格となり，課税されないこととされた。この場合，将来の税金の見積額はゼロとなるため，税効果適用指針第8項(3)に従うと，繰延税金資産または繰延税金負債の計上もゼロとなる。一方で，前述の一定の要件を満たさず税制非適格となる場合には，配当により解消する連結財務諸表固有の一時差異に係る税金の額が税金の見積額となり，当該金額を繰延税金資産または繰延税金負債として計上することとなる（税効果適用指針124-3

項）。

④ その他の留意点

　第三者割当増資等により，持分の減少が見込まれる場合についても，前記の売却のケースの取扱いとなる点に留意されたい。

　また，投資の一部分のみの売却を意思決定したような場合には，当該持分が減少する一部分のみ，売却を前提として税効果を認識することになる。すなわち，発行済株式総数の80％の持分を保有する子会社の留保利益について，配当により回収することを前提とした繰延税金負債を計上しているときに，発行済株式総数の40％の持分を売却する意思決定をした場合，40％相当は引き続き配当を前提に，売却予定の40％相当が売却を前提に税効果を認識する形となる。

　なお，前記「③ 4⑴②　投資の売却等により解消する部分」に記載のとおり，売却の意思決定の有無は，必ずしも売却先や売却時期，売却金額が決定していることが要件ではないと考えられる点に留意が必要である。

⑵　子会社株式を売却した時点での税効果の取扱い

① 子会社株式を一部売却し，その他有価証券となる場合（設例3－5－1）

　子会社株式の売却により，被投資会社が子会社および関連会社に該当しなくなった場合の連結処理については，残存する当該被投資会社に対する投資を，個別貸借対照表上の帳簿価額をもって評価することとされている（連結会計基準29項なお書き）。すなわち，売却等が行われた時点において，投資の連結貸借対照表上の価額が個別貸借対照表上の投資簿価と一致することとなり，連結財務諸表固有の一時差異がすべて解消することとなる。したがって，前記③図表3－3－1に記載した子会社投資に係る連結財務諸表固有の一時差異に係る繰延税金資産および繰延税金負債については取り崩す必要があるが，売却部分と残存部分でその取扱いは異なる。

　売却部分について，税効果の対象となった留保利益は個別財務諸表上の子会社株式売却損益の修正として処理されるが，その意思決定時に対応する繰延税金資産または繰延税金負債を計上し，実際に売却した時点で，それを取り崩すこととなる。このように子会社株式売却損益の修正に対応する形での繰延税金資産または繰延税金負債の取崩しとなることから，相手勘定は法人税等調整額

となる。

　一方で，残存部分については，連結除外により一時差異が解消し，かつ，投資の帳簿価額への修正は利益剰余金を通じて処理されるので，その相手勘定は，利益剰余金（連結除外に伴う利益剰余金減少高（または増加高））とすることとなるため注意が必要である（税効果適用指針120項）。

②　子会社株式を全部売却する場合

　子会社株式を全部売却する場合については，前記「①　子会社株式を一部売却し，その他有価証券となる場合」と基本的に同様の処理となるが，残存部分が存在しないため，前記③図表3－3－1に記載した子会社投資に係る連結財務諸表固有の一時差異に係る繰延税金資産および繰延税金負債の全額について，税効果を計上する必要がある。また，実際の売却時点においても投資のすべてが清算されるため，子会社投資に係る税効果を取り崩す必要があるが，その際の繰延税金資産および繰延税金負債の相手勘定は，全額が法人税等調整額となる。

③　子会社株式を一部売却し，持分法適用会社となる場合（設例3－5－2）

　子会社株式を一部売却し，連結子会社が関連会社となった場合には，重要性がない場合を除き，持分法へと会計処理を移行する必要がある。

　当該関連会社株式の帳簿価額は，当該会社に対する支配を喪失する日まで連結財務諸表に計上した取得後利益剰余金およびその他の包括利益累計額ならびにのれん償却累計額の合計額等のうち売却後持分額を加減し，持分法による投資評価額に修正することが必要となる（資本連結実務指針45項）。

　このため，売却部分について，個別財務諸表上の子会社株式売却損益の修正として処理されるが，その意思決定時に対応する繰延税金資産または繰延税金負債を計上し，実際に売却した時点で，それを取り崩すこととなる。このように子会社株式売却損益の修正に対応する形での繰延税金資産または繰延税金負債の取崩しとなることから，相手勘定は法人税等調整額となる。

　残存部分については，持分法へと移行することにより，留保利益等は継続的に連結財務諸表に計上され続けることから，税効果適用指針第22項から第24項の要件に照らして，税効果の計上の要否を検討する必要がある。

④　その他の包括利益累計額に税効果を認識していた場合

　子会社におけるその他の包括利益累計額も投資の一時差異を構成し，売却の意思決定がなされている場合などは，親会社側で税効果を認識する必要がある（前記「③6　その他の包括利益に係る税効果の認識」参照）。

　そして，実際に投資が売却された場合には，当該繰延税金資産および繰延税金負債はその他の包括利益を相手勘定として戻し入れられることになると考えられる。

(3)　支配獲得後に追加取得等があった子会社株式を売却する場合の税効果の取扱い（設例3－5－2）

　子会社株式の追加取得または時価発行増資があったことにより，連結財務諸表に持分の増加による差額（資本剰余金）が認識されている場合には，投資の連結貸借対照表上の価額が増減し，これにより連結財務諸表固有の一時差異が発生していることとなる。グループ法人税制の適用により課税所得計算上，売却損益が繰り延べられるケースを除き，売却の意思決定により，当該一時差異に対しても税効果を認識する必要がある。なお，2022年改正法人税等会計基準の適用以降は，子会社に対する投資の追加取得や子会社の時価発行増資等に伴い生じた親会社の持分変動による差額を資本剰余金としている場合，当該子会社に対する投資を売却した時に，当該資本剰余金に対応する法人税等相当額について，法人税，住民税及び事業税などその内容を示す科目を相手勘定として資本剰余金から控除することとされている（税効果適用指針31項）。当該改正に伴い，繰延税金資産または繰延税金負債の取崩し時の相手勘定は，従来の法人税等調整額ではなく，資本剰余金になるという点は注意が必要である（税効果適用指針30項）。従来の会計処理は，適切な額を税金費用として計上することで，投資の売却損益の修正と対応させることを意図しているものであったが（税効果適用指針123項），2022年改正法人税等会計基準においては，親会社の持分変動による差額に対する法人税等について，純資産の部の株主資本の区分に計上することを定めたことにより，繰延税金資産または繰延税金負債の取崩し時の相手勘定を法人税等調整額とすることを求める必要性が乏しくなったことによる変更である（税効果適用指針123-2項）。

110

設例 3 − 5 − 1　持分比率が80%→10%と推移するケース

[前提条件]

① P社およびS社の決算日は3月31日である。

② P社はX1年3月31日にS社株式の発行済株式総数の80%を2,720で取得し,子会社とした。取得時のS社（国内会社）の土地の帳簿価額は1,600であり,400の含み益（評価差額（繰延税金負債考慮前））を有している。当該含み益は,S社株式の売却時まで実現しない。

③ S社株式の取得により生じたのれんの償却期間は10年とし,X2年3月期から償却している。

④ P社がS社の留保利益を配当金として受け取るときに,P社では配当金のすべてが税務上の益金に算入されず,負債利子もないため,追加で納付する税金は見込まれない。

⑤ P社はX2年3月にS社株式の70%（P社における簿価は2,380）をX3年4月1日に売却する意思決定を行った。また,残存する10%については,X5年に売却することを予定している。

⑥ X3年4月1日に実際に売却を行ったが,売却価格は4,000であったため,個別損益計算書上,株式売却益は1,620計上されている。10%（P社における簿価は340）については引き続きP社が保有している。

⑦ P社およびS社の法定実効税率は30%とする。

⑧ S社貸借対照表の推移は以下のとおりである。

[X1期]

科目	金額	科目	金額
諸資産	1,200	諸負債	680
土地	1,600	資本金	1,200
		利益剰余金	920

第3章　⑤株式の売却に伴う投資に係る税効果の振戻し　　*111*

[X2期]

科目	金額	科目	金額
諸資産	1,640	諸負債	720
土地	1,600	資本金	1,200
		利益剰余金	1,320
		（うち，当期純利益	400）

会計処理

[X1期]

(1)　子会社資産の時価評価替えに係る仕訳

（借）土　　　　　地	(※1)400	（貸）評　価　差　額	(※1)400
（借）評　価　差　額	(※2)120	（貸）繰延税金負債	(※2)120

（※1）　400……前提条件②参照。
（※2）　120＝評価差額400×法定実効税率30%

(2)　投資と資本の相殺消去仕訳

（借）資　　本　　金	(※1)1,200	（貸）S　社　株　式	(※3)2,720
利　益　剰　余　金	(※1)920	非支配株主持分	(※4)480
評　価　差　額	(※2)280		
の　　れ　　ん	(※5)800		

（※1）　1,200，920……前提条件⑧参照。
（※2）　280＝評価差額400×（1－法定実効税率30%）
（※3）　2,720……前提条件②参照。
（※4）　480＝（資本金1,200＋利益剰余金920＋税効果考慮後評価差額280）×非支配株主持分比率20%
（※5）　差額により算出。

[X2期]

(1)　子会社資産の時価評価替えに係る仕訳

（借）土　　　　　地	(※)400	（貸）評　価　差　額	(※)400
（借）評　価　差　額	(※)120	（貸）繰延税金負債	(※)120

（※）　前期仕訳の引継ぎ。

112

(2) 開始仕訳

(借)	資　本　金	(※)1,200	(貸)	Ｓ　社　株　式	(※)2,720
	利益剰余金(期首)	(※)920		非支配株主持分	(※)480
	評　価　差　額	(※)280			
	の　れ　ん	(※)800			

(※)　前期仕訳の引継ぎ。

(3) 当期純利益のうち非支配株主持分帰属分の計算およびのれん償却

| (借) | 非支配株主に帰属する当期純利益 | (※1)80 | (貸) | 非支配株主持分 | (※1)80 |
| (借) | のれん償却額 | (※2)80 | (貸) | の　れ　ん | (※2)80 |

(※1)　80＝Ｘ2期当期純利益400×非支配株主持分比率20％
(※2)　80＝のれん800÷償却期間10年

(4) 売却の意思決定に伴う税効果仕訳の計上

(ⅰ) のれんの償却累計額に対する税効果

　売却の意思決定がすでになされており，繰延税金資産を計上する必要がある。

| (借) | 繰延税金資産 | (※)24 | (貸) | 法人税等調整額 | (※)24 |

(※)　24＝のれん償却累計額80×法定実効税率30％

(ⅱ) 取得後利益剰余金に係る税効果

　売却の意思決定がすでになされていることから，繰延税金負債を計上する必要がある。

| (借) | 法人税等調整額 | (※)96 | (貸) | 繰延税金負債 | (※)96 |

(※)　96＝取得後利益剰余金累計額400×Ｐ社持分比率80％×法定実効税率30％

[Ｘ3期]

(1) 子会社資産の時価評価替えに係る仕訳

| (借) | 土　　　地 | (※)400 | (貸) | 評　価　差　額 | (※)400 |
| (借) | 評　価　差　額 | (※)120 | (貸) | 繰延税金負債 | (※)120 |

(※)　前期仕訳の引継ぎ。

第3章　⑤株式の売却に伴う投資に係る税効果の振戻し　　113

(2)　開始仕訳

(借)	資　本　金	(※1)1,200	(貸)	Ｓ　社　株　式	(※1)2,720
	利益剰余金(期首)	(※2)1,080		非支配株主持分	(※4)560
	評　価　差　額	(※1)280		繰延税金負債	(※5)72
	の　　れ　　ん	(※3)720			
	利益剰余金(期首)	(※5)72			

- (※1)　前期仕訳の引継ぎ。
- (※2)　1,080＝前期開始仕訳920＋前期(3)の仕訳160
- (※3)　720＝当初認識800－のれん償却80
- (※4)　560＝前期開始仕訳480＋前期(3)の仕訳80
- (※5)　72＝取得後利益剰余金に係る税効果96－のれんの償却累計額に係る税効果24

(3)　連結除外による開始仕訳の振戻し

　のれん償却累計額および取得後利益剰余金に係る税効果については，ここで振戻しをせず，別途実現仕訳を計上することに注意する。

(借)	Ｓ　社　株　式	(※)2,720	(貸)	資　本　金	(※)1,200
	非支配株主持分	(※)560		利益剰余金(期首)	(※)1,080
				評　価　差　額	(※)280
				の　　れ　　ん	(※)720

- (※)　開始仕訳の振戻し。

(4)　Ｓ社貸借対照表の連結除外

(借)	諸　負　債	(※1)720	(貸)	諸　資　産	(※1)1,640
	繰延税金負債	(※2)120		土　地	(※3)2,000
	評　価　差　額	(※2)280			
	資　本　金	(※1)1,200			
	利益剰余金(期首)	(※4)1,080			
	利益剰余金 (連結除外)	(※4)240			

- (※1)　Ｘ2期末個別貸借対照表計上金額の取崩し。
- (※2)　(1)にて計上した評価差額および繰延税金負債の取崩し。
- (※3)　2,000＝個別貸借対照表計上金額1,600＋評価差額として計上した金額400
- (※4)　支配獲得時の利益剰余金と取得後利益剰余金に分解している。

(5)　Ｓ社株式売却時の持分評価

　ここで，連結除外のために，取得後利益剰余金を踏まえた連結上のＰ社株

114

式への修正仕訳を計上する。

| （借） | Ｓ　社　株　式 | ^{（※）}240 | （貸） | 利　益　剰　余　金
（連　結　除　外） | ^{（※）}240 |

（※）　240＝投資の連結貸借対照表上の価額2,960〔(X2期末資本金1,200＋X2期末利益
　　　　剰余金1,320＋X2期末評価差額280)×P社持分比率80％＋X2期末のれん未償却残高
　　　　720〕－P社個別貸借対照表上の投資簿価2,720

(6)　Ｓ社株式売却損益の修正

| （借） | 子会社株式売却益 | ^{（※1）}210 | （貸） | Ｓ　社　株　式 | ^{（※1）}210 |

（※1）　210＝個別損益計算書上のＳ社株式売却益1,620（※2）－連結損益計算書上のＳ社
　　　　株式売却益1,410（※3）
（※2）　個別損益計算書上のＳ社株式売却益1,620＝Ｓ社株式売却価格4,000－売却部分に
　　　　係る個別貸借対照表上のＳ社株式帳簿価額2,380
（※3）　連結損益計算書上のＳ社株式売却益1,410＝Ｓ社株式売却価格4,000－売却部分に
　　　　係る投資の連結貸借対照表上の価額2,590

　連結財務諸表上の子会社株式売却益が計上されたことに伴い，連結財務諸
表固有の一時差異が解消することとなる。このため，X2期に計上したのれ
ん償却累計額および留保利益に係る税効果のうち対応する部分も取崩しを行
うこととなる。

| （借） | 繰　延　税　金　負　債 | ^{（※）}63 | （貸） | 法　人　税　等　調　整　額 | ^{（※）}63 |

（※）　63＝(取得後利益剰余金に係る繰延税金負債96－のれん償却累計額に対する繰延税
　　　　金資産24)×70％÷80％

　このように，売却益の調整額210に法定実効率30％を乗じた額と一致し
ていることが確認できる。

(7)　残存しているＳ社株式の取得原価への修正

　(5)にて算定した投資の連結貸借対照表上の価額のうち，残存部分は2,960
×10％/80％＝370となる。ここから，個別貸借対照表上のＳ社株式帳簿価額
への修正を行う。

| （借） | 利　益　剰　余　金
（連　結　除　外） | ^{（※）}30 | （貸） | Ｓ　社　株　式 | ^{（※）}30 |

（※）　30＝残存部分に係る投資の連結貸借対照表上の価額370－残存部分に係る個別貸借
　　　　対照表上のＳ社株式帳簿価額340

第3章　⑤株式の売却に伴う投資に係る税効果の振戻し　*115*

最後に，残存しているのれん償却累計額および留保利益に係る税効果について，連結除外に伴い取崩しを行う。繰延税金負債の相手勘定は，利益剰余金（連結除外）となることに注意されたい。

| （借）　繰 延 税 金 負 債 | ^(※)9 | （貸）　利 益 剰 余 金
　　　　（連　結　除　外） | ^(※)9 |

（※）　9＝（取得後利益剰余金に係る繰延税金負債96－のれん償却累計額に対する繰延税金資産24）×10％÷80％

設例３－５－２　持分比率が60％→80％→20％と推移するケース

前提条件

①　P社およびA社の決算日は3月31日である。

②　P社はX1年3月31日にA社株式の発行済株式の60％を6,000で取得し，子会社とした。その後，X2年3月31日に発行済株式の20％を2,000で追加取得している。取得時のA社（国内会社）の土地の簿価は4,000であり，1,000の含み益（評価差額（繰延税金負債考慮前））を有している。当該含み益は，A社株式の売却時まで実現しない。

③　A社株式の取得により生じたのれんの償却期間は10年とし，X2年3月期から償却している。

④　P社がA社の留保利益を配当金として受け取るときに，P社では配当金のすべてが税務上の益金に算入されず，負債利子もないため，追加で納付する税金は見込まれない。

⑤　P社はX3年3月31日にA社株式の60％を7,200で売却しており，A社は持分法適用会社となった。なお，当該売却の意思決定はX2年3月31日に行われていたものとする。

⑥　P社およびA社の法定実効税率は30％とする。

⑦　A社貸借対照表の推移は以下のとおりである。

[X1期]

科目	金額	科目	金額
諸資産	3,000	諸負債	1,700
土地	4,000	資本金	3,000
		利益剰余金	2,300

[X2期]

科目	金額	科目	金額
諸資産	4,100	諸負債	1,800
土地	4,000	資本金	3,000
		利益剰余金	3,300
		（うち，当期純利益	1,000）

[X3期]

科目	金額	科目	金額
諸資産	6,300	諸負債	2,000
土地	4,000	資本金	3,000
		利益剰余金	5,300
		（うち，当期純利益	2,000）

会計処理

[X1期]

(1) 子会社資産の時価評価替えに係る仕訳

（借）	土　　地	$^{(※1)}$1,000	（貸）	評　価　差　額	$^{(※1)}$1,000
（借）	評　価　差　額	$^{(※2)}$300	（貸）	繰延税金負債	$^{(※2)}$300

（※1） 1,000……前提条件②参照。
（※2） 300＝評価差額1,000×法定実効税率30％

(2) 投資と資本の相殺消去仕訳

（借）	資　　本　　金	$^{(※1)}$3,000	（貸）	Ａ　社　株　式	$^{(※3)}$6,000
	利　益　剰　余　金	$^{(※1)}$2,300		非支配株主持分	$^{(※4)}$2,400
	評　価　差　額	$^{(※2)}$700			
	の　　れ　　ん	$^{(※5)}$2,400			

第3章　⑤株式の売却に伴う投資に係る税効果の振戻し　　117

（※1）　3,000, 2,300……前記条件⑦参照。
（※2）　700＝評価差額1,000×（1－法定実効税率30%）
（※3）　6,000……前提条件②参照。
（※4）　2,400＝（資本金3,000＋利益剰余金2,300＋税効果考慮後評価差額700）×非支配株
　　　　主持分比率40%
（※5）　差額により算出。

［X2期］

(1)　子会社資産の時価評価替えに係る仕訳

| （借）　土　　　　地 | （※）1,000 | （貸）　評　価　差　額 | （※）1,000 |
| （借）　評　価　差　額 | （※）300 | （貸）　繰　延　税　金　負　債 | （※）300 |

（※）　前期仕訳の引継ぎ。

(2)　開始仕訳

（借）　資　　本　　金	（※）3,000	（貸）　A　社　株　式	（※）6,000
利益剰余金(期首)	（※）2,300	非支配株主持分	（※）2,400
評　価　差　額	（※）700		
の　　れ　　ん	（※）2,400		

（※）　前期仕訳の引継ぎ。

(3)　当期純利益のうち非支配株主帰属分の計算およびのれん償却

（借）　非支配株主に帰属	（※1）400	（貸）　非支配株主持分	（※1）400
する当期純利益			
（借）　のれん償却額	（※2）240	（貸）　の　　れ　　ん	（※2）240

（※1）　400＝X2期当期純利益1,000×非支配株主持分比率40%
（※2）　240＝のれん2,400÷償却期間10年

(4)　追加取得による持分変動

| （借）　非支配株主持分 | （※1）1,400 | （貸）　A　社　株　式 | （※2）2,000 |
| 　　　　資　本　剰　余　金 | （※3）600 | | |

（※1）　1,400＝（X2年3月31日A社資本金3,000＋利益剰余金3,300＋評価差額700）×追
　　　　加取得比率20%
（※2）　2,000……前提条件②参照。
（※3）　差額により算出。

(5)　投資売却の意思決定に伴う税効果仕訳

(i)　のれんの償却累計額に対する税効果

　売却の意思決定がすでになされており，繰延税金資産を計上する必要がある。

| (借)　繰 延 税 金 資 産 | (※)54 | (貸)　法人税等調整額 | (※)54 |

(※)　54＝のれん償却累計額240×法定実効税率30％÷P社持分比率80％×売却意思決定済比率60％

　今回は，支配喪失時の持分比率に占める関連会社として残存する持分比率に相当する額を算定する方法が適切であると判断されたものとする。

(ii)　取得後利益剰余金に係る税効果

　売却の意思決定がすでになされていることから，繰延税金負債を計上する必要がある。

| (借)　法人税等調整額 | (※)135 | (貸)　繰 延 税 金 負 債 | (※)135 |

(※)　135＝取得後利益剰余金累計額600×法定実効税率30％÷P社持分比率80％×売却意思決定済比率60％

(iii)　追加取得に伴う持分変動による差額に係る税効果

　売却の意思決定がすでになされており，繰延税金資産を計上する必要がある。

| (借)　繰 延 税 金 資 産 | (※)135 | (貸)　資 本 剰 余 金 | (※)135 |

(※)　135＝持分変動による差額600×法定実効税率30％÷P社持分比率80％×売却意思決定済比率60％

[X3期]

(1)　子会社資産の時価評価替えに係る仕訳

| (借)　土　　　　　　地 | (※)1,000 | (貸)　評 価 差 額 | (※)1,000 |
| (借)　評 価 差 額 | (※)300 | (貸)　繰 延 税 金 負 債 | (※)300 |

(※)　前期仕訳の引継ぎ。

第3章　⑤株式の売却に伴う投資に係る税効果の振戻し　　*119*

(2)　開始仕訳

（借）	資　本　金	(※1)3,000	（貸）	Ａ　社　株　式	(※7)8,000
	利益剰余金(期首)	(※2)2,940		非支配株主持分	(※8)1,400
	資本剰余金(期首)	(※3)600		資本剰余金(期首)	(※9)135
	評　価　差　額	(※1)700			
	の　れ　ん	(※4)2,160			
	繰延税金資産	(※5)54			
	利益剰余金(期首)	(※6)81			

(※1)　前期開始仕訳の引継ぎ。
(※2)　2,940＝前期開始仕訳2,300＋前期(3)の仕訳640
(※3)　600……前期(4)の仕訳
(※4)　2,160＝当初認識2,400－のれん償却240
(※5)　のれんの償却累計額，取得後利益剰余金および追加取得に伴う持分変動による差
　　　　額に係る税効果をネットした金額。
(※6)　81＝取得後利益剰余金に係る税効果135－のれんの償却累計額に係る税効果54
(※7)　8,000＝当初取得6,000＋追加取得2,000
(※8)　1,400＝前期開始仕訳2,400＋前期(3)の仕訳400－前期(4)の仕訳1,400
(※9)　135……前期(5)(iii)の仕訳

(3)　当期純利益のうち非支配株主帰属分の計算およびのれん償却

（借）	非支配株主に帰属する当期純利益	(※1)400	（貸）	非支配株主持分	(※1)400
（借）	の れ ん 償 却 額	(※2)240	（貸）	の　れ　ん	(※2)240

(※1)　400＝Ｘ3期当期純利益2,000×非支配株主持分比率20%
(※2)　240＝のれん2,400÷償却期間10年

(4)　連結除外による開始仕訳の振戻し

　のれんの償却累計額および取得後利益剰余金に係る税効果については，ここで振戻しをせず，別途実現仕訳を計上することに注意する。

（借）	Ａ　社　株　式	(※)8,000	（貸）	資　本　金	(※)3,000
	非支配株主持分	(※)1,400		利益剰余金(期首)	(※)2,940
				資本剰余金(期首)	(※)600
				評　価　差　額	(※)700
				の　れ　ん	(※)2,160

(※)　前期仕訳の振戻し。

(5) A社貸借対照表の連結除外

(借)	諸 負 債	(※1)2,000	(貸)	諸 資 産	(※1)6,300
	繰延税金負債	(※2)300		土 地	(※3)5,000
	評 価 差 額	(※2)700			
	資 本 金	(※1)3,000			
	利益剰余金(期首)	(※1)3,300			
	利 益 剰 余 金 (連 結 除 外)	(※4)2,000			

(※1) X3期末個別貸借対照表計上金額の取崩し。
(※2) (1)にて計上した評価差額および繰延税金負債の取崩し。
(※3) 5,000＝個別貸借対照表計上金額4,000＋評価差額として計上した金額1,000
(※4) 2,000＝個別貸借対照表計上金額5,300－利益剰余金（期首）3,300

(6) A社株式売却時の持分評価

　ここで，連結除外のために，取得後利益剰余金を踏まえた連結上のA社株式への修正仕訳を計上する。

(借)	A 社 株 式	(※1)1,720	(貸)	利益剰余金(期首)	(※4)360
	非支配株主持分	(※2)400		利 益 剰 余 金 (連 結 除 外)	(※5)2,000
	の れ ん	(※2)240		A 社 株 式	(※6)600
	資本剰余金(期首)	(※3)600			

(※1) 1,720＝X2期獲得剰余金600(＝1,000×60％)＋X3期獲得剰余金1,600(＝2,000×80％)－のれん償却累計額480
(※2) 400，240……当期(3)の仕訳の振戻し。
(※3) 600……開始仕訳の再計上。
(※4) 360＝当期(5)の仕訳3,300－当期(4)の仕訳2,940
(※5) 2,000……連結除外仕訳の取消し。
(※6) 差額により算出。

　なお，A社株式の投資の連結貸借対照表上の価額は以下のとおりとなる。

　9,120＝(X3期末資本金3,000＋X3期末利益剰余金5,300＋X3期末評価差額700)×P社持分比率80％＋X2期末のれん未償却残高1,920

　このため，個別上の取得価額8,000との差額は1,120＝9,120－8,000と算定され，適切に仕訳に反映されていることが検証できる。

第3章 ⑤株式の売却に伴う投資に係る税効果の振戻し　　*121*

(7)　A社株式売却損益の修正

　(6)にて算定した投資の連結貸借対照表上の価額のうち，売却部分は6,840 ＝9,120×60%÷80%となる（本設例のように追加投資がある場合，追加投資部分から優先して売却したものとみなし，当初ののれん計上時の保有割合から残りの売却割合を算定する方法による処理も考えられる。）。

　このため，連結財務諸表上の株式売却益は360＝7,200－6,840となり，個別損益計算書上の売却益1,200との差額840＝1,200－360（(6)にて算定した1,120×60%÷80%として算定することもできる。）は調整が必要となる。

(借)　子会社株式売却益	(※)840	(貸)　A 社 株 式	(※)840

（※）　840＝個別上の売却益1,200－連結上の売却益360

　また，当該株式売却益が実現したことに伴い，X2期に計上したのれん償却累計額，留保利益および追加取得に伴う持分変動による差額に係る税効果についても取崩しを行うこととなる。X3期末での売却であるため，X3期において獲得した留保利益1,600＝2,000×80%とのれんの償却額240に対する繰延税金負債306＝(1,600－240)×法定実効税率30%×60%÷80%は計上されていないが，X2期に計上した繰延税金資産54と合計すると252となり，売却益の調整額840に法定実効税率30%を乗じた金額と一致していることがわかる。

(借)　資 本 剰 余 金	(※2)135	(貸)　繰 延 税 金 資 産	(※1)54
		法人税等調整額	(※3)81

（※1）　54……上記説明参照。
（※2）　135……追加取得に伴う持分変動による差額に係る税効果額。
（※3）　81……のれんの償却累計額に対する税効果および取得後利益剰余金に係る税効果。

　なお，上記（※2）に記載のとおり，資本剰余金を相手勘定とし，計上した繰延税金資産または繰延税金負債については，取崩し時においても資本剰余金を相手勘定とする（税効果適用指針30項）。

　さらに，A社株式の売却益に対する法人税，住民税及び事業税等について，追加取得に伴い生じた親会社の持分変動による差額に対して課税された法人税，住民税及び事業税等は資本剰余金から控除する（法人税等会計基準5-2項(1)）（税効果適用指針31項）。

（借）	法人税，住民税 及び事業税		$^{(※)}$135	（貸）	資 本 剰 余 金			$^{(※)}$135

（※）　135＝持分変動による差額600×法定実効税率30％÷P社持分比率80％×売却比率
60％

6　債権債務・取引の相殺消去に係る税効果

1｜債権債務・取引の相殺消去

　連結修正により連結会社間の取引高および関連する債権債務の相殺消去手続
を行うが，連結財務諸表に税効果会計を認識するのは一時差異が発生する場合
のみである。

　連結会社相互間の債権債務・取引の相殺消去の対象としては，以下の例が挙
げられる。

---

(1)　売掛金と買掛金，未収入金と未払金，貸付金と借入金等の債権債務
(2)　上記に関連する貸倒引当金の修正
(3)　売上高と売上原価，受取利息と支払利息等の損益取引
(4)　受取配当金と支払配当金

　上記の例において，(1)の債権債務については，相殺消去により連結貸借対照
表上と個別貸借対照表上の簿価に差異が生じるものの，当該差異は将来の会計
上の損益計算や税金計算に影響を与えるものではなく，連結財務諸表固有の一
時差異には該当しないと考えられる。一方，(2)の債権債務に関連する貸倒引当
金の修正については，連結貸借対照表と個別貸借対照表上の簿価に差異を生じ
させるため，連結財務諸表固有の一時差異に該当する。

　また，(3)および(4)の取引の相殺消去については，連結貸借対照表上と個別貸
借対照表上の簿価に差異が生じないため連結財務諸表固有の一時差異には該当
しないが，子会社からの配当については，留保利益に係る一時差異について別
途税効果を認識する必要がある（前記「3」4(1)①　将来の配当により解消する
部分」参照）。

2 | 貸倒引当金に係る税効果

(1) 税務上の損金算入限度額を超えて計上された貸倒引当金

現行の税務上においては，①中小法人等，②銀行，保険その他これらに類する法人，および③売買があったものとされるリース資産の対価の額に係る金銭債権を有する法人等を除いて，貸倒引当金の損金算入は認められていない。

個別財務諸表上で貸倒引当金が損金算入されていない場合，会計上の個別財務諸表の貸倒引当金と税務上の貸倒引当金は一致せずに将来減算一時差異が生じることになる。しかし，連結会社（親会社または子会社）に対する債権について計上している貸倒引当金が連結手続により減額修正されたことにより，連結財務諸表上と税務上の貸倒引当金が（ゼロで）一致する。

このため，個別財務諸表上で繰延税金資産の回収可能性があるものと判断して繰延税金資産を計上している場合には，連結手続により同額の繰延税金負債を計上した上で相殺する。一方，個別財務諸表上で繰延税金資産の回収可能性がないと判断して繰延税金資産を計上していない場合には，繰延税金負債は計上されない（税効果適用指針32項）。

図表３－６－１　税務上の損金算入限度額を超えて計上された貸倒引当金

	個別財務諸表		税　　務		連結財務諸表
貸倒引当金	(100)	＜	0	＝	0

全額損金不算入

たとえば，図表３－６－１では，個別財務諸表上の貸倒引当金100に対して税務上の貸倒引当金はゼロであるため，将来減算一時差異が生じているが，貸倒引当金100の減額修正にて連結財務諸表上の貸倒引当金はゼロとなっており，連結財務諸表上と税務上の貸倒引当金は一致する結果となっている。

124

| 設例3－6－1 | 税務上の損金算入が認められない貸倒引当金 |

前提条件

① 親会社P社は子会社S社に対して貸付金1,000を有している。

② P社は①の貸付金に対して貸倒引当金100％を計上しているが，当該貸倒引当金は全額税務上損金不算入である。

③ 法定実効税率は30％とする。

④ P社の繰延税金資産の回収可能性に問題はないものとする。

会計処理

[P社個別財務諸表上の会計処理]

(1) 貸倒引当金の計上

| （借） 貸倒引当金繰入額 | (※)1,000 | （貸） 貸 倒 引 当 金 | (※)1,000 |

（※） 1,000……前提条件②参照。

(2) 貸倒引当金に対する繰延税金資産の計上

| （借） 繰 延 税 金 資 産 | (※)300 | （貸） 法人税等調整額 | (※)300 |

（※） 300＝貸倒引当金1,000×法定実効税率30％

[連結財務諸表上の会計処理]

(1) 債権債務の相殺消去

| （借） 借 入 金 | (※)1,000 | （貸） 貸 付 金 | (※)1,000 |

（※） 1,000……前提条件①参照。

(2) 貸倒引当金の調整

| （借） 貸 倒 引 当 金 | (※)1,000 | （貸） 貸倒引当金繰入額 | (※)1,000 |

（※） 1,000……前提条件②参照。

(3) 税効果の認識および個別財務諸表上の繰延税金資産との相殺消去

　個別財務諸表上で計上された繰延税金資産と同額の繰延税金負債を計上した上で相殺する。

| （借） | 法人税等調整額 | （※1）300 | （貸） | 繰延税金負債 | （※1）300 |
| （借） | 繰延税金負債 | （※2）300 | （貸） | 繰延税金資産 | （※2）300 |

（※1）　300……個別財務諸表上で計上した繰延税金資産と同額を計上。
（※2）　300……個別財務諸表上で計上した繰延税金資産と相殺。

(2)　税務上の損金算入限度内で計上された貸倒引当金

　個別財務諸表上で貸倒引当金が損金算入されている場合，個別財務諸表上の貸倒引当金と税務上の貸倒引当金は一致しているが，連結手続により貸倒引当金が減額修正された場合には，連結財務諸表固有の将来加算一時差異が生じることになる。このため，原則として連結財務諸表上，繰延税金負債を計上するが，その際に適用する税率は債権者側のものを使用する（税効果適用指針33項本文）。

図表3－6－2　税務上の損金算入限度内で計上された貸倒引当金

	個別財務諸表		税　　務		連結財務諸表
貸倒引当金	（100）	＝	（100）	＜	0

全額損金算入

　たとえば，図表3－6－2では，個別財務諸表上の貸倒引当金と税務上の貸倒引当金は100で一致しているものの，貸倒引当金100の減額修正にて連結財務諸表上の貸倒引当金はゼロとなっており，連結財務諸表固有の将来加算一時差異が生じる結果となっている。

設例3－6－2　税務上の損金算入限度内の貸倒引当金

【前提条件】

①　親会社P社は子会社S社に対して売掛金1,000を有している。

②　P社は売掛金に対して貸倒実績率1％に基づく貸倒引当金を計上しており，当該貸倒引当金は全額税務上損金算入されているものとする。

③　法定実効税率は30％とする。

126

会計処理

［Ｐ社個別財務諸表上の会計処理］

(1) 貸倒引当金の計上

(借) 貸倒引当金繰入額	(※)10	(貸) 貸倒引当金	(※)10

(※) 10＝売掛金1,000×貸倒実績率１％

［連結財務諸表上の会計処理］

(1) 債権債務の相殺消去

(借) 買 掛 金	(※)1,000	(貸) 売 掛 金	(※)1,000

(※) 1,000……前提条件①参照。

(2) 貸倒引当金の調整

(借) 貸 倒 引 当 金	(※)10	(貸) 貸倒引当金繰入額	(※)10

(※) 10＝売掛金1,000×貸倒実績率１％

(3) 税効果の認識

貸倒引当金の調整により，連結財務諸表固有の将来加算一時差異が生じるため繰延税金負債を計上する。

(借) 法人税等調整額	(※)3	(貸) 繰 延 税 金 負 債	(※)3

(※) 3＝貸倒引当金10×法定実効税率30％

(3) 税務上の損金算入限度内で個別に計上した貸倒引当金

前記「(2) 税務上の損金算入限度内で計上された貸倒引当金」と異なり，連結子会社の業績悪化に伴って債権全額に対して貸倒引当金を計上し，かつ，損金算入が認められている場合，連結手続により貸倒引当金が減額修正されて将来加算一時差異が発生したとしても，繰延税金負債は計上しない（税効果適用指針33項ただし書き）。

なぜなら，債権の回収が行われない限り将来加算一時差異に係る税金の将来の支払いが発生しないため，業績悪化の状況では当該貸倒引当金が将来において申告加算される可能性は低く，将来の支払いが見込まれないと考えられるためである。

第3章　⑥債権債務・取引の相殺消去に係る税効果　　*127*

3 連結会社間取引の不一致に係る税効果会計

(1) 連結会社間取引の不一致

　連結会社間取引高の不一致が生じることがあり，その場合には個別財務諸表を修正した上で連結手続を行うことになるが，その結果，個別上（会計上）の簿価と税務上の簿価に差異が生じることになり，連結財務諸表固有の一時差異に該当する。

　連結会社間の取引で不一致が生じる原因としては，以下の要因が考えられる。

- 子会社決算日と連結決算日の相違
- 連結会社での会計処理の漏れ
- 連結会社間での会計方針および会計処理のタイミングの相違

(2) 子会社決算日と連結決算日の相違による連結会社間取引の不一致

　子会社の決算日と連結決算日が相違する場合には，以下のいずれかの対応が必要となる（連結会計基準16項）。

① 子会社は連結決算日に仮決算を行う。
② 子会社の連結決算日の差異が3ヵ月を超えないことを前提に，子会社の財務諸表を使用できるが，決算日の差異の期間に生じた重要な不一致のある連結会社間取引については調整を行う。

　上記②の処理を行った場合には，調整手続により子会社の個別財務諸表上と税務上の簿価に相違が生じ，一時差異が生じることになるため，税効果会計を適用する。

設例3－6－3　　子会社決算日と連結決算日が相違する場合

前提条件

① 連結決算日はX2年3月31日であるが，子会社S社の決算日はX1年12月31日である。
② S社の決算日は連結決算日の差異が3ヵ月を超えないため，連結決算日

128

に仮決算は行わない。

③　親会社Ｐ社は，Ｓ社との間でＸ１年４月１日に年間1,200の業務委託契約を締結しており，Ｘ２年１月からＸ２年３月までの業務委託料300については，重要な不一致のある連結会社間取引に該当するとして調整を行う必要がある。なお，当該業務委託契約はＸ２年３月末で終了し，Ｘ２年４月以降，業務委託は発生していない。

④　決済期日はＸ２年４月30日である。

⑤　Ｐ社およびＳ社の法定実効税率は30％とする。

⑥　Ｓ社の繰延税金資産の回収可能性に問題はないものとする。

会計処理

［Ｘ２年３月期のＰ社個別財務諸表上の会計処理］

(1)　業務委託料の計上

（借）　売　　掛　　金	(※)1,200	（貸）　売　　上　　高	(※)1,200

(※)　1,200……前提条件③参照。

［Ｘ１年12月期のＳ社個別財務諸表上の会計処理］

(1)　業務委託料の計上

（借）　業　務　委　託　料	(※)900	（貸）　未　　払　　金	(※)900

(※)　900＝1,200－300

［Ｘ２年３月期の連結財務諸表上の会計処理］

(1)　連結会社間取引の調整

（借）　業　務　委　託　料	(※)300	（貸）　未　　払　　金	(※)300

(※)　300……前提条件③参照。

(2)　税効果の認識

　連結会社間取引の調整の結果，連結財務諸表固有の将来減算一時差異が発生するため税効果を認識する。

（借）　繰　延　税　金　資　産	(※)90	（貸）　法人税等調整額	(※)90

(※)　90＝300×法定実効税率30％

第3章　6債権債務・取引の相殺消去に係る税効果　　*129*

(3)　**債権債務・取引の相殺消去**

(借)	未　払　金	(※)1,200	(貸)	売　掛　金	(※)1,200
(借)	売　上　高	(※)1,200	(貸)	業務委託料	(※)1,200

(※)　1,200……前提条件③参照。

[X3年3月期のP社個別財務諸表上の会計処理]

(1)　**業務委託料の入金**

(借)	現　　　金	(※)1,200	(貸)	売　掛　金	(※)1,200

(※)　1,200……前提条件④参照。

[X2年12月期のS社個別財務諸表上の会計処理]

(1)　**業務委託料の計上**

(借)	業務委託料	(※)300	(貸)	未　払　金	(※)300

(※)　300……前提条件③参照。

(2)　**業務委託料の支払**

(借)	未　払　金	(※)1,200	(貸)	現　　　金	(※)1,200

(※)　1,200……前提条件④参照。

[X3年3月期の連結財務諸表上の会計処理]

(1)　**連結会社間取引の調整**

(借)	利益剰余金(期首)	(※1)300	(貸)	業務委託料	(※1)300
(借)	法人税等調整額	(※2)90	(貸)	利益剰余金(期首)	(※2)90

(※1)　300……[X2年3月期の連結財務諸表上の会計処理](1)

(※2)　90……[X2年3月期の連結財務諸表上の会計処理](2)

(3) 連結会社での会計処理の漏れ・連結会社間での会計方針および 会計処理のタイミングの相違

　連結手続を行うにあたって，連結会社の個別財務諸表における会計処理の漏れや連結会社間での会計方針の相違があった場合，連結決算手続にて調整を行うことがある。この調整についても，調整手続により子会社の財務諸表と税務上の簿価に相違が生じ，一時差異が生じることになるため税効果会計を適用する。手続は前記「(2)　子会社決算日と連結決算日の相違による連結会社間取引の不一致」と同様である。

設例3－6－4　　連結会社間での会計方針の相違

前提条件

①　子会社Ｓ社は当期にＡ機械装置1,000を取得し，有形固定資産として計上している。また，法人税法に定められた耐用年数を用いて減価償却費200を計上している。

②　連結会計方針では減価償却計算は，利用可能見込期間に基づく耐用年数を用いることとなっているため，親会社であるＰ社の連結手続にて減価償却費50の追加計上を行うこととする。

③　Ｐ社とＳ社の決算日はいずれもＸ1年3月31日である。

④　Ｐ社およびＳ社の法定実効税率は30％とする。

⑤　Ｓ社の繰延税金資産の回収可能性に問題はないものとする。

会計処理

[Ｘ1年3月期のＳ社個別財務諸表上の会計処理]

(1)　有形固定資産の計上

(借)　有 形 固 定 資 産	(※)1,000	(貸)　現　　　　　金	(※)1,000

(※)　1,000……前提条件①参照。

(2)　減価償却費の計上

(借)　減 価 償 却 費	(※)200	(貸)　減価償却累計額	200

(※)　200……前提条件①参照。

第3章　⑦未実現損益に係る税効果　　*131*

[X1年3月期の連結財務諸表上の会計処理]

（1）減価償却費の追加計上

（借）減 価 償 却 費 （※）50　（貸）減価償却累計額 （※）50

（※）　50……前提条件②参照。

（2）税効果の認識

　連結修正仕訳の結果，連結財務諸表固有の将来減算一時差異が発生するため税効果を認識する。

（借）繰 延 税 金 資 産 （※）15　（貸）法人税等調整額 （※1）15

（※）　15＝50×法定実効税率30％

7　未実現損益に係る税効果

1　連結財務諸表における未実現損益の取扱い

　未実現損益とは，連結グループ内部の会社間の取引で生じた損益のうち，連結決算日時点までに実現していないものをいう。連結会社間で棚卸資産や固定資産といった資産の売買取引で生じた未実現損益は，連結グループ外部の第三者へ当該資産が売却された時点などで連結財務諸表上実現する。

　したがって，連結決算日において売却先の連結会社でその資産を棚卸資産等として保有している場合，当該資産はグループ内に留まっているため，当該取引によって生じた売却損益は連結財務諸表上において未実現損益となる。

　未実現損益は原則として連結グループ外に売却等がされるまで連結決算手続の一環で相殺消去されることから（連結会計基準36項），資産を保有する連結会社の個別財務諸表上と連結財務諸表上の資産価額が相違するため，連結財務諸表固有の一時差異として将来減算一時差異または将来加算一時差異となる（税効果会計基準注解（注2），税効果適用指針4項(5)参照）。

2 未実現損益の消去に係る税効果

(1) 基本的な考え方

　連結会社間の取引で未実現損益が発生した場合，売却元の連結会社では売却年度に当該売却損益に係る課税計算が行われ，個別財務諸表上に法人税等として当該税金の負担額（または軽減額）が計上される（グループ法人税制が適用されていないことを前提とする。以下，本節にて同様。）。したがって，売却取引が生じた年度において課税関係が完了しており，将来の税金減額または増額効果は有しない。また，売却先の連結会社の個別財務諸表上において資産の購入価額と税務上の資産価額が一致しているため，個別財務諸表上の一時差異は発生しない。

　一方，未実現損益が実現し，売却損益等として連結損益計算書に計上される際，課税計算は連結グループ外部の第三者への売却価額と連結グループ内部の未実現損益が含まれた購入価額の差額に基づいて行われる。したがって，連結財務諸表上，未実現損益の実現時点の売却益と税金費用を対応（売却損の場合は税金費用の軽減分と対応）させるため，取引の発生した年度において未実現損益に係る課税分を繰延税金資産または繰延税金負債として計上することで繰り延べ，実現に応じて取り崩す処理が必要となる（図表3－7－1参照）。

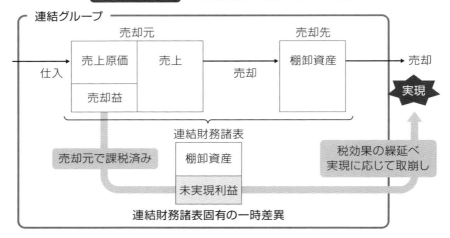

図表3－7－1　未実現損益の消去に係る一時差異

第3章 ⑦未実現損益に係る税効果 *133*

① 設例による解説

未実現損益の消去に係る税効果を認識すると，設例3－7－1のとおり，連結財務諸表上に発生した利益と税金費用の対応関係をより適切に示すことができる。

設例3－7－1 未実現利益の消去に係る税効果

前提条件

① Ｓ社はＰ社の連結子会社（持分比率100％）である。
② Ｘ１年にＰ社は商品を1,000で仕入れ，Ｓ社に1,200で販売し，Ｓ社は期末に棚卸資産として保有していた。
③ Ｘ２年にＳ社は当該商品を1,500で連結グループ外部の会社に販売した。
④ Ｐ社およびＳ社の法定実効税率は30％とする。
⑤ Ｓ社の課税所得は当該資産の売却益以上に十分生じているものとする。
⑥ グループ法人税制は対象外であるものとする。

会計処理

[Ｘ１年]

(1) 連結会社間における取引高の相殺消去および未実現利益の消去

(借) 売 上 高	(※1)1,200	(貸) 売 上 原 価	(※1)1,200
(借) 売 上 原 価	(※2)200	(貸) 棚 卸 資 産	(※2)200

（※1） 1,200……前提条件②参照。
（※2） 200＝売上高1,200－売上原価1,000

(2) 未実現利益の消去に伴う税効果

(借) 繰 延 税 金 資 産	(※)60	(貸) 法人税等調整額	(※)60

（※） 60＝未実現利益200×法定実効税率30％

Ｘ１年度末におけるＰ社およびＳ社の個別財務諸表および上記の会計処理を反映した連結財務諸表は以下のとおりである。

		P社	S社	単純合算	連結仕訳	連結
B/S	棚卸資産	—	1,200	1,200	△200	1,000
	繰延税金資産	—	—	—	60	60
	（上記以外の科目は省略）					
P/L	売上高	1,200	—	1,200	△1,200	—
	売上原価	1,000	—	1,000	△1,000	—
	売上総利益	200	—	200	△200	—
	税引前当期純利益	200	—	200	△200	—
	法人税等	60	—	60	—	60
	法人税等調整額	—	—	—	△60	△60
	法人税等合計	60	—	60	△60	—
	当期純利益	140	—	140	△140	—

［X2年］

(1) 開始仕訳

　X1年の連結損益計算書項目に係る仕訳はX2年の連結財務諸表上の利益剰余金に影響があるため，開始仕訳としてX1年の損益を利益剰余金の期首残高に計上する。

（借）　利益剰余金(期首)	(※)200	（貸）　棚　卸　資　産	(※)200
（借）　繰延税金資産	(※)60	（貸）　利益剰余金(期首)	(※)60

（※）　200，60……［X1年］(1)，(2)の会計処理参照。

(2) 売却による未実現利益の実現

（借）　棚　卸　資　産	(※)200	（貸）　売　上　原　価	(※)200

（※）　200……(1)の開始仕訳参照。

(3) 未実現利益の実現に伴う繰延税金資産の取崩し

（借）　法人税等調整額	(※)60	（貸）　繰延税金資産	(※)60

（※）　60……(1)の開始仕訳参照。

　X2年度末におけるP社およびS社の個別財務諸表および上記の会計処理を反映した連結財務諸表は以下のとおりである。

第3章 ⑦未実現損益に係る税効果　135

		P社	S社	単純合算	連結仕訳	連結
B/S	棚卸資産	—	—	—	(※1) —	—
	繰延税金資産	—	—	—	(※2) —	—
	(上記以外の科目は省略)					
P/L	売上高	—	1,500	1,500	—	1,500
	売上原価	—	1,200	1,200	△200	1,000
	売上総利益	—	300	300	200	500
	税金等調整前(税引前)当期純利益	—	300	300	200	500
	法人税, 住民税及び事業税	—	90	90	—	90
	法人税等調整額	—	—	—	60	60
	法人税等合計	—	90	90	60	150
	当期純利益	—	210	210	140	350

(※1) 開始仕訳による増加200が未実現利益の実現△200により消去される。
(※2) 開始仕訳による増加60が未実現利益の実現による繰延税金資産の取崩し△60により消去される。

　設例3-7-1のとおり，未実現損益の消去に係る税効果を認識することで，X1年では連結財務諸表上の税金等調整前当期純利益ゼロに対して税金費用もゼロとなり，外部に当該資産を販売した収益が計上されるX2年の連結財務諸表においては，税金等調整前当期純利益500に対して法人税等合計150が計上され，利益と費用を合理的に対応させることができる（図表3-7-2参照）。

図表3-7-2　売買損益と税金費用の対応関係

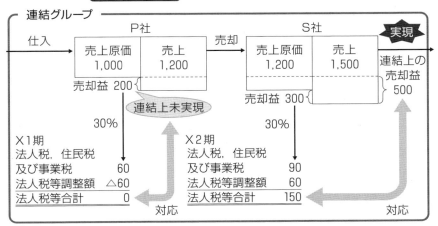

② 非支配株主が存在する場合（アップストリーム）

売却元が連結子会社で売却先が親会社となる資産売買取引（いわゆるアップストリーム）において，売却元の連結子会社に連結グループ外の非支配株主が存在する場合，売却元の連結子会社で生じた未実現損益のうち非支配株主に帰属する部分は，持分比率を用いて非支配株主に帰属する当期純利益として配分される（連結会計基準38項）。同時に，連結財務諸表固有の一時差異につき計上される法人税等調整額についても，親会社持分と非支配株主持分とに配分を行う（税効果適用指針10項）。具体的な会計処理は，設例3－7－2のとおりである。

なお，売却元が親会社で売却先が連結子会社となる資産売買取引（いわゆるダウンストリームの取引）は，売却先の連結子会社に非支配株主が存在する場合であっても，資産の売却に伴う損益が計上される売却元の親会社には非支配株主が存在しないため，非支配株主持分への配分は行わない。

設例3－7－2　非支配株主が存在する場合

前提条件

① S社はP社の連結子会社（持分比率90％）である。

② S社はX1年に商品を1,000で仕入れ，P社に1,200で販売し，P社は期末に棚卸資産として保有していた。

③ X2年にP社は当該商品を1,500で連結グループ外部の会社に販売した。

④ P社およびS社の法定実効税率は30％とする。

会計処理

[X1年]

(1) 連結会社間における取引高の相殺消去および未実現利益の消去

(借) 売 上 高	(※1)1,200	(貸) 売 上 原 価	(※1)1,200
(借) 売 上 原 価	(※2)200	(貸) 棚 卸 資 産	(※2)200

（※1） 1,200……前提条件②参照。

（※2） 200＝売上高1,200－売上原価1,000

第3章　⑦未実現損益に係る税効果　*137*

(2)　未実現利益の消去に伴う税効果

（借）　繰 延 税 金 資 産		（貸）　法 人 税 等 調 整 額	

（借）　繰 延 税 金 資 産　　　(※)60　（貸）　法 人 税 等 調 整 額　　　(※)60

（※）　60＝未実現利益200×法定実効税率30%

(3)　未実現利益の消去に係る非支配株主持分への配分

（借）　非支配株主持分　　　(※)20　（貸）　非支配株主に帰属　　　(※)20
　　　　　　　　　　　　　　　　　　　する当期純利益

（※）　20＝未実現利益200×非支配株主持分比率10%

(4)　税効果の非支配株主持分への配分

（借）　非支配株主に帰属　　　(※)6　（貸）　非支配株主持分　　　(※)6
　　　　する当期純利益

（※）　6＝法人税等調整額60×非支配株主持分比率10%

[X2年]

(1)　開始仕訳

　X1年の仕訳はX2年の連結財務諸表上の利益剰余金に影響があるため，開始仕訳としてX1年の損益を利益剰余金の期首残高に計上する。

（借）　利益剰余金(期首)　　　(※)200　（貸）　棚 卸 資 産　　　(※)200
（借）　繰 延 税 金 資 産　　　(※)60　（貸）　利益剰余金(期首)　　　(※)60
（借）　非支配株主持分　　　(※)20　（貸）　利益剰余金(期首)　　　(※)20
（借）　利益剰余金(期首)　　　(※)6　（貸）　非支配株主持分　　　6

（※）　200，60，20，6……[X1年] (1)(2)(3)(4)の会計処理参照。

(2)　売却による未実現利益の実現

（借）　棚 卸 資 産　　　(※)200　（貸）　売 上 原 価　　　(※)200

（※）　200……(1)の開始仕訳参照。

(3)　未実現利益の実現に伴う繰延税金資産の取崩し

（借）　法 人 税 等 調 整 額　　　(※)60　（貸）　繰 延 税 金 資 産　　　(※)60

（※）　60……(1)の開始仕訳参照。

(4) 未実現利益の実現に係る非支配株主持分への配分

| (借) 非支配株主に帰属 | (※)20 | (貸) 非支配株主持分 | (※)20 |
| する当期純利益 | | | |

（※）　20……(1)の開始仕訳参照。

(5) 税効果の非支配株主持分への配分

| (借) 非支配株主持分 | (※)6 | (貸) 非支配株主に帰属 | (※)6 |
| | | する当期純利益 | |

（※）　6……(1)の開始仕訳参照。

(2) 適用税率

　未実現損益の消去に係る税効果会計には，わが国における税効果会計の原則的処理である資産負債法ではなく，例外的に繰延法が採用されている。したがって，繰延税金資産および繰延税金負債の計算には未実現損益が発生した売却元の会社の売却年度の税率を使用し，事後的な税率変更による見直しは行わない（税効果適用指針89項(2)，131項，137項，138項）。

① 基本的な考え方

　税効果会計の考え方には，前記「第1章3　資産負債法と繰延法」に記載のとおり，資産負債法および繰延法という2つのアプローチがある。

　資産負債法は，会計上と税務上の資産および負債の概念の違いにスポットを当てたアプローチであり，一時差異の解消時点で税金を減額または増額する効果がある場合において，一時差異の解消見込年度に適用される税率に基づいて繰延税金資産または繰延税金負債を計上する方法である（税効果適用指針89項(1)）。

　一方，繰延法は，会計上の損益と税務上の益金および損金の概念の違いにスポットを当てたアプローチであり，会計と税務で帰属する期間が異なる損益（期間差異）について，差異が生じた年度の税率に基づいて繰延税金資産または繰延税金負債を計上し，税金額相当を当該差異の解消時点まで繰り延べる方法である（税効果適用指針89項(2)）。一時差異に含まれて期間差異に含まれない項目の具体例としては，その他有価証券評価差額金のように発生年度の損益

第3章 ⑦未実現損益に係る税効果 *139*

計算書を経由せず，直接純資産の部に計上される場合の差異が挙げられる。

資産負債法に基づくと，繰延税金資産および繰延税金負債は一時差異の解消見込年度に適用される税率に基づき計上されるため，実際の税金減少額または増加額と解消時に計上される利益とを期間対応させることができる。

これに対し，未実現損益の消去に係る一時差異は，未実現損益が発生した連結会社（売却元）と一時差異の対象となった資産を保有する連結会社（売却先）が相違している点，および売却年度において当該資産の売却損益が売却元の税務上の益金または損金に算入されて税額の計算が完結している点から，売却元における税効果に着目し，例外的に繰延法に基づき未実現損益が発生した売却年度の税率によって利益と税金とを対応させる考え方を採用している。

以上をまとめると，連結財務諸表上の一時差異に係る税効果を認識する際の適用税率は図表3－7－3のとおりとなる。

図表3－7－3 一時差異ごとの適用税率

対象となる一時差異	考え方	適用税率
未実現損益の消去	繰延法	差異発生年度で適用された税率
上記を除くすべて	資産負債法	差異解消見込年度に適用される税率

コラム IFRSおよび米国会計基準における未実現損益に係る税効果の取扱い

わが国の会計基準において，未実現損益に係る税効果については，税効果会計の原則的な取扱いである資産負債法の例外として，繰延法が用いられている。

2018年2月に公表された企業会計基準適用指針第28号「税効果会計に係る会計基準の適用指針」（税効果適用指針）の開発に際しては，この点の見直しも検討されたが[1]，これにはIFRSや米国会計基準における取扱いとの相違も考慮されていたのではないかと思われる。具体的に，IFRSでは，未実現損益に係る税効果であっても，税効果会計の原則どおり，資産負債法によることとされている。これに対して，米国会計基準では，棚卸資産に係るものを除いて，原則どおり，資産負債法によることとされている。

---

1 2017年10月12日開催 第370回企業会計基準委員会 審議資料(4)-4「税効果会計 公開草案に寄せられたコメントへの対応―未実現損益の消去に関する税効果」参照。

(3) 繰延税金資産の回収可能性

未実現利益の消去に係る繰延税金資産については，繰延法を採用しているため，回収可能性適用指針第6項に列挙された判断基準を適用せず，回収可能性の判定を行わない（税効果適用指針35項本文）。

(4) 一時差異の上限

① 未実現利益の場合

未実現利益の消去に係る将来減算一時差異は資産の売却元の連結会社の売却年度における課税所得の額を上限とする（税効果適用指針35項また書き）。

売却年度に関して売却元の連結会社で実際に納付する税額は課税所得に税率を乗じた金額が最大であり，課税所得を超える部分の未実現利益については繰り延べるべき税金が生じていないため，繰延税金資産を計上しない（設例3－7－3参照）。

なお，売却元の連結会社に繰越欠損金がある場合には，過年度に生じた課税所得のマイナスを繰越控除の制限内で課税所得計算上損金に算入することができる。この場合，課税所得から税法上で定められた繰越欠損金[2]を控除した後の額を上限として繰延税金資産を計上する（設例3－7－4参照）。

設例3－7－3　課税所得が未実現利益を下回る場合

[前提条件]

① P社で計上された売却益200は連結財務諸表上の未実現利益に該当する。

② P社の売却年度における課税所得は80であった。

③ P社の法定実効税率は30%とする。

[会計処理]

[未実現利益の消去に伴う税効果]

未実現利益200のうち課税所得80を超える120は繰り延べるべき税金が生じ

2　わが国の税法上，繰越控除される欠損金は課税所得が限度とされており（法法57条1項），さらに中小法人等以外の法人においては，繰越控除前の課税所得に一定の割合を乗じた金額が控除限度額となる（平成27年法律第9号附則27条）。

第3章 ⑦未実現損益に係る税効果 *141*

ていない。したがって，消去される未実現利益のうち，課税所得に対応する部分にのみ繰延税金資産を計上する。

| （借） | 繰延税金資産 | (※)24 | （貸） | 法人税等調整額 | (※)24 |

（※）24＝課税所得80×法定実効率30%

設例3－7－4　繰越欠損金がある場合

前提条件

① 　P社の個別財務諸表には売却益200，その他の利益100が計上されている。なお，下記の繰越欠損金を除いて，税務上の調整項目はない。

② 　P社で計上された売却益は連結財務諸表上の未実現利益に該当する。

③ 　過年度から引き継がれた繰越欠損金300がある。

④ 　繰越欠損金の利用上限は課税所得に一定の割合（本設例では50%とする。）を乗じた金額である。

⑤ 　P社の法定実効率は30%とする。

会計処理

[未実現利益の消去に伴う税効果]

　未実現利益200のうち，課税所得を上回る部分は繰り延べるべき税金が生じていないため，繰延税金資産は計上されない（仕訳の下の図表参照）。

| （借） | 繰延税金資産 | (※1)45 | （貸） | 法人税等調整額 | (※1)45 |

（※1）　45＝課税所得150(※2)×法定実効率30%

（※2）　150＝繰越欠損金控除前の課税所得300（＝売却益200＋その他の利益100）×（1－繰越欠損金の控除割合50%）

売却益	200	
その他の利益	100	
税引前当期純利益	300	一定割合
繰越欠損金	△300	（50%）
繰越欠損金の利用額	150	
課税所得	150	一時差異の上限

コラム 税務上の欠損金の控除限度額

　税務上の繰越欠損金は，中小法人等以外の法人については，その年度に生じた課税所得の全額を控除できるわけではない。

　かつて（2012年4月1日前に開始した事業年度まで）は，所得の全額を控除することができた（繰越欠損金の残高＞当期の所得金額の場合）。しかしながら，平成23年度税制改正によって欠損金の控除制限が導入され，2018年4月1日以後開始する事業年度では，当期に発生した所得の50/100を限度として控除が可能な制度となっている。

② 未実現損失の場合

(i) 基本的な考え方

　連結会社間の取引によって生じた未実現損益はその全額を消去する。ただし，未実現損失のうち回収不能と認められる部分は消去しない（連結会計基準36項）。未実現損失の消去はいわば，売上原価等の消去を通した売却先の資産に対する含み益の計上であるため，含み益相当となる未実現損失の消去額は，資産は回収可能なものに限って計上されるべきという原則から，発生年度において回収可能な範囲（正味売却可能価額）に限られている。

(ii) 未実現損失の消去に係る税効果

　未実現損失の消去に係る将来加算一時差異の上限は，資産の売却元の連結会社の売却年度における当該未実現損失に係る税務上の損金を算入する前の課税所得の額とされている（税効果適用指針36項）。

設例3－7－5　未実現損失の消去に係る税効果

前提条件

① 　P社の個別財務諸表には棚卸資産に関する売却損400（売上高600，売上原価1,000）が計上されている。

② 　P社で計上された売却損は連結上の未実現損失に該当する。

③ 　当該棚卸資産の正味売却可能価額は700である。

④ 　P社の未実現損失に係る損金を算入する前の課税所得は500である。

⑤　Ｐ社の法定実効税率は30％とする。

> 会計処理

[連結会社間における取引高の相殺消去および未実現損失の消去]

　本設例における回収可能価額は，正味売却可能価額の700であり，未実現損失400のうち300は連結グループ外部に売却する際に回収不能と考えられることから，連結財務諸表上消去しない。

```
（借）　売　上　高　　（※1）600　（貸）　売　上　原　価　　（※1）600
（借）　棚　卸　資　産　（※2）100　（貸）　売　上　原　価　　（※2）100
```

（※1）　600……前提条件①参照。
（※2）　100＝正味売却可能価額700－棚卸資産600（売却先における帳簿価額）

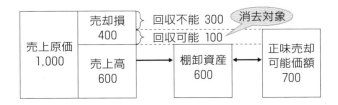

[未実現損失の消去に伴う税効果]

　一時差異の上限は未実現損失に係る損金を算入する前の課税所得500である。したがって，未実現損失の消去額100はＰ社の課税所得500の範囲であるため，全額を一時差異として識別する。

```
（借）　法人税等調整額　　　（※）30　（貸）　繰延税金負債　　　（※）30
```

（※）　30＝100×法定実効税率30％

(4)　繰延税金資産および繰延税金負債の取崩し

　未実現損益の消去に係る繰延税金資産および繰延税金負債は，未実現損益の実現に応じて取り崩される（税効果適用指針34項）。未実現損益は連結会社から購入した資産を連結グループ外へ売却した際などに実現するため，同時に未実現損益の消去に係る税効果を取り崩す（前記の設例3－7－1における会計処理［Ｘ2年］「(3)　未実現利益の実現に伴う繰延税金資産の取崩し」参照）。

① 固定資産として保有する場合

　連結グループ間における土地や建物といった固定資産の売買時にも，未実現損益が計上される場合がある。資産を固定資産として保有する場合，商品のようにそれ自体を売却する目的ではなく自社での利用や賃貸による収益獲得等を目的とすることから，一般的に連結グループ外部への売却による未実現損益の実現に長期間を要するという特徴を有する。ただし，固定資産として保有する場合でも，当該一時差異への税効果を認識する点において棚卸資産として保有する場合の処理と相違はないが，棚卸資産と固定資産の会計処理の違いから，固定資産の売買に基づく未実現損益の場合，以下の点に留意する必要がある。

(i) 減価償却による未実現損益の実現

　売却した資産が償却資産である場合，売却先の個別財務諸表上において会計方針として選択された減価償却方法により減価償却費が計上され，耐用年数にわたり資産の取得原価が各事業年度に配分される。

　未実現利益の場合，売却先の個別財務諸表の償却資産の簿価が売却元での計上額より大きくなることから，減価償却費も多く計上される。したがって，連結修正仕訳での減価償却費の取崩しを通じて未実現利益の一部分が実現し，対応する繰延税金資産の取崩しが行われる。

　未実現損失の場合，売却元より売却先の個別財務諸表の償却資産の簿価は小さくなることから減価償却費が少なく計上される。したがって，連結修正仕訳における減価償却費の増額調整を通じて未実現損失の一部が実現し，対応する繰延税金負債の取崩しが行われる。

設例3－7－6　　固定資産の売却に係る未実現利益の税効果

前提条件

①　S社はP社の連結子会社（持分比率90％）である。

②　X1年末にS社は建物（帳簿価額1,000）を1,500でP社に譲渡し，P社は当該資産を固定資産として保有する。

③　建物の減価償却方法は定額法（5年），残存価額ゼロにて償却計算を行う。

④　P社およびS社の法定実効税率は30％とする。

第3章 ⑦未実現損益に係る税効果 *145*

会計処理

［Ｘ１年］

(1) 未実現利益の消去

（借）	固定資産売却益	(※1)500	（貸）	建　　　物	(※1)500
（借）	非支配株主持分	(※2)50	（貸）	非支配株主に帰属する当期純利益	(※2)50

（※1）　500＝売却価額1,500－帳簿価額1,000
（※2）　50＝500×非支配株主持分比率10％

(2) 未実現利益の消去に係る税効果

（借）	繰延税金資産	(※1)150	（貸）	法人税等調整額	(※1)150
（借）	非支配株主に帰属する当期純利益	(※2)15	（貸）	非支配株主持分	(※2)15

（※1）　150＝未実現利益500×法定実効税率30％
（※2）　15＝150×非支配株主持分比率10％

［Ｘ２年］

(1) 開始仕訳

　Ｘ１年の仕訳はＸ２年の連結財務諸表上の利益剰余金に影響があるため，開始仕訳としてＸ１年の損益を利益剰余金の期首残高に計上する。

（借）	利益剰余金(期首)	(※)500	（貸）	建　　　物	(※)500
（借）	非支配株主持分	(※)50	（貸）	利益剰余金(期首)	(※)50
（借）	繰延税金資産	(※)150	（貸）	利益剰余金(期首)	(※)150
（借）	利益剰余金(期首)	(※)15	（貸）	非支配株主持分	(※)15

（※）　500，150，50，15……［Ｘ１年］(1)(2)の会計処理参照。

(2) 減価償却による未実現利益の実現

（借）	建　　　物	(※1)100	（貸）	減価償却費	(※1)100
（借）	非支配株主に帰属する当期純利益	(※2)10	（貸）	非支配株主持分	(※2)10

（※1）　100＝未実現利益500÷耐用年数５年
（※2）　10＝100×非支配株主持分比率10％

(3) 未実現利益の実現に伴う繰延税金資産の取崩し

(借)	法人税等調整額	(※1)30	(貸)	繰延税金資産	(※1)30
(借)	非支配株主持分	(※2)3	(貸)	非支配株主に帰属する当期純利益	(※2)3

（※1）　30＝100×法定実効税率30％
（※2）　3＝30×非支配株主持分比率10％

(ii) 減損損失による未実現損益の実現

　売却先の個別財務諸表で減損損失が発生した場合も，減価償却と同様に，計上された減損損失相当の未実現損益が実現したものと考える。したがって，対応する繰延税金資産または繰延税金負債の取崩しが行われる。

設例3－7－7　　減損損失による未実現利益の実現と税効果

前提条件

① 　S社はP社の連結子会社（持分比率90％）である。

② 　P社はS社から過年度に取得した土地1,200（固定資産として保有）につき，減損損失600を計上した。

③ 　過年度に連結財務諸表上消去した未実現利益は200である。

④ 　P社およびS社の法定実効税率は30％とする。

会計処理

［減損損失計上に伴う未実現利益の実現］

(借)	建　　　物	(※1)200	(貸)	減　損　損　失	(※1)200
(借)	非支配株主に帰属する当期純利益	(※2)20	(貸)	非支配株主持分	(※2)20

（※1）　200……前提条件③参照。
（※2）　20＝200×非支配株主持分比率10％

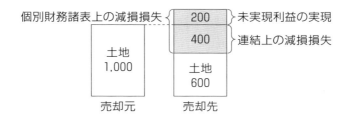

[未実現利益の実現に伴う繰延税金資産の取崩し]

| (借) | 法人税等調整額 | (※1)60 | (貸) | 繰延税金資産 | (※1)60 |
| (借) | 非支配株主持分 | (※2)6 | (貸) | 非支配株主に帰属する当期純利益 | (※2)6 |

(※1) 60＝200×法定実効税率30％
(※2) 6＝60×非支配株主持分比率10％

3 決算日が異なる連結子会社の取扱い

　連結子会社の決算日が連結決算日と異なる場合、原則として連結子会社は連結決算日に仮決算を行う必要がある（連結会計基準16項）。決算日の差異が3ヵ月を超えない場合には、仮決算を行わず子会社の財務諸表を基礎に連結決算を行うことができるが、決算日の差異により生じた連結会社間の取引に係る会計記録の重要な不一致がある場合、連結決算手続にて調整が必要となる（連結会計基準（注4））。

　決算日の差異に伴う調整で未実現損益の消去が行われた場合、未実現損益の消去に係る税効果もあわせて考慮する必要がある。繰延税金資産または繰延税金負債は前記「2　未実現損益の消去に係る税効果」と同様の考え方に基づいて計上する（税効果適用指針37項）。実務上の取扱いとしては、仮決算や決算日の差異に伴う連結調整により売却元の子会社の税引前当期純利益が変動した場合、一時差異の上限額は課税所得に当該変動分を反映した金額になると考えられる。

　なお、連結子会社の決算日後に税率が変更されたとしても、未実現損益の消去に関する税効果会計は繰延法に基づくため、繰延税金資産および繰延税金負債の計上額の見直しは不要である（税効果適用指針138項(2)）。

4 中間連結財務諸表（第1種中間連結財務諸表）における取扱い

中間連結財務諸表（第1種中間連結財務諸表）作成のための会計方針は，中間特有の会計処理を除き，原則として，年度決算と同様の方針でなければならない。ただし，中間連結財務諸表の開示対象期間に係る企業集団の財政状態，経営成績およびキャッシュ・フローの状況に関する財務諸表利用者の判断を誤らせない限り，簡便的な方法を選択することも可能とされている（中間会計基準11項，後記「19　その他の連結修正と税効果」参照）。

中間決算における未実現損益の消去に係る税効果において，年度決算と比較した際の留意点は以下のとおりである。なお，以下の取扱いは，第1四半期会計期間および第3四半期会計期間に四半期会計基準等を適用している場合にも同様である（四半期会計基準14項ただし書き，四半期適用指針15項，18項，21項参照）。

(1)　適用税率

年度決算と同様，未実現損益が発生した売却元の会社の売却年度に係る税率に基づいて税効果を適用する（中間会計基準18項本文）。

ただし，連結会社の重要性に応じて納付税額の算出にあたり加味する加減算項目や税額控除を重要なもののみに限定する簡便的な方法や，税引前中間純利益に年間見積実効税率を乗じて計算する中間特有の会計処理を採用することも可能である（中間会計基準18項ただし書き，中間適用指針14項，17項）。

(2)　一時差異の取扱い

年度決算と同様の方法によって税金費用の計算を行う場合（納付税額の算定に簡便的な方法を採用する場合も含む。），未実現利益額が売却元の年間見積課税所得額（未実現損失の場合は当該未実現損失に係る税務上の損金を算入する前の年間見積課税所得額）を上回っている場合の連結消去に係る一時差異の金額は，当該年間見積課税所得額を上限とする。一方，中間特有の会計処理を採用し，税引前中間純利益に年間見積実効税率を乗じて税金計算を行う場合は，年間見積課税所得額に代えて，予想年間税引前当期純利益を連結消去に係る一時差異の上限とする（中間適用指針21項）。

なお，一時差異の上限につき，年度の見積りまたは予想ではなく，中間期末までの見積課税所得額とする方法も考えられるが，一時差異が計上限度額を超えた場合に年度と中間とで上限額が変わるため，結果として法人税等調整額ひいては中間純利益が変動し，中間決算と年度決算との整合性が担保されないことから，採用されていない（図表3－7－4参照）。

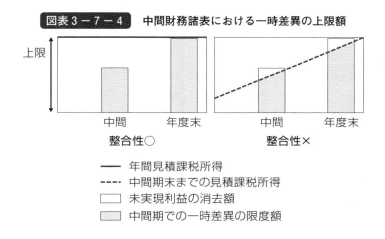

5 実務上の論点

(1) 過去に減損損失を計上した資産を連結グループ内で売却した場合

① 個別財務諸表上の処理

固定資産の減損損失を計上した際，会計上の固定資産の帳簿価額は減少するが，減損損失は税務上損金と認められず，税務上の帳簿価額は減少しない。したがって，減損損失相当は当該資産の売却時に税務上の売却益（売却損）を小さく（大きく）することで将来の税金減額効果を有し，個別財務諸表上，将来減算一時差異として回収可能性を考慮した上で繰延税金資産を計上する。そして，当該資産を売却した際，税金減額効果が実現するため，売却元の繰延税金資産が取り崩され，相手勘定として法人税等調整額が計上される。

② 連結財務諸表上の処理

過去に減損損失を計上した資産を連結グループ内の会社に売却した場合，未

実現損益が生じる売却元の連結会社において課税関係は完了していることから，将来の税金減少効果を有さず，未実現損益の消去に係る一時差異は連結財務諸表固有の一時差異に該当する。

一方，個別財務諸表において売却により取り崩された繰延税金資産の相手方となる法人税等調整額は，未実現損益に関連する一時差異の解消に係る税効果に含められる（税効果適用指針139項(2)，141項）。具体的な会計処理は設例3－7－8のとおりである。

設例3－7－8　　未実現損益に関連する一時差異の解消に係る税効果

前提条件

①　X1年においてP社は土地1,000に対し，減損損失600を計上した。

②　X5年において当該土地を連結子会社のS社（持分比率90％）に1,200で売却した。

③　繰延税金資産の回収可能性には問題はないものとする。

④　法定実効税率は35％であったが，X5年末において翌年度以降の法定実効税率が30％へと変更されたものとする。

⑤　非支配株主持分については考慮外とする。

会計処理

[X1年（P社における減損損失の計上年度）]

(1)　減損損失に係る税効果

減損損失600は税務上損金と認められないため，P社の個別財務諸表において将来減算一時差異となる。前提条件③より繰延税金資産の回収可能性に問題がないことから，繰延税金資産を計上する。

| （借）　繰　延　税　金　資　産　　　$^{(※)}$210 | （貸）　法人税等調整額　　　$^{(※)}$210 |

（※）　210＝将来減算一時差異600×法定実効税率35％

[X5年（P社からS社への売却取引発生年度）]

(1)　売却により税効果の取崩し

S社への土地の売却により減損損失が税務上損金算入され，X1年に計上した将来減算一時差異が解消したため，P社の個別財務諸表上，繰延税金資

第3章 ⑦未実現損益に係る税効果　　*151*

産を取り崩す。

| （借）　法人税等調整額 | （※）210 | （貸）　繰延税金資産 | （※）210 |

（※）　210……［Ｘ１年］(1)の会計処理参照。

(2)　未実現利益の消去（連結）

| （借）　固定資産売却益 | （※）800 | （貸）　土　　　　　地 | （※）800 |

（※）　800＝売却価格1,200－帳簿価額400

(3)　未実現利益の消去に係る税効果

| （借）　繰 延 税 金 資 産 | （※）70 | （貸）　法人税等調整額 | （※）70 |

（※）　70＝（800－減損損失の認容減算600）×法定実効税率35％

(4)　未実現利益に関連する一時差異の解消に係る税効果（連結）

　Ｐ社における売却による税効果の取崩額が未実現利益に関連する一時差異の解消に係る税効果として繰延税金資産に計上される。

　なお，Ｘ５年末において翌年度以降の法定実効税率が変更されているが，未実現損益の消去に係る税効果は例外的に繰延法の考え方に基づくため，繰延税金資産の計上額の見直しは行わない。

| （借）　繰 延 税 金 資 産 | （※）210 | （貸）　法人税等調整額 | （※）210 |

（※）　210……［Ｘ５年］(1)の会計処理参照。

(2)　過去に未実現損益を計上した会社を連結除外した場合

①　ダウンストリームにより計上された未実現損益の税効果

　親会社から子会社へ資産を売却して未実現損益を計上し，その後に子会社株式の売却等により子会社が連結除外となった場合，連結除外した時点で未実現損益が実現するものと考えられる。したがって，未実現損益相当の子会社株式売却損益を戻し入れ，税効果についても取崩しの処理を行う。

設例3－7－9 連結除外による未実現損益の戻入れおよび税効果の取崩し（ダウンストリーム）

前提条件

① P社は過年度に連結子会社であるS社（持分比率100％）に対して商品を売却しており，未実現利益の消去100に係る繰延税金資産30が連結財務諸表において計上されている。なお，未実現利益の消去においては，棚卸資産を直接減額している。

② P社はS社の株式を以下のとおり売却して，連結除外を行った。

[ケース1] S社株式の100％を売却した。

[ケース2] S社株式の90％を売却し，子会社でも関連会社でもなくなった。

[ケース3] S社株式の60％を売却し，持分法適用関連会社となった。

会計処理

[ケース1]

(1) 未実現利益の実現および税効果の取崩し

連結除外によって未実現利益が実現する。ただし，実際に商品自体は売却されていないため，子会社株式売却損益に含めて未実現利益の戻入れを行い，これに対応する繰延税金資産を取り崩す。

（借）棚　卸　資　産	(※)100	（貸）子会社株式売却損益	(※)100
（借）法人税等調整額	(※)30	（貸）繰　延　税　金　資　産	(※)30

(※) 100，30……前提条件①×売却持分比率100％

[ケース2]

(1) 未実現利益の実現および税効果の取崩し（売却持分相当）

未実現利益のうち売却持分相当を実現損益として子会社株式売却損益への戻入れを行い，これに対応する繰延税金資産を取り崩す。

（借）棚　卸　資　産	(※)90	（貸）子会社株式売却損益	(※)90
（借）法人税等調整額	(※)27	（貸）繰　延　税　金　資　産	(※)27

(※) 90，27……前提条件①×売却持分比率90％

第3章　⑦未実現損益に係る税効果　　153

(2)　未実現利益の実現および税効果の取崩し（残存持分相当）

　未実現利益のうち残存持分相当は連結除外したことにより今後売却の目途がないことから，対応する繰延税金資産とともに利益剰余金を直接増減することで取り崩す。

| （借）　棚　卸　資　産 | (※)10 | （貸）　利　益　剰　余　金
（連　結　除　外） | (※)10 |
| （借）　利　益　剰　余　金
（連　結　除　外） | (※)3 | （貸）　繰　延　税　金　資　産 | (※)3 |

（※）　10，3……前提条件①×残存持分比率10%

[ケース3]

(1)　未実現利益の実現および税効果の取崩し（売却持分相当）

　未実現利益のうち売却持分相当を実現損益として子会社株式売却損益への戻入れを行い，これに対応する繰延税金資産を取り崩す。

| （借）　棚　卸　資　産 | (※)60 | （貸）　子会社株式売却損益 | (※)60 |
| （借）　法人税等調整額 | (※)18 | （貸）　繰　延　税　金　資　産 | (※)18 |

（※）　60，18……前提条件①×売却持分比率60%

(2)　未実現利益の消去仕訳の戻入れおよび税効果の取崩し（残存持分相当）

　未実現利益のうち残存持分相当は，今後，持分法による投資損益として計上されることになるため，投資有価証券を増減させることで取り崩す。

| （借）　棚　卸　資　産 | (※)40 | （貸）　投資有価証券 | (※)40 |

（※）　40……前提条件①×残存持分比率40%

②　アップストリームにより計上された未実現損益の税効果

　子会社から親会社へ資産を売却して未実現損益を計上し，その後に子会社が連結除外となった場合，未実現損益が発生した取引の相手方が連結グループ外部者となる。したがって，連結除外した時点で，個別財務諸表修正の一環として親会社が保有する資産に対して計上された未実現損益相当の利益剰余金（子会社株式売却損益とすることも考えられる。）を戻し入れ，同時に税効果の取崩しの処理も行う。なお，残存持分があるケースにおいては，税効果の取崩しに係る相手勘定が法人税等調整額とならないことに留意が必要である。

154

設例 3 － 7 － 10　連結除外による未実現損益の戻入れおよび税効果の取崩し（アップストリーム）

前提条件

①　S社は過年度に完全親会社であるP社に対して商品を売却しており，未実現利益の消去100に係る繰延税金資産30が連結財務諸表において計上されている。なお，未実現利益の消去においては，棚卸資産を直接減額している。

②　P社はS社の株式を以下のとおり売却して連結除外を行った。

　　［ケース1］　S社株式の100%を売却した。

　　［ケース2］　S社株式の90%を売却し，子会社でも関連会社でもなくなった。

　　［ケース3］　S社株式の60%を売却し，持分法適用関連会社となった。

会計処理

[ケース1およびケース2]

(1)　未実現利益の消去仕訳の戻入れおよび税効果の取崩し

　S社はP社の連結グループ外部者となったことから，未実現利益の消去分をS社の個別財務諸表修正として戻し入れ，これに対応する税効果を取り崩す。相手勘定が利益剰余金となることに留意する。

(借)	棚　卸　資　産	(※)100	(貸)	利 益 剰 余 金 （連 結 除 外）	(※)100
(借)	利 益 剰 余 金 （連 結 除 外）	(※)30	(貸)	繰 延 税 金 資 産	(※)30

(※)　100，30……前提条件①

[ケース3]

(1)　未実現利益の消去仕訳の戻入れおよび税効果の取崩し

　消去されていた未実現利益のうち売却持分相当を個別財務諸表修正により戻し入れ，これに対応する税効果を取り崩す。相手勘定が利益剰余金となることに留意する。

(借) 棚 卸 資 産	(※)60	(貸) 利 益 剰 余 金	(※)60
		(連 結 除 外)	
(借) 利 益 剰 余 金	(※)18	(貸) 繰 延 税 金 資 産	(※)18
(連 結 除 外)			

（※） 60，18……前提条件①×売却持分比率60％

8 グループ法人税制・グループ通算制度適用下の未実現損益に係る税効果

1 グループ法人税制およびグループ通算制度における譲渡損益の繰延べ

(1) 譲渡損益繰延制度の導入経緯

　平成14年度税制改正により創設された連結納税制度により，連結納税適用法人間で一定の要件を満たす資産を譲渡した場合には，連結会計上のみならず，税務上もその譲渡損益を将来にわたって繰り延べることとされた。連結納税制度の適用は企業の任意によるものであるため，この譲渡損益の繰延べを行う必要があったのは連結納税制度を適用している企業グループに限られていたが，平成22年度税制改正により導入されたグループ法人税制により，連結納税制度を適用していない企業グループにおける対象会社間の取引から生じた譲渡損益も，税務上同様に繰り延べられることとなった。令和2年度税制改正により連結納税制度から移行して導入されたグループ通算制度においても，同様に譲渡損益は繰り延べられることとなった。

(2) グループ法人税制とグループ通算制度の違い

① グループ法人税制およびグループ通算制度の適用範囲の違い

　グループ法人税制およびグループ通算制度の適用範囲は，基本的には完全支配関係を有する内国法人である。ただし，グループ通算制度は，通算除外法人または外国法人が介在する完全支配関係のある内国法人および通算除外法人に対しては対象外となるため（法法4条の2，法令131条の11），両制度の適用範

囲に相違が生じる場合もあることに留意する。たとえば，外国法人を経由して保有している国内の100％子会社は，グループ通算制度の適用外であるがグループ法人税制は適用される（図表3－8－1参照）。

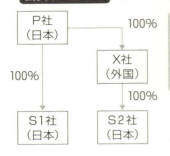

図表3－8－1　グループ法人税制とグループ通算制度の適用範囲の相違

② グループ通算制度を適用している場合の留意点

　グループ通算制度における譲渡損益の繰延べに係る規定は，基本的にグループ法人税制における規定と同様である。ただし，グループ通算制度を適用している場合にのみ影響を受ける論点もあるため留意が必要である。

　本節では，下記事項についてグループ通算制度を適用している場合の取扱いの留意点を記載している。

- グループ通算制度により時価評価した資産を譲渡した場合（詳細は，後記「2(6)　グループ通算制度において時価評価された資産を譲渡した場合」参照）
- 通算子会社株式を譲渡した場合（詳細は，後記「4(3)　通算子会社の株式を他の通算会社に売却した場合の取扱い」参照）

2 譲渡損益繰延べ時の税効果会計

(1) 譲渡損益繰延べの対象となる資産

　譲渡損益繰延べの対象となる資産（以下「譲渡損益調整資産」という。）は，固定資産，土地（土地の上に存する権利を含み，固定資産に該当するものを除く。），有価証券，金銭債権および繰延資産のうち次に掲げるもの以外とされている（法法61条の11第1項，法令122条の12第1項）。

第3章　⑧グループ法人税制・グループ通算制度適用下の未実現損益に係る税効果　*157*

①	売買目的有価証券
②	譲受法人において売買目的有価証券とされる有価証券
③	譲渡直前の帳簿価額（税務簿価）が1,000万円に満たない資産

　なお，グループ法人税制が適用される完全支配関係がある会社との間の取引について，購入側の企業にとっての自己株式の取得である場合，税務上，譲渡側の企業における譲渡対価は譲渡原価と同額となる（法法61条の2第17項）。すなわち，グループ法人税制が適用される場合の他の資産の譲渡と異なり，また，グループ法人税制が適用されない場合の資産の譲渡（後記「⑨　自己株式等の売却に係る税効果」参照）とも異なり，税務上，譲渡損益は計上も繰延べもされない。

(2)　個別財務諸表における税効果会計

　完全支配関係を有する会社間で譲渡損益調整資産を譲渡した場合，売手側の個別財務諸表において譲渡資産はなくなっているものの，税務上においては繰り延べられた譲渡損益に対する調整資産または調整負債が認識されるため，これらが個別財務諸表における一時差異となる。調整資産（譲渡損失）が生じ，当該将来減算一時差異に係る繰延税金資産の回収可能性があると判断された場合には繰延税金資産を認識し，調整負債（譲渡利益）が生じた場合は繰延税金負債を認識することとなる（税効果適用指針16項）。一方，買手側の個別財務諸表では，譲受資産の帳簿価額は会計上も税務上も取引価額にて一致するため，一時差異は生じない。

(3)　連結財務諸表における税効果会計

　個別財務諸表で計上された連結会社間の取引に係る譲渡損益は，回収可能性が認められない未実現損失を除き，連結財務諸表作成時に未実現損益として消去されることになり，その消去に伴い連結財務諸表固有の一時差異が生じることになる。

　個別財務諸表で繰延譲渡益に係る将来加算一時差異を認識した場合には，当該売却益を連結会計上で消去する際に連結財務諸表固有の将来減算一時差異が生じ，当該将来減算一時差異に対しては個別財務諸表上の繰延譲渡益に係る将来加算一時差異に対して計上した繰延税金負債と同額の繰延税金資産が計上さ

れる。同様に，個別財務諸表上で繰延譲渡損に係る将来減算一時差異を認識した場合には，当該譲渡損を連結会計上で消去する際に連結財務諸表固有の将来加算一時差異が生じ，当該将来加算一時差異に対して個別財務諸表上の繰延譲渡損に対して計上した繰延税金資産と同額の繰延税金負債が計上される（税効果適用指針38項）。結果として，連結財務諸表においては繰延譲渡損益に対する繰延税金資産または繰延税金負債は計上されないこととなる（税効果適用指針142項）。

なお，譲渡損失を消去しない場合の取扱いは，後記「(4)②　未実現損失を消去しない場合」を参照のこと。

設例３－８－１　譲渡損益が税務上繰り延べられる場合の会計処理

前提条件

①　Ｘ１年度にＰ社は保有する土地（帳簿価額500）を，完全支配関係を有する内国法人であるＳ社に対し600で売却した。当該土地は譲渡損益繰延べの対象となる資産である。

②　法定実効税率は30％とする。

会計処理

[Ｘ１年度の会計処理（譲渡損益繰延べ時）]

(1)　Ｐ社個別財務諸表上の会計処理

| (借)　現　　　　　金 | (※1)600 | (貸)　土　　　　　地 | (※2)500 |
| | | 土 地 売 却 益 | (※3)100 |

(※1)　600……前提条件①参照。
(※2)　500……前提条件①参照。
(※3)　差額により算出。

土地売却益は課税が繰り延べられＰ社の課税所得を構成しないため，法人税等（未払法人税等）は発生しない。このため，税務上繰り延べられる土地売却益100に対して税効果を認識する。

| (借)　法人税等調整額 | (※)30 | (貸)　繰 延 税 金 負 債 | (※)30 |

(※)　30＝土地売却益100×法定実効税率30％

第3章　⑧グループ法人税制・グループ通算制度適用下の未実現損益に係る税効果　　159

(2)　S社個別財務諸表上の会計処理

(借)　土 地	(※)600	(貸)　現 金	(※)600

（※）　600……前提条件①参照。S社において一時差異は生じない。

(3)　P社連結財務諸表上の会計処理（未実現利益の消去）

　　連結会計上の未実現利益である土地売却益100を消去する。

(借)　土 地 売 却 益	(※)100	(貸)　土 地	(※)100

（※）　100＝売却価額600－帳簿価額500

(借)　繰 延 税 金 資 産	(※)30	(貸)　法 人 税 等 調 整 額	(※)30

（※）　30＝未実現利益の消去により生じた連結固有の一時差異100×法定実効税率30％

(4)　連結会計上と税務上の取扱いの相違

①　棚卸資産（土地以外）を譲渡した場合

　完全支配関係を有する会社間においても棚卸資産（土地以外）を譲渡した場合の譲渡損益は繰延対象外であるため，当該取引から個別財務諸表上の一時差異は生じない。このため，連結調整手続の未実現損益の消去において生じる連結財務諸表固有の一時差異に対して，繰延税金資産または繰延税金負債の計上要否を検討することになる（詳細は，前記「⑦2　未実現損益の消去に係る税効果」参照）。

②　未実現損失を消去しない場合

　グループ法人税制およびグループ通算制度においては譲渡損失も繰延べの対象となるため，個別財務諸表上では繰延譲渡損失に係る将来減算一時差異が生じ，回収可能性があると判断された場合には繰延税金資産が計上されることとなる。一方，連結会計上は，未実現損失のうち回収不能と認められる部分は消去しないこととされている（連結会計基準36項）。連結修正仕訳において未実現損失が消去されない場合，未実現損失の消去に伴う連結財務諸表固有の将来加算一時差異は生じないため，個別財務諸表で計上された繰延税金資産が連結財務諸表上も計上され続けることとなる。

③　譲渡直前の簿価が1,000万円未満の資産を譲渡した場合

　連結会計上は，原則としてすべての未実現利益を消去することとされ，重要性が乏しい場合に限り，消去の対象としないことが「できる」とされている（連結会計基準37項）。この「重要性」について明確な定めはないものの，一般的には譲渡資産の帳簿価額ではなく，未実現利益の金額の多寡で判断されている場合が多いのではないかと考えられる。一方，税務上は，譲渡の直前の帳簿価額が1,000万円未満の資産については，その譲渡損益を繰り延べることはできないとされている。これらは，重要性が低い取引については簡便な処理を認める趣旨であると考えられるが，会計上と税務上とでその考え方が異なっている。つまり，会計上はいわゆる「できる規定」であるのに対し，税務上は繰延処理が認められていないという点，また，会計上は一般的に未実現利益の多寡で重要性が判断されることが多いと考えられるのに対し，税務上は譲渡資産の帳簿価額で重要性を判断している点に相違がある。たとえば，帳簿価額100万円の土地を時価10億円で譲渡した場合，税務上は譲渡損益の繰延べが行われない一方で，連結会計上は一般的に未実現利益の消去が行われると考えられる。

⑸　譲渡損益の繰延べが行われない場合との比較

　連結グループ会社間であっても完全支配関係を有さない場合および譲渡損益調整資産以外の取引から生じた譲渡損益は，税務上は課税される一方で連結会計上は消去されるため，連結財務諸表固有の一時差異が発生する。この場合の税効果の会計処理は前記「7　2　未実現損益の消去に係る税効果」のとおりであるが，譲渡損益が繰り延べられた場合と比較して次のような相違が生じる（図表3－8－2参照）。

①　一時差異は個別財務諸表と連結財務諸表のいずれで発生するか

　譲渡損益を繰り延べた場合は売手側の個別財務諸表上で一時差異が生じるが，その個別財務諸表の一時差異に係る繰延税金資産または繰延税金負債は，未実現損益の消去に伴い生じる連結財務諸表固有の一時差異に係る繰延税金負債または繰延税金資産と相殺されるため（税効果適用指針38項），連結財務諸表においては，一時差異が生じていないのと同じ状況になる。一方，譲渡損益の繰延べが行われない場合は，個別財務諸表上では一時差異は生じず，連結財務諸表上にて未実現損益の消去に伴い連結財務諸表固有の一時差異が生じる。

② 繰延税金資産の回収可能性の判断

譲渡損失の繰延べにより生じた個別財務諸表上の将来減算一時差異は，売手側の個別所得の見積額（グループ通算制度を適用している場合には通算グループ全体の所得見積額も考慮する。）に基づいて繰延税金資産の回収可能性の判断を行うことが必要となる。一方，課税された譲渡益を連結財務諸表上で未実現利益として消去することに伴い生じる将来減算一時差異に対する繰延税金資産には，回収可能性適用指針第6項の定めが適用されず，繰延税金資産の回収可能性の判断を行う必要がない（税効果適用指針35項本文）。

なお，未実現損益の消去に係る繰延税金資産または繰延税金負債の計上に際しては，売却元の連結会社の売却年度の課税所得を考慮する必要がある。繰延税金資産の計上対象となる未実現利益の消去に係る将来減算一時差異の額は売却元の連結会社の売却年度の課税所得が限度となり（税効果適用指針35項また書き），また，繰延税金負債の計上対象となる未実現損失の消去に係る将来加算一時差異については売却元の連結会社の売却年度における当該未実現損失に係る税務上の損金を算入する前の課税所得が限度となる（税効果適用指針36項）。ここで，グループ通算制度を適用している場合には，売却元の連結会社ではなく，「通算グループ全体」の課税所得と読み替える必要があることに留意する（グループ通算制度取扱い18項）。

③ 譲渡取引後に適用税率が変更された場合の取扱い

譲渡損益繰延べにより個別財務諸表上で生じた一時差異については，売手側の税率を用いて税効果に係る会計処理がなされるが，取引後に適用税率が変更された場合は，繰延税金資産または繰延税金負債の金額も併せて変更する（税効果適用指針100項）。一方，譲渡損益が繰り延べられず連結修正仕訳の未実現損益の消去に伴い生じた連結財務諸表固有の一時差異に係る税効果の税率は，実際に納付を行った年度において適用された税率を将来にわたり使用し続けることになる（税効果適用指針138項(2)）。

図表３－８－２ 譲渡損益の繰延べが行われない場合との相違点

譲渡損益 繰延べの有無	一時差異は どこで発生するか	繰延税金資産の 回収可能性	適用税率
譲渡損益の繰延べが行われる場合	売手側の個別財務諸表で発生し，連結財務諸表においては発生しない（連結手続により未実現損益が消去された場合）。	売手側において回収可能性の判断を行う。	売手側の税率 （税率が変更された場合は，繰延譲渡損益に対する税効果の税率も変更する。）
譲渡損益の繰延べが行われない場合	連結手続における未実現損益の消去により連結財務諸表固有の一時差異が発生する。	回収可能性の判断を行う必要はない。	売手側の税率 （適用税率の変更があっても，課税を受けた際の税率を用いる。）

⑹　グループ通算制度において時価評価された資産を譲渡した場合

　通算会社の保有する一定の要件を満たす資産は，グループ通算制度の適用開始（加入）時において時価評価され，その時価評価損益はグループ通算制度適用（加入）直前の事業年度において課税所得に算入される。この時価評価は会計上では反映されず，当該時価評価差額は個別財務諸表上の一時差異となり，繰延税金資産または繰延税金負債が計上されている場合がある。

　このように，グループ通算制度において時価評価された資産を譲渡する場合には，譲渡資産の個別財務諸表上の簿価と税務上の簿価が異なるため，税務上で繰り延べられる譲渡損益の額と会計上で生じる譲渡損益の額が異なる場合が生じることに留意が必要となる。

　ここでは，税務上で評価益を計上した資産を譲渡したときの譲渡損益が繰り延べられた場合の取扱いを設例３－８－２にて確認する。

設例３－８－２　時価評価された資産をグループ内で譲渡した場合の税効果会計

前提条件

①　Ｐ社は，内国法人であるＳ１社およびＳ２社の発行済株式総数100％を保有し子会社としている。

第3章　⑧グループ法人税制・グループ通算制度適用下の未実現損益に係る税効果　　*163*

② 　Ｐ社により，Ｘ２年度からのグループ通算制度適用開始が決定され，Ｘ１年度において，Ｓ１社の保有する土地（会計上および税務上の帳簿価額は150とする。）は時価評価され，税務上の評価益100が計上されＸ１年度において30の課税が生じた。

③ 　Ｓ１社は上記②において税務上評価替えされた土地（税務上の帳簿価額250）を，Ｐ社に対してＸ２年度末に時価300で売却した。

④ 　法定実効税率は30％とし，繰延税金資産の回収可能性には問題がないものとする。

[会計処理]

[Ｘ１年度のＳ１社個別財務諸表上の会計処理]

(1)　土地評価益に対する法人税等の計上

（借）	法人税，住民税及び事業税	(※)30	（貸）	未払法人税等	(※)30

（※）　30＝グループ通算制度適用開始に伴う時価評価益100（前提条件②参照）×法定実効税率30％

(2)　税務上の評価益に対する税効果会計の適用

（借）	繰延税金資産	(※)30	（貸）	法人税等調整額	(※)30

（※）　30＝税務上の評価益により生じた将来減算一時差異100×法定実効税率30％

[Ｘ２年度のＳ１社の個別財務諸表上の会計処理]

(1)　土地の売却

（借）	現　　　　　金	(※1)300	（貸）	土　　　　　地	(※1)150
				土 地 売 却 益	(※2)150

（※１）　300，150……前提条件②③参照。
（※２）　150＝譲渡価額300－帳簿価額150

(2)　税効果会計の処理

（借）	法人税等調整額	(※1)30	（貸）	繰延税金資産	(※1)30
（借）	法人税等調整額	(※2)15	（貸）	繰延税金負債	(※2)15

（※１）　30……Ｘ１年度に計上した税務上の評価益に対する一時差異に計上した繰延税金資産の取崩し。

（※2）　15＝50（税務上の繰延譲渡利益額＝譲渡価額300－税務上の帳簿価額250）×法定実効税率30%

[X2年度の連結財務諸表上の会計処理]

（借）	土 地 売 却 益	(※1)150	（貸）	土　　　　　地	(※1)150
（借）	繰 延 税 金 資 産	(※2)45	（貸）	法 人 税 等 調 整 額	(※2)45
（借）	繰 延 税 金 負 債	(※3)15	（貸）	繰 延 税 金 資 産	(※3)15

（※1）　150……S1社個別財務諸表上の土地売却益の消去。
（※2）　45＝未実現利益150×法定実効税率30%
（※3）　15……S1社個別財務諸表上の税効果の取消し。

3 ┃ 繰延譲渡損益の実現時の税効果会計

(1)　繰延譲渡損益が実現する要件

　繰り延べた譲渡損益は，下記の事由が発生した場合に，課税所得に算入することとされている（法法61条の11第2項，法令122条の12第4項）。

> ①　資産の譲渡
> ②　資産の貸倒れ，除却
> ③　資産の減価償却
> ④　資産の評価替え
> ⑤　完全支配関係の終了
> ⑥　グループ通算制度の開始または加入に伴う時価評価損益の計上

(2)　個別財務諸表における税効果会計

　前記「(1)　繰延譲渡損益が実現する要件」の事由が発生した場合，繰り延べていた譲渡損益が課税所得に算入され，税務上の調整資産または調整負債が取り崩される。このため，個別財務諸表上では繰延譲渡損益に係る一時差異が解消することとなり，当該一時差異に対して計上していた繰延税金資産または繰延税金負債を取り崩す必要がある。

(3)　連結財務諸表における税効果会計

　連結財務諸表上の税効果の処理は，繰り延べた譲渡損益が税務上のみならず

連結財務諸表上も実現したかどうかにおいて処理が分かれることになる。

買手側企業が，対象資産を連結グループ外の企業に譲渡した場合，税務上も連結財務諸表上も繰延譲渡損益は実現することになるため，個別財務諸表においても連結財務諸表においても一時差異が残ることはない。

一方，対象資産の再譲渡先が連結グループ内の企業であった場合，税務上は繰延譲渡損益の実現要件である前記「(1)　繰延譲渡損益が実現する要件」の「①　資産の譲渡」に該当することとなり，繰り延べていた譲渡損益が実現する（課税所得に算入される）こととなるが，連結財務諸表上は未実現損益のままである。

税務上で繰り延べられた譲渡損益が連結財務諸表上で未実現損益として消去される場合，個別財務諸表上で繰延譲渡損益に対し計上した繰延税金資産または繰延税金負債は，連結会計上の未実現損益の消去に伴い生じる連結財務諸表固有の一時差異に係る繰延税金負債または繰延税金資産と相殺されることとなり，連結財務諸表上では繰延税金資産または繰延税金負債が計上されることはなかった。しかし，譲渡資産の再譲渡が連結グループ内で行われた場合は，個別財務諸表上では一時差異が解消し繰延税金資産または繰延税金負債が取り崩される一方で，連結財務諸表上の未実現損益の消去に伴い生じる連結財務諸表固有の一時差異は残ることになるため，連結財務諸表において繰延税金資産または繰延税金負債の計上が必要となる（図表3－8－3参照）。

図表3－8－3　再譲渡先の違いによる影響

再譲渡先	税　務	連結（会計）	個別財務諸表の税効果	連結財務諸表の税効果
連結グループ内	繰延譲渡損益は実現する（課税所得に算入）。	繰延譲渡損益は実現しない（未実現損益のまま）。	一時差異は解消し，税効果は認識されない。	未実現損益消去に伴い，連結財務諸表固有の一時差異が発生する。
連結グループ外	繰延譲渡損益は実現する（課税所得に算入）。	繰延譲渡損益は実現する。	一時差異は解消し，税効果は認識されない。	一時差異は解消し，税効果は認識されない。

166

設例3－8－3　　譲渡資産の再譲渡が行われた場合の会計処理

前提条件

設例3－8－1に下記条件を追加する。

③　X2年度にS社は土地を600で連結グループ外部の第三者に売却した。

会計処理

[X2年度の会計処理（譲渡損益実現時）]

(1)　P社個別財務諸表上の会計処理

　S社が土地を外部の第三者に売却したことにより，P社が繰り延べていた土地売却益100がP社課税所得に算入され，法人税等が計上される。

（借）　法人税，住民税及び事業税	(※)30	（貸）　未払法人税等	(※)30

(※)　30＝土地売却益100×法定実効税率30％

　また，再譲渡に伴い一時差異が解消されるため，P社個別財務諸表上で計上していた繰延税金負債を取り崩す。

（借）　繰延税金負債	(※)30	（貸）　法人税等調整額	(※)30

(※)　30……設例3－8－1の[X1年度の会計処理（譲渡損益繰延べ時）](1)P社個別財務諸表上の会計処理参照。

(2)　S社個別財務諸表上の会計処理

（借）　現　　　　　金	(※)600	（貸）　土　　　　　地	(※)600

(※)　600……前提条件③参照。

(3)　P社連結財務諸表作成上の会計処理

(ⅰ)　開始仕訳

（借）　利益剰余金(期首)	(※)100	（貸）　土　　　　　地	(※)100

(※)　100……X1年度の連結調整仕訳の引継ぎ。

（借）　繰延税金資産	(※)30	（貸）　利益剰余金(期首)	(※)30

(※)　30……X1年度の連結調整仕訳の引継ぎ。

第3章　⑧グループ法人税制・グループ通算制度適用下の未実現損益に係る税効果　　*167*

(ii)　未実現損益の実現仕訳

| (借)　土　　　　　　地 | (※)100 | (貸)　土 地 売 却 益 | (※)100 |

（※）　100……X 1 年度の連結仕訳の実現仕訳。

| (借)　法人税等調整額 | (※)30 | (貸)　繰 延 税 金 資 産 | (※)30 |

（※）　30……X 1 年度の連結仕訳の実現仕訳。

4 ┃ 子会社株式等を譲渡した場合

⑴　個別財務諸表における税効果会計

　子会社株式または関連会社株式（以下，これらを合わせて「子会社株式等」という。）の譲渡損益に対する課税が繰り延べられた場合の個別財務諸表における税効果の会計処理は，前記「2　譲渡損益繰延べ時の税効果会計」と同様である。つまり，子会社株式等の譲渡損益が繰り延べられている場合，売手側には税務上の調整資産または調整負債が生じ，これらが個別財務諸表上の一時差異となるため，繰延税金資産または繰延税金負債を計上することになる（税効果適用指針16項，17項）。

⑵　連結財務諸表における税効果会計

①　個別財務諸表で計上された繰延譲渡損益に対する税効果

　完全支配関係を有する会社間の取引で生じた譲渡損益が税務上で繰り延べられた場合，売手側の個別財務諸表で一時差異が生じ繰延税金資産または繰延税金負債が計上されるが，未実現損益の消去に伴い生じる連結財務諸表固有の一時差異に対して認識される繰延税金負債または繰延税金資産と相殺されることをもって，連結財務諸表上では繰延譲渡損益に係る繰延税金資産または繰延税金負債が認識されることはない。

　子会社株式等の売却により生じた繰延譲渡損益も，連結財務諸表上は未実現損益として消去され，個別財務諸表上で認識した繰延譲渡損益に係る繰延税金資産または繰延税金負債についても，連結財務諸表上で取り崩して認識されない（税効果適用指針39項）。これは，個別財務諸表で認識された子会社株式等の繰延譲渡損益に係る一時差異は連結財務諸表においても消去されず，当該一

時差異に対する繰延税金資産または繰延税金負債を取り崩さない場合には，会計上の子会社株式等の売却損益は連結財務諸表において計上されない一方で当該売却による繰延譲渡損益に係る税金費用（法人税等調整額）は計上されることになるが，連結財務諸表上の税引前当期純利益と税金費用を合理的に対応させる観点から，連結財務諸表上で取り崩すこととしているものである（税効果適用指針143-2項）。当該取崩額は，購入側の企業による当該子会社株式等の再売却等（課税所得計算上，繰り延べられた損益を計上することとなる事由（完全支配関係にある他の内国法人への再売却を含む。））の意思決定時点において戻し入れることに留意が必要である（税効果適用指針39項）。

併せて，後記「②　子会社投資等に係る連結財務諸表固有の一時差異に係る税効果」のとおり，当該子会社株式等の個別財務諸表上の投資簿価と投資の連結財務諸表上の価額との差額についても，売却の意思決定時点において繰延税金資産または繰延税金負債を計上しないこととしている（税効果適用指針105-2項，106-2項）。

②　子会社投資等に係る連結財務諸表固有の一時差異に係る税効果

子会社株式等の個別財務諸表上の投資簿価と連結財務諸表上の投資簿価との差額は連結財務諸表固有の一時差異となり，一定の要件を満たす場合には繰延税金資産または繰延税金負債が計上されることとなる（詳細は前記「③　子会社投資に係る税効果」参照）。

企業集団内で子会社株式等の売却が行われると，個別財務諸表上の投資簿価が，売却側が従来認識していた投資簿価から購入側の取得価額（当該企業集団内売却での取引価額）に置き換わることとなる（図表3-8-4参照）。このため，個別財務諸表上の投資簿価と連結財務諸表上の投資簿価との差額である連結財務諸表固有の一時差異の全部または一部が解消することとなり，それまでに認識していた子会社投資等に係る繰延税金資産または繰延税金負債を取り崩す必要がある。

なお，売却意思決定がなされる前において子会社投資等に係る一時差異について繰延税金資産または繰延税金負債を計上していなかった場合，当該一時差異は売却によって解消されることになるが，当該子会社に対する投資の売却等に伴い生じる売却損益について，完全支配関係にある内国法人間の取引であることにより課税所得計算において当該売却損益を繰り延べる場合には，繰延税

金資産または繰延税金負債を計上しない（税効果適用指針22項、23項）。

また、当該売却取引により、新たに子会社株式等に対する連結上の一時差異が生じる場合がある点にも留意が必要である。その場合は、新たに発生した一時差異に対して税効果適用指針第22項から第26項に従って税効果の認識の要否を検討する必要がある。

図表3-8-4 子会社株式を完全支配関係グループ内で譲渡した場合の一時差異

■連結上の簿価を上回る価額で譲渡を行った場合

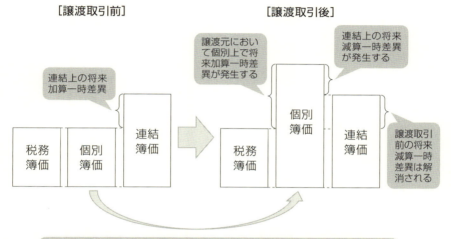

設例3-8-4　譲渡損益が税務上繰り延べられる場合の会計処理（子会社株式の場合）

前提条件

① P社は、S1社およびS2社の株式の100％を保有し子会社としている。
② 上記3社はいずれも3月を決算期とする内国法人である。
③ X1年3月末時点の、S2社株式の税務上の簿価および個別上の簿価は1,000である。また、S2社の連結上の簿価は1,300であり、個別上の簿価との差額は留保利益300によるものである。
④ X1年3月末に、P社は、S1社に対して、S2社株式を時価1,500で譲

渡する意思決定を行った。

⑤　Ｐ社連結財務諸表上ではＳ２社投資に対して，連結上の将来加算一時差
異300（個別上の簿価1,000と連結上の簿価1,300との差額）が生じていた
ものの，従前は配当による課税関係が生じないこと，および売却意思がな
かったことをもって留保利益に係る税効果は計上していなかったが，上記
④における売却の意思決定をもって繰延税金負債を計上することとした。

⑥　Ｘ１年４月にＳ２社株式売却に係る取引が実行され，Ｐ社個別財務諸表
上で売却益500が計上されたが，税務上は繰り延べられた。

⑦　法定実効税率は30％とする。

⑧　Ｓ１社は，Ｓ２社株式の売却を行う意思はない。

【会計処理】

[Ｘ１年３月期の連結修正仕訳]

　Ｓ２社株式をＳ１社に譲渡する時点で課税所得計算において売却益を繰り
延べるため，譲渡する意思決定時点では繰延税金資産または繰延税金負債は
計上されず，仕訳はない。

[Ｘ２年３月期のＰ社個別財務諸表上の仕訳]

(1)　Ｓ１社にＳ２社株式を売却した際の処理

| (借) | 現　　　　　金 | (※1)1,500 | (貸) | 子 会 社 株 式 | (※2)1,000 |
| | | | | 子会社株式売却益 | (※3)500 |

(※1)　1,500……前提条件④参照。
(※2)　1,000……前提条件③参照。
(※3)　差額により算出。

(2)　税効果会計の仕訳

　子会社株式売却益は税務上で課税繰延べとなるため，法人税等は発生しない。

| (借) | 法人税等調整額 | (※)150 | (貸) | 繰 延 税 金 負 債 | (※)150 |

(※)　150＝税務上の繰延譲渡損益500×法定実効税率30％

第3章　⑧グループ法人税制・グループ通算制度適用下の未実現損益に係る税効果　　*171*

［X２年３月期のＰ社連結修正仕訳］

(1)　開始仕訳

> 仕訳なし

(2)　Ｓ２社株式売却益の消去

(借)　子会社株式売却益	(※)500	(貸)　子 会 社 株 式	(※)500

（※）　Ｐ社個別財務諸表で計上された子会社株式売却益の消去。

　課税所得計算において繰り延べられたＳ２社株式の譲渡益に係る一時差異について，個別財務諸表において計上した繰延税金負債を連結決算手続上，取り崩す。

(借)　繰 延 税 金 負 債	(※)150	(貸)　法人税等調整額	(※)150

（※）　150……個別財務諸表において計上した繰延税金負債の取崩し。

　Ｓ２社株式の売却取引が行われたことにより，Ｓ２社投資の個別財務諸表上の投資簿価は，Ｓ１社の個別財務諸表上におけるＳ２社株式の簿価1,500となった。一方，Ｓ２社の連結財務諸表上の投資簿価は取引前と変わらず1,300のままである。

　このため，取引前は将来加算一時差異300（Ｐ社におけるＳ２社の個別投資簿価1,000と連結投資簿価1,300との差額）が生じていた状況であったが，取引後は将来減算一時差異200（Ｓ１社におけるＳ２社の個別財務諸表上の投資簿価1,500と連結財務諸表上の投資簿価1,300との差額）が生じる状況となった。このように，取引前は連結財務諸表上で子会社投資について将来加算一時差異300が発生していたが，取引後は従前の将来加算一時差異300が解消される。また，連結財務諸表上で子会社投資について新たに将来減算一時差異200が発生することになるが，Ｓ２社株式の再譲渡等の意思決定が明確でないため，税効果適用指針第22項ただし書きの要件を満たさず繰延税金資産が計上されることはない。

　なお，仮にX２年期末において，Ｓ１社がＳ２社株式を売却する意思決定等を行っていた場合には，繰延譲渡益に係る繰延税金負債の取崩額150を戻し入れるとともに，下記の連結修正仕訳が追加されることとなる。

| (借) 繰延税金資産 (※)60 | (貸) 法人税等調整額 (※)60 |

(※) 60＝(S2社投資簿価1,500－連結上の簿価1,300)×法定実効税率30%

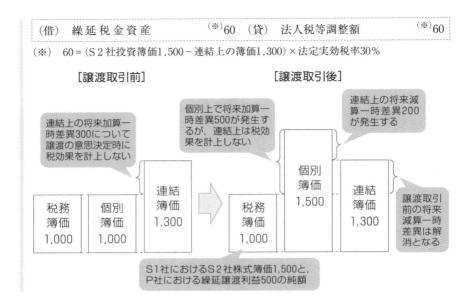

(3) 通算子会社の株式を他の通算会社に売却した場合の取扱い

　通算会社間において子会社株式等の売却に伴い生じた売却損益が繰り延べられる場合には，当該売却損益に係る一時差異について，当該子会社株式等を売却した企業の個別財務諸表において繰延税金資産または繰延税金負債を計上する（税効果適用指針16項，17項）。ただし，他の通算会社との間の取引が通算子会社株式の譲渡である場合には，課税所得計算において売却損益は計上されず，繰延べもされない（法法61条の11第8項）。このため，当該売却損益に係る一時差異は生じず，個別財務諸表においても連結財務諸表においても繰延税金資産または繰延税金負債は計上しないことに留意が必要となる。

9 自己株式等の売却に係る税効果

1 自己株式等の売却に係る法人税等の基本的な取扱い

(1) 本節で解説する取引パターン

　本節では，自己株式の売却に係る基本的な会計上および税務上の取扱いについて解説したのち，連結上の観点からは自己株式として取り扱われる，子会社が保有する親会社株式および関連会社が保有する投資会社株式（以下，これらを合わせて「親会社株式等」という。）の売却に関連する税金費用の連結財務諸表上の取扱いについて解説する。また，親会社や他の子会社が保有する子会社および関連会社の自己株式を当該会社に売却した場合に発生する税金費用の連結財務諸表上の取扱いについても解説する。

図表3－9－1　本節で解説する自己株式等の売却パターン

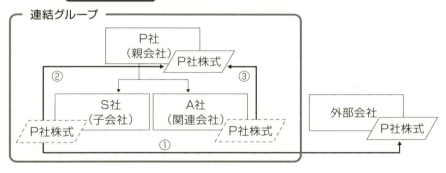

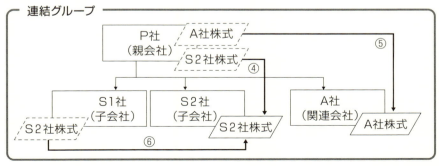

図表中の番号は以下の番号に対応している。

① 子会社が保有する親会社株式を外部に売却した場合
② 子会社が保有する親会社株式を当該親会社に売却した場合
③ 関連会社が保有する投資会社株式を当該投資会社に売却した場合
④ 親会社が保有する子会社株式を当該子会社に売却した場合
⑤ 親会社が保有する関連会社株式を当該関連会社に売却した場合
⑥ 子会社が保有する他の子会社株式を当該他の子会社に売却した場合

(2) 自己株式の売却に係る会計上および税務上の基本的な取扱い

自己株式の処分は株主との間の資本取引であると考えられるため，その処分差額は損益計算書には計上せず，純資産の部の株主資本の項目を直接増減させる（自己株式会計基準36項）。したがって，自己株式の売却により生じた売却益はその他資本剰余金に計上し，売却損はその他資本剰余金から減額することとなる（自己株式会計基準9項，10項）。

また，税務上も自己株式の処分は通常の増資と同様に資本等取引として取り扱われるため，自己株式の売却取引からは税金費用は発生しないこととなる。

2 │ 親会社株式等の売却に関連する税金費用の連結上の取扱い

(1) 子会社および関連会社が保有する親会社株式等の連結上の取扱い

子会社および関連会社が保有する親会社株式等は，企業集団の観点からは親会社の保有する自己株式と同様の性格であると考えられることから，親会社が保有している自己株式と同様に取り扱う（自己株式会計基準15項から18項，55項から57項）。

図表3－9－2は，親会社株式等の連結上の取扱いをまとめたものである。

図表3－9－2 親会社株式等の連結上の取扱い

	親会社株式等のB/S表示	親会社株式等の売却損益（※）
連結子会社の保有する親会社株式の取扱い	親会社が保有している自己株式と合わせ，純資産の部の株主資本の控除項目として表示する。	売却益は資本剰余金に計上し，売却損は資本剰余金から減額する。

| 持分法適用会社の保有する親会社株式等の取扱い | 親会社等の持分相当額を自己株式として純資産の部の株主資本から控除し，当該会社に対する投資勘定を同額減額する。 | 売却益は資本剰余金に計上し，売却損は資本剰余金から減額する。また，当該会社に対する投資勘定を同額加減する。 |

（※）　このうち，内部取引によるものを除いた親会社等の持分相当額。

(2) 子会社が保有する親会社株式を外部に売却した場合の取扱い（図表3－9－1における①の取引パターン）

　前記のとおり，子会社が保有する親会社株式は企業集団の観点からは親会社が保有している自己株式と同様に取り扱うため，当該株式の売却は資本取引となる。一方，子会社の個別財務諸表の観点からは，親会社株式は自己株式ではないことから，売却取引から税金費用が発生することとなる。ここで，何も調整しない場合には，連結財務諸表上，自己株式の売却から税金費用が発生してしまうこととなるため，当該税金費用の連結上の取扱いが問題となる（図表3－9－3参照）。

図表3－9－3　親会社株式の売却に伴い発生した税金費用の連結上の取扱い

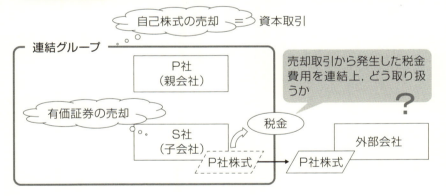

　この点，自己株式適用指針第16項では，「連結子会社における親会社株式の売却損益は，関連する法人税，住民税及び事業税を控除後のもの」とされている。すなわち，売却に係る税金費用も資本剰余金から直接減額することとなる。また，持分法適用会社の保有する親会社株式等を外部に売却した場合も上記と同様に取り扱うこととなる。なお，当該調整は一時差異を生じさせるものでは

176

ないため，税効果は認識されない。

設例3－9－1　子会社が保有する親会社株式を外部に売却した場合の取扱い

前提条件

① 親会社Ｐ社は，子会社Ｓ社の株式の80％を所有している。

② Ｓ社はＰ社株式（帳簿価額500）を保有しており，Ｘ2年3月31日にＰ社株式のすべてを800で市場にて売却し，売却益300を計上した。当該売却に関連する税金費用90が発生している。

③ Ｘ1年3月31日の連結貸借対照表は以下のとおりである。設例の便宜上，その他の取引はなかったものとする。また，法定実効税率は30％とする。

科目	金額	科目	金額
諸資産	15,000	諸負債	5,500
		資本金	10,000
		自己株式	△ 400
		非支配株主持分	△ 100

会計処理

［子会社Ｓ社の会計処理］

(1) Ｐ社株式の売却

(借) 現　　　　　金	(※)800	(貸) Ｐ　社　株　式	(※)500
		有価証券売却益	(※)300

(※) 800，500，300……前提条件②参照。

(2) Ｐ社株式の売却に関連する税金費用の計上

(借) 法人税，住民税 及 び 事 業 税	(※)90	(貸) 未 払 法 人 税 等	(※)90

(※) 90……前提条件②参照。

第3章 ⑨自己株式等の売却に係る税効果 *177*

[連結修正仕訳]

(1) 非支配株主持分への子会社の当期純利益の按分

| （借） | 非支配株主に帰属
する当期純利益 | (※)42 | （貸） | 非支配株主持分 | (※)42 |

（※） 42＝（有価証券売却益300－法人税，住民税及び事業税90）×非支配株主持分比率20%

(2) P社株式売却益および税金費用の資本剰余金への振替

| （借） | 有価証券売却益 | (※1)240 | （貸） | 法人税，住民税
及び事業税 | (※2)72 |
| | | | | 資本剰余金 | (※3)168 |

（※1） 240＝P社株式売却益300×親会社持分比率80%
（※2） 72＝P社株式売却に関連する税金費用90×親会社持分比率80%
（※3） 差額により算出。

【X2年3月31日 連結貸借対照表】

科目	金額	科目	金額
現金預金	800	諸負債	5,500
諸資産	15,000	未払法人税等	90
		資本金	10,000
		資本剰余金	168
		非支配株主持分	42

> 親会社株式売却益（税金費用控除後）210×80%（親会社持分比率）

> 親会社株式売却益（税金費用控除後）210×20%（非支配株主持分比率）

【X2年3月31日 連結損益計算書】

有価証券売却益	60
税金等調整前当期純利益	60
法人税，住民税及び事業税	18
法人税等調整額	―
法人税等合計	18
当期純利益	42
非支配株主に帰属する当期純利益	△42
親会社株主に帰属する当期純利益	―

> 親会社株式売却益300×20%（非支配株主持分比率）

> 親会社株式の売却に関連する税金費用90×20%（非支配株主持分比率）

(3) 子会社および関連会社が保有する親会社株式等を当該親会社等に売却した場合の取扱い（グループ法人税制の適用対象ではない場合）

① 子会社が保有する親会社株式を当該親会社に売却した場合の取扱い（図表3－9－1における②の取引パターン）

　子会社が保有する親会社株式を当該親会社に売却した場合，子会社の個別財務諸表の観点からは，親会社株式は子会社にとって自己株式ではないことから，関連する税金費用が発生する場合がある。一方，親会社の個別財務諸表の観点からは，自己株式の取得となるため，株主との間の資本取引となる。さらに，連結財務諸表上は，当該株式の売却自体は連結会社間取引であるため，連結手続上消去されることとなるものの，子会社で発生した当該株式の売却から生じた税金費用は，連結手続上消去されない。このため，当該税金費用の連結上の取扱いが問題となる（図表3－9－4参照）。

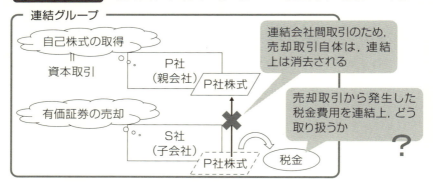

図表3－9－4　親会社株式の売却に伴い発生した税金費用の連結上の取扱い

　この点，税効果適用指針第40項において，「連結子会社が保有する親会社株式を当該親会社に売却した場合に当該子会社に生じる売却損益に対応する法人税等のうち親会社持分相当額は，自己株式適用指針第16項に準じて，資本剰余金から控除する」とされている。すなわち，当該親会社株式の売却取引は，連結上も資本取引として取り扱い，子会社で発生した当該株式の売却に係る税金費用のうち親会社持分相当額は損益計算書には計上せず，株主資本の項目である資本剰余金から直接減額させることとなる。一方，当該子会社で発生した当

第3章　⑨自己株式等の売却に係る税効果　*179*

該株式の売却に係る税金費用のうち非支配株主持分相当額については，連結財務諸表上も法人税，住民税及び事業税として損益計算書に計上される。

設例３－９－２　子会社が保有する親会社株式を当該親会社に売却した場合の取扱い

(前提条件)

① 親会社Ｐ社は，子会社Ｓ社の株式の80％を所有している。

② Ｓ社はＰ社株式（帳簿価額500）を保有しており，Ｘ２年３月31日にＰ社株式のすべてを800でＰ社に売却し，売却益300を計上した。当該売却に関連する税金費用90が発生している。

③ Ｘ１年３月31日の連結貸借対照表は以下のとおりである。設例の便宜上，その他の取引はなかったものとする。

Ｘ１年３月31日　連結貸借対照表

科目	金額	科目	金額
諸資産	15,000	諸負債	5,500
		資本金	10,000
		自己株式	△ 400
		非支配株主持分	△ 100

(会計処理)

[子会社Ｓ社の会計処理]

(1) Ｐ社株式の売却

(借) 現　　　　　　金	(※)800	(貸) Ｐ　社　株　式	(※)500
		有価証券売却益	(※)300

(※)　800，500，300……前提条件②参照。

(2) Ｐ社株式の売却に関連する税金費用の計上

(借) 法人税，住民税及び事業税	(※)90	(貸) 未払法人税等	(※)90

(※)　90……前提条件②参照。

180

[親会社P社の会計処理]

(1)　P社株式の取得

| （借）　自　己　株　式 | ^{（※）}800 | （貸）　現　　　　　金 | ^{（※）}800 |

（※）　800……前提条件②参照。

[連結修正仕訳]

(1)　非支配株主持分へのS社の当期純利益の按分

| （借）　非支配株主に帰属
　　　する当期純利益 | ^{（※）}42 | （貸）　非支配株主持分 | ^{（※）}42 |

（※）　42＝（有価証券売却益300－法人税，住民税及び事業税90）×非支配株主持分比率20%

(2)　連結会社間取引の消去

| （借）　有価証券売却益 | ^{（※1）}300 | （貸）　自　己　株　式 | ^{（※1）}300 |
| （借）　非支配株主持分 | ^{（※2）}60 | （貸）　非支配株主に帰属
　　　する当期純利益 | ^{（※2）}60 |

（※1）　300……前提条件②参照。
（※2）　60……P社株式売却益300×非支配株主持分比率20%

(3)　S社で発生したP社株式の売却に関連する法人税等のうち，親会社持分相当
　　額を資本剰余金から減額

| （借）　資　本　剰　余　金 | ^{（※）}72 | （貸）　法人税，住民税
　　　及び事業税 | ^{（※）}72 |

（※）　72……P社株式売却に関連する税金費用90×親会社持分比率80%

【X2年3月31日　連結貸借対照表】

科目	金額	科目	金額
諸資産	15,000	諸負債 未払法人税等	5,500 90
		資本金 資本剰余金 自己株式 非支配株主持分	10,000 △ 72 △ 500 △ 18

親会社株式の売却に関連する税金費用90×80%（親会社持分比率）

親会社株式の売却に関連する税金費用90×20%（非支配株主持分比率）

第3章　⑨自己株式等の売却に係る税効果　*181*

【X2年3月31日　連結損益計算書】

有価証券売却益	—
税金等調整前当期純利益	—
法人税，住民税及び事業税	18
法人税等調整額	—
法人税等合計	18
当期純利益	△ 18
非支配株主に帰属する当期純利益	18
親会社株主に帰属する当期純利益	—

> 親会社株式の売却に関連する税金費用90×20%（非支配株主持分比率）

②　関連会社等が保有する親会社株式等を当該親会社等に売却した場合の取扱い（図表3－9－1における③の取引パターン）

　持分法の適用対象となっている非連結子会社または関連会社が保有する親会社または投資会社の株式を，当該親会社または投資会社に売却した場合，子会社が保有する親会社株式を当該親会社に売却した場合と同様に処理することとなる（税効果適用指針41項）。すなわち，当該子会社または関連会社で発生した売却損益に対応する法人税等のうち，親会社持分相当額または投資会社持分相当額は資本剰余金から直接減額させることとなる。

設例3－9－3　持分法の適用対象となっている関連会社が保有する投資会社株式を当該投資会社に売却した場合の取扱い

前提条件

①　投資会社P社は，関連会社A社の株式の40%を所有している。

②　A社はP社株式（帳簿価額500）を保有しており，X2年3月31日にP社株式のすべてを800でP社に売却し，売却益300を計上した。当該売却に関連する税金費用90が発生している。

③　X1年3月31日のP社，A社の個別貸借対照表および連結貸借対照表は以下のとおりである。設例の便宜上，その他の取引はなかったものとする。

【X1年3月31日 個別貸借対照表】

科目	P社	A社	科目	P社	A社
現金預金	800	—	資本金	10,000	500
諸資産	9,000	—			
A社株式	200	—			
P社株式	—	500			

【X1年3月31日 連結貸借対照表】

科目	金額	科目	金額
現金預金	800	資本金	10,000
諸資産	9,000	自己株式	△ 200

会計処理

[関連会社A社の会計処理]

(1) P社株式の売却

(借) 現　　　　金	(※)800	(貸) P　社　株　式	(※)500
		有価証券売却益	(※)300

(※)　800, 500, 300……前提条件②参照。

(2) P社株式の売却に関連する税金費用の計上

(借) 法人税, 住民税及び事業税	(※)90	(貸) 未払法人税等	(※)90

(※)　90……前提条件②参照。

[投資会社P社の会計処理]

(1) P社株式の取得

(借) 自　己　株　式	(※)800	(貸) 現　　　　金	(※)800

(※)　800……前提条件②参照。

第3章　⑨自己株式等の売却に係る税効果　*183*

［連結修正仕訳］

(1)　A社の当期純利益の按分

| （借）　投資有価証券
　　　　（A社株式） | (※)84 | （貸）　持分法による
　　　　投資損益 | (※)84 |

（※）　84＝（有価証券売却益300－法人税，住民税及び事業税90）×投資会社持分比率40％

(2)　P社株式の売却益に係る未実現利益の消去

| （借）　持分法による
　　　　投資損益 | (※)120 | （貸）　自己株式 | (※)120 |

（※）　120＝P社株式売却益300×投資会社持分比率40％

(3)　A社で発生したP社株式の売却に関連する法人税等のうち，投資会社持分相当額を資本剰余金から減額

| （借）　資本剰余金 | (※)36 | （貸）　持分法による
　　　　投資損益 | (※)36 |

（※）　36……P社株式の売却に関連する税金費用90×投資会社持分比率40％

【X2年3月31日　連結貸借対照表】

科目	金額	科目	金額
投資有価証券	284	資本金	10,000
諸資産	9,000	資本剰余金	△ 36
		自己株式	△ 680

投資会社株式の売却に関連する税金費用90×40％（投資会社持分比率）

3　子会社および関連会社の株式を当該会社に売却した場合に発生する税金費用の連結上の取扱い（グループ法人税制の適用対象ではない場合）

(1)　連結子会社または持分法適用会社が保有する当該会社の自己株式の連結上の取扱い

①　連結子会社が保有する当該会社の自己株式の取扱い

　連結子会社が保有する当該会社の自己株式は，連結財務諸表上は投資と資本の相殺消去がなされるため，連結財務諸表には計上されない。また，連結子会

社が保有する当該会社の自己株式の非支配株主への処分は，親会社による子会社株式の一部売却に準じて処理される（自己株式適用指針17項）。

② 持分法適用会社が保有する当該会社の自己株式の取扱い

持分法適用会社が保有する当該会社の自己株式は，連結財務諸表には計上されない。また，持分法適用会社の保有する当該会社の自己株式の親会社等以外への処分は，親会社等による持分法適用会社の株式の一部売却に準じて処理される（自己株式適用指針21項）。

(2) 親会社が保有する子会社株式を当該子会社に売却した場合の取扱い（図表3-9-1における④の取引パターン）

親会社が保有する子会社株式を当該子会社に売却した場合，親会社の個別財務諸表の観点からは，子会社株式は自己株式ではないことから，税金費用が発生する場合がある。一方，子会社の個別財務諸表の観点からは，自己株式の取得となるため，株主との間の資本取引となる。連結財務諸表上は，当該株式の売却自体は連結会社間取引であるため，連結手続上消去されることとなるものの，親会社で当該株式の売却により税金費用が発生した場合，当該税金費用は，連結手続上消去されない。このため，当該税金費用の連結上の取扱いが問題となる（図表3-9-5参照）。

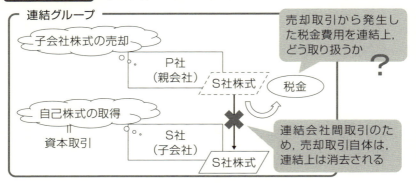

図表3-9-5　子会社株式の売却に伴い発生した税金費用の連結上の取扱い

この点，基準等では明記されていないものの，税効果適用指針第40項および法人税等会計基準第5-2項(1)に準じて処理することが考えられる。すなわち，

第3章 ⑨自己株式等の売却に係る税効果 *185*

当該子会社株式の売却取引は，連結財務諸表上も資本取引として取り扱い，売却元の親会社で発生した当該株式の売却に係る税金費用は損益計算書には計上せず，株主資本の項目である資本剰余金から直接減額させることが考えられる。

設例3－9－4 親会社が保有する子会社株式を当該子会社に売却した場合の取扱い

前提条件

① 親会社P社は，設立時よりS社株式80％を保有しており，連結子会社としている。

② X2年3月31日にP社は保有しているS社株式80株のうち，20株（帳簿価額500）をS社に800で売却し，売却益300を計上した。当該売却に関連する税金費用10が発生している。法定実効税率は30％とする。

③ X1年3月31日のP社およびS社の個別貸借対照表ならびに連結貸借対照表は以下のとおりである。

【X1年3月31日 個別貸借対照表】

科目	P社	S社	科目	P社	S社
現金預金	—	800	諸負債	3,000	700
諸資産	3,500	3,400	資本金	2,000	2,500
S社株式	2,000	—	利益剰余金	500	1,000

【X1年3月31日 連結貸借対照表】

科目	金額	科目	金額
現金預金	800	諸負債	3,700
諸資産	6,900	資本金	2,000
		利益剰余金	1,300
		非支配株主持分	700

④ 設例の便宜上，X2年3月期の当期純利益はゼロとし，剰余金の配当その他取引はなかったものとする（S社は配当しない方針とする。）。

⑤ P社によるS社株式売却による持分の推移は以下のとおりである。

	売却前 株式数	持分 比率	株式 異動数	売却後 株式数	持分 比率
Ｓ社発行済株式総数	100	—	—	100	—
Ｓ社自己株式数	—	—	20	20	—
Ｐ社	80	80％	△ 20	60	75％
非支配株主	20	20％	—	20	25％

会計処理

[親会社Ｐ社の会計処理]

(1) Ｓ社株式の売却

(借) 現　　　　　金	(※)800	(貸) Ｓ 社 株 式	(※)500
		子会社株式売却益	(※)300

(※) 800，500，300……前提条件②参照。

(2) Ｓ社株式の売却に関連する税金費用の計上

(借) 法人税，住民税 　及 び 事 業 税	(※)10	(貸) 未 払 法 人 税 等	(※)10

(※) 10……前提条件②参照。

[子会社Ｓ社の会計処理]

(1) Ｓ社株式の取得

(借) 自 己 株 式	(※)800	(貸) 現　　　　　金	(※)800

(※) 800……前提条件②参照。

[連結修正仕訳]

(1) 開始仕訳

(借) 資　本　金	(※1)2,500	(貸) Ｓ 社 株 式	(※1)2,000
利益剰余金(期首)	(※2)200	非支配株主持分	(※3)700

(※1) 2,500，2,000……前提条件③参照。
(※2) 200＝Ｓ社利益剰余金1,000×非支配株主持分比率20％
(※3) 700＝Ｓ社株主資本3,500(＝2,500＋1,000)×非支配株主持分比率20％

第3章　⑨自己株式等の売却に係る税効果　*187*

(2)　連結会社間取引の消去

（借）　子会社株式売却益	(※)300	（貸）　S　社　株　式	(※)300

（※）　300……前提条件②参照。

(3)　親会社からのS社株式（自己株式）の取得に係る連結調整

　自己株式適用指針第17項に準じて，S社株式の取得の対価と非支配株主持分の減少額との差額は資本剰余金で処理することが考えられる。以下，持分比率に応じたS社による資本の払戻しと，親会社によるS社株式の一部売却に分解して考える。

(i)　持分比率に応じたS社による資本の払戻し

（借）　S　社　株　式	(※2)640	（貸）　自　己　株　式	(※1)800
非支配株主持分	(※3)160		

（※1）　800……前提条件②参照。
（※2）　640＝800×S社によるS社株式取得前親会社株主持分比率80%
（※3）　160＝800×S社によるS社株式取得前非支配株主持分比率20%

(ii)　親会社によるS社株式の一部売却

（借）　S　社　株　式	(※1)160	（貸）　非支配株主持分	(※2)135
		資　本　剰　余　金	(※3)25

（※1）　160＝800×自己株式取得前非支配株主持分比率20%
（※2）　135＝S社によるS社株式取得後S社株主資本2,700×（S社によるS社株式取得後非支配株主持分比率25%－S社によるS社株式取得前非支配株主持分比率20%）
（※3）　差額により算出。

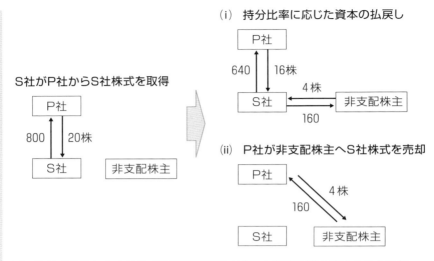

(4) P社で発生したS社株式の売却に関連する法人税等を資本剰余金から減額

| (借) 資本剰余金 | (※)10 | (貸) 法人税,住民税及び事業税 | (※)10 |

(※) 10……前提条件②参照。

【X2年3月31日 連結貸借対照表】

科目	金額	科目	金額
現金預金	800	諸負債	3,700
諸資産	6,900	未払法人税等	10
		資本金	2,000
		資本剰余金	15
		利益剰余金	1,300
		非支配株主持分	675

持分変動差額25−子会社株式の売却に関連する税金費用10

(3) 親会社が保有する関連会社株式を当該関連会社に売却した場合の取扱い(図表3−9−1における⑤の取引パターン)

親会社が保有する持分法の適用対象となっている関連会社の自己株式を当該会社に売却した場合においては、親会社が保有する子会社株式を当該子会社に売却した場合と異なり、連結財務諸表上は資本取引として取り扱わず、売却元の親会社で発生した当該株式の売却に係る税金費用は損益計算書に計上するこ

第 3 章　⑨自己株式等の売却に係る税効果　　189

とが考えられる。

設例 3 － 9 － 5　**親会社が保有する関連会社株式を当該関連会社に売却した場合の取扱い**

(前提条件)

① 　親会社 P 社は，設立時より A 社株式40％を保有しており，持分法適用の関連会社としている。

② 　X 2 年 3 月31日に P 社は保有している A 社株式40株のうち，20株（簿価500）を A 社に800で売却し，売却益300を計上した。当該売却に関連する税金費用10が発生している。法定実効税率は30％とする。

③ 　X 1 年 3 月31日の P 社および A 社の個別貸借対照表ならびに連結貸借対照表は以下のとおりである。

【X 1 年 3 月31日　個別貸借対照表】

科目	P 社	A 社	科目	P 社	A 社
現金預金	—	800	諸負債	1,600	700
諸資産	5,100	3,400	資本金	4,000	2,500
A 社株式	1,000	—	利益剰余金	500	1,000

【X 1 年 3 月31日　連結貸借対照表】

科目	金額	科目	金額
諸資産	5,100	諸負債	1,600
投資有価証券	1,400	繰延税金負債	120
		資本金	4,000
		利益剰余金	780

④ 　設例の便宜上，X 2 年 3 月期の当期純利益はゼロとし，剰余金の配当その他取引はなかったものとする（A 社は配当しない方針とする。）。なお，予測可能な将来の期間にその売却を行う意思があるため，A 社の留保利益に対し，税効果を認識する。

⑤ 　P 社による A 社株式売却による持分の推移は以下のとおりである。

	売却前株式数	持分比率	株式異動数	売却後株式数	持分比率
Ａ社発行済株式総数	100	―	―	100	―
Ａ社自己株式数	―	―	20	20	―
Ｐ社	40	40%	△ 20	20	25%
非支配株主	60	60%	―	60	75%

会計処理

[親会社Ｐ社の会計処理]

(1) Ａ社株式の売却

(借) 現　　　　　金	(※)800	(貸) Ａ 社 株 式	(※)500
		関連会社株式売却益	(※)300

(※) 800, 500, 300……前提条件②参照。

(2) Ａ社株式の売却に関連する税金費用の計上

(借) 法人税, 住民税及び事業税	(※)10	(貸) 未払法人税等	(※)10

(※) 10……前提条件②参照。

[関連会社Ａ社の会計処理]

(1) Ａ社株式の取得

(借) 自 己 株 式	(※)800	(貸) 現　　　　　金	(※)800

(※) 800……前提条件②参照。

[連結修正仕訳]

(1) 開始仕訳

(借) 投 資 有 価 証 券（ Ａ 社 株 式 ）	(※1)400	(貸) 利益剰余金(期首)	(※2)280
		繰 延 税 金 負 債	(※3)120

(※1) 400＝Ａ社利益剰余金1,000×投資会社持分比率40%

(※2) 280＝400(※1)×(1－法定実効税率30%)

(※3) 120＝400(※1) ×法定実効税率30%

第3章　⑨自己株式等の売却に係る税効果　*191*

(2)　A社株式の売却益に係る未実現利益の消去

| (借)　関連会社株式売却益 | (※)120 | (貸)　投資有価証券
　　　　（A　社　株　式） | (※)120 |

（※）　120＝A社株式売却益300×投資会社持分比率40％

(3)　投資会社からのA社株式（自己株式）の取得に係る連結調整

　　自己株式適用指針第21項に準じて，当該処分により生じた投資会社の持分
の変動は，持分変動損益[※1]として損益計算書に計上することが考えられ
る。なお，設例3－9－4のように，持分比率に応じた関連会社A社による
資本の払戻しと，親会社によるA社株式の一部売却に分解して計算した結果
と同一となる。

| (借)　持分変動損益[※1] | (※2)225 | (貸)　投資有価証券
　　　　（A　社　株　式） | (※2)225 |
| (借)　繰延税金負債 | (※3)68 | (貸)　法人税等調整額 | (※3)68 |

（※1）　投資会社と投資会社以外の株主との直接的な取引によって生じたものではない点
　　　を鑑み，「持分変動損益」としている。
（※2）　△225＝A社によるA社株式取得後A社資本勘定合計2,700×A社によるA社株式
　　　取得後投資会社持分比率25％－（A社によるA社株式取得前A社資本勘定合計3,500
　　　×A社によるA社株式取得前投資会社持分比率40％－A社株式売却簿価500）
（※3）　68＝225（※1）×法定実効税率30％

(4)　P社で発生したA社株式の売却に関連する法人税等

　　法人税，住民税及び事業税として損益計算書に計上したまま，資本剰余金
から控除しない。

| 仕訳なし |

【X2年3月31日 連結貸借対照表】

科目	金額	科目	金額
現金預金	800	諸負債	1,600
諸資産	5,100	未払法人税等	10
A社株式	555	繰延税金負債	52
		資本金	4,000
		資本剰余金	△4
		利益剰余金	797

A社株式の売却に関連する税金費用 △10×投資会社持分比率40％

(4) 子会社が保有する他の子会社株式を当該他の子会社に売却した場合の取扱い（グループ法人税制の適用対象ではない場合）（図表3－9－1における⑥の取引パターン）

　子会社が保有している他の子会社株式を当該他の子会社に売却する場合，売却元の子会社の個別財務諸表の観点からは，売却した他の子会社株式は自己株式ではないことから，税金費用が発生する場合がある。一方，売却先の他の子会社の個別財務諸表の観点からは，自己株式の取得となるため，株主との間の資本取引となる。連結財務諸表上は，当該株式の売却自体は連結会社間取引であるため，連結手続上消去されることとなるものの，売却元の子会社で当該株式の売却により税金費用が発生した場合，当該税金費用は連結手続上消去されない。このため，当該税金費用の連結上の取扱いが問題となる（図表3－9－6参照）。

図表3－9－6　他の子会社の自己株式の売却に伴い発生した税金費用の連結財務諸表上の取扱い

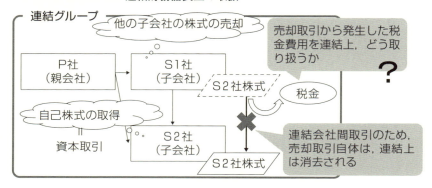

第3章 ⑨自己株式等の売却に係る税効果 193

この点，基準等では明記されていないものの，税効果適用指針第40項に準じて処理することが考えられる。すなわち，当該他の子会社の株式の売却取引は，連結財務諸表上も資本取引として取り扱い，売却元の子会社で発生した当該株式の売却に係る税金費用は損益計算書には計上せず，株主資本の項目である資本剰余金から直接減額させることが考えられる。

設例3−9−6 子会社が保有する他の子会社株式を当該他の子会社に売却した場合の取扱い

前提条件

① 親会社P社は設立時よりS1社株式を80％保有しており，S1社はS2社（P社にとって孫会社）株式を80％保有している。

② X2年3月31日にS1社は保有しているS2社株式80株のうち，20株（簿価500）をS2社に800で売却し，売却益300を計上した。当該売却に関連する税金費用10が発生している。法定実効税率は30％とする。

③ X1年3月31日のP社，S1社およびS2社の個別貸借対照表ならびに連結貸借対照表は以下のとおりである。

【X1年3月31日 個別貸借対照表】

科目	P社	S1社	S2社	科目	P社	S1社	S2社
現金預金	—	—	800	諸負債	2,800	1,500	600
諸資産	6,900	2,500	2,300	資本金	5,000	3,000	2,500
S1社株式	2,400	—	—	利益剰余金	1,500	—	—
S2社株式	—	2,000	—				

【X1年3月31日 連結貸借対照表】

科目	金額	科目	金額
現金預金	800	諸負債	4,900
諸資産	11,700	資本金	5,000
		利益剰余金	1,500
		非支配株主持分	1,100

④ 設例の便宜上，X2年3月期の当期純利益はゼロとし，剰余金の配当そ

の他取引はなかったものとする（S1社，S2社はともに配当しない方針
とする。）。

⑤　S1社によるS2社株式売却によるS2社持分の推移は以下のとおりで
ある。

	売却前 株式数	持分 比率	株式 異動数	売却後 株式数	持分 比率
S2社発行済株式総数	100	—	—	100	—
S2社自己株式数	—	—	20	20	—
S2社	80	80%	△ 20	60	75%
非支配株主	20	20%	—	20	25%

会計処理

[子会社S1社の会計処理]

(1)　S2社株式の売却

（借）現　　　　　金	(※)800	（貸）S 2 社 株 式	(※)500
		投資有価証券売却益	(※)300

（※）　800，500，300……前提条件②参照。

(2)　S2社株式の売却に関連する税金費用の計上

（借）法人税，住民税 及 び 事 業 税	(※)10	（貸）未 払 法 人 税 等	(※)10

（※）　10……前提条件②参照。

[子会社S2社の会計処理]

(1)　S2社株式の取得

（借）自 己 株 式	(※)800	（貸）現　　　　　金	(※)800

（※）　800……前提条件②参照。

第 3 章　⑨自己株式等の売却に係る税効果　　195

[連結修正仕訳]

(1)　開始仕訳

(i)　P社の投資とS1社の資本の相殺消去

| （借） | 資　　本　　金 | (※1)3,000 | （貸） | S　1　社　株　式 | (※1)2,400 |
| | | | | 非支配株主持分 | (※2)600 |

（※1）　3,000，2,400……前提条件③参照。

（※2）　600＝S1社株主資本3,000×S1社非支配株主持分比率20％

(ii)　S1社の投資とS2社の資本の相殺消去

| （借） | 資　　本　　金 | (※)2,500 | （貸） | S　2　社　株　式 | (※)2,000 |
| | | | | 非支配株主持分 | (※)500 |

（※1）　2,500，2,000……前提条件③参照。

（※2）　500＝S2社株主資本2,500×S2社非支配株主持分比率20％

(2)　非支配株主持分へのS1社の当期純利益の按分

| （借） | 非支配株主に帰属する当期純利益 | (※)58 | （貸） | 非支配株主持分 | (※)58 |

（※）　58＝（S2社株式売却益300－法人税，住民税及び事業税10）×S1社非支配株主持分比率20％

(3)　連結会社間取引の消去

| （借） | 投資有価証券売却益 | (※1)300 | （貸） | S　2　社　株　式 | (※1)300 |
| （借） | 非支配株主持分 | (※2)60 | （貸） | 非支配株主に帰属する当期純利益 | (※2)60 |

（※1）　300……前提条件②参照。

（※2）　60＝S2社株式売却益300×S1社非支配株主持分比率20％

(4)　S1社からのS2社株式（自己株式）の取得に係る連結調整

　　自己株式適用指針第17項に準じて，S2社株式の取得の対価と非支配株主持分の減少額との差額を資本剰余金で処理することが考えられる。以下，持分比率に応じたS2社による資本の払戻しと，S1社によるS2社株式の一部売却に分解して考える。

(i) 持分比率に応じたS2社による資本の払戻し

(借) S 2 社 株 式　　　（※2）640　(貸) 自 己 株 式　　　（※1）800
　　 非支配株主持分　　（※3）160

(※1) 800……前提条件②参照。
(※2) 640＝800×S2社によるS2社株式取得前S1社持分比率80％
(※3) 160＝800×S2社によるS2社株式取得前S2社非支配株主持分比率20％

(ii) S1社によるS2社株式の一部売却

(借) S 2 社 株 式　　　（※1）160　(貸) 非支配株主持分　　（※2）85
　　　　　　　　　　　　　　　　　　　資 本 剰 余 金　　（※3）75

(※1) 160＝800×S2社によるS2社株式取得前S2社非支配株主持分比率20％
(※2) 85＝S2社によるS2社株式取得後S2社株主資本1,700×（S2社によるS2社株式取得後S2社非支配株主持分比率25％－S2社によるS2社株式取得前S2社非支配株主持分比率20％）
(※3) 差額により算出。

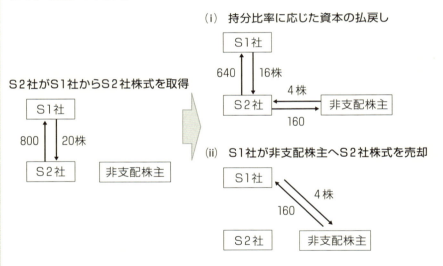

(5) S1社で発生したS社株式の売却に関連する法人税等を資本剰余金から減額

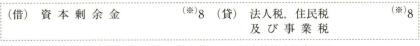

(※) 8＝S2社株式売却に関連する税金費用10×親会社持分比率80％

第3章　⑨自己株式等の売却に係る税効果　*197*

【X2年3月31日 連結貸借対照表】

科目	金額	科目	金額
現金預金	800	諸負債	4,900
諸資産	11,700	未払法人税等	10
		資本金	5,000
		資本剰余金	67
		利益剰余金	1,500
		非支配株主持分	1,023

持分変動損益75－S2社株式の売却に関連する税金費用10×80%（親会社持分）

S2社株式の売却に関連する税金費用10×20%（S1社非支配株主持分）が含まれる。

　なお，設例では，S2社の取得後利益剰余金は発生していないことを前提としたものの，S2社の取得後利益剰余金がある場合には，当該S2社株式の取引により，S1社の非支配株主持分の間接所有比率が16%（＝80%×20%）から15%（＝75%×20%）に減少しているため，当該減少相当額については，非支配株主持分から控除する必要がある。

10 のれんと税効果

1 連結財務諸表におけるのれんの取扱い

(1) 個別財務諸表で計上されたのれんの税効果

　個別財務諸表上ののれんとは，取得とされる企業結合取引において，被取得企業または取得した事業の取得原価が，取得企業が受け入れる資産および引き受ける負債に配分された純資産を上回る場合における超過分であり，下回る場合の不足額は負ののれんとなる（企業結合会計基準31項）。したがって，のれん（または負ののれん）は取得原価の配分残余の性格を有することから，税効果を認識しない（企業結合適用指針72項）。仮にのれんに税効果を認識した場合には，図表3-10-1のとおり，同額ののれん（または負ののれん）が変動する結果となることから，あえて税効果を認識する意義は薄いと考えられることも理由とされている（企業結合適用指針378-3項）。

図表3-10-1　のれんに税効果を認識した場合に生じる問題

（※）　法定実効税率を30％とした場合

　親会社または子会社の個別財務諸表上にのれん（または負ののれん）が計上されている場合に，連結財務諸表でもそのまま同額が計上されるケースがあるが，このときでも，税効果も個別財務諸表と同様に認識しない。

(2) 資本連結手続により計上されたのれんの税効果

　資本連結手続により計上されたのれん（または負ののれん）とは，親会社の子会社に対する投資とこれに対応する子会社の資本との相殺消去によって生じた差額であることから（連結会計基準24項），親会社および子会社の個別財務諸表に計上されていない。

したがって，個別財務諸表上ののれんと同じく差額概念であることから，税効果を識別するとのれん（または負ののれん）が変動し，さらにそれに税効果を認識するという際限のない循環が生じてしまうため，例外的に税効果を認識せず，繰延税金負債（または繰延税金資産）を計上しないものと定められている（税効果適用指針43項，145項(2)）。

2 ｜ のれんの償却額に係る一時差異への税効果

資本連結手続で計上されたのれんは，前記「1　連結財務諸表におけるのれんの取扱い」のとおり，当初認識時点において税効果を認識しない。一方，のれんの償却額（または負ののれんの利益計上額）に係る一時差異は，連結財務諸表固有の一時差異として将来減算一時差異（または将来加算一時差異）に該当し，税効果を検討する必要がある。

(1)　のれんの償却額が連結財務諸表固有の一時差異となる根拠

親会社が子会社に対して投資を行った場合，親会社の個別財務諸表における投資勘定は，子会社株式として金融商品会計基準第17項の定めにより取得原価にて評価される。一方，連結財務諸表においては，子会社の個別財務諸表上の資産および負債が総額で計上され，親会社の子会社に対する投資との差額はのれん（または負ののれん）として計上される。当初認識時点は，株式取得に伴うデューデリジェンス費用や法務費用といった取得原価に算入される取得関連費用を除き，投資勘定と連結財務諸表上の価額は一致しているが，支配獲得日以降に子会社が経済活動を営んで生じた損益や為替換算調整勘定およびその他有価証券評価差額金といった純資産の増減によって，連結財務諸表に合算される子会社の財務諸表数値が変動する。

同様に，資本連結手続で計上されたのれんは償却計算により減少するため（企業結合会計基準32項），連結財務諸表上の子会社に対する投資は当初認識時点より小さくなる。また，負ののれんの場合は投資を行った会計年度の利益として計上され，連結損益計算書を経由して純資産の金額が増加するため，連結財務諸表上の子会社に対する投資は大きくなる。

したがって，のれんの償却額（または負ののれんの利益計上額）によって子会社に対する投資に係る連結財務諸表と個別財務諸表が相違するため，連結財

務諸表固有の一時差異に該当する（税効果適用指針107項(3), 図表3－10－2参照）。

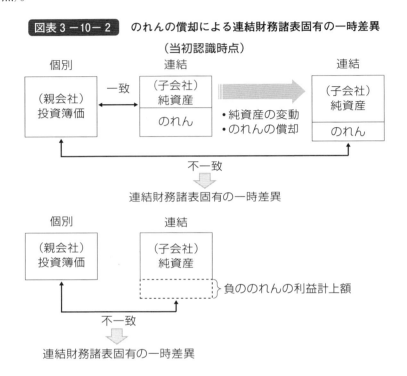

(2) のれんの償却額に係る一時差異

のれんの償却額により、連結財務諸表上の子会社の投資額は親会社の個別財務諸表上の投資簿価より小さくなる。その結果、親会社が子会社の投資をすべて連結グループ外部者に売却する際、個別財務諸表上の子会社株式の売却益（売却損）が連結財務諸表と比較して小さく（大きく）なり、連結財務諸表上の売却益（売却損）に対応する税金を減額させる効果を有する。したがって、のれんの償却額に係る一時差異は将来減算一時差異に該当する。

① 繰延税金資産の計上

のれんの償却額に係る繰延税金資産は、税効果適用指針第22項に基づいて計

上される。したがって，予測可能である将来に投資を売却する意思決定や計画が見込まれる場合や個別財務諸表において子会社株式につき評価損が計上されており，その評価損が予測可能な将来の期間に税務上の損金に算入される見込みである場合に限り，その回収可能性が認められる範囲で計上する（税効果適用指針107項(3)①，22項(1)①，(2)）。

② 適用税率

適用税率は，連結財務諸表固有の一時差異として，原則どおり，資産負債法に基づいて，一時差異の解消見込年度の税率を用いる。

(3) 負ののれんの利益計上額に係る一時差異

負ののれんの利益計上により，連結財務諸表上の子会社の投資額は親会社の個別財務諸表上の投資簿価より大きくなる。その結果，親会社が子会社の投資をすべて連結グループ外部者に売却する際，個別財務諸表上の子会社株式の売却益（売却損）が大きく（小さく）なり，連結財務諸表上の売却益（売却損）に対応する税金を増額させる効果を有する。したがって，負ののれんの利益計上額に係る一時差異は将来加算一時差異に該当する。

なお，負ののれんは企業結合会計基準および連結会計基準の2008年改正により発生時に利益計上する旨が定められており，当該改正の前は当初取得時に負債として計上し，その後規則的に償却されていた。当該改正基準の適用前に発生していた負ののれんについては，会計処理の見直しおよび遡及適用を行わない旨の経過措置が定められているため（企業結合会計基準58項，連結会計基準44項(3)本文），従前の処理に伴って負ののれんの償却による収益計上を行う場合は，将来加算一時差異に該当する。

① 繰延税金負債の計上

負ののれんの利益計上額に係る繰延税金負債は，税効果適用指針第23項に基づいて計上される。したがって，親会社自身が子会社の投資を売却する権限を有しており，かつ，予測可能である将来に投資の売却等（他の子会社への売却の場合も含む。）を行う意思がない場合を除き計上する（税効果適用指針107項(3)②，23項）。

② 適用税率

繰延税金資産と同様，一時差異の解消見込年度の税率に基づいて計上する。

3 │ 非適格合併等に係る税務上ののれん

(1) 個別財務諸表上の処理

非適格合併等の対価が移転資産および負債の時価評価額と相違する場合において，税務上，資産調整勘定または差額負債調整勘定が計上される。

資産調整勘定（または差額負債調整勘定）は会計上ののれん（または負ののれん）と類似する考え方ではあるものの，その性格は必ずしも同質でないことから，会計上ののれんとは別の概念として取り扱う。したがって，税務上，資産調整勘定（または差額負債調整勘定）が計上される場合，その額自体を一時差異として，企業結合適用指針第71項に従い繰延税金資産または繰延税金負債を計上した上で，配分残余を会計上ののれんまたは負ののれんとして算定する（企業結合適用指針378-3項。詳細については，後記「15 1　事業を直接移転するような企業結合」参照）。

(2) 連結財務諸表上の処理

親会社または子会社の個別財務諸表において，資産調整勘定（または差額負債調整勘定）が計上されている場合でも，連結修正仕訳において特段の調整がなされないことから，連結財務諸表固有の一時差異は発生しない。

また，税務上の資産調整勘定（または差額負債調整勘定）を識別し，個別財務諸表上，当該一時差異に対応する繰延税金資産または繰延税金負債を計上されている会社の支配を獲得して連結範囲に含める場合，資本連結手続では，過去の非適格合併による税務上の資産調整勘定（または差額負債調整勘定）に係る繰延税金資産（または繰延税金負債）を識別可能資産または負債とした上で新たに当該支配の獲得に係るのれんを計算することになるため，当該のれんに対する税効果は原則どおり認識しない。

4 | 在外子会社で税務上ののれんが計上されている場合の税効果

(1) 個別財務諸表上の処理

諸外国の税法によってはのれんに対する税効果が発生するケースがある。たとえば、米国会計基準を適用する米国所在の在外子会社では、会計上ののれんは原則として非償却であるが、税務上ののれんは償却される。したがって、会計上ののれんと税務上ののれんが一致する場合、当初時点では一時差異は認識されないが、その後の償却によって税務上ののれんの償却額が損金算入されるため、税務上ののれんが会計上ののれんより小さくなる。これによって生じた差額はのれんの減損の計上や投資の売却といったタイミングで税金の増額効果を有するため、将来加算一時差異として個別財務諸表上において繰延税金負債が計上される（図表3－10－3参照）。

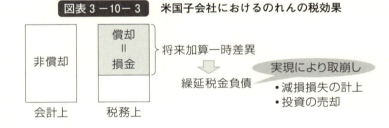

(2) 連結財務諸表上の処理

日本の会計基準においてのれんは償却が求められているため、米国会計基準を適用する連結子会社が会計上ののれんを非償却としている場合、重要性が乏しい場合を除き、連結決算手続の一環でのれん償却額を計上する修正仕訳が必要となる（実務対応報告第18号の連結決算手続における在外子会社等の会計処理の統一の「当面の取扱い」(1)のれんの償却）。

また、米国子会社で計上された税務上ののれんを日本の税務上ののれんである資産調整勘定と同様に、その額を将来減算一時差異と捉えて繰延税金資産の計上を検討すべきであるかという点については、以下の理由により、実務対応報告第18号に列挙された項目に準じて連結修正することは必ずしも求められないものと考えられる。

204

- 資産調整勘定および差額負債調整勘定に係る税効果の定め（前記「3　非適格合併等に係る税務上ののれん」参照）は，あくまで非適格合併等により発生した資産調整勘定および差額負債調整勘定を前提にしたものであること
- 日本基準と米国会計基準ののれんに係る税効果の考え方は，単純に会計基準の相違に基づいた会計処理の違いではなく，税務上の取扱いを前提とした会計処理の違いであること
- 資産調整勘定または差額負債調整勘定の性格は会計上ののれんと必ずしも同じものではないことから，税務上ののれんが必ずしも会計上ののれんに対応すると考えることは適切ではないこと

11　退職給付に係る資産または負債に係る税効果

1 ｜ 連結財務諸表上の退職給付会計の処理

　会社が退職給付制度において確定給付制度を採用しており，原則法により退職給付債務を算定している場合に，数理計算上の差異および過去勤務費用が発生する。

　なお，数理計算上の差異および過去勤務費用の定義は図表3−11−1のとおりである。

図表3−11−1　数理計算上の差異および過去勤務費用

数理計算上の差異	年金資産の期待運用収益と実際の運用成果との差異，退職給付債務の数理計算に用いた見積数値と実績との差異および見積数値の変更等により発生した差異である（退職給付会計基準11項）。
過去勤務費用	退職給付水準の改訂等に起因して発生した退職給付債務の増加または減少部分である（退職給付会計基準12項）。

　これらの数理計算上の差異および過去勤務費用は，一定の年数で按分した額が毎期費用処理される（退職給付会計基準24項，25項）。また，連結財務諸表においては，費用処理されていない未認識数理計算上の差異および未認識過去勤務費用（以下，これらを合わせて「未認識項目」という。）について，税効

第3章　⑪退職給付に係る資産または負債に係る税効果　　*205*

果を調整後，その他の包括利益を通じて純資産の部におけるその他の包括利益累計額に「退職給付に係る調整累計額」等の適当な科目をもって計上する（退職給付会計基準24項また書き，25項また書き，27項，39項(2)）。なお，当該税効果は「退職給付に係る調整額」等のその他の包括利益を相手勘定として計上される（税効果適用指針9項(2)）。具体的には，設例3－11－1のとおりである。

設例3－11－1　　未認識項目に係る会計処理

（前提条件）

① 　数理計算上の差異は100（不利差異）である。

② 　法定実効税率は30％とする。

③ 　繰延税金資産の回収可能性について問題ないものとする。

（会計処理）

［未認識項目の会計処理］

（借）　退職給付に係る 　　　　調整（累計）額	(※)100	（貸）　退職給付に係る負債	(※)100

（※）　100……前提条件①参照。

［未認識項目に係る税効果の会計処理］

（借）　繰 延 税 金 資 産	(※)30	（貸）　退職給付に係る 　　　　調整（累計）額	(※)30

（※）　30＝数理計算上の差異100×法定実効税率30％

---

2 ┃ 退職給付に係る資産または負債に係る税効果の会計処理

連結財務諸表で生じた未認識項目に係る将来減算一時差異に関する繰延税金資産または将来加算一時差異に関する繰延税金負債については，個別財務諸表における退職給付引当金に係る将来減算一時差異に関する繰延税金資産または前払年金費用に係る将来加算一時差異に関する繰延税金負債と合算した上で，図表3－11－2のとおり処理される。

図表3−11−2	未認識項目に係る税効果の会計処理
合算により純額で繰延税金資産が生じる場合	当該合算額について繰延税金資産の回収可能性を判断し，未認識項目の一時差異に係る繰延税金資産または繰延税金負債について，その他の包括利益を相手勘定として計上する（税効果適用指針42項(1)）。
合算により純額で繰延税金負債が生じる場合	未認識項目の一時差異に係る繰延税金資産または繰延税金負債について，その他の包括利益を相手勘定として計上する（税効果適用指針42項(2)）。

　また，個別財務諸表上の退職給付引当金または前払年金費用と連結財務諸表の退職給付に係る負債または退職給付に係る資産の関係により，一時差異の発生態様は図表3−11−3のとおりとなる。

図表3−11−3	一時差異の発生態様		
ケース	個別上の残高	連結上の残高	個別から連結への一時差異の変動
A	退職給付引当金	退職給付に係る負債（金額増加）	将来減算一時差異の増加
B	退職給付引当金	退職給付に係る負債（金額減少）	将来減算一時差異の減少
C	退職給付引当金	退職給付に係る資産	将来減算一時差異の減少将来加算一時差異の増加
D	前払年金費用	退職給付に係る資産（金額増加）	将来加算一時差異の増加
E	前払年金費用	退職給付に係る資産（金額減少）	将来加算一時差異の減少
F	前払年金費用	退職給付に係る負債	将来加算一時差異の減少将来減算一時差異の増加

　図表3−11−3における具体的な状況は次のとおりである。

第3章 ⑪退職給付に係る資産または負債に係る税効果 *207*

(1) 将来減算一時差異の増加

① ケースA

　個別財務諸表上の退職給付引当金に，不利差異となる未認識項目を連結財務諸表上で計上することにより，負債金額が増加する場合である。

　この場合，個別財務諸表および連結修正項目の将来減算一時差異を合算した額に係る繰延税金資産について，その回収可能性を判断することとなる。

② ケースF

　個別財務諸表上の前払年金費用に，不利差異となる未認識項目を連結財務諸表上で計上することにより，個別財務諸表上の前払年金費用（資産）が取り崩され，連結財務諸表上は退職給付に係る負債が計上される場合である。

　この場合，個別財務諸表上計上していた前払年金費用に係る繰延税金負債は取り崩され，連結財務諸表上の退職給付に係る負債に関する繰延税金資産について，その回収可能性を判断することとなる。

　なお，取り崩される前払年金費用に係る繰延税金負債は，当該取崩しの要因が退職給付に係る調整額の計上によるものであるため，退職給付に係る調整額を相手勘定とするものと考えられる。具体的には，設例3－11－2のとおりである。

　また，個別財務諸表上計上された前払年金費用に係る繰延税金負債に対応して，同一年度に将来加算一時差異と将来減算一時差異が解消するなどの理由で繰延税金資産が計上されている場合，当該繰延税金負債の取崩しにより，将来加算一時差異が減少することから，対応する将来減算一時差異に係る繰延税金資産も減額する必要がある。この場合の相手勘定は，繰延税金資産を計上した際の科目と同一となる。

設例3－11－2　ケースFに関する税効果

〔前提条件〕

①　X1年度末の個別財務諸表上の前払年金費用の金額は10,000である。

②　X1年度末の未認識項目の金額は12,000（不利差異）である。

③　X1年度末の連結財務諸表上の退職給付に係る負債の金額は2,000であ

る。

④　法定実効税率は30％とする。

⑤　繰延税金資産の回収可能性は問題ないものとする。

会計処理

[個別財務諸表上の処理]

（借）　法人税等調整額	(※)3,000	（貸）　繰延税金負債	(※)3,000

（※）　3,000＝前払年金費用の金額10,000×法定実効税率30％

[連結財務諸表上の処理]

（借）　繰 延 税 金 負 債	(※1)3,000	（貸）　退職給付に係る 調整（累計）額	(※3)3,600
繰 延 税 金 資 産	(※2)600		

（※1）　3,000……[個別財務諸表上の処理] 参照。
（※2）　600＝退職給付に係る負債2,000×法定実効税率30％
（※3）　3,600＝未認識項目12,000×法定実効税率30％

(2)　将来加算一時差異の増加

①　ケースD

個別財務諸表上の前払年金費用に，有利差異となる未認識項目を連結財務諸表上で計上することにより，資産金額が増加する場合である。

この場合，前払年金費用相当額に係る繰延税金負債を計上するとともに，有利差異となる未認識項目に係る繰延税金負債を計上する。

なお，連結財務諸表上，将来加算一時差異が新たに生じることとなるため，当該将来加算一時差異と相殺可能な将来減算一時差異に係る繰延税金資産の回収可能性が認められる可能性がある点に留意が必要である。

②　ケースC

個別財務諸表上の退職給付引当金に，有利差異となる未認識項目を連結財務諸表上で計上することにより，個別財務諸表上の退職給付引当金（負債）が取り崩され，連結財務諸表上は退職給付に係る資産が計上される場合である。

この場合，個別財務諸表上計上していた退職給付引当金に係る繰延税金資産

第3章　⑪退職給付に係る資産または負債に係る税効果　*209*

は取り崩され，連結財務諸表上の退職給付に係る資産に関する繰延税金負債が計上されることとなる。

　なお，取り崩される退職給付引当金に係る繰延税金資産は，当該取崩しの要因が退職給付に係る調整額の計上によるものであるため，退職給付に係る調整額を相手勘定とするものと考えられる。具体的には，設例3－11－3のとおりである。

　また，将来加算一時差異が新たに生じることにより，繰延税金資産の回収可能性が認められる可能性がある点はケースDと同様である。

設例3－11－3　　ケースCに関する税効果

(前提条件)

① 　X1年度末の個別財務諸表上の退職給付引当金の金額は10,000である。

② 　X1年度末の未認識項目の金額は12,000（有利差異）である。

③ 　X1年度末の連結財務諸表上の退職給付に係る資産の金額は2,000である。

④ 　法定実効税率は30％とする。

⑤ 　繰延税金資産の回収可能性は問題ないものとする。

(会計処理)

[個別財務諸表上の処理]

（借）　繰 延 税 金 資 産	(※)3,000	（貸）　法人税等調整額	(※)3,000

（※）　3,000＝退職給付引当金の金額10,000×法定実効税率30％

[連結財務諸表上の処理]

（借）　退職給付に係る 　　　調整（累計）額	(※1)3,600	（貸）　繰 延 税 金 資 産	(※2)3,000
		繰 延 税 金 負 債	(※3)600

（※1）　3,600＝未認識項目12,000×法定実効税率30％

（※2）　3,000……[個別財務諸表上の処理] 参照。

（※3）　600＝退職給付に係る資産2,000×法定実効税率30％

(3) 将来減算一時差異の減少

① ケースB

　個別財務諸表上の退職給付引当金に，有利差異となる未認識項目を連結財務諸表上で計上することにより，負債金額が減少する場合である。

　この場合，個別財務諸表上計上された退職給付引当金に係る繰延税金資産を取り崩すこととなる。なお，当該繰延税金資産の取崩しの要因が退職給付に係る調整額の計上によるものであるため，退職給付に係る調整額を相手勘定として処理するものと考えられる。

② ケースC

　前記「(2)② ケースC」のとおりである。

(4) 将来加算一時差異の減少

① ケースE

　個別財務諸表上の前払年金費用に，不利差異となる未認識項目を連結財務諸表上で計上することにより，資産金額が減少する場合である。

　この場合，個別財務諸表上計上された前払年金費用に係る繰延税金負債を取り崩すこととなる。なお，当該繰延税金負債の取崩しの要因が退職給付に係る調整額の計上によるものであるため，退職給付に係る調整額を相手勘定として処理されるものと考えられる。

　また，個別財務諸表上計上された前払年金費用に係る繰延税金負債に対応して計上された繰延税金資産の取扱いはケースFと同様である。

② ケースF

　前記「(1)② ケースF」のとおりである。

3 ｜ 繰延税金資産の回収可能性に関する企業の分類

　税効果に関する企業の分類を判断する上で，期末における将来減算一時差異の金額が判断基準に含まれている。たとえば，（分類1）に該当する会社において，個別財務諸表における期末の将来減算一時差異を十分に上回る課税所得

第3章　⑪退職給付に係る資産または負債に係る税効果　*211*

が過去（3年）および当期のすべての事業年度において生じていたとしても，連結財務諸表上は未認識項目の負債認識が多額に行われることに伴い生じる将来減算一時差異を考慮すると，期末の将来減算一時差異を十分に上回る課税所得が発生していない場合も考えられる。この点について，連結財務諸表における未認識項目に対する繰延税金資産の回収可能性は，個別財務諸表において判断した企業の分類に基づいて判断するものとされている（回収可能性適用指針43項なお書き）。これは，未認識項目を連結財務諸表において負債として即時認識するか否かにより将来の一時差異等加減算前課税所得の見積額が変わるものではないためとされている（回収可能性適用指針110項）。

設例3－11－4　繰延税金資産の回収可能性に関する企業の分類

前提条件

① A社のX1年3月期における個別財務諸表上の将来減算一時差異の金額は，退職給付引当金に関する将来減算一時差異500を含み，合計で2,000である。

② 過去（3年）および当期のすべての事業年度において，将来減算一時差異2,000を十分に上回る課税所得が生じているため，（分類1）として判断した。

③ A社のX1年3月期における連結財務諸表上，退職給付に係る負債に関する将来減算一時差異が2,000計上されることにより，連結財務諸表上の将来減算一時差異の合計が3,500となった。

④ 過去（3年）および当期のすべての事業年度において，将来減算一時差異3,500を十分に上回る課税所得が生じているとはいえない状況である。

考え方

前提条件④の状況を踏まえると，個別財務諸表上の（分類1）という判断を変える必要があるように考えられるが，連結財務諸表上における企業の分類は個別財務諸表上の企業の分類を引き継ぐものとされている。よって，連結財務諸表上の企業の分類も（分類1）という判断となる。

4 ┃ 長期解消将来減算一時差異への該当の有無

　個別財務諸表における退職給付引当金に係る将来減算一時差異に関する繰延税金資産の額に未認識項目の負債認識により生じる将来減算一時差異に係る繰延税金資産の額を合算した繰延税金資産の回収可能性については，解消見込年度が長期にわたる将来減算一時差異（以下「長期解消将来減算一時差異」という。）の取扱いを適用する（回収可能性適用指針44項）。

　これは，個別財務諸表における退職給付引当金に係る将来減算一時差異と未認識項目の負債認識により生じる将来減算一時差異は，未認識項目が発生した当初は認識時点が異なることにより金額が相違するものの，当該未認識項目が費用処理されることにより退職給付引当金となることから，長期的に解消するという性質は異なるものではないとされるためである（回収可能性適用指針112項）。

5 ┃ 将来減算一時差異をスケジューリングする上での留意点

　（分類３）に該当する企業においては，退職給付に係る負債に関する将来減算一時差異のような長期解消将来減算一時差異について，将来の合理的な見積可能期間（おおむね５年）において，当該一時差異のスケジューリングを行った上で，当該見積可能期間を超えた期間であっても回収可能性が認められるとされている（回収可能性適用指針35項(2)）。ここで留意すべき点として，当該一時差異について，将来の合理的な見積可能期間におけるスケジューリングを行う必要があるという点である。つまり，当該一時差異の回収可能性は認められるものの，まったくスケジューリングを実施する必要がないというわけではなく，将来の合理的な見積可能期間においてはスケジューリングが必要となる。なお，（分類３）を含めた長期解消将来減算一時差異に係る繰延税金資産の回収可能性の取扱いは，図表３-11-４のとおりである（回収可能性適用指針35項）。

第3章　⑪退職給付に係る資産または負債に係る税効果　　*213*

図表3－11－4　企業の分類別の長期解消将来減算一時差異の取扱い

企業の分類	長期解消将来減算一時差異
（分類1）	全額回収可能性あり
（分類2）	
（分類3）	全額回収可能性あり（※）
（分類4）	翌期に解消される将来減算一時差異に係る繰延税金資産は回収可能性あり
（分類5）	原則として回収可能性なし

（※）　前記のとおり，将来の合理的な見積可能期間におけるスケジューリングを前提としている。

　また，未認識項目は発生期間ごとに将来減算一時差異と将来加算一時差異に区分してスケジューリングし，将来減算一時差異については回収可能性を検討した上で繰延税金資産を認識し，将来加算一時差異については繰延税金負債を認識するのが原則的な処理と考えられる。

6 ｜ 繰延税金資産の回収可能性の見直し

　個別財務諸表上の退職給付引当金および連結財務諸表上の退職給付に係る負債については，他の将来減算一時差異と同様，毎期その繰延税金資産の回収可能性を見直すことになる（回収可能性適用指針45項，8項，9項）。

　回収可能性が見直された結果として，繰延税金資産が増加する場合，まず個別財務諸表上の退職給付引当金に係る繰延税金資産を，回収可能性が認められる範囲で，法人税等調整額を相手勘定として計上し，次に，未認識項目に係る将来減算一時差異に回収可能性がある場合，当該一時差異に関する繰延税金資産を，退職給付に係る調整（累計）額を相手勘定として計上する（回収可能性適用指針113項）。

　具体的なイメージは，図表3－11－5のとおりである。

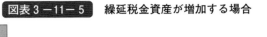
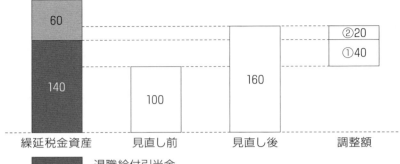

[個別財務諸表上の会計処理（上記①）]
（借）繰延税金資産　40　（貸）法人税等調整額　40
[連結財務諸表上の会計処理（上記②）]
（借）繰延税金資産　20　（貸）退職給付に係る調整額　20

　一方，繰延税金資産が減少する場合，まず個別財務諸表上の退職給付引当金に係る繰延税金資産を，回収可能性が認められない範囲で，法人税等調整額を相手勘定として取り崩し，次に，未認識項目に係る将来減算一時差異に関する繰延税金資産を，回収可能性が認められない範囲で退職給付に係る調整（累計）額を相手勘定として取り崩す（回収可能性適用指針114項）。
　具体的なイメージは，図表3－11－6のとおりである。

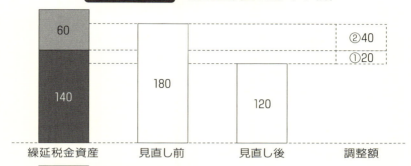

図表３－11－６　繰延税金資産が減少する場合

[個別財務諸表上の会計処理（上記①）]
（借）法人税等調整額　20　（貸）繰延税金資産　20

[連結財務諸表上の会計処理（上記②）]
（借）退職給付に係る調整額　40　（貸）繰延税金資産　40

設例３－11－５　繰延税金資産の回収可能性の見直し（繰延税金資産が増加する場合）

[前提条件]

① Ｘ１年３月期より前の年度において繰延税金資産の回収可能性は認められなかったものとする。
② Ｘ１年３月期の個別財務諸表上の退職給付引当金は10,000である。
③ Ｘ１年３月期の期末時点の未認識数理計算上の差異（不利差異）は5,000である。
④ 退職給付引当金および未認識数理計算上の差異以外に一時差異はないものとする。
⑤ Ｘ１年３月期において繰延税金資産の回収可能性を見直した結果，連結財務諸表上，繰延税金資産が4,000計上されることとなった。
⑥ 法定実効税率は30％とする。

216

会計処理

[X1年3月期の個別財務諸表上の処理]

(借) 繰延税金資産	(※)3,000	(貸) 法人税等調整額	(※)3,000

(※) 3,000＝退職給付引当金10,000×法定実効税率30％

[X1年3月期の連結財務諸表上の処理]

(借) 繰延税金資産	(※)1,000	(貸) 退職給付に係る 調整（累計）額	(※)1,000

(※) 1,000＝繰延税金資産計上可能額4,000－個別財務諸表上の繰延税金資産3,000（＜
1,500＝未認識数理計算上の差異5,000×法定実効税率30％）

設例3－11－6	繰延税金資産の回収可能性の見直し（繰延税金資産が減少する場合）

前提条件

① X1年3月期より前の年度において繰延税金資産は全額回収可能であったものとする。

② X1年3月期の個別財務諸表上の退職給付引当金は10,000である。

③ X1年3月期の期末時点の未認識数理計算上の差異（不利差異）は5,000である。

④ 退職給付引当金および未認識数理計算上の差異以外に一時差異はないものとする。

⑤ X1年3月期において繰延税金資産の回収可能性を見直した結果，繰延税金資産が1,000まで減額されることとなった。

⑥ 法定実効税率は30％とする。

会計処理

[X1年3月期の個別財務諸表上の処理]

(借) 法人税等調整額	(※1)2,000	(貸) 繰延税金資産	(※1)2,000

(※1) 2,000＝3,000（※2）－繰延税金資産計上可能額1,000
(※2) 3,000＝退職給付引当金10,000×法定実効税率30％

第3章　⑪退職給付に係る資産または負債に係る税効果　*217*

[X1年3月期の連結財務諸表上の処理]

（借）　退職給付に係る 　　　　調整（累計）額	（※）1,500	（貸）　繰延税金資産	（※）1,500

（※）　1,500＝未認識数理計算上の差異5,000×法定実効税率30％

7 税率変更時の処理

　未認識項目に係る一時差異に対応する繰延税金資産または繰延税金負債は，その他の包括利益である退職給付に係る調整額を相手勘定として処理することとなるため，税率変更により繰延税金資産または繰延税金負債が増減する場合には，その他の包括利益である退職給付に係る調整額を相手勘定として処理することとなる（税効果適用指針51項(2)）。具体的には設例3－11－7のとおりである。

設例3－11－7　税率変更時の処理

前提条件

① 未認識数理計算上の差異は10,000（不利差異）である。

② 税効果に適用される法定実効税率は以下のとおりとする。

　　税率変更前の法定実効税率：40％

　　税率変更後の法定実効税率：30％

③ 繰延税金資産の回収可能性に問題はないものとする。

会計処理

[税率変更前の税効果の会計処理]

（借）　繰延税金資産	（※）4,000	（貸）　退職給付に係る 　　　　調整（累計）額	（※）4,000

（※）　4,000＝未認識数理計算上の差異10,000×税率変更前の法定実効税率40％

[税率変更後の税効果の会計処理]

（借）　退職給付に係る 　　　　調整（累計）額	（※）1,000	（貸）　繰延税金資産	（※）1,000

（※）　1,000＝未認識数理計算上の差異10,000×（税率変更前の法定実効税率40％－税率変更後の法定実効税率30％）

8 退職給付に係る調整額（その他の包括利益）に対して生じる当期税金

その他の包括利益に対して課される法人税等については，連結財務諸表上，その他の包括利益で認識した上で純資産の部のその他の包括利益累計額の区分に計上することとされている。ただし，その他の包括利益に対して課される法人税等の課税の対象となった取引や事象が損益にも関連しており，かつ，その他の包括利益に係る法人税等の金額を算定することが困難である場合には，該当する法人税等を損益に計上することも認められている（後記「⑫　その他の包括利益（累計額）（退職給付を除く。）に係る税効果」参照）。

このような定めに該当する取引としては，退職給付に関する取引が想定されている。たとえば，退職給付として確定給付制度を採用している企業において，確定給付企業年金に係る規約に基づいて支出した掛金等の額について，税務上は，支出の時点で損金の額に算入されるが，会計上は，退職給付に係る負債の減額として扱われ，当該退職給付に係る負債にはその他の包括利益として計上されている未認識数理計算上の差異等を含むことから，その他の包括利益に課税されているのかどうかを検討しなければならない。この点，当該掛金等の額は，確定給付企業年金制度等に基づいて計算されているが，当該計算と会計上の退職給付計算はその方法や基礎が異なることから，掛金等の額を数理計算上の差異等と紐付けることは困難であり，掛金等の額に数理計算上の差異等に対応する部分が含まれるか否かは一概には決定できず，その金額を算定することも困難と考えられる。このようなことから，退職給付に関する取引においては，上記の定めに該当する場合があると考えられる（法人税等会計基準5項〜5-3項，29-6項，29-7項）。

第3章　⑫その他の包括利益（累計額）（退職給付を除く）に係る税効果　　219

⑫ その他の包括利益（累計額）（退職給付を除く）に係る税効果

1 ｜ その他の包括利益に係る税効果

　包括利益とは，ある企業の特定期間の財務諸表において認識された純資産の変動額のうち，持分所有者との直接的な取引によらない部分をいう（包括利益会計基準4項）。

　また，その他の包括利益とは，包括利益のうち当期純利益に含まれない部分をいう（包括利益会計基準5項）。その他の包括利益は，その他の包括利益に関する，法人税その他利益に関連する金額を課税標準とする税金（以下「法人税等」という。）および税効果を控除した後の金額で表示するものとされている（包括利益会計基準8項）。その他の包括利益に対して税効果を適用する場合には，その他の包括利益の計上により発生した一時差異に対して，繰延税金資産または繰延税金負債を計上するとともに，その他の包括利益を相手勘定として税効果を計上することとなる（税効果適用指針9項(2)）。なお，その他の包括利益に対する繰延税金資産については，その回収可能性を判断し，回収可能な範囲で計上することとなる（税効果適用指針8項(1)）。

　親会社において計上されたその他の包括利益および連結子会社において計上されたその他の包括利益のうち親会社の持分相当額は，その他の有価証券評価差額金，繰延ヘッジ損益，為替換算調整勘定および退職給付に係る調整額等に区分して表示されるが，持分法適用会社において計上されたその他の包括利益のうち投資会社の持分相当額は，一括して表示することとされている（包括利益会計基準7項）。なお，連結子会社において計上されたその他の包括利益のうち，非支配株主の持分相当額は非支配株主持分として処理される（連結会計基準26項，（注7）(2)）。

2 ｜ 子会社または関連会社に対する投資に係る連結財務諸表固有の一時差異

　親会社または投資会社（以下，これらを合わせて「親会社等」という。）に

よる子会社または関連会社（以下，これらを合わせて「子会社等」という。）
に対する投資に係る連結財務諸表固有の一時差異のうち以下の一時差異につい
ては，繰延税金資産または繰延税金負債を，その他の包括利益を相手勘定とし
て計上することとされている（税効果適用指針27項(1)）。

- 親会社等の投資後に子会社等において計上されたその他有価証券評価差額金に
  関する連結財務諸表固有の一時差異
- 親会社等の投資後に子会社等において計上された繰延ヘッジ損益に関する連結
  財務諸表固有の一時差異
- 親会社等の投資後に子会社等において計上された退職給付に係る負債または退
  職給付に係る資産に関する連結財務諸表固有の一時差異[※1]
- 為替換算調整勘定に関する連結財務諸表固有の一時差異[※2]

（※1）　前記「⑪　退職給付に係る資産または負債に係る税効果」を参照されたい。
（※2）　前記「③5　為替換算調整勘定に係る税効果」を参照されたい。

　なお，未実現利益の消去に係る将来減算一時差異を除き，連結決算手続上で
生じた将来減算一時差異に係る繰延税金資産については，納税主体ごとに計上
された繰延税金資産と合算し，その回収可能性を判断することとなる（回収可
能性適用指針9項）。

3 ┃ その他有価証券評価差額金に係る税効果

(1)　その他有価証券評価差額金に係る税効果の基本的な考え方

　売買目的有価証券，満期保有目的の債券，子会社株式および関連会社株式以
外の有価証券は，その他有価証券として，市場価格のない株式等を除き，時価
をもって貸借対照表価額とし，評価差額は洗替方式で，以下のいずれかの方法
により処理される（金融商品会計基準18項）。

- 評価差額の合計額を純資産の部に計上する。
- 時価が取得原価を上回る銘柄に係る評価差額は純資産の部に計上し，時価が取
  得原価を下回る銘柄に係る評価差額は当期の損失として計上する。

　純資産の部に計上されるその他有価証券評価差額金は，その他の包括利益に
関する法人税等および税効果を控除した後の金額でその他の包括利益に区分表

示される（包括利益会計基準7項，8項，金融商品実務指針73項）。その他有価証券評価差額金に対する税効果は，評価差額金を評価差損と評価差益に区分し，個別銘柄ごとに，評価差損については回収可能性を検討した上で繰延税金資産を計上し，評価差益については繰延税金負債を計上するのが原則的な処理である（回収可能性適用指針38項柱書き本文）。ただし，以下のように一括して税効果を適用することもできる（回収可能性適用指針38項柱書きただし書き）。

- その他有価証券の評価差額のうちスケジューリングが可能なものについては，評価差額を評価差損が生じている銘柄と評価差益が生じている銘柄とに区分し，評価差損の銘柄ごとの合計額に係る将来減算一時差異については回収可能性を検討した上で繰延税金資産を認識し，評価差益の銘柄ごとの合計額に係る将来加算一時差異については繰延税金負債を認識する。
- その他有価証券の評価差額のうちスケジューリングが不能なものについては，評価差額を評価差損と評価差益に区分せずに，各合計額を相殺した後の純額の評価差損または評価差益について，繰延税金資産または繰延税金負債を認識する。

　なお，上記のスケジューリングが不能なものについて，純額で評価差損となる場合には，繰延税金資産について，企業の分類が（分類1）および（分類2）に該当する企業においては，回収可能性が認められるものとする（回収可能性適用指針39項(2)①）。また，企業の分類が（分類3）に該当する企業においては，将来の合理的な見積可能期間（おおむね5年）または5年を超える見積可能期間の一時差異等加減算前課税所得の見積額にスケジューリング可能な一時差異の解消額を加減した額を限度として計上しているときは，繰延税金資産の回収可能性が認められるものとする（回収可能性適用指針39項(2)②）。

(2) 譲渡損益調整資産である市場価格のある株式（関係会社株式を除く）の譲渡

　100％の支配関係がある内国法人間における資産の譲渡取引については，前記「⑧2　譲渡損益繰延べ時の税効果会計」のとおりである。市場価格のある株式（関係会社株式を除く。）の譲渡についても同様であり，当該株式が譲渡損益調整資産に該当するのであれば，当該譲渡損益に対して税効果を適用することとなる（税効果適用指針16項）。また，連結決算手続上，当該売却損益の

消去に伴い生じる連結財務諸表固有の一時差異に対しては，個別財務諸表において計上した繰延税金資産または繰延税金負債と同額の繰延税金負債または繰延税金資産を計上して，これらを相殺することとしている（税効果適用指針38項）。ただし，譲渡先の個別財務諸表において譲り受けた株式がその他有価証券等として時価評価されている場合には，当該売却損益の消去により，譲り受けた株式の貸借対照表価額が変動してしまうため，これを改めて時価評価額に修正する必要がある。具体的には，設例3－12－1のとおりである。

設例3－12－1　譲渡損益調整資産である市場価格のある株式（関係会社株式を除く）の譲渡

【前提条件】

① 　P社は上場株式であるT社株式を，その他有価証券として保有している。

② 　X1年度中において，P社はT社株式を100％子会社であるS社に売却した。なお，売却したT社株式の取得原価は1,000，売却価額は3,000，X1年度末の時価は4,000であった。また，売却したT社株式は譲渡損益調整資産に該当するものとする。

③ 　法定実効税率は30％とする。

④ 　繰延税金資産の回収可能性に問題はないものとする。

【会計処理】

［P社個別財務諸表上の処理］

(1)　T社株式売却時の処理

（借）現　　　　　金	^(※1)3,000	（貸）T　社　株　式	^(※1)1,000
		投資有価証券売却益	^(※2)2,000

（※1）　3,000，1,000……前提条件②参照。

（※2）　差額により算出。

(2)　T社株式売却益（税務上，繰り延べられた譲渡損益）に対する税効果

（借）法人税等調整額	^(※)600	（貸）繰延税金負債	^(※)600

（※）　600＝T社株式売却益2,000×法定実効税率30％

第3章　⑫その他の包括利益（累計額）（退職給付を除く）に係る税効果　　223

［S社個別財務諸表上の処理］

⑴　T社株式購入時の処理

（借）　T　社　株　式	（※）3,000	（貸）　現　　　　　　金	（※）3,000

（※）　3,000……前提条件②参照。

⑵　T社株式の時価評価

（借）　T　社　株　式	（※1）1,000	（貸）　その他有価証券 　　　評　価　差　額　金	（※1）1,000
（借）　その他有価証券 　　　評　価　差　額　金	（※2）300	（貸）　繰延税金負債	（※2）300

（※1）　1,000＝X1年度末のT社株式の時価4,000－S社によるT社株式購入価額3,000
（※2）　300＝1,000（※1）×法定実効税率30%

［連結財務諸表上の処理］

⑴　未実現利益の消去

（借）　投資有価証券売却益	（※1）2,000	（貸）　T　社　株　式	（※1）2,000
（借）　繰　延　税　金　資　産	（※2）600	（貸）　法人税等調整額	（※2）600

（※1）　2,000……［P社個別財務諸表上の処理］⑴参照。
（※2）　600……［P社個別財務諸表上の処理］⑵にて計上した繰延税金負債と同額の繰延
　　　　税金資産を計上

⑵　T社株式の時価評価額への修正

（借）　T　社　株　式	（※1）2,000	（貸）　その他有価証券 　　　評　価　差　額　金	（※1）2,000
（借）　その他有価証券 　　　評　価　差　額　金	（※2）600	（貸）　繰延税金負債	（※2）600

（※1）　2,000……⑴参照。
（※2）　600＝2,000（※1）×法定実効税率30%

⑶　追加取得時に計上されていたその他有価証券評価差額金の実現時の取扱い

　　子会社株式の追加取得時の投資と資本の相殺消去仕訳において，当該子会社の純資産の部の評価・換算差額等に計上されたその他有価証券評価差額金のう

ち追加取得持分に対応する部分を取得時利益剰余金に準じて相殺消去した場合，当該その他有価証券評価差額金が個別財務諸表上で実現したときの連結財務諸表上の取扱いが問題となる。

　追加取得時点で相殺消去されたその他有価証券評価差額金は，当該その他有価証券評価差額金が個別財務諸表上で実現した時点において，連結財務諸表上も損益への振戻しが行われる。個別財務諸表上，その他有価証券評価差額金の実現処理によって当該その他有価証券評価差額金はゼロになるが，連結財務諸表上は追加取得部分に対応する部分が投資と資本の相殺消去仕訳により消去されるため残高がゼロにならず，差額が生じることとなる。この差額部分は，子会社株式の追加取得の対価に含まれており，個別財務諸表における損益を調整すべき部分であるため，追加取得に係る連結仕訳で消去されるその他有価証券評価差額金に税効果を加味した上で，連結財務諸表上の残高をゼロに調整する必要がある。具体的には，設例3－12－2のとおりである。

設例3－12－2　追加取得時に計上されていたその他有価証券評価差額金の実現時の取扱い

（前提条件）

① 　P社は，S社株式をS社設立時のX1年から所有しており，保有株式の簿価は7,000であり，持分比率は70％である。

② 　S社では取得価額1,000の市場価格のある株式をその他有価証券として保有している。なお，当該株式のX1年3月31日における時価およびX2年3月31日における時価は2,000である。

③ 　X2年3月31日にP社はS社持分の20％を2,140で追加取得した。

④ 　X2年3月31日のP社およびS社の貸借対照表は以下のとおりである。

【P社の貸借対照表】

科目	金額	科目	金額
S社株式	9,140	資本金	20,000
諸資産	10,860		

第3章　⑫その他の包括利益（累計額）（退職給付を除く）に係る税効果　　*225*

【S社の貸借対照表】

科目	金額	科目	金額
投資有価証券	2,000	繰延税金負債	300
諸資産	9,000	資本金	10,000
		その他有価証券 評価差額金	700

⑤　X2年4月にS社が保有しているその他有価証券すべてを4,000でグループ外の会社に売却した。

⑥　法定実効税率は30％とする。

会計処理

[X2年3月期の個別財務諸表上の処理]

(1)　P社の追加取得時の処理

（借）　S　社　株　式	(※)2,140	（貸）　現　　　　　金	(※)2,140

（※）　2,140……前提条件③参照。

[X2年3月期の連結財務諸表上の処理]

(1)　開始仕訳

（借）　資　　本　　金	(※1)10,000	（貸）　S　社　株　式	(※2)7,000
その他有価証券 評価差額金(期首)	(※3)210	非支配株主持分	(※4)3,210

（※1）　10,000……前提条件④のS社の貸借対照表参照。

（※2）　7,000……前提条件①参照。

（※3）　210＝その他有価証券評価差額金700×（100％－S社設立時のP社持株比率70％）

（※4）　3,210＝（資本金10,000＋その他有価証券評価差額金700）×（100％－S社設立時のP社持株比率70％）

(2)　追加取得の処理

（借）　非支配株主持分	(※1)2,140	（貸）　S　社　株　式	(※2)2,140

（※1）　2,140＝（資本金10,000＋その他有価証券評価差額金700）×S社持分の追加取得比率20％

（※2）　2,140……前提条件③参照。

なお，Ｘ２年３月期の連結財務諸表は以下のとおりである。

Ｘ２年３月期	Ｐ社	Ｓ社	借方	貸方	連結
Ｓ社株式	9,140			9,140	－
投資有価証券		2,000			2,000
諸資産	10,860	9,000			19,860
計	20,000	11,000			21,860
繰延税金負債		300			300
資本金	20,000	10,000	10,000		20,000
その他有価証券評価差額金		700	210		490
非支配株主持分			2,140	3,210	1,070
計	20,000	11,000			21,860

[Ｘ３年３月期の個別財務諸表上の処理]

(1) Ｓ社のその他有価証券の時価評価の戻し

（借）	その他有価証券評価差額金	(※)700	（貸）	投資有価証券	(※)1,000
	繰延税金負債	(※)300			

（※） 700，1,000，300……前提条件④のＳ社の貸借対照表参照。

(2) Ｓ社のその他有価証券の売却

（借）	現　　　　金	(※1)4,000	（貸）	投資有価証券	(※2)1,000
				投資有価証券売却益	(※3)3,000
（借）	法人税，住民税及び事業税	(※4)900	（貸）	未払法人税等	(※4)900

（※１） 4,000……前提条件⑤参照。
（※２） 1,000……前提条件②参照。
（※３） 差額により算出。
（※４） 900＝投資有価証券売却益3,000×法定実効税率30％

第3章　⑫その他の包括利益（累計額）（退職給付を除く）に係る税効果　　*227*

[Ｘ3年3月期の連結財務諸表上の処理]

(1)　開始仕訳

（借）	資　本　金	(※1)10,000	（貸）	Ｓ　社　株　式	(※2)9,140
	その他有価証券評価差額金	(※3)210		非支配株主持分	(※4)1,070

（※1）　10,000……前提条件④のＳ社の貸借対照表参照。

（※2）　9,140＝設立時保有7,000＋追加取得2,140

（※3）　210＝その他有価証券評価差額金700×（100％－Ｓ社設立時のＰ社持株比率70％）

（※4）　1,070＝（資本金10,000＋その他有価証券評価差額金700）×（100％－Ｓ社設立時のＰ社持株比率70％－Ｓ社持分の追加取得比率20％）

(2)　その他有価証券評価差額金の実現に係る調整

(ⅰ)　追加取得持分に関する調整

（借）	投資有価証券売却益	(※1)200	（貸）	その他有価証券評価差額金	(※2)140
				法人税等調整額	(※3)60

（※1）　200＝その他有価証券評価差額金700÷（1－法定実効税率30％）×Ｓ社持分の追加取得比率20％

（※2）　140＝その他有価証券評価差額金700×Ｓ社持分の追加取得比率20％

（※3）　60＝200（※1）×法定実効税率30％

(ⅱ)　非支配株主持分に関する調整

（借）	非支配株主持分	(※)70	（貸）	その他有価証券評価差額金	(※)70

（※）　70＝その他有価証券評価差額金700×非支配株主持分比率10％

(3)　当期純利益の非支配株主への按分

（借）	非支配株主に帰属する当期純利益	(※1)196	（貸）	非支配株主持分	(※1)196

（※1）　196＝1,960（※2）×非支配株主持分比率10％

（※2）　1,960……(2)(ⅰ)にて発生した損益の金額140（＝損失200－法人税等調整額60）および［Ｘ3年3月期の個別財務諸表上の処理］(2)にて発生した損益の金額2,100（＝投資有価証券売却益3,000－法人税等900）

　なお，Ｘ3年3月期の連結財務諸表は以下のとおりである。

X3年3月期	P社	S社	借方	貸方	連結
S社株式	9,140			9,140	—
諸資産	10,860	13,000			23,860
計	20,000	13,000			23,860
未払法人税等		900			900
資本金	20,000	10,000	10,000		20,000
利益剰余金		2,100	396	60	1,764
その他有価証券評価差額金			210	210	—
非支配株主持分			70	1,266	1,196
計	20,000	13,000			23,860

(4) 連結子会社が保有するその他有価証券の評価差額に係る一時差異の連結財務諸表上の取扱い

連結子会社が保有するその他有価証券の評価差額に係る一時差異の個別財務諸表上の取扱いについては，前記「(1)　その他有価証券評価差額金に係る税効果の基本的な考え方」のとおりである。

ここで，当該連結子会社が連結時にその他有価証券を保有していた場合，これを含め，連結子会社の資産または負債は時価評価される（連結会計基準20項）。これにより，連結時のその他有価証券の時価は連結上の取得原価となる。よって，個別上の取得原価と連結上の取得原価が異なることとなり，ひいては，個別財務諸表上の将来減算（加算）一時差異の金額と連結財務諸表上の将来減算（加算）一時差異の金額も異なることとなる。この影響を受けて，個別財務諸表上の税効果の処理を連結財務諸表上，修正しなければならない場合が生じる。具体的には設例3－12－3のとおりである。

設例3－12－3　　連結上のその他有価証券評価差額金に係る税効果

前提条件

① 　P社はS社の発行済株式総数のすべてをX1年3月末に157,000で取得

第3章　⑫その他の包括利益（累計額）（退職給付を除く）に係る税効果　　229

し連結子会社とした。なお，S社は取得価額10,000のその他有価証券を保
有しており，当該時価はX1年3月末20,000，X2年3月末15,000であっ
た。
②　X1年3月末およびX2年3月末のS社の貸借対照表は次のとおりであ
る。

【X1年3月末の貸借対照表】

科目	金額	科目	金額
投資有価証券	20,000	繰延税金負債	3,000
諸資産	200,000	諸負債	60,000
		資本金	100,000
		利益剰余金	50,000
		その他有価証券 評価差額金	7,000

【X2年3月末の貸借対照表】

科目	金額	科目	金額
投資有価証券	15,000	繰延税金負債	1,500
諸資産	300,000	諸負債	110,000
		資本金	100,000
		利益剰余金	100,000
		その他有価証券 評価差額金	3,500

③　法定実効税率は30％とする。
④　繰延税金資産の回収可能性に問題はないものとする。

会計処理

[X1年3月期のS社個別財務諸表上の会計処理]

(1)　その他有価証券の時価評価

（借）投資有価証券	(※)10,000	（貸）その他有価証券 評価差額金	(※)7,000		
		繰延税金負債	(※)3,000		

(※)　前提条件②のX1年3月末の貸借対照表参照。

［X1年3月期の連結財務諸表上の会計処理］

(1) 投資と資本の相殺消去

(借)	資　本　金	(※1)100,000	(貸)	Ｓ　社　株　式	(※2)157,000
	利　益　剰　余　金	(※1)50,000			
	その他有価証券 評　価　差　額　金	(※1)7,000			

（※1）　前提条件②のX1年3月末の貸借対照表参照。
（※2）　前提条件①参照。

［X2年3月期のS社個別財務諸表上の会計処理］

(1) その他有価証券の時価評価（前期戻し）

(借)	その他有価証券 評　価　差　額　金	(※)7,000	(貸)	投　資　有　価　証　券	(※)10,000
	繰　延　税　金　負　債	(※)3,000			

（※）　［X1年3月期のS社個別財務諸表上の会計処理］(1)参照。

(2) その他有価証券の時価評価（当期計上）

(借)	投　資　有　価　証　券	(※)5,000	(貸)	その他有価証券 評　価　差　額　金	(※)3,500
				繰　延　税　金　負　債	(※)1,500

（※）　前提条件②のX2年3月末の貸借対照表参照。

［X2年3月期の連結財務諸表上の会計処理］

(1) 開始仕訳

(借)	資　本　金	(※)100,000	(貸)	Ｓ　社　株　式	(※)157,000
	利益剰余金(期首)	(※)50,000			
	その他有価証券 評価差額金(期首)	(※)7,000			

（※）　［X1年3月期の連結財務諸表上の会計処理］(1)参照。

第3章　⑫その他の包括利益（累計額）（退職給付を除く）に係る税効果　　231

(2)　その他有価証券の時価評価（個別（前期戻し）の戻し）

（借）　投　資　有　価　証　券	(※)10,000	（貸）　その他有価証券 評価差額金(期首)	(※)7,000
		繰　延　税　金　負　債	(※)3,000

（※）　［X2年3月期のS社個別財務諸表上の会計処理］(1)参照。

　なお，当該仕訳で計上されている繰延税金負債は，税効果適用指針第11項に基づく個別財務諸表上の一時差異に対する税効果ではなく，税効果適用指針第18項に基づく連結財務諸表固有の一時差異に対する税効果に，連結財務諸表上は置き換わっている点に留意が必要である。

(3)　その他有価証券の時価評価（個別（当期計上）の戻し）

（借）　その他有価証券 評　価　差　額　金	(※)3,500	（貸）　投　資　有　価　証　券	(※)5,000
繰　延　税　金　負　債	(※)1,500		

（※）　［X2年3月期のS社個別財務諸表上の会計処理］(2)参照。

(4)　その他有価証券の時価評価（連結上の取得原価に基づく評価）

（借）　その他有価証券 評　価　差　額　金	(※3)3,500	（貸）　投　資　有　価　証　券	(※1)5,000
繰　延　税　金　負　債	(※2)1,500		

（※1）　5,000＝連結上の取得原価20,000－時価15,000
（※2）　1,500＝5,000（※1）×法定実効税率30%
（※3）　差額により算出。

(5)　減損処理に係る税効果

　その他有価証券のうち市場価格のない株式等以外のものについて，その時価が著しく下落したときは，回復する見込みがあると認められる場合を除き，時価をもって貸借対照表価額とし，評価差額は当期の損失として処理する（金融商品会計基準20項）。また，市場価格のない株式等については，発行会社の財政状態の悪化により実質価額が著しく低下したときは，相当の減額をなし，評価差額は当期の損失として処理する（金融商品会計基準21項）。この減損処理の判断の際に，取得原価に対する下落率について，30%や50%という数値基準

を設けているケースが多いと思われるが，連結会社間で有価証券を売買すると，下落率算定の基準となる取得原価が個別財務諸表と連結財務諸表で異なるため，留意が必要である。

この点，個別財務諸表と連結財務諸表で減損処理の判定結果が異なるケースは，図表3－12－1のとおりである。

図表3－12－1 減損処理の判定結果が異なるケース

区分	取得原価	期末時価(※1)	個別	連結
未実現利益を計上している	個別上の取得原価＞連結上の取得原価	個別上の取得原価の50%≧期末時価＞連結上の取得原価の50%	減損	不要
未実現損失を計上している(※2)	個別上の取得原価＜連結上の取得原価	個別上の取得原価の50%＜期末時価≦連結上の取得原価の50%	不要	減損

（※1） 時価が取得原価に比べて50%程度以上下落した場合に減損処理するものとする。
（※2） 連結財務諸表上，未実現損失を消去しているケースに限る。

前記のような場合があるために，これに伴い関連する税効果の処理も修正しなければならない。具体的には設例3－12－4のとおりである。

設例3－12－4 減損処理に係る税効果

（前提条件）

① P社は保有する有価証券（連結会社以外の第三者が発行した株式）100株（取得原価10,000）を，連結子会社であるS社に時価である20,000で売却した。

② この株式の期末時価は8,000である。

③ P社グループでは取得原価に比べて50%以上下落した株式について，減損処理を行うこととしている。

④ 法定実効税率は30%とする。

⑤ 繰延税金資産の回収可能性は問題ないものとする。

第3章　⑫その他の包括利益（累計額）（退職給付を除く）に係る税効果　　233

【会計処理】

[S社個別財務諸表上の会計処理]

| （借） | 投資有価証券評価損 | (※1)12,000 | （貸） | 投 資 有 価 証 券 | (※1)12,000 |
| （借） | 繰 延 税 金 資 産 | (※2)3,600 | （貸） | 法 人 税 等 調 整 額 | (※2)3,600 |

（※1）　12,000＝S社個別上の取得原価20,000－期末時価8,000
（※2）　3,600＝12,000（※1）×法定実効税率30%

[連結財務諸表上の会計処理]

(1)　個別財務諸表上の会計処理の戻し

| （借） | 投 資 有 価 証 券 | (※)12,000 | （貸） | 投資有価証券評価損 | (※)12,000 |
| （借） | 法 人 税 等 調 整 額 | (※)3,600 | （貸） | 繰 延 税 金 資 産 | (※)3,600 |

（※）　［S社個別財務諸表上の会計処理］参照。

(2)　連結財務諸表上のその他有価証券の時価評価

| （借） | その他有価証券
評 価 差 額 金
繰 延 税 金 資 産 | (※3)1,400

(※2)600 | （貸） | 投 資 有 価 証 券 | (※1)2,000 |

（※1）　2,000＝取得原価10,000－期末時価8,000
（※2）　600＝2,000（※1）×法定実効税率30%
（※3）　差額により算出。

4 ┃ 繰延ヘッジ損益に係る税効果

(1)　繰延ヘッジ損益に係る税効果の基本的な処理

　ヘッジ会計が適用される場合には，ヘッジ手段に係る損益を，原則として，ヘッジ対象に係る損益が認識されるまで純資産の部において，繰延ヘッジ損益として計上することとされている（金融商品会計基準32項）。当該繰延ヘッジ損益は，その他の包括利益に関する法人税等および税効果を控除した後の金額でその他の包括利益として区分表示される（包括利益会計基準7項，8項，金融商品実務指針174項）。繰延ヘッジ損益に係る一時差異は，繰延ヘッジ損失と繰延ヘッジ利益に区分し，個別のヘッジ取引ごとに，繰延ヘッジ損失に係る将来減算一時差異については回収可能性を検討した上で繰延税金資産を計上し，

繰延ヘッジ利益に係る将来加算一時差異については繰延税金負債を計上する（回収可能性適用指針46項本文）。なお，繰延ヘッジ損失に係る将来減算一時差異に関する繰延税金資産は，企業の分類が（分類1），（分類2）および（分類3）に該当する企業においては回収可能性があるものとされている（回収可能性適用指針46項なお書き）。

(2) 追加取得時に計上されていた繰延ヘッジ損益の実現時の取扱い

　子会社株式の追加取得時の投資と資本の相殺消去仕訳において，当該子会社の純資産の部の評価・換算差額等に計上された繰延ヘッジ損益のうち追加取得持分に対応する部分を取得時利益剰余金に準じて相殺消去した場合，当該繰延ヘッジ損益が個別財務諸表上で実現したときの連結上の取扱いが問題となる。追加取得時点で相殺消去された繰延ヘッジ損益は，当該繰延ヘッジ損益が個別財務諸表上で実現した時点において，連結財務諸表上も損益への振戻しが行われる。個別財務諸表上，繰延ヘッジ損益の実現処理によって当該繰延ヘッジ損益はゼロになるが，連結財務諸表上は追加取得部分に対応する部分が投資と資本の相殺消去仕訳により消去されるため残高がゼロにならず，差額が生じることとなる。この差額部分は，子会社株式の追加取得の対価に含まれており，個別財務諸表における損益を調整すべき部分であるため，追加取得に係る連結仕訳で消去される繰延ヘッジ損益に税効果を加味した上で，連結上の残高をゼロに調整する必要がある。具体的には，設例3-12-5のとおりである。

設例3-12-5　追加取得時に計上されていた繰延ヘッジ損益の実現時の取扱い

前提条件

① 　P社は，S社株式をS社設立時のX1年から所有しており，保有株式の簿価は6,300であり，持分比率は70％である。

② 　S社では予定取引に対して為替予約を締結しており，ヘッジ会計を適用している。なお，為替予約のX2年3月31日の時価およびX3年3月31日の時価は1,000である。

③ 　X3年3月31日にP社はS社持分の20％を1,940で追加取得した。

④ 　X3年3月31日のP社およびS社の貸借対照表は以下のとおりである。

第3章　⑫その他の包括利益（累計額）（退職給付を除く）に係る税効果　　235

【P社の貸借対照表】

科目	金額	科目	金額
S社株式 諸資産	8,240 1,760	資本金	10,000

【S社の貸借対照表】

科目	金額	科目	金額
デリバティブ 諸資産	1,000 9,000	繰延税金負債	300
		資本金 繰延ヘッジ損益	9,000 700

⑤　X3年4月にS社の予定取引が実行（損失1,200）されるとともに，デリバティブが決済（利益1,200）された。

⑥　法定実効税率は30％とする。

【会計処理】

[X3年3月期の個別財務諸表上の処理]

(1)　P社の追加取得時の処理

（借）　S 社 株 式	(※)1,940	（貸）　現　　　　　金	(※)1,940

（※）　1,940……前提条件③参照。

[X3年3月期の連結財務諸表上の処理]

(1)　開始仕訳

（借）　資　　本　　金	(※1)9,000	（貸）　S 社 株 式	(※2)6,300
繰延ヘッジ損益	(※3)210	非支配株主持分	(※4)2,910

（※1）　9,000……前提条件④のS社の貸借対照表参照。

（※2）　6,300……前提条件①参照。

（※3）　210＝繰延ヘッジ損益700×（100％－S社設立時のP社持株比率70％）

（※4）　2,910＝（資本金9,000＋繰延ヘッジ損益700）×（100％－S社設立時のP社持株比率70％）

236

(2) 追加取得の処理

| （借） 非支配株主持分 ^{（※2）}1,940 | （貸） Ｓ　社　株　式 ^{（※1）}1,940 |

（※1）　1,940……前提条件③参照。
（※2）　1,940＝（資本金9,000＋繰延ヘッジ損益700）×Ｓ社持分の追加取得比率20％

　なお，Ｘ3年3月期の連結財務諸表は以下のとおりである。

Ｘ3年3月期	Ｐ社	Ｓ社	借方	貸方	連結
Ｓ社株式	8,240			8,240	－
デリバティブ		1,000			1,000
諸資産	1,760	9,000			10,760
計	10,000	10,000			11,760
繰延税金負債		300			300
資本金	10,000	9,000	9,000		10,000
繰延ヘッジ損益		700	210		490
非支配株主持分			1,940	2,910	970
計	10,000	10,000			11,760

［Ｘ4年3月期の個別財務諸表上の処理］

(1) Ｓ社のヘッジ会計の戻し

| （借） 繰延ヘッジ損益 ^{（※）}700 | （貸） デリバティブ ^{（※）}1,000 |
| 　　　 繰延税金負債 ^{（※）}300 | |

（※）　700，1,000，300……前提条件④のＳ社の貸借対照表参照。

(2) Ｓ社の予定取引の実行およびデリバティブの決済

| （借） 諸　　資　　産 ^{（※）}1,200 | （貸） 利　　　　　益 ^{（※）}1,200 |
| （借） 損　　　　　失 ^{（※）}1,200 | （貸） 諸　　資　　産 ^{（※）}1,200 |

（※）　1,200……前提条件⑤参照。

第3章 ⑫その他の包括利益（累計額）（退職給付を除く）に係る税効果 237

［X4年3月期の連結財務諸表上の処理］

(1) 開始仕訳

（借）	資　本　金	(※1)9,000	（貸）	S　社　株　式	(※2)8,240
	繰延ヘッジ損益	(※3)210		非支配株主持分	(※4)970

- （※1） 9,000……前提条件④のS社の貸借対照表参照。
- （※2） 8,240＝設立時保有6,300＋追加取得1,940
- （※3） 210＝繰延ヘッジ損益700×（100％－S社設立時のP社持株比率70％）
- （※4） 970＝（資本金9,000＋繰延ヘッジ損益700）×（100％－S社設立時のP社持株比率70％－S社持分の追加取得比率20％）

(2) 繰延ヘッジ損益の実現に係る調整

(i) 追加取得持分に関する調整

（借）	損　　　　失	(※1)200	（貸）	繰延ヘッジ損益	(※2)140
				法人税等調整額	(※3)60

- （※1） 200＝繰延ヘッジ損益700÷（1－法定実効税率30％）×S社持分の追加取得比率20％
- （※2） 140＝繰延ヘッジ損益700×S社持分の追加取得比率20％
- （※3） 60＝200（※1）×法定実効税率30％

(ii) 非支配株主持分に関する調整

（借）	非支配株主持分	(※)70	（貸）	繰延ヘッジ損益	(※)70

- （※） 70＝繰延ヘッジ損益700×非支配株主持分比率10％

(3) 当期純利益の非支配株主持分への按分

（借）	非支配株主持分	(※1)14	（貸）	非支配株主に帰属する当期純利益	(※1)14

- （※1） 14＝140（※2）×非支配株主持分比率10％
- （※2） 140……(2)(i)にて発生した損益の金額（＝損失200－法人税等調整額60）

　なお，X4年3月期の連結財務諸表は以下のとおりである。

X4年3月期	P社	S社	借方	貸方	連結
S社株式	8,240			8,240	—
諸資産	1,760	9,000			10,760
計	10,000	9,000			10,760
繰延税金負債		0			0
資本金	10,000	9,000	9,000		10,000
利益剰余金			200	74	△126
繰延ヘッジ損益			210	210	—
非支配株主持分			84	970	886
計	10,000	9,000			10,760

5 │ その他の包括利益に対して生じる当期税金（法人税等）

　前記「1　その他の包括利益に係る税効果」のとおり，その他の包括利益は，その他の包括利益に関する法人税等および税効果を控除した後の金額で表示するものとされていることからもわかるように，その他の包括利益に対して当期税金（法人税等）が発生することがある。

　当該その他の包括利益に対して課される法人税等については，連結財務諸表上，その他の包括利益で認識した上で純資産の部のその他の包括利益累計額の区分に計上する。具体的には，課税の対象となった取引や事象によりその他の包括利益に計上した金額に対して課税の対象となる企業の対象期間における法定実効税率を乗じて算定した法人税等の額を，その他の包括利益の対応する内訳項目から控除する（法人税等会計基準5項，5-2項，5-4項）。ただし，株主資本に対して課される法人税等の額またはその他の包括利益に対して課される法人税等の金額に重要性が乏しい場合や，その他の包括利益に対して課される法人税等の課税の対象となった取引や事象が損益にも関連しており，かつ，その他の包括利益に係る法人税等の金額を算定することが困難である場合には，該当する法人税等を損益に計上することも認められている（法人税等会計基準5-3項）。なお，この後者の場合に該当する取引としては，退職給付に関する取引が想定されている（前記「11　退職給付に係る資産または負債に係る税効

第3章　⑫その他の包括利益（累計額）（退職給付を除く）に係る税効果　　*239*

果」参照）。

　その他の包括利益に対して生じる当期税金の具体的な例として，市場価格の
ある株式を連結グループ内で売買（100％の支配関係がある内国法人間の取引
を除く。）し，含み益に課税されたような取引については，次のとおり処理さ
れる。

　会計上，連結会社間取引により生じた未実現利益は，原則として，その全額
を消去することとされている（連結会計基準36項，37項）。一方，税務上は，
100％の支配関係がある内国法人間の譲渡のようなグループ法人税制の適用を
受けるものではない限り，会計上は消去される利益であっても課税所得に含め
られ，課税の対象となる。

　この場合，その他有価証券評価差額金に対する税効果に関して，当該含み益
はすでに課税済みのため，繰延税金負債は計上されない。また，売却益への課
税に際して計上される当期税金については，連結財務諸表上，その他の包括利
益に対して課される法人税等であるため，その他の包括利益で認識した上で純
資産の部のその他の包括利益累計額の区分に計上する（法人税等会計基準
5-2項，5-3項参照）。

　これらを踏まえると，設例3-12-6のとおりとなる。

設例3-12-6　　**市場価格のある株式を連結グループ内で売買し，含み益に課税
された取引**

前提条件

①　P社は上場株式であるT社株式を，その他有価証券として保有している。

②　X1年度末において，P社はT社株式を60％保有の子会社であるS社に
　　売却した。なお，売却したT社株式の取得原価は1,000，売却価額および
　　売却時の時価は3,000であった。

③　法定実効税率は30％とする。

④　繰延税金資産の回収可能性に問題はないものとする。

240

会計処理

[P社個別財務諸表上の処理]

(1) T社株式売却時の処理

（借）	現 金	(※1)3,000	（貸）	T 社 株 式	(※1)1,000
				投資有価証券売却益	(※2)2,000

（※1） 3,000, 1,000……前提条件②参照。
（※2） 差額により算出。

(2) T社株式売却益に対する課税処理

（借）	法人税, 住民税 及 び 事 業 税	(※)600	（貸）	未 払 法 人 税 等	(※)600

（※） 600＝T社株式売却益2,000×法定実効税率30％

[S社個別財務諸表上の処理]

(1) T社株式購入時の処理

（借）	T 社 株 式	(※)3,000	（貸）	現 金	(※)3,000

（※） 3,000……前提条件②参照。

[連結財務諸表上の処理]

(1) 未実現利益の消去

（借）	投資有価証券売却益	(※1)2,000	（貸）	T 社 株 式	(※1)2,000
（借）	繰 延 税 金 資 産	(※2)600	（貸）	法人税等調整額	(※2)600

（※1） 2,000……［P社個別財務諸表上の処理］(1)参照。
（※2） 600＝2,000（※1）×法定実効税率30％

(2) T社株式の時価評価額への修正

　　未実現利益の消去により，T社株式が取得原価に戻ってしまうため，時価評価の仕訳を追加する。また，含み益に対しては課税済みであるため，当該その他有価証券評価差額金に対する繰延税金負債は計上しない。なお，この時価評価により未実現利益の消去に係る一時差異は解消するため，繰延税金資産を取り崩す。

（借）	T 社 株 式	(※1)2,000	（貸）	その他有価証券 評 価 差 額 金	(※1)2,000
（借）	法人税等調整額	(※2)600	（貸）	繰 延 税 金 資 産	(※2)600

（※１）　2,000……(1)参照。
（※２）　600……(1)参照。

(3)　Ｔ社株式評価益に対する課税処理

　Ｔ社株式評価益に対する課税処理として個別財務諸表で計上された法人税等を，その他有価証券評価差額金に振り替える。

| （借）　その他有価証券
　　　　評　価　差　額　金 | (※)600 | （貸）　法人税，住民税
　　　　及　び　事　業　税 | (※)600 |

（※）　600……［Ｐ社個別財務諸表上の処理］(2)参照。

6　タックスヘイブン対策税制による合算課税を踏まえた在外子会社におけるその他有価証券評価差額金に係る税効果

(1)　税効果の認識の要否

　在外子会社がタックスヘイブンといわれる国，地域に所在する場合には，タックスヘイブン対策税制による合算課税を踏まえ，留保利益に係る税効果を計上するケースがある。詳細は，前記「③ 4(2)④　在外子会社が外国子会社合算税制（タックスヘイブン対策税制）による合算課税の対象となっている場合」を参照されたい。

　ここで，当該在外子会社において，上場株式を保有することでその他有価証券評価差額金が発生することがある。当該評価差額金に対して税効果が適用されることになるとともに，当該上場株式を売却した場合には合算課税の対象となる。この場合に，親会社の個別財務諸表上および連結財務諸表上の税効果の適用について問題となる。

①　親会社の個別財務諸表

　親会社の個別財務諸表上は，在外子会社が保有する上場株式に係る税効果は認識しない。課税所得は課税主体ごとに計算されるが，親会社において在外子会社の課税所得と合算して課税されるとしても，その他有価証券評価差額金を認識している上場株式を計上している在外子会社は，その親会社とは別の課税主体となっている。当該評価差額は親会社とは別の課税主体である在外子会社の貸借対照表に計上した資産と課税所得計算上の資産の金額との差額であるた

め，親会社の個別財務諸表上においては一時差異には該当せず，在外子会社の保有する上場株式に関して税効果は認識しない。

② 親会社の連結財務諸表

一方で，親会社の連結財務諸表上は，在外子会社において保有する上場株式に関して認識している税効果とは別に，親会社の実効税率に基づき算定した額から将来の外国税額控除見込額を控除した額により税効果を認識することとなると考えられる。

親会社の連結財務諸表上においては，評価差額を認識している在外子会社の上場株式が連結貸借対照表に計上されることから，合算課税で在外子会社の課税所得も含めて計算する親会社の未払法人税等および税金費用と在外子会社の上場株式が同じ連結財務諸表で表されることになる。

このため，親会社と在外子会社は別の課税主体であるものの，親会社の連結財務諸表上においては在外子会社の資産と親会社の課税所得計算上の資産の金額との差額を親会社にとっての一時差異とみなして，税効果を認識するものと考えられる。

(2) 税効果に使用する税率

合算課税は在外子会社の課税所得計算とは別に，親会社において在外子会社の課税所得を合算して親会社の課税所得計算を行うものである。

このため，当該一時差異に係る親会社の税効果の金額は，在外子会社で認識した税効果とは別に，親会社の法定実効税率に基づき算定するものと考えられる。

(3) 外国税額控除の取扱い

親会社において合算課税で課税されることにより生じる二重課税は，外国法人税の額を控除対象外国法人税の額とみなす外国税額控除により是正される。繰延税金負債は将来の増加税金の見積額とされているが（税効果適用指針7項），連結財務諸表上の親会社の当該一時差異については，対応する外国税額控除により増加税金を減額することになる。

このため，将来，当該上場株式を売却した場合に生じる外国法人税額について控除可能額を見積ることができる場合には，当該外国法人税額の控除可能額

第3章 ⒀連結財務諸表における回収可能性の考え方　*243*

を控除した額で，親会社の繰延税金負債を計上することになると考えられる。

これらをまとめると図表3－12－2のとおりである。

| 図表3－12－2 | 在外子会社におけるその他有価証券評価差額金に係る税効果 |

財務諸表	認識の要否	使用する税率	外国税額控除の取扱い
親会社の個別財務諸表	不要	－	－
在外子会社の個別財務諸表	必要	当該子会社の法定実効税率	－
親会社の連結財務諸表	必要	親会社の法定実効税率	将来，上場株式を売却した場合に生じる外国法人税額について控除可能額を見積ることができる場合には，当該外国法人税額の控除可能額を控除した額で繰延税金負債を計上

13 連結財務諸表における回収可能性の考え方

1 個別財務諸表における繰延税金資産の回収可能性の検討

　個別財務諸表における繰延税金資産の回収可能性については，次の(1)から(3)に基づいて，将来の税金負担額の軽減効果を有するかどうかを判断しなければならないとされている（回収可能性適用指針6項）。

(1) 収益力に基づく一時差異等加減算前課税所得の十分性
　　① 将来減算一時差異に係る繰延税金資産の回収可能性
　　② 税務上の繰越欠損金に係る繰延税金資産の回収可能性
(2) タックスプランニングに基づく一時差異等加減算前課税所得の存在
(3) 将来加算一時差異
　　① 将来減算一時差異に係る繰延税金資産の回収可能性
　　② 税務上の繰越欠損金に係る繰延税金資産の回収可能性

2 連結財務諸表固有の将来減算一時差異に係る繰延税金資産の回収可能性

連結手続にて発生した将来減算一時差異については，未実現利益の消去に係る将来減算一時差異を除いて，納税主体ごとに前記「1　個別財務諸表における繰延税金資産の回収可能性の検討」に従って計上した各個別貸借対照表上の繰延税金資産（繰越外国税額控除に係る繰延税金資産を除く。）と合算した上で，連結財務諸表における繰延税金資産の回収可能性を検討しなければならないとされている（税効果適用指針8項(3)，回収可能性適用指針9項）。

したがって，各連結会社の個別財務諸表上で検討した繰延税金資産の回収可能性の判断をベースとして，連結財務諸表における繰延税金資産の回収可能性を検討するため，連結財務諸表全体の観点での繰延税金資産の回収可能性の検討は行わない。

また，たとえば，合併前の期において100％親子合併が予定されている子会社に繰越欠損金がある場合，合併前では子会社の個別財務諸表上では親会社の将来の課税所得を見込むことはできないが（企業結合適用指針75項），一方，連結財務諸表上でも連結グループの方針で明確な意思決定があったからといって，各連結会社の個別財務諸表上で検討した繰延税金資産の回収可能性の判断を連結財務諸表全体の観点から見直すことは認められないものと考えられる。

なお，未実現利益の消去に係る将来減算一時差異については，他の一時差異と異なり，すでに個別財務諸表において申告書上益金算入され課税関係が終了していることから将来において税金の減額効果は存在せず，繰延法によっているため繰延税金資産の回収可能性の判断は行わない（税効果適用指針35項。前記「7 2(3)　繰延税金資産の回収可能性」参照）。

ここで，繰越外国税額控除に係る繰延税金資産を除く理由は，将来の外国所得に係る所得税控除額の余裕額について計上する繰延税金資産であり，通常の将来の所得とは異なる範囲であるためである。

なお，未実現損失の消去は，将来加算一時差異に含めることはできないとされている（回収可能性適用指針9項）。なぜなら，未実現利益に係る将来減算一時差異と同様に課税関係が終了しており，将来の税金計算に影響を与えるものではないためである。

3 | 連結財務諸表固有の将来減算一時差異に係る繰延税金資産の回収可能性に係る企業の分類

　繰延税金資産の回収可能性は企業の分類に応じて決定されることとなっており，当該分類の考慮要件の１つに将来減算一時差異がある。たとえば，過去（３年）および当期のすべての事業年度において，期末における将来減算一時差異を十分に上回る課税所得が生じていたため（回収可能性適用指針17項(1)），個別財務諸表では（分類１）と判断していたとしても，連結決算手続にて発生した将来減算一時差異を加味した結果，期末の将来減算一時差異を十分に上回る課税所得が生じているとはいえない場合でも，個別財務諸表において判断した企業の分類に基づいて判断することとなる。なぜなら，連結決算手続にて発生した将来減算一時差異を認識するか否かにより将来の一時差異等加減算前課税所得の見積額が変わるものではないためである。連結財務諸表における退職給付に係る負債に関する繰延税金負債も同様の取扱いである（前記「[11] 3　繰延税金資産の回収可能性に関する企業の分類」参照）。

4 | 資本連結手続にて発生した将来加算一時差異

　資本連結手続においては子会社の資産（または負債）を時価評価する必要があり，当該資産（または当該負債）から評価益（または評価損）が生じた場合に発生する連結財務諸表固有の将来加算一時差異については，繰延税金負債を計上することとなっている（税効果適用指針18項）。

　なお，個別財務諸表上では，将来減算一時差異と将来加算一時差異の将来解消見込年度のスケジューリングを実施し，両者が見合う部分については相殺されるため，結果として繰延税金資産の回収可能性があると判断される場合が存在する。

　これに対し，連結財務諸表固有の将来加算一時差異については，以下の取扱いとなる。

(1)　子会社の将来減算一時差異に係る繰延税金資産の回収可能性

　連結財務諸表固有の将来減算一時差異については，連結財務諸表固有の将来加算一時差異と同様に，課税所得計算には関係しないが，回収可能性適用指針

第9項において，納税主体ごとに各個別財務諸表上の繰延税金資産と合算し，回収可能性適用指針第6項に従って回収可能性を判断することとされている。また，回収可能性適用指針第9項なお書きにおいて，将来加算一時差異の十分性に基づく繰延税金資産の回収可能性の判断上，未実現損失に係る将来加算一時差異の解消見込額は含めないこととされているが，その他の連結決算手続上生じた将来加算一時差異に関しては特段言及されていない。

　この点に鑑みて，資本連結手続で生じた将来加算一時差異は，税務申告書上で発生する項目ではなく，課税所得計算には関係しないものの，将来減算一時差異に係る繰延税金資産の回収可能性の判断に際して，個別財務諸表における将来加算一時差異と同様に，資本連結手続で生じた将来加算一時差異を考慮することも，必ずしも否定はされないと考えられる。

⑵　子会社の税務上の繰越欠損金に係る繰延税金資産の回収可能性

　回収可能性適用指針第7項では，税務上の繰越欠損金に係る繰延税金資産は，将来の一時差異等加減算前課税所得の見積額および将来加算一時差異の解消見込額と相殺され，税金負担額を軽減することができると認められる範囲内で計上するとされており，将来加算一時差異が存在する場合，当該将来加算一時差異の解消見込額と税務上の繰越欠損金を（課税所得を経由せずに）直接的に相殺する取扱いになっていると考えられる（回収可能性適用指針6項⑶②参照）。一方，連結財務諸表固有の将来加算一時差異は，解消することで繰越欠損金が実際に減少することはないため課税所得計算には関係せず，その解消見込年度において実際の課税所得を増額させることはない。この点に鑑みると，連結財務諸表固有の将来加算一時差異について，個別財務諸表上の将来加算一時差異のように，税務上の繰越欠損金に係る繰延税金資産の回収額に充当されると考えることは適当ではないと考えられる。

5 ｜ 重要性の乏しい連結子会社等における繰延税金資産に関する取扱い

　回収可能性適用指針が適用される以前，監査委員会報告第66号において，企業規模が小さく，税効果会計の連結財務諸表に与える影響額の重要性が乏しい連結子会社等の繰延税金資産については，たとえば，簡便的に当該会社の期末

第3章　⑭持分法会計と税効果　　*247*

の一時差異等の合計額と過去5年間の課税所得の合計額のいずれか少ない額に法定実効税率を乗じた額を計上している場合には，当該繰延税金資産は回収可能性があると判断できるとされていた。

　一般的に重要性が乏しい場合には，重要性の原則により簡便な方法によることも認められるため，回収可能性適用指針においては，当該取扱いに関する特段の定めは設けられていないが，前記の取扱いを妨げるものではないとされていることから，従来どおりの判断が認められる（回収可能性適用指針99項）。

⑭　持分法会計と税効果

1　概　　要

　持分法を適用することにより生じた一時差異については，持分法適用会社に帰属する一時差異と投資会社に帰属する一時差異があり，帰属する会社に応じて適切に税効果会計の適用を検討しなければならない。図表3－14－1および図表3－14－2は，持分法適用会社または投資会社に帰属する一時差異を示したものである（持分法実務指針22項から30項，外貨建取引実務指針43項）。

図表3－14－1　持分法適用会社に帰属する一時差異

一時差異の発生原因	一時差異の種類	一時差異の解消事由	本節での取扱い箇所
持分法適用会社に関する評価差額（借方）	将来減算一時差異	償却または売却	⑭2
持分法適用会社に関する評価差額（貸方）	将来加算一時差異	償却または売却	⑭2
売却元が持分法適用会社である場合に発生した未実現損失	将来減算一時差異	償却または売却等	⑭3
売却元が持分法適用会社である場合に発生した未実現利益	将来加算一時差異	償却または売却等	⑭3
持分法適用会社に係る欠損金	将来減算一時差異	持分法適用会社による課税所得の発生	⑭4(4)・(5)

248

図表3-14-2 投資会社に帰属する一時差異

一時差異の発生原因	一時差異の種類	一時差異の解消事由	本節での取扱い箇所
売却元が投資会社である場合に発生した未実現損失	将来減算一時差異	償却または売却等	14 3
売却元が投資会社である場合に発生した未実現利益	将来加算一時差異	償却または売却等	14 3
持分法適用会社の留保利益	将来加算一時差異	配当受領（追加税金の発生する場合のみ）または投資の売却	14 4(2)
のれんの償却	将来減算一時差異	投資評価損の税務上の損金算入または投資の売却	14 4(3)
負ののれんの発生益または償却	将来加算一時差異	投資の売却	14 4(3)
持分法適用会社の損失計上	将来減算一時差異	投資評価損の税務上の損金算入または投資の売却	14 4(4)・(5)
持分法適用会社の財務諸表の換算により生じた為替換算調整勘定（借方）	将来減算一時差異	投資評価損の税務上の損金算入または投資の売却	14 4(6)
持分法適用会社の財務諸表の換算により生じた為替換算調整勘定（貸方）	将来加算一時差異	投資の売却	14 4(6)
持分法適用会社に関するその他の包括利益累計額（借方）	将来減算一時差異	投資評価損の税務上の損金算入または投資の売却	14 4(7)
持分法適用会社に関するその他の包括利益累計額（貸方）	将来加算一時差異	投資の売却	14 4(7)

2 │ 持分法適用会社に関する評価差額に係る税効果

(1) 持分法適用により生じる評価差額に係る一時差異

　持分法適用会社の持分法適用上の資産および負債の価額は株式取得日の時価とされるため，個別貸借対照表上の帳簿価額と差異が生じ，一時差異が発生す

第3章　⑭持分法会計と税効果　　249

ることとなる。なお，この時価への修正は部分時価評価法によることとされている（持分法会計基準26-2項）。

この一時差異に対して，持分法適用の前段階として持分法適用会社の個別貸借対照表上で評価差額に係る繰延税金資産または繰延税金負債を計上するが，繰延税金資産の計上には，当該持分法適用会社に係る回収可能性の検討が必要となる（持分法実務指針24項）。

設例3−14−1　持分法適用により生じる評価差額

（前提条件）

① 　X1年4月1日，投資会社P社はA社株式を20％取得した。取得価額は94である。

② 　A社株式取得時点のA社の土地の時価は300である。

③ 　法定実効税率は30％とする。

④ 　A社のX1年4月1日の貸借対照表は以下のとおりである。

科目	金額	科目	金額
諸資産	500	諸負債	300
土地	200	資本金	200
		利益剰余金	200

（会計処理）

［A社個別財務諸表の修正仕訳］

(1)　土地に関する評価差額の計上

（借）土　　　地	$^{(※1)}$20	（貸）評　価　差　額	$^{(※2)}$14
		繰延税金負債	$^{(※3)}$6

（※1）　20＝（土地の時価300−帳簿価額200）×投資会社持分比率20％

（※2）　差額により算出。

（※3）　6＝評価差額20（※1）×法定実効税率30％

［連結財務諸表上の会計処理］

仕訳なし

なお，取得価額94＝（資本金200＋利益剰余金200）×投資会社持分比率20％

＋評価差額14となるため，のれんは生じない。

(2) 持分法適用により生じる評価差額の実現

　持分法適用により時価評価された持分法適用会社の資産または負債を第三者に売却等を行った場合には，評価差額が実現することとなる。したがって，持分法の適用においては，持分法適用会社の個別財務諸表上の売却損益に認識した時価評価部分を調整する必要があり，結果，時価評価を反映した売却損益を算定することになる。また，評価差額の実現により一時差異が解消されることになるため，時価評価した際に認識した繰延税金資産または繰延税金負債は連結子会社のケースと同様に，法人税等調整額（連結財務諸表上は持分法投資損益）を通じて取り崩すこととなる。

設例 3 −14− 2　　持分法適用により生じる評価差額の実現

前提条件

① 　設例 3 −14− 1 の前提条件に以下の条件を加える。
② 　A社は保有する土地200を期中に同額で外部の第三者に売却した。

会計処理

[A社個別財務諸表上の会計処理]

(1)　土地の売却

（借）現 　　　　　金	(※)200	（貸）土 　　　　　地	(※)200

（※）　200……前提条件②参照。

[A社個別財務諸表の修正仕訳]

(1)　土地に関する評価差額の計上

（借）土 　　　　　地	(※1)20	（貸）評 　価 　差 　額	(※2)14
		繰 延 税 金 負 債	(※3)6

（※1 ）　20＝（土地の時価300−帳簿価額200）×投資会社持分比率20％
（※2 ）　差額により算出。
（※3 ）　6＝評価差額20（※1 ）×法定実効税率30％

第3章　⑭持分法会計と税効果　　*251*

(2)　土地の評価差額の実現

　持分法上，A社の土地の時価評価を反映した売却損益を算定し，また，評価差額計上時に認識した繰延税金負債は取り崩す。

```
(借)　固 定 資 産 売 却 損　　(※)20　(貸)　土　　　　　　地　　(※)20
(借)　繰 延 税 金 負 債　　　(※)6　(貸)　法 人 税 等 調 整 額　　(※)6
```

(※)　(1)参照。

[連結財務諸表上の会計処理]

(1)　土地の売却に係る損益の取込み

```
(借)　持 分 法 に よ る　　　(※)14　(貸)　投 資 有 価 証 券　　(※)14
　　　投　資　損　益
```

(※)　14＝固定資産売却損20([A社個別財務諸表の修正仕訳] (2)(※))－法人税等調整額6
　　　([A社個別財務諸表の修正仕訳] (2)(※))

(3)　法定実効税率の変更があった場合の取扱い

　持分法適用会社に適用される法定実効税率に変更があった場合，連結子会社のケースと同様に，評価差額の修正でなく（前記「①4　法定実効税率の変更」参照），税率変更年度に持分法適用会社に対する投資有価証券と持分法による投資損益に計上することとなる。

　なお，持分法適用会社に帰属する一時差異に係る法定実効税率の変更であるため，連結手続上は繰延税金資産および繰延税金負債ならびに法人税等調整額は使用せず，間接的に持分法適用会社の純資産に加減され，持分法適用会社に対する投資（投資有価証券）と持分法による投資損益に計上することとなる。

設例3－14－3　　法定実効税率の変更

前提条件

①　設例3－14－1の前提条件に以下の条件を加える。

②　X2年3月31日に法定実効税率は30％から25％に変更となったものとする。

> 会計処理

［A社個別財務諸表の修正仕訳］

(1) 土地に関する評価差額の計上

(借) 土 地	(※1)20	(貸) 評 価 差 額	(※2)14
		繰 延 税 金 負 債	(※3)6

（※1） 20＝（土地の時価300－帳簿価額200）×持分比率20％
（※2） 差額により算出。
（※3） 6＝20（※1）×法定実効税率30％

(2) 税率の変更

(借) 繰 延 税 金 負 債	(※)1	(貸) 法人税等調整額	(※)1

（※） 1＝20（(1)（※1））×5％（変更前の法定実効税率30％－変更後の法定実効税率25％）

［連結財務諸表上の会計処理］

(1) 税率の変更の取込み

　持分法適用会社に帰属する一時差異に係る法定実効税率の変更であるため，影響額を投資有価証券と持分法による投資損益に計上する。

(借) 投 資 有 価 証 券	(※)1	(貸) 持 分 法 に よ る	(※)1
		投 資 損 益	

（※） 1＝［A社個別財務諸表の修正仕訳］(2)参照。

(4) 持分法適用会社が土地再評価差額金を計上している場合

　株式取得時に関連会社が土地再評価差額金を計上している場合，持分法会計では，土地再評価差額金は認識されず，評価差額に含まれることになる。

　したがって，株式取得後，当該土地を売却したときの土地再評価差額金に係る繰延税金資産および繰延税金負債の会計処理，また，土地を売却せず法定実効税率が変更された場合においても，前記「(3) 法定実効税率の変更があった場合の取扱い」と同様の処理となる。

第３章　⑭持分法会計と税効果　*253*

| 設例３－14－４ | 持分法適用会社が土地再評価差額金を計上している場合 |

【前提条件】

① 　Ｘ１年４月１日，投資会社Ｐ社はＡ社株式を20％取得した。取得価額は
　101である。

② 　Ａ社は土地再評価差額金を計上しており，土地の原始取得価額200を300
　に再評価している。

③ 　Ａ社株式取得時点のＡ社の土地の時価は350である。

④ 　法定実効税率は両社とも30％である。

⑤ 　Ａ社のＸ１年４月１日の貸借対照表は以下のとおりである。

科目	金額	科目	金額
諸資産	500	諸負債	330
土地	300	資本金	200
		利益剰余金	200
		土地再評価差額金	70

【会計処理】

[Ａ社個別財務諸表上の会計処理]

(1)　（土地再評価時）土地再評価差額金の計上

(借)　土　　　　　　地	$^{(※1)}$100	(貸)　土地再評価差額金	$^{(※2)}$70
		再 評 価 に 係 る 繰 延 税 金 負 債	$^{(※3)}$30

（※１）　100＝土地の時価300－土地の簿価200

（※２）　差額により算出。

（※３）　30＝100（※１）×法定実効税率30％

[Ａ社個別財務諸表の修正仕訳]

(1)　土地再評価差額金の戻し

(借)　土地再評価差額金	$^{(※)}$70	(貸)　土　　　　　　地	$^{(※)}$100
再 評 価 に 係 る 繰 延 税 金 負 債	$^{(※)}$30		

（※）　[Ａ社個別財務諸表上の会計処理](1)参照。

(2) 土地に関する評価差額の計上

（借）	土 地	(※1)30	（貸）	評 価 差 額	(※2)21
				繰 延 税 金 負 債	(※3)9

（※1） 30＝（土地の時価350－帳簿価額200）×持分比率20％
（※2） 差額により算出。
（※3） 9＝30（※1）×法定実効税率30％

[連結財務諸表上の会計処理]

仕訳なし

　なお，取得価額101＝（資本金200＋利益剰余金200）×投資会社持分比率20％＋評価差額21となるため，のれんは生じない。

設例3－14－5　持分法適用会社が土地再評価差額金を計上している土地を売却した場合

前提条件

① 設例3－14－4の前提条件に以下の条件を加える。
② 　A社は保有する土地を期中に300で外部の第三者に売却した。

会計処理

[A社個別財務諸表上の会計処理]

(1) （土地再評価時）土地再評価差額金の計上

（借）	土 地	(※1)100	（貸）	土地再評価差額金	(※2)70
				再 評 価 に 係 る 繰 延 税 金 負 債	(※3)30

（※1） 100＝土地の時価300－土地の簿価200
（※2） 差額により算出。
（※3） 100（※1）×法定実効税率30％

(2) 土地の売却

（借）	現 金	(※)300	（貸）	土 地	(※)300

（※） 300……前提条件②参照。

第3章　⑭持分法会計と税効果　　255

(3)　土地再評価差額金の取崩し

| (借)　土地再評価差額金 | (※1)70 | (貸)　土地再評価差額金
取崩額(利益剰余金) | (※1)70 |
| (借)　再評価に係る
繰延税金負債 | (※2)30 | (貸)　法人税等調整額 | (※2)30 |

(※1)　70……利益剰余金を通じた土地再評価差額金の取崩し。
(※2)　30……法人税等調整額を通じた再評価に係る繰延税金負債の取崩し。

[A社個別財務諸表の修正仕訳]

(1)　土地再評価差額金の戻し

| (借)　土地再評価差額金 | (※)70 | (貸)　土　　　　　地 | (※)100 |
| 　　　再評価に係る
繰延税金負債 | (※)30 | | |

(※)　[A社個別財務諸表上の会計処理](1)参照。

(2)　土地再評価差額金の取崩しの戻し

| (借)　土地再評価差額金
取崩額(利益剰余金) | (※)70 | (貸)　土地再評価差額金 | (※)70 |
| (借)　法人税等調整額 | (※)30 | (貸)　再評価に係る
繰延税金負債 | (※)30 |

(※)　[A社個別財務諸表上の会計処理](3)参照。

(3)　土地に関する評価差額の計上

| (借)　土　　　　　地 | (※1)30 | (貸)　評　価　差　額 | (※2)21 |
| | | 　　　繰延税金負債 | (※3)9 |

(※1)　30＝(土地の時価350−土地の簿価200)×投資会社持分比率20%
(※2)　差額により算出。
(※3)　9＝30(※1)×法定実効税率30%

(4)　土地の評価差額の実現

　持分法上，A社の土地の時価評価を反映した売却損益を算定し，また，評価差額計上時に認識した繰延税金負債は取り崩す。

| (借)　固定資産売却損 | (※1)10 | (貸)　土　　　　　地 | (※1)10 |
| 　　　繰延税金負債 | (※2)3 | 　　　法人税等調整額 | (※2)3 |

(※1)　10＝30((3)(※1))－20(100((1)(※))×投資会社持分比率20％)

(※2)　3＝10(※1)×法定実効税率30％

[連結財務諸表上の会計処理]

(1)　土地の売却に係る損益の取込み

(借)　持分法による 　　　投資損益	(※)7	(貸)　投資有価証券	(※)7

(※)　7＝固定資産売却損10([A社個別財務諸表の修正仕訳](4)(※1))－法人税等調整額
　　3([A社個別財務諸表の修正仕訳](4)(※2))

3 ｜ 未実現損益に係る税効果

(1)　基本的な考え方

　連結会社と持分法適用会社との取引または持分法適用会社間で発生した未実現損益については，連結会計と同様に税効果会計を考慮する必要がある（持分法会計基準13項）。

　なお，連結会社間取引における未実現損益と同様に売却元では課税関係は終了しているため，未実現利益に係る一時差異に対する繰延税金資産はその回収可能性を判断する必要はないが，売却年度の売却元の課税所得額を超えてはならない。一方，未実現損失に係る一時差異に対する繰延税金負債は，当該未実現損失の損金計上前の売却元の課税所得を超えてはならない（持分法実務指針25項，26項）。

(2)　アップストリーム（売却元が持分法適用会社である場合に発生した未実現損益）

　売却元が持分法適用会社である場合に発生した未実現利益の消去に係る一時差異については，連結手続においては売却元で繰延税金資産を計上するものとしているため，持分法会計においても持分法適用会社に帰属するものとして取り扱うこととなる（持分法実務指針25項）。

　なお，未実現損益の連結会社の持分相当額については，持分法による投資損益と買手の連結会社の未実現損益が含まれている資産を直接加減する。一方，これに係る税効果は，未実現損益の消去は持分法適用会社で行い，販売元で納

第3章　⑭持分法会計と税効果　　*257*

付した法人税等を繰り延べる形で税効果を考慮するため，それに係る税効果は，連結手続上では繰延税金資産および繰延税金負債ならびに法人税等調整額は使用せず，間接的に持分法適用会社の純資産に加減され，持分法適用会社に対する投資有価証券と持分法による投資損益にそれぞれ加減することとなる。

設例 3 −14− 6　　**持分法における未実現利益（アップストリーム）**

前提条件

① 　投資会社Ｐ社の持分法適用会社Ａ社に対する持分比率は20％である。

② 　投資会社Ｐ社の棚卸資産のうち，持分法適用会社Ａ社から仕入れたものが300含まれている。

③ 　②の棚卸資産の売上総利益率は50％である。

④ 　法定実効税率は30％とする。

⑤ 　Ａ社は当期に1,000の課税所得を計上しているものとする。

会計処理

[連結財務諸表上の会計処理]

(1)　未実現利益の消去

　未実現損益の連結会社の持分相当額は持分法による投資損益と買手の連結会社の未実現利益が含まれている棚卸資産を直接加減する。

（借）持分法による 投資損益	（※）30	（貸）棚卸資産	（※）30

（※）　30＝棚卸資産300×売上総利益率50％×投資会社持分比率20％

(2)　未実現利益の消去に伴う税効果

　未実現利益の消去に係る一時差異は150であり，Ａ社の課税所得1,000を超えないため税効果を認識する。

（借）投資有価証券	（※）9	（貸）持分法による 投資損益	（※）9

（※）　9＝未実現利益30×法定実効税率30％

(3) ダウンストリーム（売却元が連結会社である場合に発生した未実現損益）

　売却元が連結会社である場合に発生した未実現利益は，持分法適用会社における翌期以降の売却または償却等により実現するので，その消去に係る一時差異は，連結会社に帰属するものとして税効果を認識する（持分法実務指針26項）。

　なお，未実現損益の消去は持分法適用会社に対する投資有価証券と連結会社が計上した売却損益をそれぞれ調整する形になるが，それに係る税効果は，売却元である連結会社の計上する繰延税金資産および繰延税金負債ならびに法人税等調整額にそれぞれ加減することとなる。

　また，未実現利益の消去額が投資額を超える場合，持分法適用会社に対して貸付金を有しているときは，貸付金を減額する。当該消去額が投資額および貸付金を超える場合は，持分法適用に伴う負債等の科目で計上する（持分法実務指針12項なお書き）。

設例 3 − 14 − 7　持分法における未実現利益（ダウンストリーム）

前提条件

① 投資会社Ｐ社の持分法適用会社Ａ社に対する持分比率は20％である。

② 持分法適用会社Ａ社の棚卸資産のうち，投資会社Ｐ社から仕入れたものが300含まれている。

③ ②の棚卸資産の売上総利益率は50％である。

④ 法定実効税率は30％とする。

⑤ Ｐ社は当期に1,000の課税所得を計上しているものとする。

会計処理

[連結財務諸表上の会計処理]

(1) 未実現利益の消去

　売却元である投資会社の売上高と買手の投資有価証券に加減する。

(借) 売　上　高	(※)30	(貸) 投資有価証券	(※)30

（※）　30＝棚卸資産300×売上総利益率50％×投資会社持分比率20％

（2）　未実現利益の消去に伴う税効果

　未実現利益の消去に係る一時差異は150であり，Ｐ社の課税所得1,000を超えないため，税効果を認識する。

| （借）　繰　延　税　金　資　産 | （※）9 | （貸）　法人税等調整額 | （※）9 |

（※）　9＝未実現利益30×法定実効税率30％

⑷　ダウンストリーム（未実現損益を全額消去するケース）

　他の株主に資金力または資産がなく投資会社のみが借入金に対し債務保証を行っている場合等のように他の株主に実質的な支配力または影響力がない等，他の株主の持分部分が持分法適用上，実質的に実現していないと判断される場合には未実現損益を全額消去する。

　また，買手が非連結子会社である場合，非連結子会社を連結した場合と同一の処理となるよう同様に未実現損益を全額消去する（持分法実務指針37項）。

　税効果の取扱いについては，前記「⑶　ダウンストリーム（売却元が連結会社である場合に発生した未実現損益）」と同様である。

⑸　持分法適用会社間の取引

　持分法適用会社間の取引に係る未実現損益についても消去する必要がある。なお，使用する科目については連結会社が取引に関与していないため，前記「⑵　アップストリーム（売却元が持分法適用会社である場合に発生した未実現損益）」で使用した棚卸資産等の資産勘定や「⑶　ダウンストリーム（売却元が連結会社である場合に発生した未実現損益）」で使用した売上高等の損益勘定は使用せずに，調整は投資有価証券および持分法による投資損益を使用する（持分法実務指針13項）。

　税効果の取扱いについては，当該一時差異が持分法適用会社に帰属するものであることから，前記「⑵　アップストリーム（売却元が持分法適用会社である場合に発生した未実現損益）」と同様となる。

4 | 持分法適用会社に対する投資に係る税効果

(1) 基本的な考え方

持分法適用会社に対する投資の一時差異については連結子会社と同様の取扱いとなっており（持分法実務指針27項から30項），持分法適用会社へ投資を行った時点では，連結貸借対照表上の投資会社の投資価額と個別貸借対照表上の投資簿価は一致しており，一時差異は生じていない。しかし，図表3－14－3の事象により一時差異が発生および解消されることとなる。

図表3－14－3 持分法適用会社に係る投資の一時差異

一時差異の発生原因	一時差異の種類	一時差異の解消事由	本節での取扱い
持分法適用会社の留保利益	将来加算一時差異	配当受領（追加税金の発生する場合のみ）または投資の売却	14 4(2)
のれんの償却	将来減算一時差異	投資評価損の税務上の損金算入または投資の売却	14 4(3)
負ののれんの発生益または償却	将来加算一時差異	投資の売却	14 4(3)
持分法適用会社の損失計上	将来減算一時差異	投資評価損の税務上の損金算入または投資の売却	14 4(4)・(5)
持分法適用会社の財務諸表の換算により生じた為替換算調整勘定（借方）	将来減算一時差異	投資評価損の税務上の損金算入または投資の売却	14 4(6)
持分法適用会社の財務諸表の換算により生じた為替換算調整勘定（貸方）	将来加算一時差異	投資の売却	14 4(6)
持分法適用会社に関するその他の包括利益累計額（借方）	将来減算一時差異	投資評価損の税務上の損金算入または投資の売却	14 4(7)
持分法適用会社に関するその他の包括利益累計額（貸方）	将来加算一時差異	投資の売却	14 4(7)

(2) 株式取得後の留保利益

　株式取得後に留保利益が生じた場合は，個別貸借対照表上の投資簿価と比べて連結貸借対照表上の投資会社の投資価額が，留保利益の額だけ多くなり，投資会社において将来加算一時差異が生じることになる。

　当該将来加算一時差異は，図表3－14－3に記したとおり，将来の配当受領または投資の売却により解消することにより投資会社で課税対象となる場合には，原則として税効果会計の対象となる。

　しかし，その投資の売却を自ら決めることができることを前提として予測可能な将来の期間に売却する意思がない場合には，配当金により回収するものを除き留保利益について税効果を認識しない（持分法実務指針27項）。予測可能な将来の期間に売却する意思がない場合とは，投資を売却する意図がなく半永久的もしくは長期的に所有する意思がある場合，または投資先が現在もしくは将来の基幹事業もしくは戦略事業に属しており，売却が考えづらい場合等である（持分法実務指針39項）。

　なお，持分法適用会社が将来配当を行うことによって投資会社に追加納付が発生する場合には，持分法適用会社に留保利益を半永久的に配当させないという投資会社の方針または株主間の協定がある場合を除いて，追加納付見込額を投資会社の繰延税金負債として計上しなければならない（持分法実務指針28項）。持分法適用会社が配当を行うことによって投資会社に追加納付が発生する場合とは，外国子会社配当益金不算入制度が適用される外国関連会社からの配当の5％部分および源泉税，外国子会社配当益金不算入制度が適用されない外国関連会社からの配当，および株式保有割合が3分の1以下の国内の持分法適用会社からの配当などが挙げられる（税務上の取扱いは，前記「③4(3)　国内子会社の留保利益に係る税効果」参照）。

　また，子会社の場合と異なり，関連会社については投資会社の支配下に置かれているわけではないため，関連会社の留保利益に対して繰延税金負債を認識しない要件を満たしているかどうかについては，慎重な検討が必要と考えられる[1]。

1　「企業会計ナビ　2023年3月期　決算上の留意事項Q7」EY新日本有限責任監査法人（https://www.ey.com/ja_jp/corporate-accounting/accounting-topics/2023/accounting-topics-2023-03-06）

(3) のれんの償却額および負ののれんの処理

　持分法適用会社ののれんおよび負ののれんは，株式取得時に持分法適用会社の資産および負債を時価評価した後の持分相当額と個別貸借対照表上の投資簿価（取得価額）との差額である。なお，持分法適用会社の資産および負債を連結財務諸表に直接計上することはないため，のれんについても持分法適用会社への投資有価証券に含めた上で，原則として20年以内に定額法その他合理的な方法により償却し，負ののれんについては発生時に利益として持分法による投資損益に含めて処理することとなる（持分法実務指針9項，10項）。一方，2008年の企業結合会計基準の改正前に生じた負ののれんについては，原則として20年以内に定額法その他合理的な方法により償却することとなっている。

　のれんおよび負ののれんの当初残高については，連結会計と同様の取扱いとされており，繰延税金資産または繰延税金負債を計上しない。しかし，その後，のれんを償却することなどにより，個別貸借対照表上の投資簿価と比べて連結貸借対照表上の投資会社の投資価額が，償却等の額だけ差異が生じることになる。

　この差異については，予想される配当以外の留保利益およびのれんに係る税効果は，持分法適用会社に係る投資会社に帰属する税効果であり，その投資の売却を自ら決めることができることを前提として予測可能な将来の期間に売却する意思がある場合や税務上の損金算入が見込める場合には税効果を認識する必要がある（持分法実務指針29項）。

設例3－14－8	売却の意思がない場合

　[前提条件]

①　X1年4月1日，投資会社P社はA社株式を20％取得した。取得価額は990である。

②　A社の土地の時価は3,000である。

③　法定実効税率は30％とする。

④　のれんの償却期間は5年である。

⑤　P社はA社株式の売却の意思はない。

⑥　A社は外国子会社配当益金不算入制度が適用される在外関連会社であり，

第3章　⑭持分法会計と税効果　*263*

配当に関する追加納付見込額は配当額の5％×法定実効税率（30％）および外国源泉税10％である。

⑦　株主間でA社に配当させないという方針はない。

⑧　A社のX1年4月1日における貸借対照表は以下のとおりとし，X2年3月期の当期純利益は1,000とする。

科目	金額	科目	金額
諸資産	5,000	諸負債	3,000
土地	2,000	資本金 利益剰余金	2,000 2,000

会計処理

[A社個別財務諸表の修正仕訳]

(1)　土地に関する評価差額の計上

（借）土　　　　　地	$^{(※1)}$200	（貸）評　価　差　額 　　　繰延税金負債	$^{(※2)}$140 $^{(※3)}$60

（※1）　200＝（土地の時価3,000－土地の簿価2,000）×投資会社持分比率20％
（※2）　差額により算出。
（※3）　60＝200（※1）×法定実効税率30％

[連結財務諸表上の会計処理]

(1)　当期純利益の取込み

（借）投資有価証券	$^{(※)}$200	（貸）持分法による 　　　投　資　損　益	$^{(※)}$200

（※）　200＝当期純利益1,000×投資会社持分比率20％

(2)　のれんの償却

（借）持分法による 　　　投　資　損　益	$^{(※)}$10	（貸）投資有価証券	$^{(※)}$10

（※）　10＝のれん50（取得価額990－((資本金2,000＋利益剰余金2,000)×投資会社持分比率20％＋評価差額140))÷償却期間5年

(3) 留保利益に対する税効果

　前提条件⑦があるため，A社の留保利益に対して将来の配当から発生する追加納付見込額を計上する。

| （借） | 法人税等調整額 | (※)23 | （貸） | 繰延税金負債 | (※)23 |

（※6）　23＝200（⑴参照）×11.5%（益金不算入比率5%×法定実効税率30%＋源泉税率10%）

設例3─14─9　　売却の意思がある場合

前提条件

① 　X1年4月1日，投資会社P社はA社株式を20%取得した。取得価額は990である。

② 　A社の土地の時価は3,000である。

③ 　法定実効税率は30%とする。

④ 　のれんの償却期間は5年である。

⑤ 　P社は予測可能な将来の期間にA社株式の売却を行う意思がある。

⑥ 　A社のX1年4月1日における貸借対照表は以下のとおりとし，X2年3月期の当期純利益は1,000とする。

科目	金額	科目	金額
諸資産	5,000	諸負債	3,000
土地	2,000	資本金	2,000
		利益剰余金	2,000

会計処理

[A社個別財務諸表の修正仕訳]

(1) 土地に関する評価差額の計上

（借）	土　　　　　地	(※1)200	（貸）	評　価　差　額	(※2)140
				繰延税金負債	(※3)60

（※1）　200＝（土地の時価3,000－土地の簿価2,000）×投資会社持分比率20%

（※2）　差額により算出。

（※3）　60＝200（※1）×法定実効税率30%

第3章　⑭持分法会計と税効果　*265*

［連結財務諸表上の会計処理］

(1)　当期純利益の取込み

（借）	投 資 有 価 証 券	$^{(※)}$200	（貸）	持 分 法 に よ る 投 資 損 益		$^{(※)}$200

（※）　200＝当期純利益1,000×投資会社持分比率20％

(2)　のれんの償却

（借）	持 分 法 に よ る 投 資 損 益	$^{(※)}$10	（貸）	投 資 有 価 証 券		$^{(※)}$10

（※）　10＝のれん50（取得価額990－（（資本金2,000＋利益剰余金2,000）×投資会社持分比率20％＋評価差額140）÷償却期間5年

(3)　税効果の認識

　前提条件⑤があるため，A社の留保利益に係る将来加算一時差異とのれんの償却に係る将来減算一時差異に対して税効果を認識する。

（借）	法 人 税 等 調 整 額	$^{(※)}$57	（貸）	繰 延 税 金 負 債		$^{(※)}$57

（※）　57＝（200（(1)参照）－10（(2)参照））×法定実効税率30％

(4)　持分法適用会社に関する欠損金

　持分法適用会社が計上した自己の税務上の欠損金については，欠損金の繰越期間に一時差異等加減算前課税所得が生じる可能性が高いと見込まれること，含み益のある固定資産または有価証券を売却する等の一時差異等加減算前課税所得が生じさせるタックスプランニングが存在すること，または繰越期間に税務上の繰越欠損金と相殺される将来加算一時差異が見込まれる場合には，持分法適用会社で繰延税金資産が計上される。

　また，持分法適用会社が欠損金に関する繰延税金資産を計上する要件を満たさない場合であっても，持分法適用日以降に欠損金を計上したときには，連結貸借対照表上の投資会社の投資価額が個別貸借対照表上の投資簿価を下回ることになり，将来減算一時差異が発生することになる。

　この将来減算一時差異については，留保利益と同様に，その投資の売却を自ら決めることができることを前提として予測可能な将来の期間に売却する意思がない場合には繰延税金資産を認識しないが，投資会社の繰延税金資産の計上

に回収可能性があることを前提に，次の要件を満たすことになった場合には繰
延税金資産を計上することとなる（持分法実務指針30項）。

- 予測可能な将来の期間に当該持分法適用会社に対する投資について税務上の損
  金算入が認められる評価減の要件を満たす場合
- 予測可能な将来の期間に当該持分法適用会社の清算または売却によって当該将
  来減算一時差異を解消する可能性が高い場合

設例 3 － 14 － 10　持分法適用会社に関する欠損金（持分法適用会社に繰延税金資産の回収可能性がある場合）

[前提条件]

① X1年4月1日，投資会社P社はA社株式を20%取得した。

② のれんは生じていない前提とする。

③ X2年3月期において，A社は当期純損失（税効果考慮前）100を計上した。なお，税務上の欠損金も同額である。

④ 法定実効税率はP社が30%，A社が35%とする。

⑤ A社における繰延税金資産の回収可能性に問題はない。

⑥ P社はA社株式の評価損を計上しておらず，また，予測可能な将来の期間にA社株式を売却する意思はない。

[会計処理]

[A社個別財務諸表上の会計処理]

(1) 繰越欠損金に対する繰延税金資産の計上

（借）　繰 延 税 金 資 産	(※)35	（貸）　法人税等調整額	(※)35

（※1）　35＝繰越欠損金100×法定実効税率35%

[連結財務諸表上の会計処理]

(1) A社における当期純損失の取込み

（借）　持 分 法 に よ る 　　　　投 資 損 益	(※)13	（貸）　投 資 有 価 証 券	(※)13

（※）　13＝（当期純損失100－法人税等調整額35）×持分比率20%

第3章 ⑭持分法会計と税効果 267

設例3－14－11	持分法適用会社に関する欠損金（持分法適用会社に繰延税金資産の回収可能性がない場合）

【前提条件】

① X1年4月1日，投資会社P社はA社株式を20％取得した。

② のれんは生じていない前提とする。

③ X2年3月期において，A社は当期純損失（税効果考慮前）100を計上した。なお，税務上の欠損金も同額である。

④ 法定実効税率についてP社は30％，A社は35％とする。

⑤ A社は繰延税金資産の回収可能性の要件を満たしていない。

⑥ P社は予測可能な将来の期間にA社株式を売却する意思があり，当該売却によってP社の個別財務諸表上の簿価と持分法上の投資簿価との将来減算一時差異が解消する可能性が高く，また，P社における繰延税金資産の回収可能性に問題はない。

【会計処理】

［A社個別財務諸表上の会計処理］

(1) 繰越欠損金に対する繰延税金資産の計上

　前提条件⑤より，税務上の繰越欠損金に対して繰延税金資産は計上しない。

> 仕訳なし

［連結財務諸表上の会計処理］

(1) A社に係る当期純損失の取込み

（借）持分法による投資損益	(※)20	（貸）投資有価証券	(※)20

（※）　20＝当期純損失100×投資会社持分比率20％

(2) 税効果の認識

　前提条件⑥より，持分法適用会社が計上した損失に係る将来減算一時差異に対して税効果を認識する。

（借）繰延税金資産	(※)6	（貸）法人税等調整額	(※)6

（※）　6＝欠損金100×法定実効税率30％×投資会社持分比率20％

(5)　持分法適用会社が債務超過に陥った場合の会計処理

　持分法適用会社が債務超過に陥った場合，投資会社の責任が投資額の範囲に限られているのであれば，債務超過持分相当額を持分法適用会社に対する投資有価証券がゼロになるまで負担する。しかし，当該債務超過持分相当額が投資の額を超えるケースで，持分法適用会社に対して貸付金等や債務保証を有している場合には，投資会社が事実上負担すると考えられる相当額を貸付金等から減額する。なお，債務超過持分相当額が投資有価証券および貸付金等の額を超える場合，当該超過部分は持分法適用に伴う負債等の科目を負債の部に計上する。

　一方，他の株主に資金力または資産がなく，投資会社のみが借入金に対し債務保証を行っているような場合等，事実上，投資会社が当該関連会社の債務超過額全額を負担する可能性が極めて高い場合や持分法適用会社が非連結子会社の場合，非支配株主持分に割り当てられる額が当該株主の負担すべき額を超える場合には，当該超過額は，親会社である投資会社の持分に負担させる（持分法実務指針20項，21項）。

　税効果の取扱いについては，前記「(4)　持分法適用会社に関する欠損金」と同様である。

設例 3 −14−12　持分法適用会社が債務超過に陥った場合

前提条件

①　X1年4月1日，投資会社P社はA社株式を20％取得した。取得価額は200である。

②　X2年3月31日時点でP社はA社に対して出資持分に応じて200の貸付金を有しており，また，A社の借入金1,000に対して出資持分に応じた200の債務保証を行っている。

③　X2年3月期において，A社は当期純損失3,000を計上した。

④　法定実効税率はP社が30％，A社が35％とする。

⑤　A社は繰延税金資産の回収可能性の要件を満たしていない。

⑥　P社はA社の業績悪化を踏まえて，A社株式を予測可能な将来の期間に

第3章　⑭持分法会計と税効果　269

売却する意思決定を行った。当該売却によってP社の個別財務諸表上の簿
価と持分法上の投資簿価との将来減算一時差異である連結上の欠損金が解
消する可能性が高く，また，P社における繰延税金資産の回収可能性に問
題はない。

⑦　P社のA社に対する投融資の評価に関する個別財務諸表上の仕訳および
連結仕訳は省略する。

⑧　A社のX1年4月1日における貸借対照表は以下のとおりとする。

科目	金額	科目	金額
諸資産	4,000	諸負債	2,000
		資本金	1,000
		利益剰余金	1,000

会計処理

[A社個別財務諸表上の会計処理]

(1)　繰越欠損金に対する繰延税金資産の計上

前提条件⑤より，税務上の繰越欠損金に対して繰延税金資産は計上しない。

> 仕訳なし

[連結財務諸表上の会計処理]

(1)　A社に係る当期純損失の取込み

A社の当期純損失3,000のうち，P社の持分相当額は600である。持分比率
に応じて貸付けおよび債務保証を行っているため，投資有価証券を超過する
部分については，貸付金から減額した上で持分法適用に伴う負債を計上する。

(借) 持 分 法 に よ る 　　 投 資 損 益	$^{(※1)}$600	(貸) 投 資 有 価 証 券	$^{(※2)}$200
		貸 付 金	$^{(※2)}$200
		持 分 法 適 用 に 伴 う 負 債	$^{(※3)}$200

(※1)　600＝当期純損失3,000×投資会社持分比率20%

(※2)　200……前提条件①②より投資有価証券200，貸付金200であり，投資を0まで減
額した後，貸付金から減額する。

(※3)　200……差額。

(2) 連結上の欠損金に対する繰延税金資産の計上

　前提条件⑥より，持分法適用会社が計上した損失に係る将来減算一時差異に対して税効果を認識する。

| (借) | 繰 延 税 金 資 産 | (※)180 | (貸) | 法人税等調整額 | (※)180 |

(※)　180＝連結上の欠損金600((1)(※1))×法定実効税率30％

(6)　持分法適用会社の財務諸表の換算により生じた為替換算調整勘定

　為替換算調整勘定は，持分法適用会社の財務諸表の換算を行うことにより発生する勘定であることから，連結貸借対照表上の投資会社の投資価額と個別貸借対照表上の投資簿価に差異が発生し，これは投資会社（親会社）の将来減算一時差異または将来加算一時差異に該当する（外貨建取引実務指針43項）。つまり，為替換算調整勘定が貸方のときに将来加算一時差異に該当し，借方のときに将来減算一時差異に該当する。当該差異は，その投資の売却を自ら決めることができることを前提として予測可能な将来の期間に売却する意思がある場合や税務上の損金算入が見込める場合には，税効果を認識する必要がある。

設例 3 －14－13　　為替換算調整勘定に対する税効果

前提条件

①　Ｘ１年４月１日，投資会社Ｐ社は他の企業と合同でＡ社を設立し，Ａ社株式30％を取得した。

②　のれんは生じていない前提とする。

③　Ｐ社の法定実効税率は30％とする。

④　取得時レートは100円/米ドル，期中平均レートは110円/米ドル，決算時レートは120円/米ドルとする。

⑤　Ｘ２年３月に，Ｐ社は翌期にＡ社株式を第三者に売却する計画を立てた。

⑥　Ｐ社における繰延税金資産の回収可能性に問題はない。

⑦　Ａ社の貸借対照表は以下のとおりである。

第3章　⑭持分法会計と税効果　*271*

【X2年3月31日（換算前）】

（単位：ドル）

科目	金額	科目	金額
諸資産	600	諸負債	300
		資本金	200
		利益剰余金	100
		（うち，当期純利益	100）

【X2年3月31日（換算後）】

（単位：円）

科目	金額	科目	金額
諸資産	(※1)72,000	諸負債	(※2)36,000
		資本金	(※3)20,000
		利益剰余金	(※4)11,000
		（うち，当期純利益	11,000）
		為替換算調整勘定	(※5)5,000

（※1）　72,000＝600ドル×決算時レート120円
（※2）　36,000＝300ドル×決算時レート120円
（※3）　10,000＝200ドル×取得時レート100円
（※4）　11,000＝100ドル×期中平均レート110円
（※5）　貸借差額。

[会計処理]

［連結財務諸表上の会計処理］

(1)　A社に係る当期純利益の取込み

（借）　投資有価証券	(※)3,300	（貸）　持分法による投資損益	(※)3,300

（※）　3,300＝当期純利益11,000×投資会社持分比率30%

(2)　留保利益に対する税効果

　　前提条件⑤より，留保利益に対して税効果を認識する。

（借）　法人税等調整額	(※)990	（貸）　繰延税金負債	(※)990

（※）　990＝3,300（(1)A社に係る当期純利益の取込み）×法定実効税率30%

(3) 為替換算調整勘定の計上

| (借) 投資有価証券 | (※)1,500 | (貸) 為替換算調整勘定 | (※)1,500 |

（※）　1,500＝為替換算調整勘定5,000×投資会社持分比率30％

(4) 為替換算調整勘定に対する税効果

　前提条件⑤より，為替換算調整勘定に係る将来加算一時差異に対して税効果を認識する。

| (借) 為替換算調整勘定 | (※)450 | (貸) 繰延税金負債 | (※)450 |

（※）　450＝為替換算調整勘定1,500×法定実効税率30％

(7) 持分法適用会社に関するその他の包括利益累計額（退職給付を除く）

　投資会社が持分法適用会社の株式取得後に当該持分法適用会社が計上したその他の包括利益累計額については，連結貸借対照表の純資産の部に計上された金額に関しても，当該持分法適用会社への投資に係る一時差異を構成する。税効果の取扱いは，前記「(6)　持分法適用会社の財務諸表の換算により生じた為替換算調整勘定」と同様である。すなわち，その投資の売却を自ら決めることができることを前提として予測可能な将来の期間に売却する意思がある場合や税務上の損金算入が見込める場合には税効果を認識する必要がある。ただし，連結子会社のケースと同様に，持分法適用会社の個別財務諸表上で税効果が認識されている場合には，投資会社の法定実効税率をもって改めて税効果を認識することが考えられる（「③6　その他の包括利益に係る税効果の認識」参照）。

　なお，持分法適用会社が計上したその他の包括利益累計額について税金が課されている場合には，法人税等会計基準に従った会計処理が持分法適用会社で行われており，税金がすでに課されているので持分法適用会社に対する投資に係る一時差異は構成しない。

第3章　⑭持分法会計と税効果　　*273*

設例3−14−14　　その他の包括利益（投資に係る一時差異に関する税効果）

前提条件

① 　X1年4月1日，投資会社P社は他の企業と合同でA社を設立し，A社株式30％を取得した。

② 　X2年3月に，P社は翌期にA社株式を第三者に売却する計画を立てた。

③ 　A社では，その他有価証券評価差額金1,000（税効果考慮前）が計上されている。

④ 　法定実効税率は，P社が30％，A社が35％とする。

⑤ 　留保利益の税効果については省略する。

会計処理

[A社個別財務諸表上の会計処理]

（借）投資有価証券	(※1)1,000	（貸）繰延税金負債	(※2)350
		その他有価証券評価差額金	(※3)650

（※1）　1,000……前提条件③参照。

（※2）　350＝1,000×A社法定実効税率35％

（※3）　650＝1,000×（1−A社法定実効税率35％）

[連結財務諸表上の会計処理]

(1)　その他の包括利益の取込み

　その他有価証券評価差額金のP社持分額（税効果考慮前）を，投資有価証券を通じて反映させる。

（借）投資有価証券	(※)300	（貸）その他有価証券評価差額金	(※)300

（※）　300＝その他有価証券評価差額金1,000×持分比率30％

(2)　その他の包括利益に係る税効果

　前提条件②より，その他有価証券評価差額金に係る将来加算一時差異に対してP社の法定実効税率をもって税効果を認識する。

（借）その他有価証券評価差額金	(※)90	（貸）繰延税金負債	(※)90

（※）　90＝300（(1)参照）×P社法定実効税率30％

5 ｜ 退職給付に係る資産または負債

　持分法適用会社の個別財務諸表において退職給付に係る調整累計額は計上されないため（退職給付会計基準39項(2)参照），投資会社が持分法適用会社に対する投資について持分法を適用する際には，持分法適用会社の退職給付に係る調整累計額の変動額のうち投資会社の持分相当について投資有価証券を相手勘定として退職給付に係る調整額（その他の包括利益）に計上することとなる（持分法実務指針10-2項）。

　なお，当該税効果についても，投資会社株式を相手勘定として退職給付に係る調整額（その他の包括利益）に計上する。

設例3－14－15　　退職給付に係る資産または負債

前提条件

①　投資会社Ｐ社の持分法適用会社Ａ社に対する持分比率は20％である。

②　Ａ社は数理計算上の差異100（不利差異）がある。

③　Ａ社の法定実効税率は30％とする。

会計処理

[連結財務諸表上の会計処理]

(1)　Ａ社数理計算上の差異の認識

　未認識項目のＰ社持分額（税効果調整後）を，投資有価証券を通じて退職給付に係る調整額に反映させる。

（借）　退職給付に係る 　　　　調整額（その他 　　　　の包括利益）	(※)14	（貸）　投資有価証券	(※)14

（※）　14＝数理計算上の差異100×70％（1－法定実効税率30％）×投資会社持分比率20％

---

6 ｜ 持分法適用会社が投資会社株式を売却した場合における税効果会計

　前記「⑨2　親会社株式等の売却に関連する税金費用の連結上の取扱い」を参照されたい。

7 持分法適用会社に対する投資に係る投資有価証券評価損の取扱い

投資会社の個別財務諸表上，持分法適用会社に対する投資に係る投資有価証券は金融商品実務指針第91項，第92項に従って減損処理を行う。一方，連結財務諸表上における持分法の処理は，持分法適用会社の資本および損益に対する投資会社の持分相当額を認識することとなるため，投資会社の個別財務諸表上で計上した投資有価証券評価損は戻し入れることとなるが，のれんを計上している場合には子会社に関するのれんと同様の処理が必要となる（持分法実務指針9項，資本連結実務指針30項から33項）。

投資有価証券評価損の戻入れに伴い，連結財務諸表上の簿価が個別財務諸表上の簿価より大きくなるため連結財務諸表固有の将来加算一時差異が発生することとなる。当該将来加算一時差異については前記「②　子会社株式評価損等に関する連結上の取扱い」と同様の取扱いとなる。

- 投資有価証券評価損が税務上損金に算入されない場合は，投資有価証券評価損に対する繰延税金負債を計上し個別財務諸表上で計上した繰延税金資産と相殺する。
- 投資有価証券評価損が税務上損金に算入される場合は，税効果を認識しない。

15 企業結合における税効果と連結財務諸表

1 事業を直接移転するような企業結合

(1) 取得とされた場合

事業を直接移転するような企業結合等の場合で，当該企業結合等が取得に該当する場合，取得企業は企業結合日における一時差異等（繰延税金資産および繰延税金負債を除く取得原価の配分額と課税所得計算上の資産および負債の金額の差額ならびに取得企業に引き継がれる被取得企業の税務上の繰越欠損金等）に対して税効果を適用することとなる（企業結合適用指針71項）。

なお，当該企業結合等で生じるのれんまたは負ののれんについては，これら

が取得原価の配分残余であることから，税効果を認識しても同額ののれんまたは負ののれんの変動が生じる結果となるため，税効果を認識しないものとされている（企業結合適用指針72項，378-3項，税効果適用指針43項，145項）。ただし，非適格合併等により資産調整勘定または差額負債調整勘定といった税務上ののれんが生じる場合には，その額を一時差異として，企業結合適用指針第71項に従って繰延税金資産または繰延税金負債を計上した上で，配分残余としての会計上ののれんまたは負ののれんを算定する点に留意が必要である（企業結合適用指針378-3項なお書き）。

　具体的には設例3－15－1のとおりである。

設例3－15－1　　取得とされた企業結合

前提条件

① 　P社はS社を設立当初から100％子会社としていた。
② 　S社が資本関係のないT社を吸収合併した。P社は引き続き，S社を子会社としている。
③ 　当該合併はS社によるT社の取得に該当する。
④ 　T社は他の会社の子会社，関連会社に該当しない。
⑤ 　合併期日前日の貸借対照表は以下のとおりである。

【S社の貸借対照表】

科目	金額	科目	金額
資産	30,000	負債	12,000
		資本金 利益剰余金	10,000 8,000

【T社の貸借対照表】

科目	金額	科目	金額
資産	6,000	負債	2,000
		資本金 利益剰余金	1,000 3,000

⑥ 　T社が保有している資産の時価は7,000である。なお，負債の時価は帳

簿価額2,000と一致している。
⑦　S社は，合併対価としてS社株式（時価6,000）をT社株主群に交付し，増加すべき株主資本はすべて資本剰余金とした。
⑧　旧T社株主群にとって合併後に取得したS社株式は，子会社株式または関連会社株式のいずれにも該当しない。
⑨　法定実効税率は30％とする。
⑩　繰延税金資産の回収可能性には問題がないものとする。

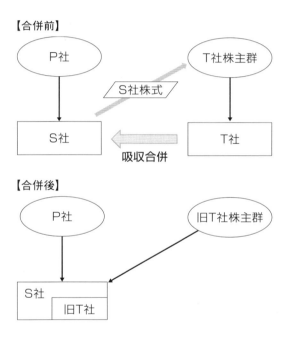

会計処理

［S社における個別財務諸表上の合併時の処理］

(1)　税務上非適格合併の場合

　資産調整勘定は，税務上非適格とされた組織再編において，移転資産および負債の時価純資産価額等を当該非適格組織再編により交付した対価の額が上回るときの差額として算出される。

（借）	資 産	(※1)7,000	（貸）	負 債	(※1)2,000
	繰延税金資産	(※2)300		資本剰余金	(※4)6,000
	の れ ん	(※5)700			

- （※1） 7,000，2,000……前提条件⑥参照。
- （※2） 300＝資産調整勘定1,000（※3）×法定実効税率30％
- （※3） 1,000＝企業結合の対価6,000－（Ｔ社の資産の時価7,000－Ｔ社の負債の時価2,000）
- （※4） 6,000……前提条件⑦参照。
- （※5） 差額により算出。

(2) 税務上適格合併の場合

　税務上適格とされた組織再編においては，移転資産および負債は簿価により引き継がれるものとされているが，会計上取得とされた組織再編において，識別可能資産および負債は時価で評価されるため，一時差異が生じることとなる。

（借）	資 産	(※1)7,000	（貸）	負 債	(※1)2,000
	の れ ん	(※4)1,300		繰延税金負債	(※2)300
				資本剰余金	(※3)6,000

- （※1） 7,000，2,000……前提条件⑥参照。
- （※2） 300＝（Ｔ社の資産の時価7,000－Ｔ社の資産の帳簿価額6,000）×法定実効税率30％
- （※3） 6,000……前提条件⑦参照。
- （※4） 差額により算出。

［Ｐ社における連結財務諸表上の処理］

　Ｐ社にとってＳ社の合併の経済実態は，非支配株主（旧Ｔ社株主群）のみがＳ社の増資を引き受けた場合と同様である。合併後も引き続きＰ社はＳ社を子会社としていることから，子会社の時価発行増資等により親会社の持分比率が低下する場合の会計処理に準じた処理を行うこととなる。

　また，Ｓ社の個別財務諸表上ののれんには非支配株主持分も含まれている。このように，子会社の個別財務諸表上，被取得企業を取得してのれんを計上している場合の当該のれんの連結財務諸表上の取扱いとしては次の2つが考えられる。

- Ｓ社の親会社であるＰ社は合併後の持分比率にてＴ社を取得したため，経済実態としてのれんは合併後の持分比率しか買い入れていないとみて，原則として非支配株主持分に相当する部分ののれんを控除する（企業結合適用指針

第3章　⑮企業結合における税効果と連結財務諸表　*279*

396項参照）。
- S社で取得した事業について持分を有するものと捉える見方（企業結合適用指針397項）により，個別財務諸表上ののれんをそのまま連結財務諸表で計上する（企業結合適用指針98項(2)②ただし書き）。

(2)　共通支配下の取引の場合

　事業を直接移転するような企業結合等の場合で，当該企業結合等が共通支配下の取引に該当する場合，移転する資産および負債は適切な帳簿価額で引き継がれるものとされており（企業結合会計基準41項，事業分離会計基準14項(1)，24項(1)，企業結合適用指針200項），直接移転する事業に係る繰延税金資産および繰延税金負債も同様に引き継がれることとなる。

　なお，当該企業結合等が非適格合併等により資産調整勘定または差額負債調整勘定といった税務上ののれんが生じる場合の税効果会計上の取扱いは，会計基準等で明示されておらず，論点となる。

　当該共通支配下の取引が株式を対価として行われる場合には，発生した資産調整勘定または差額負債調整勘定に対して繰延税金資産または繰延税金負債を計上し，払込資本を相手勘定として計上することが適当であると考えられる。

　一方で，当該共通支配下の取引が現金等の株式以外の財産のみを対価として行われる場合には，のれんが計上されることとなるが（企業結合適用指針224項(1)），このとき，以下のいずれかの考え方で会計処理することが考えられる。

- 取得のケースと同様，資産調整勘定に対する繰延税金資産または差額負債調整勘定に対する繰延税金負債を計上した上で，配分残余としてのれんを認識する。
- 共通支配下の取引では企業結合の前後で帳簿価額が相違しないことが基本とされるため，分離元と分離先の会計処理は整合的になるべきであり，当該税務上ののれんに関して計上された繰延税金資産または繰延税金負債の相手勘定は，法人税等調整額となる。

　前者の考え方は，取得とされた企業結合の会計処理の定めにおける結論の背景に記載されているものであり，ただちに共通支配下の取引において適用すべきとはいえない。このとき，共通支配下の取引に係る個別財務諸表上の会計処理の考え方は，企業結合の前後で純資産等の帳簿価額が相違しないことを想定していること，および移転した資産および負債の差額と交付した現金等の適正な帳簿価額との差額をのれんまたは負ののれんとして算定すべきであることか

ら，新たに計上された資産調整勘定または差額負債調整勘定に係る税効果はのれんまたは負ののれんに影響を与えるべきではないと考えられる。このため，資産調整勘定に関する繰延税金資産または差額負債調整勘定に関する繰延税金負債は，その相手勘定を法人税等調整額として処理することが適当であると考えられる。

2 ｜ 事業を間接的に取得するような企業結合

⑴ 個別財務諸表上の会計処理

　株式交換，株式移転および株式交付のように，株式を取得することにより間接的に事業を取得するような企業結合の場合には，完全親会社が受け入れた完全子会社株式に係る将来減算一時差異について，原則として，繰延税金資産を認識しない。具体的には，当該一時差異のうち，株式の受取り時に生じていたものについては，予測可能な将来の期間に，その売却等を行う予定が存在する場合を除き，繰延税金資産を認識しない（税効果適用指針 8 項⑴，⑵，98項，99項，企業結合適用指針115項，123項）。

⑵ 連結財務諸表上の会計処理

　連結財務諸表上，支配獲得時において，子会社の識別可能資産および負債は時価で評価されることから（企業結合適用指針116項，124項，連結会計基準23項，20項，21項），連結財務諸表上の簿価（時価）と個別財務諸表上の簿価の差額が一時差異に該当する場合には，税効果会計の対象となる（税効果適用指針18項）。詳細は前記「11　連結時の時価評価（評価差額）に係る税効果」を参照されたい。

　なお，連結財務諸表上で認識されるのれんについて税効果を認識しない点については，前記「1⑴　取得とされた場合」に記載した取扱いと同様である（税効果適用指針43項，145項）。

3 ｜ 移転事業に対する投資が継続している場合の事業分離

　事業分離が行われた場合，分離元企業にとって分離先企業に移転された事業

第3章 ⑮企業結合における税効果と連結財務諸表　*281*

に対する投資が継続しているときは，移転事業に関連する繰延税金資産または繰延税金負債を，対価として受領した分離先企業の株式の取得価額に含めずに，分離先企業の株式に係る一時差異に関する繰延税金資産または繰延税金負債に置き換わったものとして計上される（税効果適用指針99項，企業結合適用指針108項(2)）。なお，当該組織再編が税務上非適格組織再編とされた場合の税務上の移転損益に関して新たに計上された繰延税金資産および繰延税金負債も含まれる。

　また，分離先が分離元の連結子会社である場合，投資と資本の相殺消去において，分離元において受け取った子会社株式に対して計上された繰延税金資産および繰延税金負債を消去する点に留意が必要である。具体的には，設例3－15－2のとおりである。

設例3－15－2　　**投資が継続している事業分離**

（前提条件）

①　親会社であるP社は子会社であるS社に対して，A事業を会社分割（分社型）で移転する。S社では対価としてS社株式を発行し，P社では当該S社株式を従前から保有する同社株式とともに，引き続き子会社株式として分類する。なお，この会社分割について，P社では投資が継続しているものとして会計処理され，S社では当該企業結合を共通支配下の取引として処理する。

②　P社の分割期日前日の貸借対照表は以下のとおりである。

科目	金額	科目	金額
A事業資産(※)	100,000	諸負債	120,000
繰延税金資産 （A事業見合い）	3,000	資本金 利益剰余金	100,000 183,000
諸資産	300,000		

（※）　A事業資産の税務上の帳簿価額は110,000であり，会計上の帳簿価額との差額（10,000＝税務上の帳簿価額110,000－会計上の帳簿価額100,000）に対して，繰延税金資産を計上している。また，A事業資産の時価は120,000，A事業の時価（＝取得するS社株式の時価）は140,000とする。

③　法定実効税率は30％とする。

④　繰延税金資産の回収可能性に問題はないものとする。

⑤　S社において増加すべき資本をすべてその他資本剰余金としている。

会計処理

[税務上適格分割である場合の会計処理]

(1)　P社における会計処理

（借）　S　社　株　式	(※2)100,000	（貸）　A　事　業　資　産	(※1)100,000
（借）　繰延税金資産 　　　　（S社株式見合い）	(※3)3,000	（貸）　繰延税金資産 　　　　（A事業見合い）	(※1)3,000

（※1）　100,000……前提条件②の貸借対照表参照。
（※2）　100,000……移転する株主資本相当額（関連する繰延税金資産または繰延税金負債を除く。）により，S社株式を計上する。
（※3）　3,000……前提条件②の貸借対照表参照。移転するA事業に関連する繰延税金資産がS社株式に係る将来減算一時差異に対する繰延税金資産に置き換わったものである。

(2)　S社における会計処理

（借）　A　事　業　資　産 　　　　繰延税金資産 　　　　（A事業見合い）	(※1)100,000 (※1)3,000	（貸）　その他資本剰余金	(※2)103,000

（※1）　100,000，3,000……前提条件②の貸借対照表参照。
（※2）　103,000……前提条件⑤参照。

(3)　連結財務諸表上の会計処理（投資と資本の相殺消去）

（借）　その他資本剰余金	(※1)103,000	（貸）　S　社　株　式 　　　　繰延税金資産 　　　　（S社株式見合い）	(※2)100,000 (※2)3,000

（※1）　103,000……(2)参照。
（※2）　100,000，3,000……(1)参照。

第3章　⑮企業結合における税効果と連結財務諸表　*283*

[税務上非適格分割である場合の会計処理]

(1)　P社における会計処理

（借）	S　社　株　式	(※2)100,000	（貸）	A 事 業 資 産	(※1)100,000
（借）	法　人　税　等	(※3)9,000	（貸）	未 払 法 人 税 等	(※3)9,000
（借）	繰 延 税 金 資 産 （A 事 業 資 産 見合い（課税分））	(※4)9,000	（貸）	法 人 税 等 調 整 額	(※4)9,000
（借）	繰 延 税 金 資 産 （S社株式見合い）	(※5)12,000	（貸）	繰 延 税 金 資 産 （A 事 業 資 産 見合い（課税分））	(※4)9,000
				繰 延 税 金 資 産 （A 事 業 資 産 見合い（既存分））	(※1)3,000

（※1）　100,000……前提条件②の貸借対照表参照。

（※2）　100,000……移転する株主資本相当額（関連する繰延税金資産または繰延税金負債を除く。）により，S社株式を計上する。

（※3）　9,000＝（取得するS社株式の時価140,000－A事業資産の税務上の帳簿価額110,000）×法定実効税率30％

　　　　譲渡価額とA事業資産の税務上の簿価との差額が税務上の移転利益として課税される。

（※4）　9,000……税務上の移転利益9,000に関して新たに繰延税金資産を計上する。

（※5）　12,000……P社の分割期日前日の貸借対照表に計上されていたもの（前提条件②の貸借対照表参照）を含めて，移転するA事業に関連する繰延税金資産がS社株式に係る将来減算一時差異に対する繰延税金資産に置き換わったものである。

(2)　S社における会計処理

（借）	A 事 業 資 産 繰 延 税 金 資 産 （A事業見合い）	(※1)100,000 (※2)12,000	（貸）	その他資本剰余金	(※3)112,000

（※1）　100,000……前提条件②の貸借対照表参照。

（※2）　12,000＝税務上の資産調整勘定6,000（＝（取得するS社株式の時価140,000－A事業資産の税務上の帳簿価額120,000）×法定実効税率30％）＋A事業資産に関連する税効果6,000（＝（A事業資産の税務上の帳簿価額120,000－A事業資産の会計上の帳簿価額100,000）×法定実効税率30％）

（※3）　112,000……前提条件⑤参照。

(3) 連結財務諸表上の会計処理（投資と資本の相殺消去）

（借）	その他資本剰余金	(※1)112,000	（貸）	Ｓ 社 株 式	(※2)100,000
				繰 延 税 金 資 産 （Ｓ社株式見合い）	(※2)12,000

（※1） 112,000……(2)参照。
（※2） 100,000, 12,000……(1)参照。

4 吸収合併する子会社との間の過年度の未実現利益に対する繰延税金資産の取扱い

　親会社が子会社を合併する場合は，共通支配下の取引として処理される（企業結合適用指針201項）。よって，親会社の個別財務諸表では，子会社の適正な帳簿価額により資産および負債を受け入れるが，親会社が作成する連結財務諸表において，当該子会社の純資産等の帳簿価額を修正しているときは個別財務諸表上も，連結財務諸表上の金額である修正後の帳簿価額により資産および負債を受け入れることとなる（企業結合会計基準（注9），企業結合適用指針207項柱書き）。この場合に，親会社の個別財務諸表上は，子会社の資産および負債を未実現利益消去後の金額で受け入れることとなり，未実現利益消去前の金額から未実現利益消去後の金額に修正した際の差額は当期の特別損失として処理される。

　ここで，連結会社相互間の取引から生じる未実現利益の消去は，連結固有の一時差異となるが，当該一時差異に対する税効果の考え方は繰延法によるものとされている（税効果適用指針131項）。親会社が作成する連結財務諸表において，未実現利益に対する繰延税金資産が計上されている場合，当該子会社を合併することにより，連結固有の一時差異が親会社の個別財務諸表上の一時差異として認識される。

　このような場合に当該一時差異に対する繰延税金資産について，現行の会計基準等において明確な定めはないが，原則的な考え方である資産負債法に従って処理され，当該繰延税金資産の回収可能性を検討する必要があると考えられる。これは，連結財務諸表上の未実現利益に対する繰延税金資産は，個別財務諸表上，完結した課税関係が未実現利益の消去に伴い個別財務諸表と連結財務諸表の帳簿価額が異なることから一時差異が生じるため計上されるものである

第3章　⑮企業結合における税効果と連結財務諸表　*285*

のに対して，合併を原因とする未実現利益の個別財務諸表上の修正による一時差異はあくまで個別財務諸表上の一時差異であり，合併期日の属する事業年度において新たに生じた一時差異であると考えられるためである。

　具体的には，設例3-15-3のとおりである。

設例3-15-3　吸収合併する子会社との間の過年度の未実現利益に対する繰延税金資産の処理

前提条件

① 　P社（3月決算）はS社（3月決算）を設立当初から支配しており，P社はS社の発行済株式総数の80％を保有している。

② 　X1年4月において，P社はS社に帳簿価額10,000の土地を30,000で売却した。S社は当該土地をX2年3月末においても保有している。

③ 　X2年4月1日において，P社はS社を吸収合併した。

④ 　法定実効税率は30％とする。

⑤ 　P社において吸収合併により受け入れた土地以外には一時差異は発生しておらず，当該一時差異については10,000までが回収可能である。

会計処理

[X3年3月期の会計処理]

(1) 　P社の個別財務諸表上の仕訳

(ⅰ) 　土地の帳簿価額の修正

（借）　土地売却益修正損	(※)20,000	（貸）　土　　　　　地	(※)20,000

（※）　20,000＝土地の売却後の帳簿価額30,000－土地の売却前の帳簿価額10,000

(ⅱ) 　土地の帳簿価額の修正に伴う繰延税金資産の計上

（借）　繰延税金資産	(※)3,000	（貸）　法人税等調整額	(※)3,000

（※）　3,000＝土地の一時差異に対する回収可能額10,000×法定実効税率30％

(2) 連結財務諸表上の仕訳

(ⅰ) 開始仕訳

(借) 利益剰余金(期首)	(※3)14,000	(貸) 土　　　　地	(※1)20,000
繰延税金資産	(※2)6,000		

(※1) 20,000＝土地の売却後の帳簿価額30,000－土地の売却前の帳簿価額10,000
(※2) 6,000＝20,000(※1)×法定実効税率30％
(※3) 差額により算出。

(ⅱ) 帳簿価額修正に伴う未実現利益の消去仕訳の戻し(繰延税金資産を含む。)

(借) 土　　　　地	(※1)20,000	(貸) 土地売却益修正損	(※1)20,000
(借) 法人税等調整額	(※2)6,000	(貸) 繰延税金資産	(※2)6,000

(※1) 20,000……(ⅰ)(※1) 参照。
(※2) 6,000……(ⅰ)(※2) 参照。

5 子会社同士を合併させた場合の連結財務諸表上の繰延税金資産の回収可能性の判断

(1) 回収可能性の判断

　合併直前の期の決算における連結財務諸表は，合併を前提とせずに繰延税金資産の回収可能性を判断した子会社の財務諸表に基づき作成されることとなり，子会社の個別財務諸表における回収可能性の判断が連結財務諸表において見直されることはないと考えられる。

(2) 回収可能性の考え方

　前記の回収可能性の判断は，次の理由に基づくものである。

- 連結手続上生じた将来減算一時差異（未実現利益の消去に係る将来減算一時差異を除く。）に係る税効果額は，納税主体ごとに個別財務諸表上の繰延税金資産の計上額（繰越外国税額控除に係る繰延税金資産を除く。）と合算し，回収可能性の判断を行うこととされていること（税効果適用指針 8 項(3)）を踏まえると，納税主体ごとの個別財務諸表上の繰延税金資産の回収可能性の判断が連結財務諸表において見直されることは通常想定していないと考えられる。これ

第3章　15企業結合における税効果と連結財務諸表　*287*

は，企業集団に属する親会社および子会社は法的に別法人であり，当該法人自体が単独の納税主体であることを踏まえたものと考えられる。

- 企業結合適用指針では，共通支配下の取引に該当する合併の場合，繰延税金資産および繰延税金負債も含めて，消滅会社の合併期日前日の適正な帳簿価額，つまり合併を前提としない場合に計上される金額で合併受入処理が行われる。このような考え方は，消滅会社から引き継ぐ繰延税金資産および繰延税金負債は，消滅会社から引き継ぐ事業に係るものであるため，合併を前提とせず，消滅会社において計上される範囲の繰延税金資産および繰延税金負債に限られ，合併による影響は，合併の効果として合併後に計上するのが妥当であると判断されたものと考えられる。

　前記2つ目の理由は，個別財務諸表に関する取扱いの趣旨であるが，前記1つ目の理由のとおり，連結財務諸表において納税主体ごとに繰延税金資産の回収可能性を判断する趣旨を踏まえると，連結財務諸表においても合併を前提として繰延税金資産の回収可能性の判断を行うことはできないと考えられる。また，完全子会社同士の合併の場合，連結財務諸表における経済実態は基本的には合併前後において同様と考えられるが，課税関係については，個別納税主体ごとの課税関係となるため，合併の前後で影響が生じることとなる。

　これを踏まえて，具体的には設例3-15-4のとおりとなる。

設例3-15-4　子会社同士の合併に係る繰延税金資産の回収可能性の取扱い

前提条件

① P社（3月決算）はS1社（3月決算）およびS2社（3月決算）を設立当初から支配しており，P社はS1社およびS2社の発行済株式総数の100％をそれぞれ保有している。

② X1年4月1日においては，S1社はS2社を無対価により吸収合併した。なお，吸収合併による株主資本の額の会計処理については，払込資本（資本金および資本剰余金）の額をゼロとし，利益剰余金のマイナスとして処理する。

③ X1年3月期におけるS1社およびS2社の貸借対照表は以下のとおりである。

288

【S1社の貸借対照表】

科目	金額	科目	金額
諸資産	500,000	諸負債	50,000
繰延税金資産	3,000	資本金 利益剰余金	100,000 353,000

【S2社の貸借対照表】

科目	金額	科目	金額
諸資産	30,000	諸負債	50,000
		資本金 利益剰余金	10,000 △30,000

④　X1年3月期における将来減算一時差異は，S1社が10,000，S2社が30,000であり，いずれも将来加算一時差異はないものとする。

⑤　法定実効税率は30％とする。

⑥　X1年3月期におけるS1社およびS2社の繰延税金資産の回収可能性に関する分類は，S1社が（分類1），S2社が（分類5）である。

⑦　X2年3月期におけるS1社の繰延税金資産の回収可能性に関する企業の分類は（分類1）である。

 会計処理

[X1年3月期の個別財務諸表上の処理]

(1)　S1社における繰延税金資産の計上

　仮にS2社における将来減算一時差異が，吸収合併後のS1社における繰延税金資産の回収可能性に関する分類に影響を与えるほどのものであったとしても，S1社においては合併前の繰延税金資産の回収可能性に関する分類に応じて繰延税金資産を計上することとなる。

（借）　繰 延 税 金 資 産　　　(※)3,000　（貸）　法人税等調整額　　　(※)3,000

（※）　3,000……前提条件③のS1社の貸借対照表参照。

(2)　S2社における繰延税金資産の計上

　X1年3月期においてS2社では将来減算一時差異が30,000あるが，繰延

税金資産の回収可能性に関する分類が（分類５）であり，将来加算一時差異
も存在しないことから，繰延税金資産の回収可能性がないとして仕訳なしと
なる。Ｘ１年４月１日における吸収合併による影響は加味しない。

仕訳なし

[Ｘ２年３月期の個別財務諸表上の処理]

(1) Ｓ１社における吸収合併の処理

(借) 諸　　資　　産 (※1)30,000	(貸) 諸　　負　　債 (※1)50,000
利 益 剰 余 金 (※2)20,000	

(※１)　30,000，50,000……前提条件③のＳ２社の貸借対照表参照。
(※２)　20,000……前提条件②参照。

(2) Ｓ１社における繰延税金資産の計上

(借) 繰 延 税 金 資 産 (※)9,000	(貸) 法 人 税 等 調 整 額 (※)9,000

(※)　9,000＝Ｓ２社における将来減算一時差異30,000×法定実効税率30%

16 グループ通算制度およびグループ法人税制と税効果

1 グループ通算制度を適用した場合に税効果会計に与える影響

　本節では，以下に掲げたグループ通算制度に係る税効果会計の諸論点を，グ
ループ通算制度の適用を開始する場合（子会社がグループ通算制度に新規加入
する場合を含む。），グループ通算制度を適用している場合，グループ通算制度
対象子会社がグループ通算制度対象から離脱する場合の３つのケースに分けて
記載する。

- 繰延税金資産の回収可能性を会社ごとではなく通算会社全体で行う。
- グループ通算制度は国税部分にしか適用されないため，税効果会計においても，国税部分と地方税部分とで区分して検討する必要がある。
- 税務上の簿価が修正されることで一時差異が発生する（投資簿価の修正や通算会社保有資産の時価評価など）。
- 欠損金に対する複雑な税務上の規定が存在する。

2 | グループ通算制度の適用を開始する場合における税効果会計（子会社がグループ通算制度に新規加入する場合を含む）

(1) グループ通算制度の適用を前提とした税効果会計の適用開始時期

① グループ通算制度の適用を開始する場合

　親会社および子会社が，グループ通算制度の適用を開始するにあたり通算承認を受けようとする場合には，その親会社がグループ通算制度の適用を受けようとする最初の事業年度開始の日の３ヵ月前までに，当該親会社および子会社のすべての連名で，承認のための申請書を当該親会社の納税地の所轄税務署長を経由して，国税庁長官に提出する必要がある（法法64条の9第2項）。

　なお，上記申請書の提出があった場合，当該グループ通算制度の適用を受けようとする最初の事業年度開始の日の前日までにその申請についての通算承認または却下の処分がなかったときは，当該親会社および子会社のすべてについて，その開始の日においてその通算承認があったものとみなされる（法法64条の9第5項）。

　グループ通算制度を新たに適用する場合には，グループ通算制度の適用の承認があった日または承認があったものとみなされた日の前日を含む連結会計年度および事業年度（中間会計期間を含む。）の連結財務諸表および個別財務諸表から，翌年度よりグループ通算制度を適用するものとして，税効果会計を適用する（グループ通算制度取扱い21項）。

　ただし，適用の承認を受けていない場合であっても，翌年度よりグループ通算制度を適用することが明らかな場合であって，かつ，グループ通算制度に基づく税効果会計の会計処理が合理的に行われると認められる場合には，これらを満たした時点を含む連結会計年度および事業年度（中間会計期間を含む。）の連結財務諸表および個別財務諸表から，翌年度よりグループ通算制度を適用するものと仮定して，税効果会計を適用することができる（グループ通算制度取扱い21項ただし書き）。

　なお，「翌年度よりグループ通算制度を適用することが明らかな場合」とは，グループ通算制度の承認申請書が提出されており，グループ通算制度を適用する意思が明確であって，当該申請の却下事由（法法64条の9第3項）が認められない場合などが考えられる。また「グループ通算制度に基づく税効果会計の

会計処理が合理的に行われると認められる場合」とは，グループ通算制度に基づいた課税所得の計算や繰延税金資産の回収可能性の十分な検討等が適切に行われている場合が考えられる。

② 連結子会社が新たにグループ通算制度へ加入する場合

　連結子会社ではあるがグループ通算制度適用子会社ではない企業の株式を追加取得等（100％子会社化）することで当該連結子会社が通算子会社（通算会社のうち，法人税法第2条第12号の7に規定する通算子法人をいう。）となる場合がある。

　このような株式取得等によって，新たに通算子会社となる（以下「加入」という。）企業がある場合，当該企業を将来，通算子会社とすることについての意思決定がなされ，かつ，実行される可能性が高いと認められる場合には，これらを満たした時点を含む連結会計年度および事業年度（中間会計期間を含む。）の連結財務諸表および個別財務諸表から，その影響を考慮して税効果会計を適用する（グループ通算制度取扱い22項(1)）。

③ 連結子会社ではない企業が新たにグループ通算制度へ加入する場合

　加入前の時点で連結子会社でない企業が，株式の取得等によって新たに通算子会社となる場合には，通算子会社となった時から，その影響を考慮して税効果会計を適用する（グループ通算制度取扱い22項(2)）。

　ただし，通算子会社となることによって，税務上の繰越欠損金の引継制限（法法57条6項および8項）や特定資産に係る譲渡等損失額の損金算入制限（法法64条の14第1項）が課される場合で，通算子会社となる可能性が高く，かつ，当該企業においてもその事実が明らかになっていると認められる場合には，これらを満たした時点を含む事業年度（中間会計期間を含む。）の個別財務諸表から，損金算入が見込まれない税務上の繰越欠損金および特定資産に係る将来減算一時差異について繰延税金資産の回収可能性はないものとされる（グループ通算制度取扱い22項(2)ただし書き）。

④ 後発事象の取扱い

　グループ通算制度の適用開始または新たに通算子会社を加入させることの意思決定が事業年度の決算日後から監査報告書日までの間に行われた場合に，当

該事象は後発事象に該当すると考えられる。本事象では，「グループ通算制度の適用開始」または「新たに通算子会社を加入させることの意思決定」が決算日より後に行われているため，財務諸表を修正すべき修正後発事象の要件を満たさず，開示後発事象として取り扱われ，注記の要否について検討することになると思われる（監査基準報告書560実務指針第1号「後発事象に関する監査上の取扱い」3(2)）。

⑤　中間決算（および第1四半期会計期間，第3四半期会計期間に係る四半期決算）（以下「中間決算等」という）の取扱い

中間決算等においても，当該中間決算等に係る会計期間の末日までにグループ通算制度適用の承認を受けた場合，また，承認を受けていない場合であっても翌事業年度よりグループ通算制度を適用することが明らかであり，かつ，グループ通算制度に基づく税効果会計の計算が合理的に行われていると認められる場合には，翌事業年度よりグループ通算制度を適用するものとして，法人税等調整額を計上することとなる（グループ通算制度取扱い21項ただし書き参照）。ただし，法人税等の額は，単体納税制度に基づいて計上することに留意する。

なお，グループ通算制度を採用した場合でも，予想年間税金費用と予想年間税引前当期純利益を合理的に見積ることができるときには，いわゆる中間特有の会計処理（年度の税効果会計適用後の実効税率を合理的に見積り，税引前中間純利益に当該見積実効税率を乗じて税金費用を計上する方法）を採用することができる（中間適用指針22項）。当該取扱いは，第1四半期会計期間および第3四半期会計期間に四半期会計基準等を適用している場合においても同様である（四半期適用指針23項，18項，21項参照）。

ただし，グループ通算制度適用下において中間特有の会計処理を採用する場合には，国税と地方税とを区別して見積実効税率を算定する必要があることに留意する。

(2)　グループ通算制度適用前または加入前の繰越欠損金の取扱い

①　通算子会社の繰越欠損金

一定の要件を満たす場合を除き，グループ通算制度の適用（加入）に際して，通算子会社の繰越欠損金は切り捨てられることになる（法法57条6項）。した

がって，グループ通算制度適用（加入）前に繰越欠損金に係る繰延税金資産を計上していた場合，国税部分に係る繰延税金資産はグループ通算制度の承認日または連結子会社のグループ通算制度加入の意思決定がなされ，かつ，その実行可能性が高いと認められることになった時点で取り崩す必要がある。一方で，地方税の計算においてはグループ通算制度適用（加入）後も引き続き当該繰越欠損金を使用することができるため，地方税部分に係る繰延税金資産は回収可能性があると判断された場合には引き続き計上されることになる。

　また，特定繰越欠損金（グループ通算制度を適用する前に生じた税務上の繰越欠損金であって一定の要件を満たす場合にグループ通算制度適用後にも控除可能な税務上の繰越欠損金等。グループ通算制度取扱い5項(7)）については，グループ通算制度適用（加入）によっても切り捨てられることはないため，国税部分も含め当該特定繰越欠損金に係る繰延税金資産の計上が引き続き可能である。なお，グループ通算制度においては，当該特定繰越欠損金と特定繰越欠損金以外の繰越欠損金（以下「非特定繰越欠損金」という。）を区分した上で繰延税金資産の回収可能性の判断を行う必要がある。こちらを表にまとめると図表3-16-1のとおりとなる。

図表3-16-1 　特定繰越欠損金と非特定繰越欠損金の取扱い

	特定繰越欠損金	非特定繰越欠損金
特徴	・自社の所得に対してのみ控除可能な欠損金 ・グループ通算制度の開始や新規の通算法人の加入の場合に単体納税時の法人の繰越欠損金のうち，切り捨てられなかったもの	・通算グループ内の他の法人の所得と通算可能な欠損金 ・グループ通算制度開始後に生じた繰越欠損金
繰延税金資産の回収可能性の判断	・当該通算会社の課税所得の見積額（損益通算後，かつ，税務上の繰越欠損金控除前）と通算グループ全体の課税所得の見積額の合計（税務上の繰越欠損金控除前）のうち，いずれか小さい額を限度に，各事業年度における特定繰越欠損金の繰越控除額を見積る ・通算グループ全体の課税所得は通算	・特定繰越欠損金が優先的に控除されるため，特定繰越欠損金控除後の通算グループ全体の課税所得の見積額を限度に，各事業年度における非特定繰越欠損金の繰越控除額を見積る ・通算グループ全体の分

| | グループ全体の分類に応じた判断を行い，通算会社の課税所得は通算会社の分類に応じた判断を行う | 類に応じた判断を行う |

(3) グループ通算制度の適用開始時または加入時における通算子会社保有資産の時価評価損益の取扱い

① 通算会社保有資産の時価評価制度の概要

　親会社がグループ通算制度の適用を開始する場合または子会社がグループ通算制度へ新たに加入する場合に，たとえばグループ通算制度開始時に完全支配関係の継続が見込まれるケースや通算グループ内で新たに子会社を設立するケースなど時価評価除外法人に該当するケースを除き，各通算子会社が保有する一定の資産は時価評価され，その評価損益はグループ通算制度適用（加入）直前の事業年度において，当該通算子会社の課税所得に算入される（法法64条の11第1項および法法64条の12第1項）。これは，グループ通算制度の適用前に生じていた通算子会社保有資産の含み損益をグループ通算制度の下で実現させ，他の通算子会社の課税所得と通算させることで，租税回避が行われることを防ぐ目的がある。

　なお，時価評価の対象となる資産は，固定資産（圧縮記帳の適用を受けた減価償却資産を除く。），土地（土地の上に存する権利を含む。），有価証券（売買目的有価証券を除く。），金銭債権および繰延資産である。ただし，その帳簿価額が1,000万円に満たないもの，およびその含み損益が資本金等の2分の1または1,000万円のいずれか少ない金額に満たないもの等は除かれる（法令131条の15第1項）。

② 通算子会社の個別財務諸表における税効果会計

　会計上では税務上の時価評価損益に対応する損益の計上は認められない。よって，当該時価評価損益は通算子会社の個別財務諸表上の一時差異に該当し，税効果会計の対象となる。

③ 連結財務諸表における税効果会計

　会計上の資本連結手続における評価差額（連結財務諸表固有の一時差異）とグループ通算制度における時価評価損益に差額が生じる場合は，その差額が通

算グループ全体における一時差異となり税効果会計の対象となる。

　連結会計上の時価評価とグループ通算制度における時価評価の間に差額が生じる理由としては，時価評価の対象となる資産の範囲の違いと，時価評価を行うタイミングの違いが挙げられる。

(i) 時価評価の対象となる資産の範囲の違いによる影響

　グループ通算制度における時価評価対象資産は，前記「①　通算会社保有資産の時価評価制度の概要」に記載したとおりであるが，連結会計上は時価評価対象資産の範囲に制限はない。このため，連結会計上は棚卸資産の時価評価差額が計上されることもあれば，個別財務諸表上では認識されていない無形固定資産が新たに時価で計上されることもある。

　グループ通算制度における時価評価の範囲外の資産について連結会計上で時価評価差額が生じている場合は，連結固有の一時差異として税効果会計の対象となる（詳細は前記「①　連結時の時価評価（評価差額）に係る税効果」参照）。

　一方，グループ通算制度において時価評価された資産が連結財務諸表上も同様に時価評価され，当該資産の税務上の簿価と連結上の簿価が一致する場合は，個別財務諸表上で認識された将来減算（加算）一時差異と同額の連結財務諸表固有の将来加算（減算）一時差異が生じることになる。この場合，個別財務諸表上で計上された繰延税金資産（負債）と，連結手続上で生じた繰延税金負債（資産）が相殺しあうことになり，結果的に連結財務諸表上では繰延税金資産または繰延税金負債は計上されないことになる。

(ii) 時価評価を行うタイミングの違いによる影響

　連結財務諸表上は，子会社の支配を獲得した日において，子会社の資産および負債のすべてを支配獲得日の時価により評価する必要がある。一方，税務上は，グループ通算制度を適用（または加入）する直前の事業年度終了の時に有していた一定の資産が時価評価の対象となる。この時価評価を行うタイミングの違いから，同一の資産に対しても連結会計上と税務上とで時価評価額が異なる場合がある。この場合，連結上の時価評価額と税務上の時価評価額との差額が連結会計上の一時差異の金額となる。このタイミングの違いが生じるのは，100％連結子会社を保有している状態からグループ通算制度適用を開始する場合や，グループ通算制度を適用した後で連結子会社を100％子会社化する場合

296

などが考えられる。

設例3－16－1　通算子会社保有資産に対し時価評価差額が計上された場合

前提条件

① S社は，土地を取得価額100で計上しており，当該土地の帳簿価額は会計上と税務上で一致している。

② P社は，X1年度末に，S社の株式を100％取得してS社を子会社とした。

③ P社のS社支配獲得日（X1年度末）において，S社保有の土地の時価は200であった。

④ P社は，X3年度よりグループ通算制度を適用することとし，その直前事業年度の終了の日となるX2年度末にグループ通算制度の規定に基づきS社保有資産（土地）の時価評価を行った。S社保有の土地は時価250と算定され，評価差額150が益金に算入された。

⑤ 法定実効税率は30％とし，うち国税部分は25％，地方税部分は5％とする。

⑥ 繰延税金資産の回収可能性には問題がないものとする。

会計処理

[X1年度の会計処理]

(1) P社連結財務諸表上の会計処理

(借) 土　　　　地	(※1)100	(貸) 評　価　差　額	(※2)70
		繰 延 税 金 負 債	(※3)30

（※1） 100＝X1年度末の土地の時価200－土地の簿価100
（※2） 70＝時価評価差額100×（1－法定実効税率30％）
　　　　評価差額勘定は，投資と資本の相殺消去仕訳にて消去されるが，本設例ではその仕訳は省略する。
（※3） 30＝時価評価差額100×法定実効税率30％

[X2年度の会計処理]

(1) S社個別財務諸表上の会計処理

会計上は，資産（土地）の時価評価差益は認識されず，当該差益は一時差異となるため繰延税金資産が計上される。

（i） 土地の評価益に対する法人税等の計上

（借）　法人税，住民税　　（※）45　（貸）　未払法人税等　　（※）45
　　　　及び事業税

（※）　45＝時価評価差益150×法定実効税率30％

（ii）　税効果会計の仕訳

（借）　繰延税金資産　　　（※）45　（貸）　法人税等調整額　（※）45

（※）　45＝将来減算一時差異150×法定実効税率30％

(2)　P社連結財務諸表上の会計処理

（i）　開始仕訳

（借）　土　　　　地　　　（※）100　（貸）　評　価　差　額　（※）70
　　　　　　　　　　　　　　　　　　　　　　繰延税金負債　　（※）30

（※）　前期連結仕訳の引継ぎ。

（ii）　繰延税金資産と繰延税金負債の相殺

（借）　繰延税金負債　　　（※）30　（貸）　繰越税金資産　　（※）30

（※）　資本連結手続において認識された繰延税金負債と，S社個別財務諸表上で認識された繰延税金資産とを相殺する。

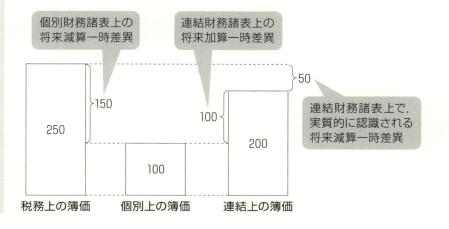

④　通算子会社となる会社が土地再評価を行っていた場合の取扱い

通算子会社が保有する土地に対して，土地の再評価に関する法律に基づき土地の評価差額を計上していた場合，税務上の土地の帳簿価額は変動していないことから当該土地の評価差額は一時差異となり，繰延税金資産（回収可能性がある場合）または繰延税金負債が計上されている。

グループ通算制度の適用開始または加入時において通算子会社が保有している土地は税務上でのみ時価評価されるため，土地の再評価に基づき認識された一時差異の金額も変動することになるものの，土地の再評価に関する法律では再評価差額金を取り崩す場合を限定しており，再評価の対象となった土地に税務上課税関係が生じて再評価に係る一時差異が解消した場合の繰延税金資産または繰延税金負債の取崩しについて明示的に規定されていないため，その取扱いが論点となる。

税効果適用指針第14項において当該土地の売却等により再評価に係る一時差異が解消された場合は，繰延税金資産または繰延税金負債について法人税等調整額を相手勘定として取り崩すとされている。このことから課税関係が生じることに伴い再評価に係る一時差異が解消する場合には法人税等調整額を相手勘定として繰延税金資産または繰延税金負債を取り崩す処理が必要になると考えられる。したがって，グループ通算制度に伴う時価評価課税により再評価した土地に係る一時差異の全部または一部が解消される場合も同様に繰延税金資産または繰延税金負債の取崩しは法人税等調整額を相手勘定に行うと考えられる。

なお，土地再評価差額金の取崩しは売却および減損の場合に限られることから（土地の再評価に関する法律8条），土地再評価差額金を取り崩して利益剰余金に振り替える処理は適切でなく，土地再評価差額金の貸借対照表価額はグループ通算制度加入後も変わらないと考えられる。

設例3−16−2　土地再評価差額金を計上していた場合の取扱い

（前提条件）

①　P社の100％子会社である連結子会社S社は保有する土地10について，過年度に土地再評価法に基づき100に評価替えを行っており，個別財務諸表上，土地再評価差額金63，繰延税金負債27を計上している。

②　P社はX2年度からグループ通算制度を適用することとしたため，通算

第3章　⓰グループ通算制度およびグループ法人税制と税効果　　299

子会社となるＳ社のＸ１年度の土地の時価60に基づき，税務上で評価益50
が課税所得に算入された。

③　法定実効税率は30％とする。

[会計処理]

[Ｓ社個別財務諸表上の会計処理]

　実際の課税額だけ，再評価に係る繰延税金負債を取り崩す。一方，土地再
評価差額金の価額は変動しない。

| （借）　法人税，住民税 | $^{(※)}$15 | （貸）　未払法人税等 | $^{(※)}$15 |
| 及 び 事 業 税 | | | |

（※）　15＝税務上の土地評価益50×法定実効税率30％

| （借）　再評価に係る | $^{(※)}$15 | （貸）　法人税等調整額 | $^{(※)}$15 |
| 繰延税金負債 | | | |

（※）　15＝税務上の土地評価益50×法定実効税率30％

(4)　連結会社ではない会社が決算日以外の日にグループ通算制度に加入した場合

　グループ通算制度を適用している親会社が，事業年度の途中に連結会社では
ない会社の株式を取得して新たに通算子会社とする場合，連結会計上は，実際
の株式の取得日ではなく当該日の前後いずれかの決算日を支配獲得日とするこ
とができる（連結会計基準（注５））。

　一方で，グループ通算制度においてはみなし事業年度が設けられており，原
則として実際の株式取得日においてグループ通算制度に加入することとなる
（法法14条４項１号）。また，加入時期の特例として，株式取得日後最初の月次
決算日または会計期間末の翌日を加入日とすることもできる（法法14条８項）。
この場合，グループ通算制度の対象期間に対応する法人税等を連結財務諸表に
取り込むと，連結財務諸表に取り込まれる税引前当期純損益と法人税等が合理
的に対応しないこととなるため，連結損益計算書に含まれる当該子会社の損益
に対応する法人税等を合理的に計算し，計上する必要がある。

　たとえば，図表３−16−２のように，第１四半期中に株式を取得した場合で，
会計上は第１四半期末を株式取得日または支配獲得日とすると，実際の取得日

（月次決算日の翌日を選んだ場合も同様）から第1四半期末までの期間（同図表の「期間A」）の当該子会社の損益は，会計上は連結の対象外となる。したがって，連結損益計算書上の法人税等は，連結法人税等の額から期間Aに対応する法人税等の額を控除した金額となるよう調整する必要がある。

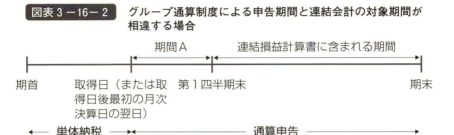

図表3－16－2　グループ通算制度による申告期間と連結会計の対象期間が相違する場合

3 グループ通算制度を適用している場合の税効果会計

(1) グループ通算制度を適用している場合の税効果会計の考え方

① 通算会社の個別財務諸表における税効果会計

グループ通算制度を適用している場合，通算会社ごとに「財務諸表上の一時差異等」に対して繰延税金資産および繰延税金負債を計算する。個別財務諸表上の一時差異等の算定においては，通算会社間の取引により生じた繰延譲渡損益，他の通算会社に対して計上した貸倒引当金，通算会社の欠損金切捨や特定資産の時価評価等の調整等が含まれることに留意する。

② 連結財務諸表における税効果会計

グループ通算制度においては，各通算会社が納税申告を行うことから，「納税申告書の作成主体」は各通算会社となるが，企業グループの一体性に着目し，完全支配関係にある企業グループ内における損益通算を可能とする基本的な枠組みは連結納税制度と同様であるとされており，グループ通算制度を適用する通算グループ全体が「課税される単位」となると考えられる。そのため，連結財務諸表においては，「通算グループ内のすべての納税申告書の作成主体を1つに束ねた単位」に対して，税効果会計が適用される（グループ通算制度取扱

い47項）。

　なお，通算グループ全体の一時差異等の算定においては，個別財務諸表上の一時差異であった繰延譲渡損益や他の通算会社に対して計上した貸倒引当金等は連結手続において消去され連結上の一時差異には含まれないこと，および通算子会社保有資産の時価評価に対する一時差異の額が資本連結手続における時価評価により変わり得る場合があることに留意する。

(2)　繰延税金資産の回収可能性

①　通算会社の個別財務諸表における繰延税金資産の回収可能性

　繰延税金資産の回収可能性の判断に関する手順は，基本的には単体納税制度における手順と同様であるが（グループ通算制度取扱い10項参照），通算税効果額[注]の影響を考慮して，次のとおり取り扱う。

　(i)　将来加算一時差異の解消見込額と相殺し切れなかった将来減算一時差異の解消見込額については，まず，通算会社単独の将来の一時差異等加減算前通算前所得の見積額と解消見込年度ごとに相殺し，その後，損益通算による益金算入見積額（当該年度の一時差異等加減算前通算前所得の見積額がマイナスの場合には，マイナスの見積額に充当後）と解消見込年度ごとに相殺する（グループ通算制度取扱い11項(1)）。

　(ii)　上記(i)で相殺し切れなかった将来減算一時差異の解消見込額については，解消見込年度の翌年度以降において，非特定繰越欠損金として取り扱われることから，税務上の繰越欠損金の控除見込年度ごとの損金算入のスケジューリングに従って回収が見込まれる金額と相殺する（グループ通算制度取扱い11項(2)）。

（注）　通算税効果額
　　　　法人税法第26条第4項に規定する通算税効果額をいい，損益通算，欠損金の通算およびその他のグループ通算制度に関する法人税法上の規定を適用することにより減少する法人税および地方法人税の額に相当する金額として，通算会社と他の通算会社との間で授受が行われた場合に益金の額または損金の額に算入されない金額をいう（グループ通算制度取扱い5項(10)）。

| 図表3－16－3 | | 個別財務諸表における繰延税金資産の回収可能性の具体例 |

発生および解消見込年度		将来減算一時差異			
		P社	S1社	S2社	合計
発生　　　X1年末		△650	△200	△400	△1,250
回収可能 見込額の 見積り　X2年	一時差異等加減算前通算前所 得(※)の見積額	1,000	△450	700	1,250
	将来減算一時差異の解消見込額	△650	△200	△400	△1,250
	通算前所得の見積額	350	△650	300	0
	損益通算	△350	650	△300	0
	課税所得の見積額	0	0	0	0
	一時差異等加減算前通算前所得 の見積額による回収可能見込額	650	0	400	1,050
	損益通算による益金算入見込額	0	650	0	650
	上記のうち，一時差異等加減 算前通算前所得のマイナスの見積 額への充当額	0	△450	0	△450
	回収可能見込額	650	200	400	1,250

P社とS2社は，自社の「一時差異等加減算前通算前所得の見積額」により将来減算一時差異の解消見込額を相殺することが可能である。
一方，S1社は，自社の「一時差異等加減算前通算前所得の見積額」は△450であるが，損益通算による益金算入見込額650について，上記△450に充当した後の残額200により，将来減算一時差異の解消見込額200と相殺することが可能である。

（※）「一時差異等加減算前通算前所得」とは，課税所得から損益通算および欠損金の通算
　　　による損金算入額または益金算入額等を除いた額である「通算前所得」の将来事業年度
　　　の見積額から，さらに，当該事業年度において解消することが見込まれる当期末に存在
　　　する将来加算一時差異および将来減算一時差異の額を除いた額をいう（グループ通算制
　　　度取扱い5項(11)）。

　なお，上記判断に関する手順において，期末に有する税務上の繰越欠損金に
ついてスケジューリングを行い，回収が見込まれる金額を繰延税金資産として
計上する場合（回収可能性適用指針11項また書き）には，特定繰越欠損金と非
特定繰越欠損金ごとに，その繰越期間にわたって，将来の課税所得の見積額
（税務上の繰越欠損金控除前）に基づき，税務上の繰越欠損金の控除見込年度
ごとに損金算入限度額計算および翌期繰越欠損金額の算定手続に従って損金算
入のスケジューリングを行い，回収が見込まれる金額を繰延税金資産として計
上する（グループ通算制度取扱い12項）。

　また，個別財務諸表における繰延税金資産の回収可能性の判断を行うにあ
たっての企業の分類について，回収可能性適用指針第15項から第32項を適用す
る際には，図表3－16－4のとおり取り扱う（グループ通算制度取扱い13項）。

第3章 16グループ通算制度およびグループ法人税制と税効果 *303*

図表3－16－4 個別財務諸表における繰延税金資産の回収可能性の判断を行うにあたっての企業の分類

(1)	通算グループ内のすべての納税申告書の作成主体を1つに束ねた単位（以下「通算グループ全体」という。）の分類と通算会社の分類をそれぞれ判定する。なお，通算グループ全体の分類は，グループ通算制度取扱い第17項（※1）に従って判定し，通算会社の分類は，損益通算や欠損金の通算を考慮せず，自社の通算前所得または通算前欠損金に基づいて判定する。
(2)	将来減算一時差異に係る繰延税金資産の回収可能性の判断については，通算グループ全体の分類が，通算会社の分類と同じか上位にある場合は，通算グループ全体の分類に応じた判断を行う。また，通算グループ全体の分類が，通算会社の分類の下位にある場合は，当該通算会社の分類に応じた判断を行う（※2）。
(3)	税務上の繰越欠損金に係る繰延税金資産の回収可能性の判断において，非特定繰越欠損金については通算グループ全体の分類に応じた判断を行う。また，特定繰越欠損金については，損金算入限度額計算における課税所得ごとに，通算グループ全体の課税所得は通算グループ全体の分類に応じた判断を行い，通算会社の課税所得は通算会社の分類に応じた判断を行う（※3）。

（※1）　連結財務諸表における通算グループ全体の企業の分類の判断においては，回収可能性適用指針第15項から第32項における「一時差異等」や「課税所得」，「税務上の欠損金」，「一時差異等加減算前課税所得」等の通算会社ごとに生じる項目は，その合計が通算グループ全体で生じるものとして取り扱い，通算グループ全体の分類を判断する。

（※2）　「通算グループ全体の分類」が上位の場合は，通算グループ全体で将来所得が見込めるものであれば，仮にある通算会社において将来所得が見込めない（欠損である）場合でも，損益通算によって当該通算会社の税金の減額効果があると考えられる。一方，「通算会社の分類」が上位の場合は，各通算会社ではまず自社の通算前所得に基づいて判断することになるため，「通算会社の分類」に応じた判断を行うことが適当と考えられる。

（※3）　特定繰越欠損金に該当する部分に係る繰延税金資産の回収可能性は，税務上認められる繰戻・繰越期間内における当該通算会社の課税所得の見積額（税務上の繰越欠損金控除前）と通算グループ全体の課税所得の見積額の合計（税務上の繰越欠損金控除前）のうちいずれか小さい額を限度に，当該各事業年度における特定繰越欠損金の繰越控除額を見積ることにより判断する。

② 税金の種類ごとに回収可能性が異なる場合

　グループ通算制度は国税（法人税および地方法人税）に対して適用されるものであるため，通算会社の個別財務諸表における繰延税金資産の回収可能性の判断は，国税部分（法人税および地方法人税）については，これらをあわせて行うことになる。一方，地方税部分（住民税および事業税）はそれぞれを区分

して行うこととなる。

　このため，通算会社の個別財務諸表における繰延税金資産の回収可能性が税金の種類ごとに異なる場合，繰延税金資産から控除する金額は，税金の種類ごとに，回収不能と判断される部分に相当する一時差異等の金額に，原則として当該税金の種類に係る適用税率を乗じて計算することとなる。ただし，繰延税金資産の回収可能性が法人税および地方法人税と事業税で異なる場合または住民税と事業税で異なる場合で，かつ，その影響が大きい場合には，法定実効税率をそのまま適用することは適当でないため，法人税，地方法人税および住民税の法定実効税率の分母に使用される事業税率を修正するなどして算定された修正後の実効税率により計算する必要があることに留意する（グループ通算制度取扱い9項参照）。

図表3－16－5　繰延税金資産および繰延税金負債の計算に用いる税率―税金の種類ごとの繰延税金資産の回収可能性が異なることによる重要な影響がある場合

【前提条件】
(1)　将来減算一時差異：2,000
(2)　上記に対する繰延税金資産のうち，回収可能性があると認められる部分
　　①　法人税および地方法人税：100%（計上対象一時差異等は2,000）
　　②　住民税：10%（計上対象一時差異等は200）
　　③　事業税：20%（計上対象一時差異等は400）
(3)　税率は以下のとおりとする
　　①　法人税率：23.2%
　　②　地方法人税率：10.3%
　　③　住民税率：10.4%（超過課税による税率）
　　④　事業税率（所得割部分）：3.78%（超過課税による税率）

【繰延税金資産の回収可能見込額の計算における適用税率計算に使用される事業税率】

税区分	適用税率	計算過程
法人税および地方法人税	0.76%	法定税率（3.78%）×事業税計上対象一時差異等（400）/法人税および地方法人税計上対象一時差異等（2,000）＝0.76%
住民税	7.56%	法定税率（3.78%）×事業税計上対象一時差異等（400）/住民税対象一時差異等（200）＝7.56%

【修正実効税率を加味した繰延税金資産の回収可能見込額】

税区分	回収可能見込額	計算過程
法人税および地方法人税	508	$2,000×(23.2\%×(1+10.3\%)/(1+0.76\%)＝25.40\%)＝508$
住民税	4.4	$200×(23.2\%×10.4\%/(1+7.56\%)＝2.24\%)＝4.4$
事業税	14.6	$400×(3.78\%/(1+3.78\%)＝3.64\%)＝14.6$
合計	527	$508＋4.4＋14.6＝527$

③ 連結財務諸表における繰延税金資産の回収可能性

　連結財務諸表における繰延税金資産は，通算会社の個別財務諸表における計上額を単に合計したものではなく，通算グループ全体として，繰延税金資産の回収可能性の判断に関する手順に基づき計上する必要がある。したがって，通算グループ全体について回収可能性があると判断された繰延税金資産の金額と，各通算会社の個別財務諸表において計上された繰延税金資産の合計額との差額は，連結上修正する（グループ通算制度取扱い14項）。

　たとえば，通算子会社の個別財務諸表上の企業の分類が（分類3）であり，通算グループ全体の分類が（分類4）である場合については以下のとおりとなる。

　通算子会社の個別財務諸表においては，通算グループ全体の分類よりも通算子会社の企業の分類が上位にある場合には通算子会社の企業分類に基づいて回収可能性の判断を行うため，（分類3）であれば，原則として5年間を見積可能期間としてスケジューリングを行い，繰延税金資産の回収可能性を判断する。しかし，通算グループ全体の分類が（分類4）である場合，2年目以降の課税所得からの繰延税金資産の回収可能性を見込むことができないとされているため（回収可能性適用指針27項），2年目以降の課税所得を基礎として計上されていた個別財務諸表上の繰延税金資産は，通算グループを含む連結財務諸表上は，連結修正仕訳にて取り崩すことが必要になると考えられる。

　具体的な計算手順については，単体納税制度と同様，以下に沿って行われる。

（i） 企業の分類に応じた繰延税金資産の回収可能性に関する判断（回収可能性適用指針15～32項）

　　連結財務諸表における通算グループ全体の企業の分類の判断においては，回収可能性適用指針における一時差異等や課税所得，税務上の欠損金，一時差異等加減算前課税所得等の通算会社ごとに生じる項目は，その合計が通算グループ全体で生じるものとして取り扱い，通算グループ全体の分類を判断する（グループ通算制度取扱い17項）。

（ii） 期末における将来減算一時差異および将来加算一時差異の解消見込年度のスケジューリングに基づく回収可能性の判断（回収可能性適用指針11～14項）

設例3－16－3　　通算子会社の一時差異等に係る回収可能性の判断

前提条件

① 通算親会社P社と通算子会社S社の2社でグループ通算制度を適用している。

② X1年度末の将来減算一時差異の額は，P社ゼロ，S社100とする。

③ X2年度の一時差異等加減算前通算前所得の見積額はP社△100，S社100であり，通算グループ全体の一時差異等加減算前通算前所得の見積額はゼロ（P社△100，S社100の合計）とする。

④ X3年度以降のP社，S社の一時差異等加減算前通算前所得の見積額および通算グループ全体の一時差異等加減算前通算前所得の見積額は，いずれもゼロとする。

⑤ 法定実効税率（国税部分）は25％とする。

⑥ 地方税部分の繰延税金資産については考慮外とする。

会計処理

[X1年度のS社個別財務諸表上の会計処理]

　　S社の個別財務諸表において，S社のX2年度の一時差異等加減算前通算前所得の見積額100に基づいて繰延税金資産の回収可能性はあると判断される。

（借）繰延税金資産	(※)25	（貸）法人税等調整額	(※)25

（※） 25＝将来減算一時差異100×法定実効税率25％（国税部分）

第3章　⒃グループ通算制度およびグループ法人税制と税効果　　*307*

[X1年度の通算グループ全体を含む連結財務諸表上の会計処理]

　通算グループ全体においては，通算グループ全体の一時差異等加減算前通算前所得の見積額がゼロのため，繰延税金資産の回収可能性はないと判断され，Ｓ社個別財務諸表上で計上された繰延税金資産が取り崩される。

| （借）法人税等調整額 | (※)25 | （貸）繰延税金資産 | (※)25 |

（※）　25……[X1年度のＳ社個別財務諸表上の会計処理] 参照。

　なお，ここで前提条件②が以下のとおり変更された場合の取扱いを検討する。

前提条件

②　X1年度末の<u>繰越欠損金</u>は，Ｐ社ゼロ，Ｓ社100とする（特定繰越欠損金ではない。）。

（※）　他の条件は，上記と同一とする。

会計処理

　Ｓ社のX1年度の個別財務諸表においては，X2年度の通算グループ全体の一時差異等加減算前通算前所得の見積額ゼロに基づいて繰越欠損金に係る繰延税金資産の回収可能性はないと判断される。通算グループ全体においても同様である。

| 仕訳なし |

　なお，本設例における繰越欠損金が「特定繰越欠損金」であった場合は，Ｓ社の課税所得（繰越欠損金控除前）の見積額と通算グループ全体の課税所得（繰越欠損金控除前）の見積額のうち低いほうである通算グループ全体の課税所得（繰越欠損金控除前）の見積額に基づいて回収可能性の判断を行うことになる。本設例においては，特定繰越欠損金であった場合も結果は変わらず繰延税金資産の回収可能性はないと判断される。

(3)　留保利益に係る一時差異の取扱い

①　通算子会社の留保利益のうち配当されると見込まれる部分

　通算子会社（100％子会社）からの配当金は，税務上，その全額が益金不算

入となり，留保利益のうち配当されると見込まれる部分の金額からは課税関係が生じないため，連結財務諸表において繰延税金負債は計上されない（税効果適用指針24項）。

② 通算子会社の留保利益（配当されると見込まれる部分以外の金額）のうち，帳簿価額の増額修正の額を超える部分

留保利益を有する通算子会社の投資を売却する意思決定が行われた場合には，将来加算一時差異に対して連結財務諸表において繰延税金負債を計上することが必要となるが，この場合の留保利益に係る将来加算一時差異の金額は，当該通算子会社の留保利益の額から，配当見込額と税務上で子会社株式の帳簿価額が増額修正される額を控除した額となることに留意する。なお，税務上における子会社株式の帳簿価額修正については，後記「4　グループ通算制度からの離脱に関する税効果会計」を参照のこと。

(4) 通算会社間の債権債務の相殺消去により減額修正される貸倒引当金に対する取扱い

通算会社間における債権債務の相殺消去に伴って減額修正される貸倒引当金に対しては，通常の連結財務諸表上の取扱いと同様となる。

すなわち，通算会社の個別財務諸表においては，他の通算会社に対する貸倒引当金で税務上の損金算入要件を満たしていないものは将来減算一時差異となり税効果会計の対象となる。一方で，通算グループ全体においては，連結会計上の債権債務の相殺消去に伴い貸倒引当金も減額修正されることで将来加算一時差異が発生し，個別財務諸表で計上された繰延税金資産と同額の繰延税金負債が計上されるため，両者は相殺されることとなる（税効果適用指針32項）。

(5) 通算子会社への投資の評価損の取扱い

通算子会社への投資に対して評価損を認識した場合，通算グループ全体における税効果会計の処理は，通常の連結財務諸表上の取扱いと同様になる。

すなわち，資本連結手続により個別財務諸表上で計上された通算子会社への投資の評価損が消去されることに伴い連結財務諸表固有の将来加算一時差異が生じるが，当該将来加算一時差異に対する繰延税金負債は，個別財務諸表において当該子会社株式評価損に対して計上された繰延税金資産の額を限度として

第3章　⑯グループ通算制度およびグループ法人税制と税効果　*309*

計上されるため，両者は相殺されることになる（税効果適用指針20項，21項）。

(6)　重要性の乏しい通算子会社の取扱い

　通算子会社を，連結財務諸表上では重要性がないことを理由として連結の範囲に含めていない場合，当該通算子会社に税効果会計を適用したことによる繰延税金資産および繰延税金負債ならびに法人税等調整額についても，同様に重要性が低いため，連結財務諸表に計上する必要はないと考えられる。

(7)　決算日に差異がある場合の取扱い

　親会社と子会社の決算日に差異がある場合，会計上は決算日が異なることから生じる連結会社間の取引に係る重要な不一致について必要な整理を行うことを条件に，決算日の差異が3ヵ月を超えない場合には，子会社の正規の決算を基礎として連結決算を行うことができる（連結会計基準（注4））。ただし，グループ通算制度においては，通算親会社の決算日を通算子会社の決算日としたみなし事業年度において法人税を計算することになる（法法14条3項）。

　このような場合，会計上は次のように取り扱われる。

　まず，通算子会社の個別財務諸表における法人税および地方法人税は，グループ通算制度におけるみなし事業年度において算定された金額ではなく，当該通算子会社の会計期間に係る法人税および地方法人税の額を合理的に計算し計上する。税効果会計においても，当該通算子会社の決算日における一時差異等に基づいて計上する。

　連結財務諸表における法人税および地方法人税も同様に，通算子会社の会計上の決算期に対応した額を合理的に計算し計上する。また，連結上の税効果会計も同様に当該通算子会社の決算日における一時差異等に基づいて計上する。

(8)　連結グループ内取引に係る税効果会計

　通算会社の間で資産の売買が行われた場合の譲渡損益に対する税効果については，前記「⑧　グループ法人税制・グループ通算制度適用下の未実現損益に係る税効果」を参照のこと。また，通算会社と，通算会社以外の連結会社との取引で生じた連結会計上の未実現損益に係る税効果については前記「⑦　未実現損益に係る税効果」を参照のこと。

4 | グループ通算制度からの離脱に関する税効果会計

⑴　子会社投資に係る税効果会計

　株式の売却等によって，通算子会社でなくなる（以下「離脱」という。）企業がある場合であって，将来，通算子会社でなくなることについての意思決定がなされ，かつ，実行される可能性が高いと認められる場合には，これらを満たした時点を含む連結会計年度および事業年度（中間会計期間を含む。）の連結財務諸表および個別財務諸表から，その影響を考慮して税効果会計を適用する。

　通算子会社がグループ通算制度から離脱する場合とは，当該子会社株式の売却（支配の喪失を伴わない一部売却を含む。）や清算などが行われる場合となる。グループ通算制度を適用している場合でも，子会社投資に係る連結財務諸表固有の一時差異の税効果の認識について検討する必要があり，グループ通算制度を適用していない場合と比べて基本的な考え方に違いはないが，投資簿価の修正というグループ通算制度特有の取扱いにより，当該一時差異の金額が影響を受けることに留意する必要がある。

⑵　投資簿価修正の概要

　投資簿価修正は，当初連結納税制度において子会社株式を売却した場合に，子会社が稼得した利益に対する二重課税や，子会社に生じた損失の二重控除の排除を目的として設けられた制度である。2022年4月1日以後の事業年度から連結納税制度がグループ通算制度に移行されたことに伴い，グループ通算制度では事務負担の軽減および二重課税や二重控除の排除を強化するために，投資簿価修正の金額の算定方法が変更されている。

⑶　個別財務諸表における税効果会計

　通算会社が保有する他の通算会社の株式の譲渡等を行った場合には，当該他の通算会社の税務上の簿価純資産価額まで，税務上の株式の帳簿価額が修正される（法令119条の3第5項）ため，個別財務諸表における会計上の譲渡損益と課税所得に差異が生じることになる。すなわち，投資簿価修正による他の通算会社の株式等の帳簿価額の修正額は，投資簿価修正が行われる年度の課税所得を増額または減額する効果を有することから，期末時点における他の通算会

社の株式等の帳簿価額と税務上の簿価純資産価額との差額は，一時差異と同様に取り扱う（グループ通算制度取扱い19項）。

なお，グループ通算制度においては，上記のとおり簿価純資産価額まで修正するため当初買収時のプレミアム相当が株式の譲渡原価に算入されないという問題がある。この問題に対応するため一定の要件の下で子会社株式の売却時に買収プレミアム相当の調整額（以下「資産調整勘定等対応金額」とする。）を子会社株式の簿価純資産価額に加算する特例措置が令和4年度の税制改正で設けられた。この点に関して，税制改正前と比べると，「資産調整勘定等対応金額」だけ，一時差異が増減することになるため，通算子会社株式の売却等の意思決定を行った場合等には税効果会計に影響が生じると考えられる。

具体的な会計処理のパターンとしては，以下の3つのケースに分類される。

① **税務上の簿価純資産価額が他の通算会社の株式等の帳簿価額を上回り，投資簿価修正によって，当該帳簿価額が増額修正されるケース（下記③のケースを除く）（グループ通算制度取扱い19項(1)）**

本ケースにおいては，当該増額修正される部分については，将来の課税所得を減額する効果を有することから，次のいずれも満たす場合，繰延税金資産を計上する。

(i) 予測可能な将来の期間に，他の通算会社の株式等の売却等（投資簿価修正が行われる場合に限る。）を行う意思決定または実施計画が存在する場合
(ii) 回収可能性適用指針に従って，当該繰延税金資産の回収可能性があると判断される場合

図表3－16－6　グループ通算制度取扱い第19項(1)の場合の数値イメージ

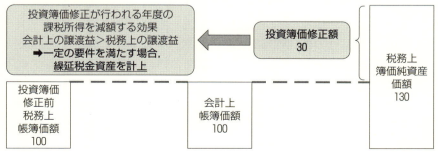

② 税務上の簿価純資産価額が他の通算会社の株式等の帳簿価額を下回り，投資簿価修正によって，当該帳簿価額が減額修正されるケース（下記③のケースを除く）（グループ通算制度取扱い19項(2)）

本ケースにおいては，当該減額修正される部分については，将来の課税所得を増額する効果を有することから，次のいずれも満たす場合を除き，繰延税金負債が計上される。

（i）他の通算会社に対する株式等の売却等を，当該株式等を保有する会社自身で決めることができる場合
（ii）予測可能な将来の期間に，他の通算会社の株式等の売却等を行う意思がない場合

　図表 3 −16− 7　　グループ通算制度取扱い第19項(2)の場合の数値イメージ

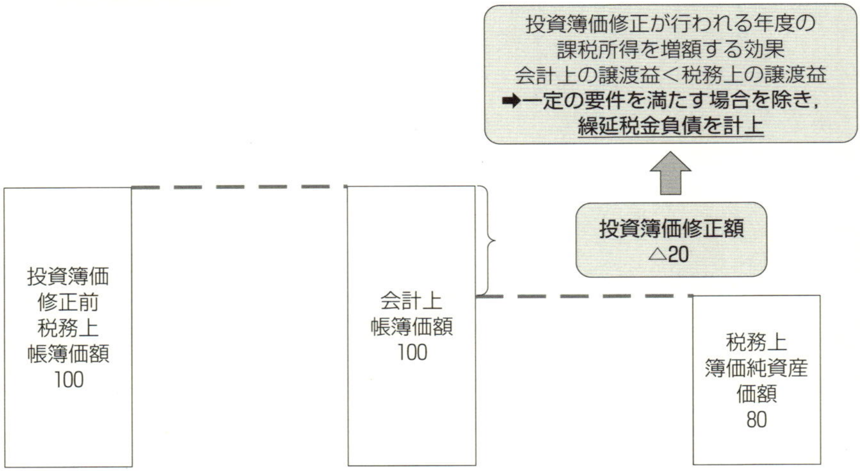

投資簿価修正が行われる年度の課税所得を増額する効果
会計上の譲渡益＜税務上の譲渡益
➡一定の要件を満たす場合を除き，繰延税金負債を計上

投資簿価修正額
△20

投資簿価修正前税務上帳簿価額
100

会計上帳簿価額
100

税務上簿価純資産価額
80

③ 他の通算会社の株式等について評価損（グループ通算制度の適用前に当該株式等について行った評価損を含む。）を計上しているケース（グループ通算制度取扱い19項(3)）

本ケースにおいては，当該評価損に係る繰延税金資産を計上したときには，他の通算会社の株式等の評価損計上前の帳簿価額と税務上の簿価純資産価額との差額について税効果をあわせて認識する（図表 3 −16− 8 参照）。また，当

第3章 16 グループ通算制度およびグループ法人税制と税効果　313

図表3－16－8　グループ通算制度取扱い第19項(3)の場合の数値イメージ
（評価損に対して繰延税金資産を計上している場合）

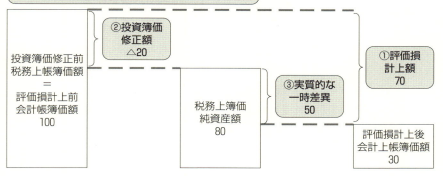

図表3－16－9　グループ通算制度取扱い第19項(3)の場合の数値イメージ
（評価損に対して繰延税金資産を計上していない場合）

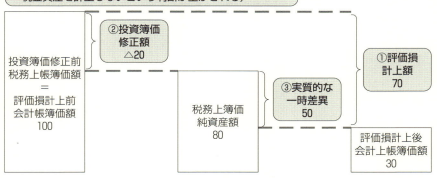

該評価損に係る繰延税金資産を計上していない場合で、税務上の簿価純資産価額が他の通算会社の株式等の評価損計上前の帳簿価額を下回るとき（当該下回る部分が評価損に係る将来減算一時差異の範囲内である場合に限る。）は、当該下回る部分に係る繰延税金負債を認識しない（図表3－16－9参照）。

(4) 連結財務諸表における税効果会計

　連結財務諸表においては、個別財務諸表における会計処理によって計上した繰延税金資産および繰延税金負債を取り崩した上で、連結貸借対照表における通算子会社に対する投資の連結貸借対照表上の価額と税務上の簿価純資産価額との差額を連結財務諸表固有の一時差異と同様に取り扱い、税効果適用指針第20項から第23項に従って処理する（グループ通算制度取扱い20項）。

　グループ通算制度取扱い第19項(1)の会計処理（前記図表3－16－6のケース）を前提とした場合のイメージは下記図表3－16－10のとおりとなる。

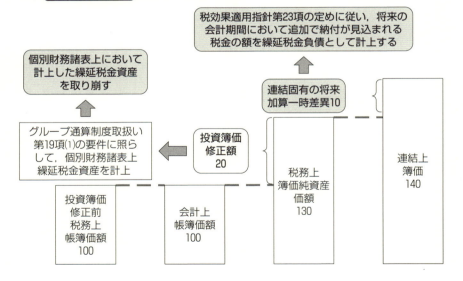

図表3－16－10　連結財務諸表における投資簿価修正の会計上の取扱い

5 ｜ グループ法人税制と税効果会計

　平成22年度税制改正において、100％グループ内の会社間取引について、グ

第3章 ⓰グループ通算制度およびグループ法人税制と税効果　*315*

ループの一体性を反映した課税関係となるようにグループ法人税制といわれる
さまざまな課税上の特例が導入された。グループ法人税制において特に税効果
会計に影響を与える論点は図表3－16－11のとおりである。

図表3－16－11 グループ法人税制に係る税効果会計の論点

100%グループ内法人間の寄附に係る投資簿価修正	本節にて記載
100%内国法人の清算に係る取扱い	
100%グループ内法人間の資産の譲損益の繰延べ	前記⑧にて記載
100%グループ内法人間における子会社投資等の売却の取扱い	

(1) 100%グループ法人間の寄附による投資簿価修正

① 制度概要

　100%グループ法人間で寄附金の授受が行われた場合，当該寄附金は，寄附
金を支出した側では全額損金不算入となり，寄附金を受領した側は全額益金不
算入とされる。この取扱いにより，100%グループ法人間での資金移動が，課
税関係を生じさせることなく，容易に行えるようになった。一方で，この仕組
みを利用して子会社株式の譲渡損（または譲渡益の減少）を作り出すことによ
る課税回避を防止するための規定として，子会社株式の税務上での帳簿価額を
修正するという投資簿価修正の規定が設けられた。具体的には，寄附金を支出
した法人の株主は，寄附金支出側法人の株式の税務上の価額を寄附金相当額だ
け減額させ，寄附金を受領した法人の株主は，その寄附金受取側法人の株式の
税務上の価額を寄附金相当額だけ増額させる。

② 個別財務諸表における税効果会計

(i) 寄附金支出法人の株主の処理

　寄附金支出法人の株主の個別財務諸表では将来加算一時差異が発生すること
になる（税効果適用指針85項(5)）。税効果適用指針の公表前は，特段の定めが
なかったことから当該将来加算一時差異については繰延税金負債が計上される
場合が生じていたが，税効果適用指針第8項(2)により当該子会社株式等の売却
等の意思がない場合は繰延税金負債を認識しないこととされたため留意が必要
である。

(ii) 寄附金受領法人の株主の処理

寄附金受領法人の株主の個別財務諸表では将来減算一時差異が発生する（税効果適用指針84項(8)）。当該将来減算一時差異は，一般的には子会社株式の売却等の意思決定が行われた時点で，スケジューリングが可能となり，回収可能と認められる範囲で繰延税金資産を計上する。

③ 連結財務諸表における税効果会計
(i) 子会社株式の売却予定等がある場合

子会社株式の売却予定等がある場合には，連結財務諸表固有の子会社投資に係る一時差異の額に対して繰延税金資産または繰延税金負債の計上を検討することとなるが（税効果適用指針22項，23項），当該一時差異の額は，課税所得計算上の子会社株式の価額（税効果適用指針86項(3)）に基づき算定されることから，子会社間で寄附金の授受が行われ税務上の子会社株式の簿価に修正が行われた場合には，当該一時差異の額の算定にも留意が必要である。

当該子会社株式が，連結財務諸表上で消去されることに伴い，個別財務諸表で計上された繰延税金資産または繰延税金負債が消去され，連結財務諸表上の一時差異に対して改めて繰延税金資産または繰延税金負債の額を計算する必要があることに留意する（図表3－16－12参照）。

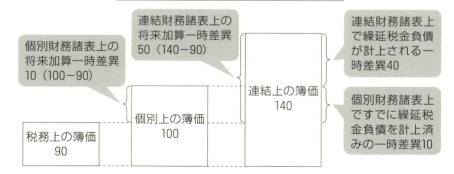

図表3－16－12　寄附金を支出した子会社に対する税効果

第3章　⑯グループ通算制度およびグループ法人税制と税効果　　*317*

> 個別財務諸表上の将来加算一時差異10に対しても，連結財務諸表上の将来
> 加算一時差異50に対しても，当該子会社を売却する等の予定がある場合に
> 繰延税金負債が計上される。売却予定がある場合，個別財務諸表上で計上
> された繰延税金負債3（10×30%）は消去され，改めて連結財務諸表上で
> 繰延税金負債15（50×30%）が計上されることになる。

⑾　子会社株式の売却予定等がない場合

　寄附金の授受により当該子会社の税務上の簿価が修正され，連結財務諸表固
有の一時差異の額も影響を受けることになるが，個別財務諸表の場合と同様に
当該子会社の売却予定等がない場合は，配当により解消が見込まれる将来加算
一時差異を除き，繰延税金資産または繰延税金負債を計上することはない（税
効果適用指針22項，23項，24項）。

⑿　グループ通算制度を適用している場合

　完全支配関係を有する法人間の寄附による投資簿価修正は，グループ通算制
度を採用している場合には行われない（法令9条1項7号）。

　前記「①　制度概要」のとおり，寄附による投資簿価修正の制度は，租税回
避行為を防止するための規定である。

　しかし，グループ通算制度を採用している場合は，グループ通算制度上の投
資簿価修正の制度によりこの租税回避行為に対応できるため，対象外とされて
いる（法令9条7号）。

　このため，通算会社間で寄附金が授受された場合には，寄附による投資簿価
修正は行わず，グループ通算制度における投資簿価修正のもとで一時差異の算
定を行う必要がある（詳細は，前記「4⑴　子会社投資に係る税効果会計」参
照）。

　たとえば，グループ通算制度を適用している完全支配子会社間で寄附金の授
受が行われた場合，寄附金受領（支出）子会社は，寄附金を受領（支出）した
ことにより利益積立金が増加（減少）し，親会社が保有する当該子会社株式の
税務上の投資簿価が増額（減額）される。このため，親会社個別財務諸表では，
当該子会社株式に対する将来減算（加算）一時差異が生じ，繰延税金資産（負
債）の計上を検討する必要がある（なお，繰延税金資産（負債）の計上は，当
該子会社株式の譲渡意思が明確な場合などに限られることに留意する（詳細は，

前記「4(3) 個別財務諸表における税効果会計」参照)。一方，連結財務諸表では，個別財務諸表で計上された投資簿価修正に係る繰延税金資産（負債）を取り消した後，改めて子会社への投資に係る税効果の認識を行うことになるが（グループ通算制度取扱い20項），寄附金の受領（支出）による留保利益の増加（減少）額と税務上の投資簿価修正額は同額であることから，寄附金の受領（支出）は連結財務諸表固有の一時差異に影響を与えないと考えられる。

(2) 100％内国子会社の清算（解散）

① 制度概要

平成22年度税制改正により，100％内国子会社を清算した場合に生じた清算損失は損金算入することが認められなくなり，一方で当該子会社の未処理欠損金を親会社が引き継ぐことが認められることとなった。

② 親会社個別財務諸表における税効果会計

親会社の個別財務諸表において，清算を前提とした100％子会社に対しては当該子会社株式の評価損を計上していたとしても，その評価損は将来損金に算入されることはないため一時差異として認識することはできず，繰延税金資産を計上することはできない。

なお，従来，回収可能性適用指針における企業の分類が（分類1）の企業は，一般的に，繰延税金資産の全額について，その回収可能性があると判断できるとされていたことから（回収可能性適用指針18項，67項），清算を前提とした100％子会社株式の評価損に対しても繰延税金資産を計上していたと考えられる。しかし，2018年改正回収可能性適用指針においては，完全支配関係にある国内の子会社株式の評価損について，企業が当該子会社を清算するまで当該子会社株式を保有し続ける方針がある場合等，将来において税務上の損金に算入される蓋然性が低いときに当該子会社株式の評価損に係る繰延税金資産の回収可能性はないと判断することも考えられるとされ（回収可能性適用指針67-4項），（分類1）の企業においても清算予定の子会社株式に係る評価損については繰延税金資産が計上されないことになると考えられる。

一方，親会社は清算子会社の未処理欠損金を引き継ぐことができるようになったため，未処理欠損金を引き継いだ時点でその欠損金を親会社の一時差異等として取り扱い，回収可能性があると判断できる範囲においては繰延税金資

産が計上されることとなる。ただし，当該子会社が清算され親会社がその欠損金を実際に承継するまでは，当該欠損金は親会社自身の一時差異等ではないことから，将来の欠損金引継ぎが見込まれていたとしても，親会社の個別財務諸表上で繰延税金資産を計上することはできないと考えられる。

なお，100％子会社以外の会社の株式評価損については，将来的に損金に算入されることになるため，清算等の意思決定がなされ，回収可能性があると判断される場合には繰延税金資産が計上されることになる。

③　連結財務諸表における税効果会計

個別財務諸表において子会社株式の評価損を計上し，当該評価損について税務上の損金算入の要件を満たしていない場合であって，当該評価損に係る将来減算一時差異の全部または一部に対して繰延税金資産が計上されているときは，資本連結手続に伴い生じた当該評価損の消去に係る連結財務諸表固有の将来加算一時差異に対して，当該繰延税金資産と同額の繰延税金負債を計上し（税効果適用指針20項），両者は相殺されることになるため，連結財務諸表では，当該評価損に係る繰延税金資産が計上されることはない。

一方，個別財務諸表上で評価損が計上されるような場合，当該子会社の財政状態が悪化していることから，親会社の個別財務諸表上の投資簿価（評価損失の振戻し後）よりも連結財務諸表上の投資簿価が下回り，子会社投資に係る連結財務諸表固有の将来減算一時差異が生じていることが想定される。この将来減算一時差異に対して繰延税金資産を計上するかどうかは，税効果適用指針第22項に従って判断されることになるが（詳細は，前記「③　子会社投資に係る税効果」を参照のこと），当該子会社を清算する意思決定や実施計画等が存在する場合には，税効果適用指針第22項(1)①の要件を満たすことになるため，当該将来減算一時差異に係る繰延税金資産に回収可能性があると判断される場合には，清算時には実際の課税関係が生じることはなくても，清算により将来減算一時差異が解消することをもって繰延税金資産の計上を行う必要があると考えられる。

17 子会社持分の間接所有と税効果

1 間接所有における基本的な取扱い

(1) 間接所有とは

　間接所有とは，子会社などを通じて，他の会社を間接的に支配することをいう（図表 3 − 17 − 1 参照）。間接所有にはさまざまな形態があり，連結子会社を通じた間接所有のほかにも，緊密な者や同意している者を通じた間接所有や複数の子会社による株式の相互持合などがある。

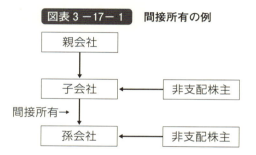

図表 3 − 17 − 1　間接所有の例

(2) 間接所有の会社を有する場合の連結財務諸表作成方法

　間接所有の会社を有する場合の連結財務諸表の作成方法は，図表 3 − 17 − 2 のように大きく 2 つに分けられる。

図表 3 − 17 − 2　連結財務諸表の作成方法

	作成方法	内　容
①	フラット連結方式	親会社が，各会社の個別財務諸表を合算，連結修正を行い，親会社の連結財務諸表を作成する方法
②	サブ連結方式	子会社が，まず孫会社の個別財務諸表を合算，連結修正を行い，子会社の連結財務諸表を作成した後に，親会社が当該子会社の連結財務諸表と親会社の個別財務諸表を合算，連結修正を行い，親会社の連結財務諸表を作成する方法

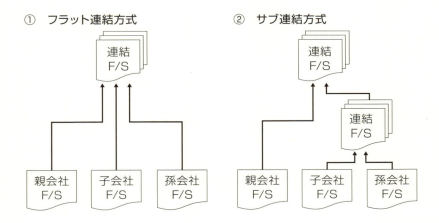

ただし，いずれの作成方法によっても親会社の連結財務諸表の数値は同じである。

2 | 間接所有における税効果

間接所有における税効果は，基本的には直接所有における税効果と同様に税効果会計基準および税効果適用指針に基づいて処理することとなる。本節においては，間接所有に特有の論点のみ取り扱うこととする。

本節において取り扱う論点は以下のとおりである。

(1) 子会社を有する会社を買収した場合の税効果
(2) 間接所有の在外孫会社を売却（または清算）した場合の為替換算調整勘定に対する税効果
(3) 間接所有の孫会社の留保利益に係る税効果

(1) 子会社を有する会社を買収した場合の税効果の取扱い

すでに連結財務諸表を作成している会社（買収により孫会社となる会社を保有している会社）を買収した場合においては，買収した子会社に対して全面時価評価法を適用する際，当該子会社が保有する孫会社株式の時価評価差額には税効果を認識しない点に留意が必要である。これは，当該子会社の保有する孫会社株式を時価評価し，当該評価差額に税効果を認識してしまうと，孫会社に

対して認識されるのれんに税効果を認識し，かつ，孫会社の資産および負債の評価替えにより生じた評価差額に係る税効果と重複してしまうことになるためである。

以下，設例により解説する。

設例3－17－1　連結財務諸表を作成している会社を取得した場合

[前提条件]

① S1社は，S2社株式の80％を保有しており，連結財務諸表を作成している。

② P社は，X1年3月31日にS1社株式の60％を600で取得し，S1社およびS2社を連結子会社とした。設例の便宜上，X1年度はその他の取引はなかったものとする。法定実効税率は30％とする。

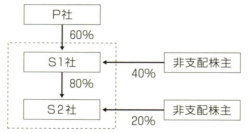

③ X1年3月31日のP社，S1社およびS2社の個別財務諸表は以下のとおりである。

科目	P社	S1社	S2社	科目	P社	S1社	S2社
S1社株式	600	—	—	諸負債	1,500	440	300
S2社株式	—	160	—	資本金	1,000	300	200
諸資産	2,400	780	650	利益剰余金	500	200	150

S2社株式の取得原価は160，期末時価は520とする。

S1社の諸資産の時価は900，S2社の諸資産の時価は800であった。

S1社とS2社の諸負債については，時価と簿価は一致していた。

④ フラット連結方式により連結財務諸表を作成する。

第3章　17子会社持分の間接所有と税効果　*323*

会計処理

(1)　S1社に対する評価差額の仕訳

　P社がS1社を取得したため，S1社に対して全面時価評価法を適用する。S1社の保有するS2社株式の時価評価差額には税効果は認識されない点に留意する。

(借)	諸　　資　　産	(※1)120	(貸)	評　価　差　額	(※2)84
				繰延税金負債	(※3)36
	S　2　社　株　式	(※4)360		評　価　差　額	(※4)360

- (※1)　120＝S1社諸資産時価900－S1社諸資産簿価780
- (※2)　84＝120(※1)×(1－法定実効税率30％)
- (※3)　36＝120(※1)×法定実効税率30％
- (※4)　360＝S2社株式期末時価520－S2社株式取得原価160

(2)　P社の投資とS1社の資本の相殺消去

(借)	資　　本　　金	(※1)300	(貸)	S　1　社　株　式	(※1)600
	利　益　剰　余　金	(※1)200		非支配株主持分	(※3)378
	評　価　差　額	(※2)444			
	の　　れ　　ん	(※4)34			

- (※1)　300，600，200……前提条件②③参照。
- (※2)　444＝84((1)(※2))＋360((1)(※4))
- (※3)　378＝(300＋200＋444(※2))×非支配株主持分比率40％
- (※4)　差額により算出。

(3)　S2社の評価差額の仕訳

(借)	諸　　資　　産	(※1)150	(貸)	評　価　差　額	(※2)105
				繰延税金負債	(※3)45

- (※1)　150＝S2社諸資産時価800－S2社諸資産簿価650
- (※2)　105＝150(※1)×(1－法定実効税率30％)
- (※3)　45＝150(※1)×法定実効税率30％

(4) P社の投資とS2社の資本の相殺消去

(借)	資　本　金	$^{(※1)}$200	(貸)	S　2　社　株　式	$^{(※1)}$520
	利　益　剰　余　金	$^{(※1)}$150		非支配株主持分	$^{(※3)}$91
	評　価　差　額	$^{(※2)}$105			
	の　　れ　　ん	$^{(※4)}$156			

(※1) 200, 520, 150……前提条件③参照。
(※2) 105……(3)(※2)参照。
(※3) 91＝(200＋150＋105(※2))×非支配株主持分比率20%
(※4) 差額により算出。

(5) P社に帰属しないのれんの消去

　S2社に係るのれんのうち，S1社の非支配株主に帰属する部分はP社に帰属しないのれんであるため，S1社の非支配株主持分から減額する。

(借)	非支配株主持分	$^{(※)}$62	(貸)	の　　れ　　ん	$^{(※)}$62

(※) 62＝S2社に係るのれん156×S1社非支配株主持分比率40%

[S1社の保有するS2社株式の時価評価差額に税効果が認識されない理由]

　S2社株式に対する評価差額360（＝S2社株式時価520－S2社株式簿価160）の構成をみてみると，S2社の利益剰余金に係るS1社持分額120（＝150×80%），S2社の諸資産の時価評価による評価差額（税効果考慮後）のS1社持分額84（＝150×（1－30%）×80%），S2社に対するのれん156から構成されていることになる。これらのうち，S2社の利益剰余金のS1社持分額120は，投資時における子会社の留保利益であるため，税効果は認識されない（税効果適用指針24項，113項，114項）。

　また，S2社の評価差額のS1社持分額84については，S2社の諸資産の時価評価による評価差額においてすでに税効果を認識しているため，重複を避ける観点から税効果を認識しない。さらに，S2社に対するのれん156については税効果を認識しない（税効果適用指針43項）。

　以上より，S1社の保有するS2社株式の時価評価差額に税効果が認識されないことがわかる。

第3章　17子会社持分の間接所有と税効果　*325*

[S2社株式に対する評価差額の構成と税効果の認識の要否]

	構　成	税効果を認識するか
時価520 S2社株式 に対する 評価差額 360 簿価160	S2社の利益剰余金のS1社持分額120＝150×80%	投資時における子会社の留保利益に税効果は認識しない ✖
	S2社の評価差額のS1社持分額84＝150×（1－30%）×80%	すでに税効果を認識しているため，認識しない ✖
	S2社に対するのれん156	のれんのため，認識しない ✖

(2)　間接所有の在外孫会社を売却（または清算）する場合の為替換算調整勘定に係る税効果

①　為替換算調整勘定に係る税効果の基本的な取扱い

　為替換算調整勘定は，在外子会社等に対する投資持分から発生した未実現の為替差損益としての性格を有しているが，通常，在外子会社の持分を売却すること等により取り崩された為替換算調整勘定の売却持分相当額が，株式売却損益を構成することで為替差損益が実現することとなる。

　また，為替換算調整勘定は，親会社の将来減算一時差異または将来加算一時差異に該当するため，税効果会計の対象となるが，為替換算調整勘定は在外子会社等の株式を売却したときなどに限り税金の軽減効果または増額効果が実現するものであることから，為替換算調整勘定に対する税効果は，子会社等の株式の売却の意思が明確な場合に税効果を認識し，それ以外の場合には認識されない（税効果適用指針116項(3)）。間接所有の在外孫会社についても同様である。

②　在外子会社と在外孫会社が同一国内にあり，在外子会社が在外孫会社を当該国における現地通貨で売却（または清算）する場合

　在外子会社と在外孫会社が同一国内にあり，在外子会社が在外孫会社を当該国における現地通貨で売却（または清算）する場合，円貨で売却（または清算）されないため，在外孫会社の為替換算調整勘定はそのまま取り崩さずに，在外子会社が引き継ぐことが適当であると考えられる。為替換算調整勘定は取り崩されないため，当該為替換算調整勘定は株式売却損益を構成せず，税金の

軽減効果または増額効果も実現しない。したがって，このケースにおいては，為替換算調整勘定に係る税効果は認識しないと考えられる（図表3－17－3参照）。

図表3－17－3　在外孫会社の為替換算調整勘定に係る税効果

【円貨で売却するケース】

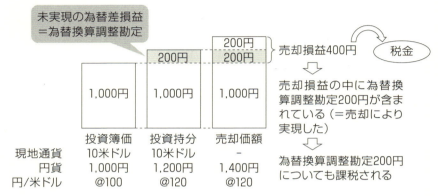

（※）　説明の便宜上，取得後利益剰余金はないものとする。

【現地通貨で売却するケース】

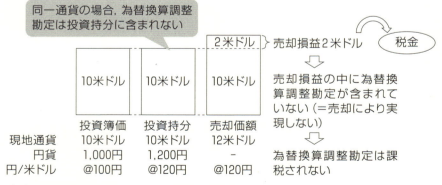

（※）　説明の便宜上，取得後利益剰余金はないものとする。

第3章 ⑰子会社持分の間接所有と税効果　327

設例3-17-2　間接所有の在外孫会社を売却する場合の為替換算調整勘定に対する税効果

（前提条件）

① 親会社P社（3月期決算）は，在外子会社S1社（資本金30米ドル）の株式の100%を設立時より保有している。また，S1社は在外子会社S2社（P社にとっての孫会社。資本金5米ドル）の株式の80%を設立時より保有している。なお，いずれも出資時の為替相場は100円/米ドルである。

② S1社はX1年3月31日にS2社株式を第三者に売却する計画を立て，売却時期をX2年3月31日とする予定である。また，売却にあたり，S2社の利益剰余金を配当金として受け取らず，株式を売却することを予定している。

③ X1年3月31日のP社，S1社，S2社の貸借対照表は，以下のとおりである。なお，X1年3月期の期末レートは110円/米ドルである。期中レートは105円/米ドルである。

[X1年3月31日　個別貸借対照表]

科目	P社	S1社	S2社	科目	P社	S1社	S2社
	円	米ドル	米ドル		円	米ドル	米ドル
諸資産	7,500	70	30	諸負債	3,000	44	20
S1社株式	3,000			資本金	5,000	30	5
S2社株式		4		利益剰余金	2,500	—	5

④ X2年3月31日に計画どおり，S1社はS2社株式のすべてを9米ドルにて第三者に売却し，株式売却益5米ドル，当該売却益に係る税金費用2米ドルを計上した。

⑤ X2年3月31日のP社，S1社，S2社の貸借対照表は，以下のとおりである。なお，X2年3月期の期末レートは120円/米ドル，期中レートは115円/米ドルである。

科目	P社	S1社	S2社	科目	P社	S1社	S2社
	円	米ドル	米ドル		円	米ドル	米ドル
諸資産	7,500	79	30	諸負債	3,000	46	20
S1社株式	3,000			資本金	5,000	30	5
S2社株式		—		利益剰余金	2,500	3	5

⑥　S1社の法定実効税率は50%とする。設例の便宜上，その他取引はな
かったものとする。

⑦　サブ連結方式により連結財務諸表を作成する。

> 会計処理

[X1年3月期]

(1)　S1社連結財務諸表作成のための連結修正仕訳（単位：米ドル）

(i)　開始仕訳

（借）　資　本　金	$^{(※1)}$5	（貸）　S2社株式	$^{(※1)}$4
利益剰余金（期首）	$^{(※2)}$1	非支配株主持分	$^{(※3)}$2

（※1）　5，4……前提条件①参照。
（※2）　1＝S2社取得後利益剰余金5米ドル×非支配株主持分比率20%
（※3）　2＝S2社株主資本合計10米ドル×非支配株主持分比率20%

(ii)　株式売却により解消する将来加算一時差異に係る税効果の認識

　売却を決定したため，S1社において，S2社株式への投資に係る将来加
算一時差異に対し繰延税金負債を認識する。なお，P社連結財務諸表作成時
に為替換算調整勘定に係る税効果は認識しないことに留意する。

（借）　法人税等調整額	$^{(※)}$2	（貸）　繰延税金負債	$^{(※)}$2

（※）　2＝S2社取得後利益剰余金5米ドル×S1社持分比率80%×法定実効税率50%

第3章　17子会社持分の間接所有と税効果　*329*

【X1年3月31日　S1社連結貸借対照表】

科目	米ドル	レート	円貨	科目	米ドル	レート	円貨
諸資産	100	110	11,000	諸負債	64	110	7,040
				繰延税金負債	2	110	220
				資本金	30	100	3,000
				利益剰余金	2	—	210
				為替換算調整勘定	—	—	310
				非支配株主持分	2	110	220

(2)　P社連結財務諸表作成上の連結修正仕訳（単位：円）

(i)　開始仕訳

(借)	資　本　金	(※)3,000	(貸)	S　1　社　株　式	(※)3,000

(※)　3,000……前提条件①参照（30米ドル×100円/米ドル）。

【X1年3月31日　P社連結貸借対照表】

科目	円貨	科目	円貨
諸資産	18,500	諸負債	10,040
		繰延税金負債	220
		資本金	5,000
		利益剰余金	2,710
		為替換算調整勘定	310
		非支配株主持分	220

[X2年3月期]

(1)　S1社の個別財務諸表（単位：米ドル）

(i)　S1社によるS2社株式の売却

(借)	現　　　　金	(※)9	(貸)	S　2　社　株　式	(※)4
				子会社株式売却益	(※)5
(借)	法　人　税　等	(※)2	(貸)	未払法人税等	(※)2

(※)　前提条件③④参照。

(2)　Ｓ１社連結財務諸表作成のための連結修正仕訳（単位：米ドル）

(i)　開始仕訳

(借)	資　本　金	(※1)5	(貸)	Ｓ２社株式	(※1)4
	利益剰余金(期首)	(※1)1		非支配株主持分	(※1)2
	利益剰余金(期首)	(※2)2		繰延税金負債	(※2)2

（※１）　[Ｘ１年３月期] (1)(i)参照。
（※２）　2……[Ｘ１年３月期] (1)(ii)参照。

(ii)　開始仕訳（投資と資本の相殺消去および非支配株主持分への振替）の振戻し

(借)	Ｓ２社株式	(※)4	(貸)	資　本　金	(※)5
	非支配株主持分	(※)1			

（※）　(i)参照。

(iii)　売却に伴う税効果の取崩し

売却に伴い将来加算一時差異が解消したため，繰延税金負債を取り崩す。

(借)	繰延税金負債	(※)2	(貸)	法人税等調整額	(※)2

（※）　2……[Ｘ１年３月期] (1)(ii)参照。

(iv)　連結除外

(借)	諸　負　債	(※)20	(貸)	諸　資　産	(※)30
	資　本　金	(※)5			
	利益剰余金	(※)5			

（※）　前提条件⑤参照。

(v)　売却前持分の評価

取得後利益剰余金のうち売却前の親会社持分額を投資の修正額としてＳ２社株式に加算する。

(借)	Ｓ２社株式	(※1)4	(貸)	利益剰余金	(※2)5
	非支配株主持分	(※3)1			

（※１）　4＝Ｓ２社取得後利益剰余金5×親会社持分比率80％
（※２）　5＝Ｓ２社取得後利益剰余金5
（※３）　1＝Ｓ２社取得後利益剰余金5×非支配株主持分比率20％

第3章　⒄子会社持分の間接所有と税効果　　*331*

(vi)　売却損益の修正

　S2社株式の投資修正額のうち，売却持分に対応する部分を株式売却益から控除する。

> （借）　子会社株式売却益　　　　^{（※）}4　（貸）　S 2 社 株 式　　　　^{（※）}4

（※）　4……前提条件③参照。

【X2年3月31日　S1社連結貸借対照表】

科目	米ドル	レート	円貨	科目	米ドル	レート	円貨
諸資産	79	120	9,480	諸負債	46	120	5,520
				繰延税金負債	—	—	—
				資本金	30	100	3,000
				利益剰余金	3	—	325
				為替換算調整勘定	—	—	635

(3)　P社連結財務諸表作成上の連結修正仕訳（単位：円）

(ⅰ)　開始仕訳

> （借）　資　　本　　金　　　　^{（※）}3,000　（貸）　S 1 社 株 式　　　　^{（※）}3,000

（※）　3,000……前提条件③参照。

【X2年3月31日　P社連結貸借対照表】

科目	円	科目	円
諸資産	16,980	諸負債	8,520
		資本金	5,000
		利益剰余金	2,825
		為替換算調整勘定	635

(3)　間接所有の孫会社の留保利益に係る税効果

①　留保利益に係る税効果の基本的な取扱い

　子会社の留保利益に係る将来加算一時差異については，親会社が当該留保利益を配当金として受け取ることにより解消され，将来に追加で納付が見込まれる場合には，当該追加で納付が見込まれる税金の額を繰延税金負債として計上する必要がある（税効果適用指針24項）。なお，子会社に非支配株主がいる場

合に，子会社の留保利益に対する税効果について，非支配株主持分も認識するかどうかが問題となるが，税効果適用指針第24項において，税効果を認識すべき留保利益は，「親会社の投資後に増加した子会社の利益剰余金のうち，親会社持分相当額」としているため，非支配株主持分は認識せず，親会社持分のみ認識すると考えられる。

② 間接所有の孫会社の留保利益に係る税効果

　間接所有の孫会社の留保利益に係る税効果においても，子会社の留保利益に係る税効果と同様に，税効果適用指針第24項に従って，繰延税金負債の計上の要否を検討する必要がある。

　ここで，間接所有の孫会社が配当を行った場合において，子会社が配当を受け取り，当該子会社において追加で税金の納付が見込まれる場合には，当該税金費用の額を繰延税金負債として計上することとなるが，親会社も子会社を通して配当を受け取る場合があるため，孫会社の留保利益に対して認識する繰延税金負債の金額の算定において留意が必要である。具体的には，孫会社の留保利益に対して認識する税効果の金額は，子会社が配当を受け取るときに追加で納付が見込まれる税金の額だけでなく，親会社が子会社を通して配当を受け取るときに追加で納付が見込まれる税金の額も考慮する必要がある（図表3－17－4参照）。

③ 子会社の留保利益がマイナスである場合の取扱い

　間接所有の孫会社を保有している場合において，孫会社は留保利益が計上されているのに対し，子会社では留保利益がマイナスとなっている場合においては，子会社の留保利益に係る税効果（すなわち，図表3－17－4①）は原則として認識せず，孫会社の留保利益に対する税効果のみ（すなわち，図表3－17－4②）を認識することとなる。ここで子会社の留保利益のマイナスが孫会社の留保利益を上回っており，孫会社の留保利益を全額配当した場合でも子会社において留保利益がマイナスの場合（子会社の連結財務諸表における留保利益の額がマイナスのイメージ）には，親会社において孫会社の留保利益に対する税効果（すなわち，図表3－17－4②(ii)）は原則として認識しないと考えられるため（税効果適用指針22項），フラット連結方式により連結財務諸表を作成している場合には，特に留意する必要がある。

第3章 17子会社持分の間接所有と税効果　　333

図表3−17−4　間接所有の孫会社の留保利益に係る税効果

親会社個別財務諸表
- × 諸負債　×××
- × 資本金　×××
- × 留保利益　×××

↑配当

子会社個別財務諸表
- × 諸負債　×××
- × 資本金　×××
- × 留保利益　×××

↑配当

孫会社個別財務諸表
- × 諸負債　×××
- × 資本金　×××
- × 留保利益　×××

① 子会社の留保利益に対する税効果の認識

（借）法人税等調整額×× （貸）繰延税金負債××

親会社が配当を受け取るときに追加で納付が見込まれる税金の額を繰延税金負債として認識する。

② 孫会社の留保利益に対する税効果の認識

（借）法人税等調整額×× （貸）繰延税金負債××

認識される繰延税金負債は以下の2つから構成されると考えられる。
(i) 子会社が配当を受け取るときに追加で納付が見込まれる税金の額
(ii) 親会社が子会社を通して配当を受け取るときに追加で納付が見込まれる税金の額

設例3−17−3　間接所有の孫会社の留保利益に係る税効果

[前提条件]

① 親会社P社は，在外子会社S1社（資本金30A国ドル）の株式の100％を設立時より保有している。また，S1社は在外子会社S2社（P社にとっての孫会社。資本金5B国ドル）の株式の100％を設立時より保有している。なお，それぞれ出資時の為替相場は100円／A国ドル，1A国ドル／B国ドルである。

② Ｓ１社からＰ社への配当金に対する追加法人税等は，配当金の額に対して12％が見込まれる。一方，Ｓ２社からＳ１社への配当金に対する追加法人税等は，配当金の額に対して20％が見込まれる。なお，Ｓ１社，Ｓ２社における法定実効税率を40％とする。

③ Ｘ１年３月31日のＰ社，Ｓ１社，Ｓ２社の貸借対照表は，以下のとおりである。なお，Ｘ１年３月期の期末レート，期中レートはともに110円／Ａ国ドル，１Ａ国ドル／Ｂ国ドルである。

科目	Ｐ社	Ｓ１社	Ｓ２社	科目	Ｐ社	Ｓ１社	Ｓ２社
	円	Ａ国ドル	Ｂ国ドル		円	Ａ国ドル	Ｂ国ドル
諸資産	7,500	70	30	諸負債	3,000	45	20
Ｓ１社株式	3,000	—	—	資本金	5,000	30	5
Ｓ２社株式	—	5	—	利益剰余金	2,500	—	5

④ Ｘ２年３月31日に，Ｓ２社は留保利益５Ｂ国ドルを全額配当し，Ｓ１社は源泉税１Ｂ国ドル控除後の４Ｂ国ドルを受け取った。配当時のレートは１Ａ国ドル／Ｂ国ドルである。

⑤ Ｘ２年３月31日のＰ社，Ｓ１社，Ｓ２社の貸借対照表は，以下のとおりである。なお，Ｘ２年３月期の期末レートは120円／Ａ国ドル，１Ａ国ドル／Ｂ国ドルである。

科目	Ｐ社	Ｓ１社	Ｓ２社	科目	Ｐ社	Ｓ１社	Ｓ２社
	円	Ａ国ドル	Ｂ国ドル		円	Ａ国ドル	Ｂ国ドル
諸資産	7,500	74	25	諸負債	3,000	45	20
Ｓ１社株式	3,000	—	—	資本金	5,000	30	5
Ｓ２社株式	—	5	—	利益剰余金	2,500	4	—

⑥ 便宜上，その他取引はなかったものとする。

⑦ サブ連結方式により連結財務諸表を作成する。

第3章　⑰子会社持分の間接所有と税効果　*335*

会計処理

[X1年3月期]

(1)　S1社連結財務諸表作成のための連結修正仕訳（単位：A国ドル）

(i)　開始仕訳

（借）資　本　金　（※）5　（貸）S　2　社　株　式　（※）5

（※）　5……前提条件①③参照（5B国ドル×1A国ドル/B国ドル）。

(ii)　S2社の留保利益に係る税効果の認識

（借）法人税等調整額　（※）1　（貸）繰延税金負債　（※）1

（※）　1＝S2社の取得後利益剰余金5B国ドル×期末レート1A国ドル/B国ドル×配当金に対する税率20%

【X1年3月31日　S1社連結貸借対照表】

科目	A国ドル	レート	円	科目	A国ドル	レート	円
諸資産	100	110	11,000	諸負債	65	110	7,150
				繰延税金負債	1	110	110
				資本金	30	100	3,000
				利益剰余金	4	—	440
				為替換算調整勘定	—	—	300

(2)　P社連結財務諸表作成上の連結修正仕訳（単位：円）

(i)　開始仕訳

（借）資　本　金　（※）3,000　（貸）S　1　社　株　式　（※）3,000

（※）　3,000……前提条件①③参照。

(ii)　S1社の留保利益に係る税効果の認識

　繰延税金負債は外貨建財務諸表に示された留保利益の金額をもとに当該子会社の期末レートを用いて算定する。

（借）法人税等調整額　（※）53　（貸）繰延税金負債　（※）53

（※）　53＝S1社の取得後連結財務諸表における利益剰余金4A国ドル×期末レート110円/A国ドル×配当金に対する税率12%

【X1年3月31日 P社連結貸借対照表】

科目	金額	科目	金額
諸資産	18,500	諸負債	10,150
		繰延税金負債	163
		資本金	5,000
		利益剰余金	2,887
		為替換算調整勘定	300

[X2年3月期]

(1) S2社個別財務諸表（単位：B国ドル）

(i) S2社による配当金の支払

（借） 配　当　金	(※)5	（貸） 現　　　金	(※)5

（※） 5……前提条件④参照。

(2) S1社個別財務諸表（単位：A国ドル）

(i) S2社からの配当金の受取り

（借） 現　　　金	(※)4	（貸） 受　取　配　当　金	(※)5
法　人　税　等	(※)1		

（※） 前提条件④参照。

(3) S1社連結財務諸表作成のための連結修正仕訳（単位：A国ドル）

(i) 開始仕訳

（借） 資　本　金	(※)5	（貸） S2社株式	(※)5
（借） 利益剰余金（期首）	(※)1	（貸） 繰延税金負債	(※)1

（※） 5，1……[X1年3月期] (1)(i)(ii)参照。

(ii) 配当金の相殺消去

（借） 受　取　配　当　金	(※)5	（貸） 配　　当　　金	(※)5
		（利益剰余金）	

（※） 5……前提条件④参照。

第3章　⑰子会社持分の間接所有と税効果　*337*

(iii)　S2社の配当に伴い解消される一時差異に係る繰延税金資産の取崩し

(借)　繰　延　税　金　負　債	(※)1	(貸)　法　人　税　等　調　整　額	(※)1

(※)　1 ＝ S2社の配当額5B国ドル×期末レート1A国ドル/B国ドル×配当金に対する税率20%

【X2年3月31日　S1社連結貸借対照表】

科目	A国ドル	レート	円	科目	A国ドル	レート	円
諸資産	99	120	11,880	諸負債	65	120	7,800
				資本金	30	100	3,000
				利益剰余金	4	—	440
				為替換算調整勘定	—	—	640

(4)　P社連結財務諸表作成上の連結修正仕訳（単位：円）

(i)　開始仕訳

(借)　資　　本　　金	(※)3,000	(貸)　S　1　社　株　式	(※)3,000
利益剰余金(期首)	(※)53	繰　延　税　金　負　債	(※)53

(※)　3,000，53……[X1年3月期] (2)(i)(ii)参照。

(ii)　S1社の留保利益に係る税効果の認識

　繰延税金負債は外貨建財務諸表に示された留保利益の金額をもとに当該子会社の決算日におけるレートを用いて算定する。

(借)　法　人　税　等　調　整　額	(※)5	(貸)　繰　延　税　金　負　債	(※)5

(※)　5 ＝ S1社の取得後連結財務諸表における利益剰余金4A国ドル×期末レート120円/A国ドル×配当金に対する税率12%－53（[X1年3月期] (2)(ii)参照）

【X2年3月31日　P社連結貸借対照表】

科目	金額	科目	金額
諸資産	19,380	諸負債	10,800
		繰延税金負債	58
		資本金	5,000
		利益剰余金	2,882
		為替換算調整勘定	640

18 持分ヘッジ取引と税効果

1 持分ヘッジ取引の概要

(1) 在外子会社等への投資に伴う為替変動リスク

連結財務諸表を作成する上で，在外子会社および在外関連会社（以下，これらを合わせて「在外子会社等」という。）の外貨建の資産および負債項目は決算時の為替相場で換算され，資本項目は発生時の為替相場で換算される。このように貸借対照表の項目ごとに適用される換算レートが異なることから，外貨建貸借対照表の状態では貸借がバランスしているが，円貨建に換算後の貸借対照表では貸借に差額が生じ，その差額は「為替換算調整勘定」として純資産の部に計上される。この為替換算調整勘定は，在外子会社等の財務諸表の換算により生じる調整項目であり，在外子会社等への投資に係る為替の含み損益を示す項目であるといえる。

在外子会社等への投資を保有している間は，為替換算調整勘定は純資産の部に直接計上されるため自己資本（純資産）の金額に影響を与えるものの連結財務諸表上の純損益に影響を与えることはないが，当該在外子会社等の売却や清算が行われた際には，子会社株式売却損益等の形で純損益の金額にも影響を与えることになる（図表3−18−1参照）。

図表3−18−1　在外子会社等投資の為替リスク

	個別財務諸表	連結財務諸表
投資継続中	取得時の為替相場が適用されるため，為替の変動による影響は表れない。	為替換算調整勘定の計上により「純資産の部（自己資本）」の金額に影響を与える。 ただし，「純損益」には影響はない。
投資終了時	子会社株式等の売却損益等という形で「純損益」に影響を与える。	

第3章　⒅持分ヘッジ取引と税効果　*339*

⑵　為替変動リスクのヘッジ方法（持分ヘッジ取引）

　前記「⑴　在外子会社等への投資に伴う為替変動リスク」のとおり，在外子会社等への投資は為替変動リスクを負っているため，当該リスクをヘッジするための持分ヘッジ取引を行うケースも想定される。当該投資は，円高に振れた場合にその価値が減少するため，円高になった際に為替差益が発生する金融商品をヘッジ手段として保有することが考えられる。具体的には，外貨売の為替予約や通貨オプションなどのデリバティブ取引，または外貨建借入金等の外貨建金銭債務が考えられる。

⑶　ヘッジ会計適用の要件

　在外子会社等の持分ヘッジ取引についてヘッジ会計を適用する場合は，金融商品実務指針におけるヘッジ会計の適用要件に準拠することになる（外貨建取引実務指針35項）。以下，その概略について記載する。

①　ヘッジ取引開始時に明確にすべき事項

　企業は，ヘッジ取引の開始時において，以下の事項を正式な文書により明確にしなければならないとされている（金融商品実務指針143項）。

- ヘッジ手段とヘッジ対象
- ヘッジの有効性の評価方法

②　リスク管理方針文書の作成

　ヘッジ取引が企業のリスク管理方針に従ったものであることが，ヘッジ取引時に客観的に認められる必要があり，その前提としてリスク管理方針文書を作成する必要がある。リスク管理方針は，取締役会等の経営意思決定機関で承認されることが想定され（金融商品実務指針314項），以下のようなリスク管理の基本的な枠組みが含まれている必要がある（金融商品実務指針147項）。

- 管理の対象とするリスクの種類と内容
- ヘッジ方針
- ヘッジ手段の有効性の検証方法　　など

③ リスク管理方針への準拠

　ヘッジ取引時に，当該ヘッジ取引がリスク管理方針に従ったものであることについて，以下のいずれかの方法により客観的に認められる必要があるとされている（金融商品会計基準31項，金融商品実務指針144項）。

> ・リスク管理方針に従ったものであることが文書により確認できること
> ・リスク管理方針に関して明確な内部規定および内部統制組織が存在し，ヘッジ取引がこれに従って処理されることが期待されること

④ ヘッジ取引時以降の有効性の評価（事後テスト）

　企業は，ヘッジ会計の適用に際して，ヘッジ取引時以降も継続して高い有効性が保たれていることを確認しなければならないとされている（金融商品実務指針146項）。ただし，在外子会社等の持分ヘッジ取引に係るヘッジ会計の適用においては，外貨建取引実務指針第35項において，ヘッジ対象（在外子会社等への持分）とヘッジ手段（デリバティブ取引または外貨建金銭債務）が同一通貨である場合は，有効性に関するテストを省略できる旨が定められている。しかし，その場合であっても，ヘッジ手段から発生した換算差額等と，ヘッジ対象から発生した為替換算調整勘定とを比較し，オーバーヘッジと判定された部分については繰延処理が認められず，当期の純損益として処理する必要があることに留意する。

2 ┃ 持分ヘッジ取引に係る会計処理

(1) 個別財務諸表における会計処理

① ヘッジ対象およびヘッジ手段の換算差額の処理

　在外子会社等の株式は，原則として取得原価を取得時の為替相場で換算することとされており為替換算差額は生じない（金融商品会計基準17項，外貨建取引会計基準一2(1)③ハ）。一方，持分ヘッジ取引に係るヘッジ手段であるデリバティブ取引や外貨建金銭債務からは為替相場の変動に応じて換算差額が生じ，原則として，その換算差額は純損益に計上することになる。このため，ヘッジ対象とヘッジ手段から生じる為替換算差額に係る損益の計上時期が一致しなく

なることから，ヘッジ手段に係る損益または評価差額についてはヘッジ会計を認める必要があるとされている（金融商品実務指針336項(3)）。

ただし，個別財務諸表において繰延処理できる金額は，図表3－18－2のようにヘッジ対象の在外子会社等の投資から生じている連結財務諸表の為替換算調整勘定が限度になると考えられるため留意が必要である（外貨建取引実務指針35項，72項）。

連結財務諸表は個別財務諸表を基礎として作成されることから，個別財務諸表の処理と連結財務諸表の処理は整合させるべきであると考えられ，連結財務諸表における繰延金額の上限額が，個別財務諸表においても同様に繰延処理できる上限額となると考えられる（連結会計基準10項）。

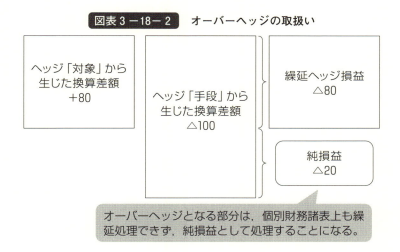

図表3－18－2　オーバーヘッジの取扱い

② 子会社の取得後利益剰余金に対するヘッジ会計の適用可否

連結財務諸表上は子会社等の取得後利益剰余金部分からも為替換算調整勘定が生じることとなるため，投資額相当だけでなく取得後利益剰余金もヘッジ対象として持分ヘッジ取引を実行することが考えられる。一方，個別財務諸表において計上されているのは子会社株式等のみであり，子会社等の取得後利益剰余金は計上されていないため，ヘッジ会計の要件を満たすかどうかが論点となる。本論点においては，下記の2つの考えが存在する。

[考え方①]
　個別財務諸表においては，取得後利益剰余金は持分ヘッジ取引の対象とならず，連結財務諸表で繰り延べるヘッジ手段の換算差額を個別財務諸表上では純損益に計上する。
[考え方②]
　個別財務諸表においても，連結財務諸表と同様，取得後利益剰余金部分も持分ヘッジ取引の対象となるものとし，対応するヘッジ手段の換算差額を繰延ヘッジ損益として繰り延べる。

考え方①　個別財務諸表ではヘッジ会計を適用しないとする考え

　この考えは，個別財務諸表上では子会社株式等のみが取得原価で計上され取得後利益剰余金は計上されていないことを論拠とする。つまり，ヘッジ対象が計上されていないのであるからヘッジ会計は適用できないとするものである。金融商品実務指針第336項(3)では，在外子会社株式等は取得時の為替相場で換算され，その換算差損益が当期の損益に計上されないから，「これに対するヘッジ手段」から生じる換算差額についてはヘッジ会計を認める必要があるとされている。この記述からは，子会社株式等の取得原価相当のみをヘッジ対象として認めていることが想定されているように読み取れる。

考え方②　個別財務諸表でもヘッジ会計を適用する考え

　この考えは，予定取引（金融商品会計基準（注12））の定めを用いて個別財務諸表上もヘッジ会計を適用できると整理するものである。

　個別財務諸表上で未認識となっている在外子会社等の取得後利益剰余金に係る為替換算差額が実現するのは，当該子会社等の売却または清算時などのケースであるが，この売却や清算などの行為を予定取引とみなし，個別財務諸表上でもヘッジ手段に係る損益を繰延ヘッジ損益として繰り延べることができると考えるものである。ただし，予定取引はその実行可能性が極めて高いことが要件とされ（金融商品会計基準（注12）），予定取引発生までの期間が長い場合は実行可能性が低くなると考えられるため，当該期間が1年以上である場合には他の要素を十分吟味することとされている（金融商品実務指針162項）。

　本論点において，連結財務諸表上ではヘッジ会計が認められていることなども考慮に入れた上でヘッジ会計を適用することも考えられるが，一般的に在外子会社等は継続保有し続ける場合が多いと考えられることから，個別財務諸表

上の予定取引の実行可能性に関しては基準上のヘッジ会計の要件を満たすかどうか，つまり在外子会社等の売却や清算等が予定取引といえるかどうかについては慎重な判断が必要になると考えられる。

③　個別財務諸表における税効果会計

　繰延ヘッジ損益は，会計上のヘッジ会計の要件を満たす場合のみならず，税務上もヘッジ適格である場合に，税効果会計の対象となる。会計基準上は，「課税所得の計算に含まれていない繰延ヘッジ損益」が税効果会計の対象となると定められている（税効果会計基準第二　二　3ただし書き，税効果適用指針12項）。なお，「課税所得の計算に含まれていない」とは税務上もヘッジ適格であることを意味していると考えられる。

　これは，会計上では繰延ヘッジ損益は評価・換算差額等として純資産の部に計上されるのに対し，税務上は繰延ヘッジ損益として繰り延べられた益金（損金）の額は負債（資産）として取り扱われることになるため，会計上と税務上とで資産または負債の金額に差異が生じるためである。一方，税務上でヘッジ非適格となった場合，会計上の繰延ヘッジ損益に相当する金額は税務上で課税所得を構成するが，繰延ヘッジ損益に課される法人税等についても繰延ヘッジ損益として純資産の部に計上されることになる（後記「3　税務上でヘッジ非適格となる場合の処理」参照）。このとき，ヘッジ手段から生じた換算差額は，会計上は評価・換算差額等として計上され，税務上は負債または資産として繰り延べられず，いずれも純資産の部に計上されることになり，会計と税務の間に資産または負債の金額に差異は生じないことから税効果会計の対象とはならない。

(2)　連結財務諸表における会計処理

①　ヘッジ対象およびヘッジ手段の換算差額の処理

　ヘッジ対象である在外子会社等への投資から生じる換算差額は，為替換算調整勘定として純資産の部に計上される。一方，ヘッジ手段であるデリバティブ取引または外貨建金銭債務から生じた換算差額は為替換算調整勘定に含めて処理する方法を採用することができるとされているため（外貨建取引会計基準注解注13），ヘッジ会計の要件が満たされていることを前提として，個別財務諸表上で計上された繰延ヘッジ損益を連結調整仕訳において為替換算調整勘定に

振り替える。

　ただし，持分ヘッジ取引は，在外子会社等の換算により連結財務諸表に計上される為替換算調整勘定をヘッジ対象とするものであるため，ヘッジ手段から生じている換算差額が，ヘッジ対象である在外子会社等の投資から生じている為替換算調整勘定を上回る場合（オーバーヘッジ）は，その超過額は純損益として処理することとなる（外貨建取引実務指針35項，72項）。前記「(1)①　ヘッジ対象およびヘッジ手段の換算差額の処理」のとおり，このような場合は個別財務諸表の段階から超過部分は純損益として処理されるべきであると考えられる。

②　連結財務諸表における税効果会計

　前記「(1)③　個別財務諸表における税効果会計」のとおり，税務上ヘッジ適格であり課税所得計算に含まれていない繰延ヘッジ損益（ヘッジ手段から生じる為替換算差額）は，個別財務諸表上で税効果会計の対象となる。連結財務諸表上では当該繰延ヘッジ損益は為替換算調整勘定として表示されるものの，個別財務諸表上の処理と同様に税効果会計の対象となると考えられる。一方で，ヘッジ対象である在外子会社等への投資から生じる為替換算調整勘定に対しては，売却等の意思決定がない限り税効果を認識しないこととされているため（税効果適用指針22項，23項），ヘッジ手段とヘッジ対象の税効果会計の関係性が論点となる。

　ヘッジ会計を行っている場合，ヘッジ対象から生じた換算差額とヘッジ手段から生じた換算差額の相殺後の額が為替換算調整勘定として計上されることになる。ヘッジ会計の要件を満たしている場合には，ヘッジ対象とヘッジ手段の換算差額が純損益（および課税所得）に反映される時期は同一であると考えられ，一般的には，ヘッジ対象とヘッジ手段のどちらか一方の換算差額のみが連結財務諸表上で残ることはない。このため，子会社投資等に係る一時差異となる為替換算調整勘定は，ヘッジ対象の換算差額とヘッジ手段の換算差額の相殺後の額であるとして税効果会計を適用することが考えられる。

　なお，為替換算調整勘定は，主に親会社による子会社株式の売却や子会社の清算によって実現するものであるため，その意思が明確な場合にのみ税効果を認識する。税効果を認識する場合には，為替換算調整勘定を相手勘定として繰延税金資産または繰延税金負債を計上する（税効果適用指針27項，116項）。

第3章 18 持分ヘッジ取引と税効果　345

図表3－18－3　持分ヘッジ適用後の税効果会計の対象

- ヘッジ対象からは換算差額が+150，ヘッジ手段からは換算差額が△100生じている。
- 法定実効税率は30%とする。

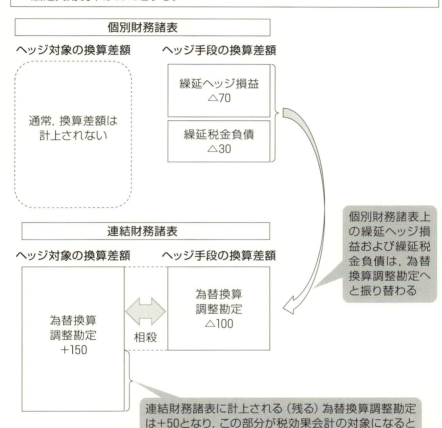

346

| 設例３－18－１ | 持分ヘッジ取引の会計処理（税務上もヘッジ適格の場合） |

前提条件

① Ｐ社は，Ｘ１年度末に在外子会社Ｓ社を設立した。

② Ｐ社は，Ｓ社の資本金に係る為替変動リスクをヘッジするために，Ｓ社設立と同時に外貨建で借入れを行った（借入額は，Ｓ社資本金と同額とする）。

③ Ｘ２年度末時点におけるヘッジ対象（Ｓ社の資本金）に係る為替換算調整勘定は1,000，ヘッジ手段（外貨建借入金）に係る換算差額は△1,000である。

④ 会計上はヘッジ会計の要件を満たし，税務上もヘッジ適格である。

⑤ Ｓ社株式の売却予定はない。

⑥ 法定実効税率は30％とし，繰延税金資産の回収可能性は問題ないものとする。

会計処理

[Ｘ２年度の会計処理]

(1) Ｐ社個別財務諸表上の会計処理

| （借） 為 替 差 損 | (※)1,000 | （貸） 借 入 金 | (※)1,000 |

（※） 1,000……前提条件③参照。

| （借） 繰延ヘッジ損益 | (※1)700 | （貸） 為 替 差 損 | (※3)1,000 |
| 繰 延 税 金 資 産 | (※2)300 | | |

（※１） 700＝為替差損1,000×（１－法定実効税率30％）

（※２） 300＝為替差損1,000×法定実効税率30％

（※３） 1,000……前提条件③参照。

(2) Ｐ社連結財務諸表上の会計処理

| （借） 為替換算調整勘定 | (※)1,000 | （貸） 繰延ヘッジ損益 | (※)700 |
| | | 繰 延 税 金 資 産 | (※)300 |

（※） 個別財務諸表上で計上された繰延ヘッジ損益および繰延税金資産を為替換算調整勘定に振り替える。

第3章　⑱持分ヘッジ取引と税効果　*347*

3 | 税務上でヘッジ非適格となる場合の処理

(1)　税効果会計に関する取扱い

　税務上においてヘッジ会計を適用しなかった（できなかった）場合，ヘッジ手段から生じた換算差額は課税所得の計算に含まれることがある。この場合は会計上でヘッジ会計の要件を満たしていたとしても繰延ヘッジ損益に対して税効果会計は適用されない（前記「2(1)③　個別財務諸表における税効果会計」参照）。

(2)　財務諸表上の表示に関する取扱い

　その他の包括利益（評価・換算差額等）が課税所得に算入され，課税関係が生じた場合の法人税等は，その発生源泉となる取引等に応じてその他の包括利益（評価・換算差額等）で認識した上で，純資産の部のその他の包括利益累計額（評価・換算差額等）の区分に計上される（序章2(1)参照）。

　在外子会社の持分に対してヘッジ会計を適用して，ヘッジ手段から生じた為替換算差額を為替換算調整勘定（個別財務諸表上は繰延ヘッジ損益）として計上し，一方で，税務上においてヘッジ非適格となり，ヘッジ手段から生じた為替換算差額が課税所得計算に含まれる場合，当該為替換算差額に課される法人税等は為替換算調整勘定（個別財務諸表上は繰延ヘッジ損益）として計上される。これにより，持分ヘッジ取引について純資産の部に為替換算調整勘定（個別財務諸表上は繰延ヘッジ損益）として計上される金額は，これらに関して課税された法人税等の額を控除した金額となる。

　なお，ヘッジ対象の在外子会社の持分の売却等またはヘッジの非有効部分が生じたこと等により当該為替換算調整勘定を損益に計上した場合，その時点で，過年度にこれらに対して課税されていた法人税等の額も損益に計上することになる（序章2(3)②参照）。

設例3－18－2　　持分ヘッジ取引の会計処理（税務上でヘッジ非適格の場合）

　前提条件

①　P社は，X1年度末に，在外子会社S社に対する持分投資のヘッジのために，外貨建借入を行った。

② X2年度におけるヘッジ対象に係る為替換算調整勘定の発生額は，△
1,000，ヘッジ手段である外貨建借入から生じた換算差額は1,000とする。
③ 会計上はヘッジ会計の要件を満たすが，税務上はヘッジ非適格であり，
借入金の期末換算差額は課税所得に算入される。
④ S社株式の売却予定はない。
⑤ 法定実効税率は30％とする。

（会計処理）

[X2年度の会計処理]

（1）P社個別財務諸表上の会計処理

| （借）借　　入　　金 | (※)1,000 | （貸）為　替　差　益 | (※)1,000 |

（※）1,000……前提条件③参照。

| （借）為　替　差　益 | (※)1,000 | （貸）繰延ヘッジ損益 | (※)1,000 |

（※）会計上，ヘッジ会計の要件を満たすため為替差益を繰延ヘッジ損益に振り替えるが，
税務上はヘッジ非適格のため税効果会計の対象とはならず繰延税金負債は計上されない。

| （借）繰延ヘッジ損益 | (※)300 | （貸）未払法人税等 | (※)300 |

（※）300＝為替差益1,000×法定実効税率30％

（2）P社連結財務諸表上の会計処理

| （借）繰延ヘッジ損益 | (※)700 | （貸）為替換算調整勘定 | (※)700 |

（※）個別財務諸表上の繰延ヘッジ損益（法人税等の金額を控除後）を為替換算調整勘定
に振り替える。

4 ヘッジ対象である在外子会社投資に対して個別財務諸表上で評価損を計上した場合

（1）個別財務諸表における会計処理

個別財務諸表においては，ヘッジ対象である子会社株式等が取得時の為替相
場で円換算され換算差額が当期の純損益に計上されないことをもって，ヘッジ
手段に係る累積換算差額を繰延ヘッジ損益とするヘッジ会計の処理が認められ
ている（金融商品実務指針148項，336項(3)）。ここで，子会社株式等の減損処

理が行われた場合，当該子会社株式等は減損時の為替レートで換算されること
になるため（外貨建取引会計基準一2(1)③ニ），ヘッジ対象であった在外子会
社株式等に係る為替の含み損益が純損益として実現することになる。この場合，
ヘッジ対象の処理に合わせてヘッジ手段から生じている換算差額も繰延ヘッジ
損益から純損益に振り替える必要があると考えられる。

　しかし，税務上においては，一定の要件を満たさない限り子会社株式等の減
損損失は損金算入が認められずヘッジ対象（在外子会社株式に係る為替の含み
損益）が引き続き存在することになり，ヘッジ手段に係る損益も引き続き繰り
延べられる場合もあると考えられる。

　この場合，ヘッジ対象である在外子会社株式の評価損は将来減算一時差異と
なるので繰延税金資産の回収可能性の判断を行う必要がある。一方，繰延ヘッ
ジ損益として繰り延べていたヘッジ手段から生じていた換算差額は純損益に振
り戻されるとともに，その他の包括利益を相手勘定として計上していた繰延税
金資産または繰延税金負債は，法人税等調整額を相手勘定として計上し直す必
要があると考えられる。

(2)　連結財務諸表における会計処理

　ヘッジ対象から生じている換算差額は，個別財務諸表で計上された子会社株
式評価損に含まれることになるが，子会社株式評価損は連結調整仕訳で振り戻
されるため，連結財務諸表上では為替換算調整勘定として計上されることにな
る。持分ヘッジ取引とは，在外子会社等への投資から生じた為替換算調整勘定
をヘッジ対象とするものであるため（外貨建取引実務指針72項），ヘッジ対象
から生じた為替換算調整勘定が純資産の部に計上され続けている場合は，連結
会計上のヘッジ会計の有効性は損なわれていないと考えられる。このため，連
結会計上はヘッジ手段に係る換算差額は引き続き為替換算調整勘定として計上
されることになると考えられる。

設例3−18−3　　個別財務諸表上でヘッジ対象の子会社株式を減損した場合

前提条件

①　Ｐ社は，Ｘ1年度末に，在外子会社Ｓ社に対する持分投資100米ドルを
　ヘッジ対象として，外貨建借入100米ドルをヘッジ手段とする持分ヘッジ

取引を行った。なお，Ｓ社への出資時および借入時の為替レートは100円/米ドルとする

② Ｘ２年度末の為替レートは90円/米ドルであり，ヘッジ手段からは1,000円の換算差額が生じている。

③ Ｘ３年度末におけるヘッジ対象であるＳ社株式に対して，個別財務諸表上で減損損失6,400円（60米ドル）を計上した。減損損失計上後のＳ社株式の外貨建簿価は40米ドルであり，減損損失計上時の為替レートは90円/米ドルであった。

④ 個別財務諸表上，持分ヘッジ取引開始時はヘッジ会計の要件を満たしていたが，Ｘ３年度末においてヘッジ対象であるＳ社株式を減損処理し減損時のレートでＳ社株式を評価し直したことで，Ｓ社株式に係る為替の含み損益が実現したため，個別財務諸表上はヘッジ会計の要件を満たさなくなった。なお，税務上は持分ヘッジ取引開始時および減損損失計上以降もヘッジ適格であるものとする。

⑤ 法定実効税率は30％とする。

⑥ 子会社株式評価損から生じる将来減算一時差異に係る繰延税金資産の回収可能性はないものとする。

会計処理

[Ｘ２年度末の会計処理]

(1) Ｐ社個別財務諸表上の会計処理

(i) 借入金の換算替え

（借）借 入 金	(※)1,000	（貸）為 替 差 益	(※)1,000

（※） 1,000……前提条件②参照。

(ii) 換算差額を繰延ヘッジ損益へ振替え

（借）為 替 差 益	(※1)1,000	（貸）繰延ヘッジ損益	(※2)700
		繰延税金負債	(※3)300

（※１） 1,000……借入金の換算差額（＝元本100米ドル×（借入時レート100円/米ドル－期末レート90円/米ドル）
（※２） 700＝借入金の換算差額1,000×（１－法定実効税率30％）
（※３） 300＝借入金の換算差額1,000×法定実効税率30％

第3章　⑱持分ヘッジ取引と税効果　*351*

(2)　P社連結財務諸表上の会計処理

(i)　ヘッジ手段の換算差額を為替換算調整勘定へ振替え

(借)　繰延ヘッジ損益	(※)700	(貸)　為替換算調整勘定	(※)1,000
繰延税金負債	(※)300		

(※)　個別財務諸表上で計上された繰延ヘッジ損益および繰延税金負債を為替換算調整勘定へ振り替える。

[X3年度末の会計処理]

(1)　P社個別財務諸表上の会計処理

(i)　S社株式評価損の計上

(借)　子会社株式評価損	(※)6,400	(貸)　S　社　株　式	(※)6,400

(※)　6,400……前提条件③参照。

(ii)　繰延ヘッジ損益を為替差益へ振替え

(借)　繰延ヘッジ損益	(※)700	(貸)　為　替　差　益	(※)1,000
繰延税金負債	(※)300		

(※)　ヘッジ会計の終了に伴う繰延ヘッジ損益の取崩し。

(iii)　税効果会計

(借)　法人税等調整額	(※)300	(貸)　繰延税金負債	(※)300

(※)　300＝借入金の換算差額1,000×法定実効税率30％

(2)　P社連結財務諸表上の会計処理

(i)　S社株式評価損の振戻し

(借)　S　社　株　式	(※)6,400	(貸)　子会社株式評価損	(※)6,400

(※)　P社個別財務諸表で計上された子会社株式評価損の振戻し。

(ii)　個別財務諸表におけるヘッジ会計終了仕訳の振戻し

(借)　為　替　差　益	(※)1,000	(貸)　繰延ヘッジ損益	(※)700
		繰延税金負債	(※)300
(借)　繰延税金負債	(※)300	(貸)　法人税等調整額	(※)300

(※)　P社個別財務諸表における仕訳の振戻し。

(iii) ヘッジ手段の換算差額を為替換算調整勘定へ振替え

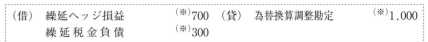

(※) 連結財務諸表上はヘッジ会計を継続するため，ヘッジ手段である借入金の換算差額を為替換算調整勘定に振り替える。

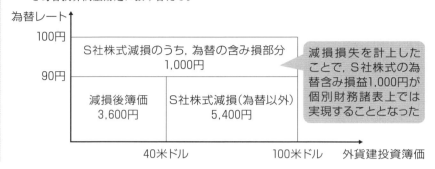

19 その他の連結修正と税効果

1 中間連結財務諸表（連結財規1条1項2号の第1種中間連結財務諸表）に関する取扱い

　中間連結財務諸表（連結財規1条1項2号の第1種中間連結財務諸表（金融商品取引法が2023年11月に改正される前においては第2四半期会計期間に係る四半期連結財務諸表）をいう。以下同じ。）の作成にあたっては，原則として，年度の連結財務諸表の作成において採用する会計方針に準拠することとなるが，財務諸表利用者の判断を誤らせない限り，簡便的な会計処理によることができる（中間会計基準11項）。また，中間特有の会計処理を採用することもできる（中間会計基準16項）。

　中間連結財務諸表における税金費用は，連結会社の個別財務諸表上の税金費用と連結手続上生ずる一時差異等に係る法人税等調整額に分けて計算することとなる。すなわち，連結会社の税金費用については，連結会社ごとに，原則的な会計処理，中間特有の会計処理，または重要性が乏しい会社の会計処理のいずれかの方法により計算する（図表3−19−1参照）。また，連結手続上行わ

れた修正仕訳に係る一時差異については，中間会計期間を含む年度の法人税等の計算に適用される税率に基づいて計算する（中間適用指針20項）。

図表3-19-1 中間連結財務諸表に関する取扱い

		税金費用の算定方法	繰延税金資産等
原則的な会計処理（連結財務諸表の作成において採用する会計方針）	原則的な会計処理	年度決算と同様の方法により計算する。	年度決算と同様の方法により計算し，回収可能性を判断する。
	簡便的な取扱い	税額計算にあたり加減算項目や税額控除項目を重要なものに限定する。	回収可能性の検討において，一定の条件の下で，前年度末の検討において使用した情報を利用することができる。
中間特有の会計処理	中間特有の会計処理	原則として，見積実効税率（著しく合理性を欠く場合は法定実効税率）を用いて計算する。	前年度末の繰延税金資産および繰延税金負債について，回収可能性等を検討した上で，中間貸借対照表に計上する。
	簡便的な取扱い	見積実効税率の算定において重要な項目に限定する。	回収可能性の検討において，一定の条件の下で，前年度末の検討において使用した情報を利用することができる。
重要性が乏しい連結会社における簡便的な会計処理		一定の条件の下で，税引前中間純利益に前年度の税効果会計適用後の法人税等の負担率を乗じて計算する。	前年度末に計上された繰延税金資産および繰延税金負債と同額を計上する。

(1) 簡便的な会計処理

税金費用の計算については，親会社および連結子会社の法人税等について，中間会計期間を含む年度の法人税等の計算に適用される税率に基づき，年度決算と同様の方法により計算することが原則とされる。

ただし，中間（連結）財務諸表は，年度の（連結）財務諸表よりも開示の迅速性が求められていることから，簡便的な会計処理によることが認められており，税金費用の算定方法も簡便的な会計処理の1つとして例示されている（中間会計基準11項，26項）。

税金費用の算定における具体的な簡便的な会計処理としては，納付税額の算出にあたり加味する加減算項目や税額控除項目を重要なものに限定する方法が例示されている（中間適用指針14項）。また，繰延税金資産の回収可能性について，経営環境に著しい変化が生じておらず，かつ，一時差異等の発生状況について前年度末から大幅な変動がないと認められる場合には，繰延税金資産の回収可能性の判断にあたり，前年度末の検討において使用した将来の業績予測やタックスプランニングを利用することができるとされている（中間適用指針15項）。経営環境に著しい変化が生じている場合や一時差異等の発生状況について前年度末から大幅な変動があると認められる場合には，財務諸表利用者の判断を誤らせない範囲において，前年度末の検討において使用した将来の業績予測やタックスプランニングに当該著しい変化または大幅な変動による影響を加味して，繰延税金資産の回収可能性を判断することができる（中間適用指針16項）。

なお，簡便的な会計処理は，連結会社ごとに適用することができると考えられる。

(2) 中間特有の会計処理

前記のように，税金費用の計算については，親会社および連結子会社の法人税等について，中間会計期間を含む年度の法人税等の計算に適用される税率に基づき，年度決算と同様の方法により計算することが原則とされるが，中間決算における税金費用の計算については，中間特有の会計処理と呼ばれる方法を採用することができる（中間会計基準18項）。

税金費用の計算における中間特有の会計処理は，中間会計期間を含む年度の税引前当期純利益に対する税効果会計適用後の実効税率を合理的に見積り，税引前中間純利益に当該見積実効税率を乗じて計算する方法である。ここで用いられる見積実効税率の算定方法については，中間税効果適用指針第11項以下（中間税効果適用指針の簡便法）に準じて処理することとなる。

なお，見積実効税率の算定において，財務諸表利用者の判断を誤らせない限り，一時差異に該当しない差異や税額控除等の算定にあたり，重要な項目に限定することができる（中間適用指針18項後段）（図表3－19－2参照）。

第3章　⑲その他の連結修正と税効果　*355*

図表3－19－2　見積実効税率の算定

$$見積実効税率 = \frac{予想年間税金費用^{(※1)}}{予想年間税引前当期純利益}$$

（※1）　予想年間税金費用＝（予想年間税引前当期純利益±一時差異等に該当しない差異$^{(※2)}$）
　　　　×法定実効税率
（※2）　重要な項目に限定することができる。

　中間特有の会計処理を採用する場合には，中間貸借対照表計上額は未払法人税等その他適当な科目により計上するとともに，前年度末の繰延税金資産および繰延税金負債について，回収可能性等を検討した上で，中間貸借対照表に計上することとなる（中間会計基準18項ただし書き）。

　なお，繰延税金資産については，中間決算時点で回収可能見込額を見直した上で中間貸借対照表に計上することとなるが，財務諸表利用者の判断を誤らせない限り，前記の簡便的な方法によることも認められる。すなわち，一定の条件の下で，前年度末の検討において使用した将来の業績予測やタックスプランニングを利用することができる（中間適用指針17項なお書き）。

　なお，税金費用に関する中間特有の会計処理は，中間財務諸表作成のための会計方針として位置付けられているため，原則として，すべての連結会社で統一して適用することが必要となる。ただし，在外子会社が国際財務報告基準（IFRS）または米国会計基準に準じている場合には，実務対応報告第18号により，統一する必要がない場合も考えられる。また，中間特有の会計処理から原則的な方法に変更する場合や，原則的な方法から中間特有の会計処理に変更する場合には会計方針の変更に該当するため，合理的な理由が必要となる。

(3)　重要性が乏しい連結会社における簡便的な会計処理

　連結財務諸表における重要性が乏しい連結会社において，経営環境に著しい変化が発生しておらず，かつ，中間財務諸表上の一時差異等の発生状況について前年度末から大幅な変動がない場合には，中間財務諸表の税金費用の計算にあたり，税引前中間純利益に前年度の損益計算書における税効果会計適用後の法人税等の負担率を乗じて計算する方法によることができる。また，この場合には，前年度末に計上された繰延税金資産および繰延税金負債と同額を中間貸借対照表に計上することになる（中間適用指針19項）。

2 中間財務諸表等（連結財規１条１項３号の第２種中間連結財務諸表等）における税効果会計に関する取扱い

(1) 原 則 法

　中間財務諸表（連結財規１条１項３号の第２種中間連結財務諸表および財規１条１項３号の第２種中間財務諸表（金融商品取引法が2023年11月に改正される前においては中間連結財務諸表および中間財務諸表）をいう。以下同じ。）における税金費用は，原則として，中間会計期間を一事業年度とみなして，年度決算と同様の方法により計算する（中間税効果適用指針５項）。

　このため，将来減算一時差異および税務上の繰越欠損金が生じた場合には，税効果適用指針第８項(1)に従って繰延税金資産を計上し，将来加算一時差異が生じた場合には，税効果適用指針第８項(2)に従って繰延税金負債を計上することになる。そして，繰延税金資産または繰延税金負債の計上にあたっては，年度の期首における繰延税金資産の額と繰延税金負債の額の差額と中間決算日における当該差額の増減額を，資産または負債の評価替えの場合および親会社の持分変動による差額に係る一時差異に関する繰延税金資産または繰延税金負債を計上している場合を除き，法人税等調整額を相手勘定として計上する（中間税効果適用指針６項）。

　このとき，繰延税金資産の計上については，年度末決算と同様に，中間決算日において，回収可能性適用指針に従って，将来減算一時差異および税務上の繰越欠損金に係る繰延税金資産の回収可能性を検討し，回収可能見込額を限度として計上する。

　このため，たとえば，中間会計期間において税務上の繰越欠損金に対して見積られる繰延税金資産の計上額が，事業年度末において予想される税務上の繰越欠損金に対して見積られる繰延税金資産の計上額より多額であったとしても，当中間会計期間後において税務上の繰越欠損金が課税所得の見積額（税務上の繰越欠損金控除前）と相殺されることが合理的に見込まれる場合は，繰延税金資産を計上することになる（中間税効果適用指針32項）。

⑵　簡　便　法

①　簡便法による税金費用の計算方法

　中間会計期間に係る税金費用は，原則法のほか，中間会計期間を含む事業年度の税引前当期純利益に対する税効果会計適用後の実効税率を合理的に見積り，税引前中間純利益に当該見積実効税率を乗じて計算する方法によることができるとされている。この方法を簡便法という。

　このとき，中間会計期間に生じた一時差異の発生や解消に係る繰延税金資産または繰延税金負債の増減は認識せず，当期首における繰延税金資産について中間決算日時点で回収可能性を見直し，繰延税金資産の全部または一部が将来の税金負担額を軽減する効果を有しないと判断された場合，回収可能性がない金額を取り崩すこととなる（中間税効果適用指針11項）。

②　資産または負債の評価替えによる一時差異

　簡便法を採用している場合においても，資産または負債の評価替えによる一時差異は，原則法と同様に処理することとなる。このため，資産または負債の評価替えにより生じた評価差額等を直接純資産の部に計上する場合，当該評価差額等に係る一時差異に関する繰延税金資産および繰延税金負債の差額については，事業年度の期首における当該差額と中間決算日における当該差額の増減額が，純資産の部の評価・換算差額等を相手勘定として計上され，税金費用の計算には考慮されない（中間税効果適用指針36項）。

③　見積実効税率の算定

　見積実効税率は，原則として，予想年間税金費用を予想年間税引前当期純利益で除して算定した税率による（中間税効果適用指針12項柱書き）（図表3－19－3参照）。

図表3－19－3　　見積実効税率の算定

$$見積実効税率 = \frac{予想年間税金費用^{（※）}}{予想年間税引前当期純利益}$$

（※）　予想年間税金費用＝（予想年間税引前当期純利益±一時差異等に該当しない差異）×法定実効税率

なお，法定実効税率は，中間会計期間を含む事業年度における法人税等の額を計算する際に適用される税率に基づくものをいい，予想年間税金費用の算定においては，必要に応じて税額控除を考慮することとされている。また，期首において繰延税金資産を計上していなかった重要な一時差異等について，当中間会計期間において将来の税金負担額を軽減する効果を有することとなったと判断された場合，見積実効税率の算定にあたり，税金の回収が見込まれる額を予想年間税金費用の額から控除する（中間税効果適用指針12項(1)，(2)）。

また，税法が改正された場合，予想年間税金費用には，上記の計算式ではなく，予想年間納付税額と予想年間法人税等調整額との合計額を用いる。ただし，期首の繰延税金資産および繰延税金負債の大部分が当事業年度の期末における繰延税金資産および繰延税金負債を構成することが見込まれる場合，見積実効税率を用いて計算した税金費用に，税法改正による期首の繰延税金資産および繰延税金負債の修正差額を加減して計上することもできる（中間税効果適用指針13項）。

④　見積実効税率が使用できない場合

簡便法を適用する場合で，見積実効税率を用いて中間会計期間に係る税金費用を計算すると著しく合理性を欠く結果となる場合には，見積実効税率ではなく，法定実効税率を用いて税金費用を計算する。たとえば，図表3－19－4のような場合には，著しく合理性を欠き法定実効税率を用いることが考えられる（中間税効果適用指針14項以下）。

図表3－19－4　法定実効税率を用いる場合

	簡便法の税金計算に法定実効税率を用いる場合（例示）
①	予想年間税引前当期純利益がゼロまたは損失となる場合
②	予想年間税金費用がゼロまたはマイナスとなる場合
③	上期と下期の損益が相殺され一時差異等に該当しない項目に係る税金費用の影響が予想年間税引前当期純利益に対して著しく重要となる場合

このとき，一時差異等に該当しない項目で重要なものがある場合には，税引前中間純利益に当該項目の額を加減したものに，法定実効税率を乗じる。

また，法定実効税率を用いる場合で，中間損益計算書上，税引前中間純損失

が計上されている場合には，税引前中間純損失に法定実効税率を乗じて税金費用を計算する。このとき，一時差異等に該当しない項目で重要なものがある場合には，税引前中間純損失に当該項目の額を加減したものに，法定実効税率を乗じる。この場合の税金費用は負の値（税金費用のマイナス）となるが，期首の繰延税金資産の額と合算して，繰延税金資産の回収可能性を検討し，回収が見込まれる額を限度として繰延税金資産に計上する。

なお，法定実効税率を用いる場合で，中間会計期間に税法が改正された場合には，当該中間会計期間を含む事業年度の期末に存在すると見込まれる一時差異等の額を見積り，税法の改正による繰延税金資産および繰延税金負債の修正差額を合理的な方法で上期と下期に配分し，上期に配分された修正差額を中間会計期間に係る税金費用に加減する。

(3) 中間連結財務諸表における税効果会計に関する取扱い

中間連結財務諸表における税金費用のうち，連結会社の中間会計期間に係る税金費用は，連結会社ごとに原則法または簡便法のいずれかの方法により計算する。なお，連結会社ごとに原則法または簡便法を選択適用することが認められている（中間税効果適用指針17項）。

また，連結財務諸表固有の一時差異に係る法人税等調整額については，年度決算と同様の方法により計算することとなる。

3 四半期連結財務諸表（第1四半期会計期間および第3四半期会計期間）

2023年11月改正後の金融商品取引法上，四半期報告書による開示制度は廃止されているが，上場会社においては引き続き取引所規則に基づいて第1四半期および第3四半期の決算短信の開示は行われる。第1四半期および第3四半期に四半期会計基準を適用する場合，「1 中間連結財務諸表（連結財規1条1項2号の第1種中間連結財務諸表）に関する取扱い」の中間会計期間に係る税効果会計に関する取扱い（簡便的な会計処理および中間特有の会計処理等）と同様の会計処理が四半期会計基準においても認められている（四半期会計基準9項，11項等）。

4 親子会社間の会計方針の統一と税効果

(1) 親子会社間の会計方針の統一

親会社および子会社の会計方針に関して，同一環境下で行われた同一の性質の取引等については，親会社および子会社が採用する会計方針は原則として統一することとされており（連結会計基準17項），これは，合理的な理由がある場合または重要性がない場合を除いて，会計方針を統一しなければならないことを意味している。

ここで，連結財務諸表は，親会社および子会社が一般に公正妥当と認められる企業会計の基準に準拠して作成した個別財務諸表を基礎として作成されなければならないとされているため（連結会計基準10項），原則として，連結会社の会計処理の統一は，各個別財務諸表の作成段階で行われることとなる（監査・保証実務委員会実務指針第56号「親子会社間の会計処理の統一に関する監査上の取扱い」4項(3)）。

図表3－19－5　親子会社間の会計方針の統一

	会計方針の統一状況	対　応
国内子会社の財務諸表	会計方針が統一されている場合（原則的な取扱い）	統一された会計方針に基づき，各個別財務諸表が作成される。
	会計方針が統一されていない場合	連結決算手続上で会計方針の統一のための修正処理が必要となる。
在外子会社の財務諸表および指定国際会計基準特定会社（連結財規1条の2に規定する会社をいう。）の財務諸表	会計方針が統一されている場合（原則的な取扱い）	統一された会計方針に基づき，各個別財務諸表が作成される。
	国際財務報告基準（IFRS）または米国会計基準に準拠して作成されている場合，および指定国際会計基準に準拠して作成されている場合	一定の項目について会計処理を修正し，連結決算上利用することができる。
	上記以外	連結決算手続上で会計方針の統一のための修正処理が必要となる。

しかし，親会社または子会社の固有の事情により会計処理の統一が図られて

第3章　⑲その他の連結修正と税効果　　*361*

いない場合には，連結決算手続上で修正を行わなければならない。連結決算手続上の修正は，減価償却の過不足，資産や負債の過大または過少計上等，個別財務諸表が会社の財政状態，経営成績およびキャッシュ・フローの状況を適切に表示していない場合の修正処理が想定される。

　また，在外子会社の財務諸表が，所在地国において公正妥当と認められた会計基準に準拠して作成されている場合には，わが国の会計基準に基づき会計処理を統一することが必要であり，この場合にも連結決算手続上での修正が必要となる。ただし，在外子会社の財務諸表が，国際財務報告基準（IFRS）または米国会計基準に準拠して作成されている場合には，図表3－19－6の一定の項目や明らかに合理的でないと認められる場合を除き，それらを連結決算手続上利用することができるとされている（実務対応報告第18号の連結決算手続における在外子会社等の会計処理の統一の「当面の取扱い」）。

図表3－19－6　修正が必要な項目

国際財務報告基準（IFRS）または米国会計基準に準拠している場合でも修正が必要となる項目
1　のれんの償却
2　退職給付会計における数理計算上の差異の費用処理
3　研究開発費の支出時費用処理
4　投資不動産の時価評価および固定資産の再評価
5　資本性金融商品の公正価値の事後的な変動をその他の包括利益に表示する選択をしている場合の組替調整

(2)　連結決算手続上での修正と税効果

　前記「(1)　親子会社間の会計方針の統一」のように，連結財務諸表作成のための会計方針の統一を目的として連結決算手続上で修正処理を行った場合，連結会社の個別財務諸表上の帳簿価額と連結財務諸表上の帳簿価額に差異が生じることがある。この差異は，連結財務諸表固有の一時差異であり，原則として連結税効果会計の対象となる。

20 後発事象と税効果の関係

1 税効果に関連する後発事象

　後発事象とは，決算日後に発生した会社の財政状態，経営成績およびキャッシュ・フローの状況に影響を及ぼす会計事象をいい，図表3－20－1のとおり，修正後発事象と開示後発事象の2つに分類される（監査基準報告書560実務指針第1号「後発事象に関する監査上の取扱い」2(4)，3）。

図表3－20－1　後発事象の分類

分　　類	内　　容
修正後発事象	発生した事象の実質的な原因が決算日現在においてすでに存在しているため，財務諸表の修正を行う必要がある事象
開示後発事象	発生した事象が翌事業年度以降の財務諸表に影響を及ぼすため，財務諸表に注記を行う必要がある事象

　税効果に関連する後発事象として，たとえば，税率の変更やそれ以外の納税額の計算方法の変更を含む改正税法が連結決算日後に国会で成立したようなケースが考えられる。

2 税率の変更

(1) 繰延税金資産および繰延税金負債の計算に用いる税率

　繰延税金資産または繰延税金負債の金額は，回収または支払が行われると見込まれる期の税率に基づいて計算される（税効果会計基準第二　二　2）。具体的には，繰延税金資産または繰延税金負債の金額は，決算日において国会で成立している法人税法等および地方税法等に規定されている税率を用いて計算される（税効果適用指針46項，47項）。このため，連結財務諸表における繰延税金資産および繰延税金負債の計算に用いる税率は，連結決算日以前に国会で成立している税率に基づくこととなる。ただし，連結子会社の決算日が連結決算日と異なる場合には留意が必要である（後記「(4)　連結子会社の決算日が連結

決算日と異なる場合の取扱い」参照)。

(2) 税率の変更と後発事象の関係

　繰延税金資産または繰延税金負債は，その計算の基礎となる税率の変更があった場合には新たな税率により再計算することになるが（税効果会計基準注解（注6）），当該税率変更を含む改正税法が決算日以前に成立するか，決算日後に成立するかで会計上の取扱いが異なることとなる（図表3－20－2参照）。

図表3－20－2　改正税法の成立のタイミングと会計上の取扱いの関係

① 決算日以前に税率変更を含む改正税法が成立したケース

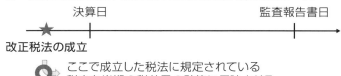

② 決算日よりも後に税率変更を含む改正税法が成立したケース

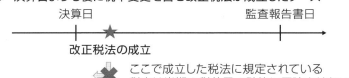

① 税率変更を含む改正税法が連結決算日以前に成立した場合

　税率の変更を含む改正税法が連結決算日以前に成立し，繰延税金資産および繰延税金負債の額が修正された場合，当該修正差額は原則として当該税率が変更された連結会計年度の連結損益計算書上の法人税等調整額に加減することとなる（税効果適用指針51項）。なお，変更された税率が翌年度以降に適用される場合においても，税率変更を含む改正税法が連結決算日までに国会で成立している場合には，当該税率の変更の影響を当該税率が変更された連結会計年度の決算に反映する必要がある。また，税率の変更により繰延税金資産および繰延税金負債の金額が修正された場合はその旨および修正額を注記する必要がある（後記「21 2(2)　税率の変更に関する注記」参照）。

　例外的な取扱いとして，未実現損益の消去に係る繰延税金資産または繰延税

金負債は，前記「7 2(2)　適用税率」で述べたとおり，わが国においては繰延法が採用されているため，税法の改正に伴い税率等が変更された場合であっても修正されない点に留意する必要がある（税効果適用指針56項）。税率の変更に伴う連結税効果の取扱いは，図表3−20−3のとおりである（税効果適用指針51項，52項，56項）。

図表3−20−3　税率の変更に伴う連結税効果の取扱い

繰延税金資産および繰延税金負債の内容	税率変更による修正差額等の取扱い
原則	税率変更による修正差額を，当該税率が変更された連結会計年度において，法人税等調整額を相手勘定として計上する。
資産または負債の評価替えにより生じた評価差額等をその他の包括利益累計額に計上している場合の当該評価差額等に係る繰延税金資産または繰延税金負債	税率変更による修正差額を，当該税率が変更された連結会計年度において，その他の包括利益を相手勘定として計上する。
子会社の資産および負債の時価評価により生じた評価差額等に係る繰延税金資産または繰延税金負債	税率変更による修正差額を，当該税率が変更された連結会計年度において，法人税等調整額を相手勘定として計上する。
未実現損益の消去に係る繰延税金資産または繰延税金負債	税率が変更されても修正しない。

②　税率変更を含む改正税法が連結決算日後に成立した場合

(i)　基本的な取扱い

決算日後に税率変更を含む改正税法が国会で成立した場合には，その内容およびその影響を注記し（税効果会計基準第四4），当該決算に反映させないこととされている（図表3−20−2参照）。この点，繰延税金資産および繰延税金負債は，将来回収または支払が行われると見込まれる期の税率に基づいて計算するものとされていることから，決算日後に税率変更を含む改正税法が成立した場合には，修正後発事象として取り扱い，改正税法に規定されている税率を当該決算に反映すべきとも考えられる。しかし，決算発表日や監査報告書日の直前に税率の変更を含む改正税法が成立する場合も考えられ，仮にこれを修正後発事象として取り扱う場合，実務上の手続が煩雑となってしまうことから，決算日後に税率変更を含む改正税法が成立した場合においては，税率変更の影

響を当該決算には反映させないこととされている（税効果適用指針157項）。したがって、たとえば、3月に税率変更を含む改正税法が国会で成立した場合、2月末決算の会社においては、税率変更は当該決算には反映させず、その内容およびその影響を注記することとなる（後記「21 2 (2) 税率の変更に関する注記」参照）。

(ii) **連結決算日後に地方公共団体において改正条例が成立した場合**

住民税等の地方税に係る条例は、国会における改正地方税法等の成立を受けて、各地方公共団体の議会等で改正されることとなる。このため、決算日までに税率変更を含む改正地方税法が国会において成立しているものの、改正条例が決算日以前に各地方公共団体の議会等において成立していない場合の取扱いが問題となる。この点、税効果適用指針第48項(2)②において、条例に規定されている税率に応じてその取扱いが定められている（図表3−20−4参照）。

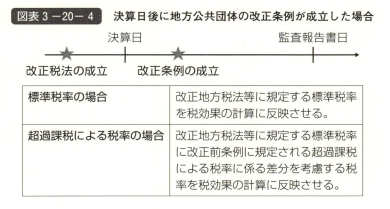

図表3−20−4 決算日後に地方公共団体の改正条例が成立した場合

標準税率の場合	改正地方税法等に規定する標準税率を税効果の計算に反映させる。
超過課税による税率の場合	改正地方税法等に規定する標準税率に改正前条例に規定される超過課税による税率に係る差分を考慮する税率を税効果の計算に反映させる。

また、超過課税による税率に係る差分を考慮する税率を算定するにあたっては、税効果適用指針第49項において以下の2つの方法が示されている。なお、以下の結果得られた税率が、改正地方税法等に規定されている制限税率を超える場合は、当該制限税率となる。

- 改正後標準税率に改正前条例における差分を加算する方法
- 改正後標準税率に改正前条例における差分を考慮した割合を乗ずる方法

⑶　中間決算等における税率が変更された場合の取扱い

　中間財務諸表（連結財規1条1項2号の第1種中間連結財務諸表）の作成にあたって，中間会計期間において税率が変更された場合，その会計処理は原則として年度決算と同様に取り扱うこととなる。ただし，中間特有の会計処理（中間会計基準18項ただし書き参照）を用いている場合には，税金費用の計算方法について以下の方法が認められている。

> - 予想年間納付税額と税率変更を反映した予想年間法人税等調整額の合計額を予想年間税引前当期純利益で除して税率変更後の見積実効税率を算定する方法（中間税効果適用指針13項）
> - 期首の繰延税金資産および繰延税金負債の大部分がそのまま当期末の繰延税金資産および繰延税金負債を構成することが見込まれる場合は，従来の見積実効税率を用いて計算された税金費用に，税率の変更に伴う期首の繰延税金資産および繰延税金負債の修正差額を加減して処理する方法（中間税効果適用指針13項ただし書き）
> - 法定実効税率を用いている場合には，税率の変更による繰延税金資産および繰延税金負債の修正差額を見積り，上期および下期に合理的な方法により配分する方法（中間税効果適用指針16項）

　また，中間会計基準においては，税率変更に関する注記の定めがないため（中間会計基準25項），注記の要否が論点となる。この点，当該税率変更が企業集団の財政状態，経営成績およびキャッシュ・フローの状況を適切に判断するために重要な事項として認められる場合には，追加情報として注記することが考えられる（中間会計基準25項⑳，連結財規109条）。

⑷　連結子会社の決算日が連結決算日と異なる場合の取扱い

　連結財務諸表を作成するにあたり，連結子会社の決算日が連結決算日と異なる場合がある。この場合，たとえば，子会社の決算日後，連結決算日以前に改正税法が成立したようなケースにおいて連結子会社がどの税率を用いるべきかが問題となる。この点，税効果適用指針第50項において連結決算日と異なる決算日の連結子会社が用いるべき税率が定められており，当該ケースにおいては，図表3-20-5のとおり取り扱われるものと考えられる。

図表 3 − 20 − 5 子会社決算日後，連結決算日以前に改正税法が成立した場合

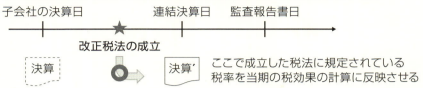

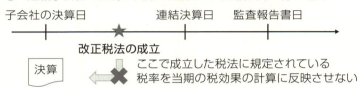

① 連結子会社が連結決算日に正規の決算に準ずる手続により決算を行う場合

　繰延税金資産および繰延税金負債の計算に用いる税法および税率に関する定め（税効果適用指針44項から49項）における「決算日」を「連結決算日」と読み替えることとなる。したがって，子会社の決算日後，連結決算日以前に改正税法が成立した場合には，当該改正税法に規定されている税率を正規の決算に準じて行った決算の税効果の計算に反映させることとなる。

② 連結子会社の正規の決算を基礎として連結決算を行う場合

　繰延税金資産および繰延税金負債の計算に用いる税法および税率に関する規定（税効果適用指針44項から49項）における「決算日」を「子会社の決算日」と読み替えることとなる。したがって，子会社の決算日後，連結決算日以前に改正税法が成立した場合には，当該改正税法に規定されている税率は当該子会社の決算における税効果の計算には反映させないこととなる。なお，この場合において，当該子会社の税率の変更の内容およびその影響を注記することが考えられる（連結財規14条の9ただし書き）。

3 税率変更以外の税法改正

(1) 財務諸表へ影響を与える税率変更以外の税法改正

税率の変更以外にも税効果の計算に影響を与える税法の改正がある。たとえば，わが国においては，過去に欠損金の繰越控除限度額の引下げや受取配当金の益金不算入制度の一部見直しが行われた。欠損金の繰越控除限度額の引下げは，将来の課税所得と相殺できる繰越欠損金が減少し，繰延税金資産の一部取崩しが必要となる可能性がある。

また，平成27年度税制改正における受取配当金の益金不算入制度の改正においては，益金不算入の範囲が変更となったため，国内持分法適用関連会社における留保利益に係る繰延税金負債の追加計上や繰延税金資産の回収可能性において見積る将来の課税所得の金額が変動するといったケースが生じた。

(2) 税率変更以外の税法改正と後発事象の関係

改正税法の成立に伴い，税率以外の納税額の計算方法が変更され，繰延税金資産および繰延税金負債の額が修正される場合，当該修正差額は前記の税率の変更の場合と同様に取り扱うこととなる（税効果適用指針53項）。

また，どの時点の税法に基づく納税額の計算方法を決算に反映させるかについても，税率の変更と同様に，国会においての成立日を基準として取り扱う（税効果適用指針44項）。すなわち，納税額の計算方法の変更が含まれる改正税法が連結決算日以前に成立した場合には，当該税法が改正された連結会計年度の連結決算における税効果の計算に反映させ，一方，改正税法が連結決算日後に成立した場合には当該連結決算には反映させないこととなる。たとえば，3月に改正税法が国会で成立した場合において，2月末決算の会社は，改正前の税法に基づいて税効果の計算を行うこととなる。

一方，税率変更があった場合には，その影響額等について注記の記載が求められているものの（税効果会計基準第四3，4），税率変更以外の税法の改正による影響額については特段の注記は求められていない。これは，仮に税法の改正による影響額を注記する場合，繰延税金資産および繰延税金負債に重要な影響を与えるものを特定した上で，税法の改正を考慮していないことを前提にした繰延税金資産および繰延税金負債を算定する必要があり，また，特に在外

第3章　20後発事象と税効果の関係　　*369*

子会社の税制は多様なため，当該算定が煩雑であることから，コストと便益の比較の観点から，注記を求めないこととされている（税効果会計基準（一部改正）23項なお書き）。

(3)　連結子会社の決算日が連結決算日と異なる場合の取扱い

連結子会社の決算日と連結決算日が異なる場合，連結子会社がどの決算日の税法に基づき税効果の計算を行うかが問題となる。この点，前記の税率の変更と同様に取り扱うこととなる（税効果適用指針50項）。

すなわち，連結子会社が連結決算日に正規の決算に準ずる手続により決算を行う場合には，繰延税金資産および繰延税金負債の計算に用いる税法に関する定め（税効果適用指針44項から49項）における「決算日」を「連結決算日」と読み替える。一方，連結子会社の正規の決算を基礎として連結決算を行う場合には，同規定における「決算日」を「子会社の決算日」と読み替えて，税効果の計算を行うこととなる。

4 ┃ グループ通算制度への加入に係る意思決定と後発事象の関係

グループ通算制度への加入に係る意思決定と後発事象との関係については，前記「16 2　グループ通算制度の適用を開始する場合における税効果会計（子会社がグループ通算制度に新規加入する場合を含む。）」にて解説している。

21 開示上の取扱い（税率差異注記を除く）

1 繰延税金資産および繰延税金負債等の表示方法

(1) 基本的な取扱い

　繰延税金資産は投資その他の資産の区分に表示し，繰延税金負債は固定負債の区分に表示する（税効果会計基準（一部改正）2項により改正された税効果会計基準第三1，連結財規30条1項3号，38条1項4号，会計規73条3項4号ホ，75条2項2号ホ）。また，同一納税主体の繰延税金資産と繰延税金負債は双方を相殺し，異なる納税主体の繰延税金資産と繰延税金負債は双方を相殺せずに表示する（税効果会計基準（一部改正）2項により改正された税効果会計基準第三2，連結財規45条，会計規83条1項，2項）。

　納税主体とは納税申告書の作成主体をいい，通常は企業が納税主体となることから（税効果適用指針4項(1)），連結財務諸表の表示上，繰延税金資産と繰延税金負債は会社ごとに相殺する。なお，グループ通算制度を適用している場合には異なる取扱いとなるが，当該取扱いは後記する。

　一方，法人税等調整額は，法人税等を控除する前の当期純利益から控除する形式により，当期の法人税等として納付すべき額とは区分して表示する（税効果会計基準第三3）。

(2) 実務上の留意点

　前記「(1)　基本的な取扱い」のとおり，同一納税主体の繰延税金資産と繰延税金負債は相殺するため，連結財務諸表固有の一時差異に対して認識された繰延税金資産および繰延税金負債についても，それが個別財務諸表上認識されている繰延税金資産および繰延税金負債と同一納税主体から発生しているものであれば相殺して表示する。たとえば，親会社が子会社の留保利益に係る税効果を認識した場合，当該認識した繰延税金負債は親会社の個別財務諸表上で認識している繰延税金資産と相殺して表示する（図表3－21－1参照）。相殺表示を適切に行うためには，連結手続上において認識された繰延税金資産および繰延税金負債が，どの会社から発生したものかを適切に把握しておく必要がある。

第3章 ㉑開示上の取扱い（税率差異注記を除く） *371*

図表3-21-1 繰延税金資産および繰延税金負債の表示方法

P社（親会社）個別財務諸表

現金預金	XXX	買掛金	XXX
売掛金	XXX	・・・	XXX
・・・ 相殺する XXX		退職給付引当金	XXX
有形固定資産 XXX		繰延税金負債	~~100~~
子会社株式	XXX	資本金	X~~0~~
繰延税金資産	~~800~~	利益剰余金	
	700		XXX

S社（子会社）個別財務諸表

現金預金	XXX	買掛金	XXX
売掛金	XXX	・・・	XXX
・・・ 相殺する XXX		退職給付引当金	XXX
有形固定資産 XXX		繰延税金負債	~~250~~
	XXX	資本金	X~~150~~
繰延税金資産	~~100~~	利益剰余金	
	0		XXX

○相殺する

連結修正仕訳
（借）法人税等調整額 100
（貸）繰延税金負債 100

P社で発生している場合

連結財務諸表

現金預金	XXX	買掛金	XXX
売掛金	XXX	退職給付引当金	XXX
・・・ 相殺しない XXX			
有形固定資産 XXX		繰延税金負債	150
・・・	XXX	資本金	XXX
繰延税金資産	600	利益剰余金	XXX
		・・・	XXX

S社で発生

P社で発生

2 連結財務諸表における税効果会計に関する注記

連結財務諸表上，税効果会計を適用した場合には次の事項を注記する必要がある（税効果会計基準第四，税効果会計基準（一部改正）3項，連結財規15条の5第1項）。

---

① 繰延税金資産および繰延税金負債の発生の主な原因別の内訳
② 連結財務諸表提出会社の法定実効税率と税効果会計適用後の法人税等の負担率との間に差異があるときは，当該差異の原因となった主な項目別の内訳
③ 法人税等の税率の変更により繰延税金資産および繰延税金負債の金額が修正されたときは，その旨および修正額
④ 連結決算日後に法人税等の税率の変更があった場合には，その内容および影響

なお，上記注記事項のうち，②の注記事項については，後記「㉒ 税率差異注記」にて別途解説を行う。

(1) 繰延税金資産および繰延税金負債の発生の主な原因別の内訳

① 基本的な取扱い

　繰延税金資産および繰延税金負債はさまざまな原因により発生し、その主な原因別の内訳を注記する必要がある。また、繰延税金資産の算定にあたり、繰延税金資産から控除された金額（以下「評価性引当額」という。）をあわせて記載する必要がある。評価性引当額については、その金額に重要な変動が生じている場合には、税負担率の分析に資するように当該変動の主な内容を記載する必要がある。さらに、繰延税金資産の発生原因別の主な内訳に「税務上の繰越欠損金」を記載している場合には、図表3-21-2のとおり、追加の情報の開示が必要となる（税効果会計基準（一部改正）4項および5項により改正された税効果会計基準注解（注8）、（注9）、連結財規15条の5第2項、3項）。

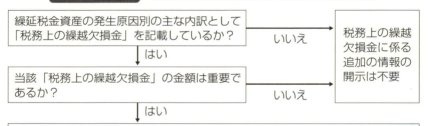

図表3-21-2　税務上の繰越欠損金に係る追加の情報の開示

　税務上の繰越欠損金は年度ごとに一時差異が解消した後に解消されることから、税務上の繰越欠損金に係る繰延税金資産は他の繰延税金資産よりも一般的

第3章　⃞21開示上の取扱い（税率差異注記を除く）　*373*

に回収可能性に関する不確実性が高く，また，税負担率の実績と予測が乖離する主な原因となること（たとえば，税務上の繰越欠損金が生じた際に将来において課税所得が生じる見込みがなく評価性引当額を計上するケースや，税務上の繰越欠損金に係る評価性引当額を計上している場合に，課税所得が生じて税務上の繰越欠損金を利用して評価性引当額が減少したケースなど）が多いと考えられる。このため，税務上の繰越欠損金に係る評価性引当額や繰越期限を開示することは，繰延税金資産の回収可能性に関する不確実性の評価や将来の税負担率を予測する上で有用な情報となると考えられ，税務上の繰越欠損金の金額に重要性がある場合には税務上の繰越欠損金に係る評価性引当額や繰越期限別の金額の開示が求められている（税効果会計基準（一部改正）26項から28項，38項から41項）。一方，税務上の繰越欠損金以外の評価性引当額の項目については，仮に項目別に開示する場合には一定の仮定計算等による按分が必要となり，当該按分により算定された評価性引当額は必ずしも有用な情報とはならないと考えられることから，注記の対象とはなっていない（税効果会計基準（一部改正）27項）。

　また，税務上の繰越欠損金に係る繰延税金資産の回収可能性に関する不確実性の評価に資するように，定性的な情報として，税務上の繰越欠損金に係る重要な繰延税金資産については，その回収可能性を判断した主な理由の注記が求められている（税効果会計基準（一部改正）43項から46項）。

②　評価性引当額

　評価性引当額は，税効果会計基準注解（注8）において「繰延税金資産から控除された額」と示されている。具体的には，税務上の繰越欠損金や将来減算一時差異等（繰越外国税額控除や繰越可能な租税特別措置法上の法人税額の特別控除等を含む。）に係る繰延税金資産について，回収可能性の判断の結果，繰延税金資産として計上しなかったものと考えられる。一方，子会社の取得後留保利益がマイナスである場合の当該留保利益に係る将来減算一時差異（税効果適用指針22項，115項）において税効果適用指針第22項(1)を満たさないことにより，そもそも繰延税金資産を計上していないような場合，当該将来減算一時差異に係る繰延税金資産が存在しないため，「繰延税金資産から控除された額」も存在しないと考えられる（税効果会計基準（一部改正）32項）。したがって，このような場合には，対応する繰延税金資産を計上しなかったとして

も，「繰延税金資産から控除された額」ではなく，評価性引当額に該当しない
と考えられる[1]。また，繰延税金資産と繰延税金負債の表示に関する取扱いに
基づき，相殺される将来加算一時差異に係る繰延税金負債についても，貸借対
照表の表示上，相殺されるにすぎないため，「繰延税金資産から控除された額」
ではなく，評価性引当額に該当しないと考えられる。

③　追加の情報の開示の要否に係る重要性の判断

　税効果会計基準（一部改正）において，追加の情報の開示の要否に係る重要
性の判断の１つの目安を下記のとおり示している。ただし，企業の置かれた状
況により重要性は異なるため，それぞれの状況に応じて判断する必要がある。

- 評価性引当額の変動内容を記載するかどうかの重要性の判断（36項）
  たとえば，「税引前純利益の額に対する評価性引当額（合計額）の変動額の割
  合」が重要である場合には重要であると考えられる。なお，税負担率と法定実
  効税率との間に重要な差異がなく，税率差異の注記を省略している場合は，当
  該注記は要しないと考えられる。
- 評価性引当額の内訳として税務上の繰越欠損金に関する情報を記載するかどう
  かの重要性の判断（30項）
  たとえば，以下の場合には重要であると考えられる。
  ①　税務上の繰越欠損金の控除見込額（課税所得との相殺見込額）が将来の税
  　負担率に重要な影響を及ぼす場合
  ②　純資産の額に対する税務上の繰越欠損金の額（納税主体ごとの法定実効税
  　率を乗じた額）の割合が重要な場合
- 税務上の繰越欠損金に係る繰延税金資産を回収可能と判断した主な理由を記載
  するかどうかの重要性の判断（47項）
  たとえば，「純資産の額に対する税務上の繰越欠損金に係る繰延税金資産の額
  の割合」が重要である場合には重要であると考えられる。

　なお，評価性引当額の内訳として税務上の繰越欠損金に関する情報を記載す
るかどうかの重要性の判断の基準は，「評価性引当額」ではなく，「税務上の繰
越欠損金の額」で行う必要があるため（税効果会計基準（一部改正）29項，30

　1　組織再編に伴い受け取った子会社株式等に係る将来減算一時差異のうち，当該株式の
　　受取時に生じていたもので，予測可能な将来の期間に売却等の予定がないことなどによ
　　り，繰延税金資産を計上しなかったものについても同様であると考えられる（税効果会
　　計基準（一部改正）32項）。

項），留意する必要がある。

④ 繰延税金資産の回収可能性に係る見積りの変更内容の記載の要否

会計上の見積りの変更があった場合には原則としてその内容と影響額について開示する必要があるため（企業会計基準第24号18項），繰延税金資産の回収可能性に係る見積りの変更内容の記載の要否が問題となる。この点，繰延税金資産は将来の課税所得の見積りや合理的な見積可能期間等複数の数値や判断などの見積要素を変更することにより計上額に影響が生じるが，繰延税金資産の主な変動要因は多くの場合，繰延税金資産および繰延税金負債の主な内訳とそれに対する評価性引当額の主な変動要因から把握することが可能であると考えられる（ASBJコメント対応30）。このため，繰延税金資産の回収可能性に係る見積りの変更の定性的な情報は注記事項として求められていない。

⑤ 税効果注記における連結固有の主な項目等

連結財務諸表における繰延税金資産および繰延税金負債の発生原因別の内訳を作成する場合，連結各社の個別財務諸表の繰延税金資産および繰延税金負債の発生原因別の金額を集計し，それに連結修正仕訳の過程で認識した税効果を加味することとなる（図表3-21-3参照）。このため，連結財務諸表における税効果注記には，連結固有の一時差異から生じる項目が記載される一方，個別財務諸表における税効果注記で記載していた項目が連結修正仕訳の過程で消去される場合もある。税効果注記における連結固有の主な項目や連結修正仕訳の過程で消去される主な項目について解説する。

図表3-21-3 連結ベースの発生原因別注記の作成フローの例

個別財務諸表における繰延税金資産および繰延税金負債の内訳　　集約し，開示する

	P社	S社	…	連結仕訳	合計
繰延税金資産					×××
税務上の繰越欠損金	×××	－	－		
退職給付に係る負債	×××	×××	×××	×××	×××
子会社株式評価損	×××			△×××	
貸倒引当金	×××	×××	×××	△×××	×××
未払事業税	×××	×××	×××		
連結会社間内部利益消去				×××	×××
賞与引当金	×××	連結仕訳から集計する			×××
その他	×××	×××	×××		×××
繰延税金資産小計	×××	×××	×××		
税務上の繰越欠損金に係る評価性引当額	×××	－	－		
将来減算一時差異等の合計に係る評価性引当額	×××	×××	×××		
評価性引当額小計	×××	×××	×××		
繰延税金資産合計	×××	×××	×××	×××	×××
繰延税金負債					
その他有価証券評価差額金	×××	×××	－		×××
子会社の留保利益金				×××	×××
子会社の資産及び負債の時価評価差額				×××	×××
その他	×××	×××	－		
繰延税金負債合計	×××	×××	－	×××	×××
繰延税金資産（負債）の純額	×××	×××	×××	×××	×××

(i)　連結会社間内部利益消去

連結会社相互間の取引から生じた未実現利益は連結手続上消去されることになるが，未実現利益の消去が行われた場合に，売却された資産の連結貸借対照表上の金額と個別貸借対照表上の金額との間に一時差異が生じることとなり，当該一時差異は連結財務諸表固有の一時差異として，税効果を認識する必要がある（前記「⑦　未実現損益に係る税効果」参照）。この未実現利益の消去によって認識した繰延税金資産の金額の重要性が高い場合には，発生原因別の内訳の1項目として記載することとなる。

税効果注記上の項目名としては，廃止前の会計制度委員会報告第6号「連結財務諸表における税効果会計に関する実務指針」の設例6で示されている「連結会社間内部利益消去」のほか，実務上は「未実現利益」や「未実現利益の消去」といった項目名も見受けられる。また，「固定資産に係る未実現利益」，

第3章　21開示上の取扱い（税率差異注記を除く）　*377*

「たな卸資産に係る未実現利益」のように区分して記載する事例も見受けられる。

(ii)　子会社の留保利益金

　子会社の留保利益（親会社の投資後に増加した利益剰余金）は，連結手続上，子会社の資本の親会社持分額および利益剰余金に含まれることとなる一方で，親会社の個別貸借対照表上の投資簿価に含まれていないため一時差異となる。このため，配当金として受け取ることにより解消し，配当により追加で税金の納付が見込まれる場合や親会社が保有する投資を売却する意思がある場合などには，繰延税金負債を計上する必要がある（前記「③　子会社投資に係る税効果」参照）。この子会社の留保利益に対して認識した繰延税金負債の金額の重要性が高い場合には，発生原因別の内訳の1項目として記載することとなる。

　税効果注記上の項目名としては，廃止前の会計制度委員会報告第6号「連結財務諸表における税効果会計に関する実務指針」の設例6で示されている「子会社の留保利益金」のほか，実務上は「子会社の未分配利益」や「関係会社留保利益」といった項目名も見受けられる。

(iii)　子会社の資産および負債の時価評価による評価差額

　資本連結手続上，子会社の資産および負債は支配獲得日の時価をもって評価されるため，個別貸借対照表上の資産および負債の金額との間に一時差異が生じることとなり，当該一時差異に係る税効果を認識する必要がある（前記「①　連結時の時価評価（評価差額）に係る税効果」参照）。この子会社の資産および負債の評価替えによって生じた繰延税金資産または繰延税金負債の金額の重要性が高い場合には，発生原因別の内訳の1項目として記載することとなる。

　税効果注記上の項目名としては，実務上，「連結子会社の資産及び負債の時価評価差額」や「全面時価評価法による評価差額」などが見受けられる。

(iv)　退職給付に係る調整累計額

　未認識の数理計算上の差異や未認識の過去勤務費用は連結財務諸表において「退職給付に係る調整累計額」として計上されるため，一時差異が生じ，税効果を認識する必要がある（前記「⑪　退職給付に係る資産または負債に係る税効果」参照）。この退職給付に係る調整累計額の計上により生じた繰延税金資

産または繰延税金負債の金額の重要性が高い場合には，発生原因別の内訳の1項目として記載することとなる。

税効果注記上の項目名としては，実務上，「退職給付に係る調整累計額」や「退職給付に係る調整額」などが見受けられる。また，「退職給付に係る負債」に含めて開示している会社もあると考えられる。

(v) 連結修正仕訳で消去される主な項目

資本連結手続による子会社株式評価損の消去や債権と債務の相殺消去に伴う貸倒引当金の修正などにより生じた将来加算一時差異に対して，繰延税金負債を計上する必要がある（前記「②　子会社株式評価損等に関する連結上の取扱い」，「⑥　債権債務・取引の相殺消去に係る税効果」参照）。当該繰延税金負債については，個別財務諸表上の繰延税金資産と相殺することとなるため（税効果適用指針20項，32項，38項），結果として個別財務諸表上で計上されていた繰延税金資産は消去されることとなる。

なお，前記のように税効果適用指針においては，繰延税金資産と繰延税金負債を「相殺する」という表現を用いているが，これまでの実務を変えずに財務諸表上の一時差異と連結財務諸表固有の一時差異を整理することを意図してこのような表現を用いており，開示上，従来の取扱いを変える意図はないとされている（ASBJコメント対応48）。

⑥　実務上の留意点

(i) 子会社の繰延税金資産および繰延税金負債の適切な把握

連結ベースの繰延税金資産および繰延税金負債の内訳を作成するためには，発生原因が同じ繰延税金資産および繰延税金負債を適切に集計する必要がある。このため，子会社の繰延税金資産および繰延税金負債の内訳を適切に把握しておく必要がある。特に，外国の税制は国ごとに異なり，さまざまな一時差異が生じると考えられるため，在外子会社がある場合には留意が必要である。

(ii) 定性情報の比較情報の記載の要否

税効果適用指針により評価性引当額に係る重要な変動の主な内容等の定性情報の開示が求められることとなったが，当該定性情報における比較情報（前連結会計年度の定性情報）の記載の要否が問題となる。この点，当連結会計年度

第3章 21開示上の取扱い（税率差異注記を除く） *379*

に係る連結財務諸表の理解に資すると認められる場合には開示することになると考えられる（連結財規8条の3，連結財規ガイドライン8の3，ASBJコメント対応45）。

(iii) **注記例**

繰延税金資産および繰延税金負債の発生原因別の注記例は，図表3−21−4のとおりである。

図表3−21−4 主な発生原因別の内訳の注記例

【繰延税金資産及び繰延税金負債の発生の主な原因別の内訳】	前連結会計年度	当連結会計年度
繰延税金資産		
税務上の繰越欠損金（＊2）	2,500	1,800
退職給付に係る負債	1,300	1,400
貸倒引当金	500	600
未払事業税	550	600
連結会社間内部利益消去	400	550
賞与引当金	210	220
その他	180	170
繰延税金資産小計	5,640	5,340
税務上の繰越欠損金に係る評価性引当額（＊2）	△2,000	△1,400
将来減算一時差異等の合計に係る評価性引当額	△800	△800
評価性引当額小計（＊1）	△2,800	△2,200
繰延税金資産合計	2,840	3,140
繰延税金負債		
その他有価証券評価差額金	△700	△900
子会社の留保利益金	△200	△100
子会社の資産及び負債の時価評価差額	△50	△50
その他	△100	△90
繰延税金負債合計	△1,050	△1,140
繰延税金資産（負債）の純額	1,790	2,000

（＊1） ……（評価性引当額の変動の主な内容）
（＊2） 税務上の繰越欠損金およびその繰延税金資産の繰越期限別の金額

（前連結会計年度）

	1年以内	1年超 2年以内	2年超 3年以内	3年超 4年以内	4年超 5年以内	5年超	合計
税務上の繰越欠損金(a)	－	－	－	－	2,500	－	2,500
評価性引当額	－	－	－	－	△2,000	－	△2,000
繰延税金資産	－	－	－	－	500	－	500

(a)　税務上の繰越欠損金は，法定実効税率を乗じた額である。

（当連結会計年度）

	1年以内	1年超 2年以内	2年超 3年以内	3年超 4年以内	4年超 5年以内	5年超	合計
税務上の繰越欠損金(b)	－	－	－	1,800	－	－	1,800
評価性引当額	－	－	－	△1,400	－	－	△1,400
繰延税金資産	－	－	－	400	－	－	(c)400

(b)　税務上の繰越欠損金は，法定実効税率を乗じた額である。
(c)　……（繰延税金資産を回収可能と判断した主な理由）

　なお，税務上の繰越欠損金の繰越期限別の内訳について，当該注記例においては1年ごとに区切っているものの，税効果会計基準（一部改正）においては，在外子会社の税制は多様であり，繰越期間の年数や有無はさまざまであると考えられることを考慮し，その区切り方については定めず，企業が有している税務上の繰越欠損金の状況に応じて適切に設定することとしている（税効果会計基準（一部改正）42項）。

　なお，同項では，年度の区切り方の参考として，以下のような考え方が示されている。

> 主として株価予測を行う財務諸表利用者が将来2年から5年後の予想財務諸表を用いて税負担率の予測を行っていることを踏まえ，5年以内に繰越期限が到来する場合には比較的短い年度に区切ることが考えられる。

(2)　税率の変更に関する注記

①　基本的な取扱い

(i)　決算日以前に税率を変更する税法が成立した場合

　前記「20　後発事象と税効果の関係」にて述べたとおり，繰延税金資産およ

第3章 ㉑開示上の取扱い（税率差異注記を除く） *381*

び繰延税金負債の計算に用いられる税率が決算日以前に変更された場合には，その旨と税率の変更により修正された繰延税金資産および繰延税金負債の修正額を注記する必要がある。なお，変更された税率がいつ適用されるかにより，当該繰延税金資産および繰延税金負債の修正額の算定方法が異なると考えられる（図表3－21－5参照）。

図表3－21－5 繰延税金資産および繰延税金負債の修正額の算定方法

	変更された税率の適用年度	修正額の算定方法
a	変更後の税率を当年度から適用する場合	期首の一時差異等をベースとして算定する
b	変更後の税率を翌年度以降から適用する場合	期末の一時差異等をベースとして算定する

(ii) **決算日後に税率を変更する税法が成立した場合**

決算日後に税率の変更があった場合，その内容およびその影響を注記する必要がある（前記「⑳　後発事象と税効果の関係」参照）。

② **実務上の留意事項**

税率の変更による連結財務諸表上の影響額を把握するためには，連結子会社の税率変更や連結手続において認識された税効果に係る税率の変更の影響についても把握する必要がある。特に，在外子会社がある場合には，繰延税金資産および繰延税金負債の金額に重要な影響を及ぼす諸外国の税率の変更の情報についても把握しておく必要がある。また，前記のとおり，税率の変更による繰延税金資産および繰延税金負債の修正額の算定方法が，変更後の税率がいつ適用されるかによって異なるため，修正額を注記するにあたり，留意する必要がある。

なお，税率の変更による影響額の重要性が乏しい場合には当該注記を省略する実務が行われてきたが，税効果適用指針においても当該取扱いは変わらないと考えられ（ASBJコメント対応46），原則どおり，重要性の判断の下，開示の要否の検討を行うこととなる。

(3) **連結税効果注記に係る会社法上の取扱い**

会社法に基づく連結計算書類については会社計算規則の規定に従うこととなるが，会社計算規則においては，開示を要する事項として連結税効果注記を個

別に明記していないため、当該注記は必ずしも求められていないと考えられる。ただし、当該注記が企業集団の財産または損益の状態を正確に判断するために必要な事項に該当する場合には、記載することも考えられる（会計規116項）。

3 グループ通算制度に係る開示

(1) 連結財務諸表における繰延税金資産と繰延税金負債の表示

　異なる納税主体の繰延税金資産と繰延税金負債は、原則として、双方を相殺せずに表示することとなるが、グループ通算制度を適用する場合における法人税および地方法人税に係る繰延税金資産および繰延税金負債は、通算グループ全体の繰延税金資産の合計と繰延税金負債の合計を相殺することとなる（税効果会計基準（一部改正）2項、グループ通算制度取扱い27項）。グループ通算制度においては、各通算会社が納税申告を行うことから、通算会社は異なる納税主体となるものの、通算グループ全体が「課税される単位」となることを踏まえ、連結財務諸表においては通算グループ全体に対して税効果会計を適用することとしていることを考慮したためである（グループ通算制度取扱い46項、47項、60項）。一方、通算会社と通算グループ以外の連結会社の繰延税金資産と繰延税金負債については、原則どおり双方を相殺せずに表示することとなる（図表3-21-6参照）。

図表3-21-6　グループ通算制度を適用する場合の連結財務諸表における繰延税金資産と繰延税金負債の表示

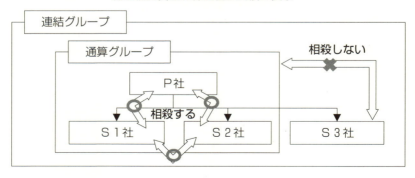

(2) 連結財務諸表における注記

① 税効果会計に関する注記

　前記のとおり，連結財務諸表上，税効果会計を適用した場合には，繰延税金資産および繰延税金負債の発生の主な原因別の内訳や法定実効税率と税効果会計適用後の法人税率等の負担率との差異の原因となった主な項目別の内訳の開示といった税効果会計に関する注記が求められるが，この点，グループ通算制度を適用している場合にも同様であり，当該注記においては，法人税および地方法人税と住民税および事業税を区分せずに，税金全体で注記することとなる（グループ通算制度取扱い29項）。

　なお，適用が終了した実務対応報告第5号「連結納税制度を適用する場合の税効果会計に関する当面の取扱い（その2）」Q9においては，繰延税金資産の回収可能性は税金の種類ごと（すなわち，法人税および地方法人税，住民税または事業税）に判断することとなるため，繰延税金資産および繰延税金負債の発生の主な原因別の内訳の注記における評価性引当額については，税金の種類によって回収可能性が異なる場合には，税金の種類を示して注記することが望ましいとされていたが，当該開示による情報の有用性は限定的であると考えられたこと，実務上当該定めに基づき注記を行っている企業がごく少数であったことから，当該注記をすることが望ましいとの記載は踏襲されないこととなった。ただし，当該注記を禁止する趣旨ではなく，注記することを妨げるものではないとされている（グループ通算制度取扱い62項）。

② グループ通算制度取扱いの適用に関する注記

　グループ通算制度の適用により，グループ通算制度取扱いに従って法人税および地方法人税の会計処理またはこれらに関する税効果会計の会計処理を行っている場合には，その旨を税効果会計に関する注記の内容とあわせて注記する旨が定められている。グループ通算制度の適用開始から取りやめまでの期間において適用していることを示すことが，財務諸表利用者にとって有用となると考えられたためである（グループ通算制度取扱い28項，61項）。

③ 通算会社の財務諸表における連帯納付義務の開示上の取扱い

　通算会社が負っている連帯納付義務は，制度に内在する義務であり，グルー

プ通算制度を適用している旨を注記することとしていることから，別途偶発債務としての注記を行う有用性は高くないと考えられたため，通算会社の財務諸表上，偶発債務としての注記は要しないものとされている（グループ通算制度取扱い30項，64項）。

4 │ 会計上の見積りに関する注記

(1) 会計上の見積りに関する開示

　会計上の見積りとは，資産および負債や収益および費用等の額に不確実性がある場合において，財務諸表作成時に入手可能な情報に基づいて，その合理的な金額を算出することをいう（企業会計基準第24号4項(3)，見積開示会計基準3項）。見積りの方法や，見積りの基礎となる情報が財務諸表作成時にどの程度入手可能であるかはさまざまであり，その結果，財務諸表に計上する金額の不確実性の程度もさまざまとなるため，財務諸表に計上した金額のみでは，当該金額が含まれる項目が翌年度の財務諸表に影響を及ぼす可能性があるかどうかを財務諸表利用者が理解することは困難である。このため，見積開示会計基準では，会計上の見積りに関して財務諸表利用者の理解に資する情報の開示を求めている（見積開示会計基準4項）。繰延税金資産の回収可能性の検討においては，将来の課税所得やタックスプランニング等会計上の見積りの要素を多く含むことから，企業の状況により繰延税金資産の回収可能性が見積開示会計基準の開示対象となる場合もあると考えられる。

(2) 注記の内容

　会計上の見積りは多岐にわたり，その範囲は幅広いものとなるが，見積開示会計基準の開示対象となるのは，当年度の財務諸表に計上した金額が会計上の見積りによるもののうち，翌年度の財務諸表に重要な影響を及ぼすリスクがある項目である（見積開示会計基準5項）。識別した項目について，以下の注記が求められている（見積開示会計基準6項から8項）。

- 識別した会計上の見積りの内容を表す項目名
- 識別した項目のそれぞれに係る次の事項[2]
    ① 当年度の財務諸表に計上した金額

② 会計上の見積りの内容について財務諸表利用者の理解に資するその他の情報（たとえば，当年度の財務諸表に計上した金額の算出方法，その算出に用いた主要な仮定，翌年度の財務諸表に与える影響）

　繰延税金資産の回収可能性を開示項目として識別した場合，「①当年度の財務諸表に計上した金額」について，純額または総額のどちらを開示するのかが問題となる。この点，財務諸表利用者の理解に資する情報を開示するという観点から考慮することになるが，純額で開示する場合においても相殺前の繰延税金資産の金額が理解できるように記載することが適切であると考えられる。また，「②会計上の見積りの内容について財務諸表利用者の理解に資するその他の情報」については，各社の状況を踏まえての検討が必要となるが，たとえば以下のような開示が考えられる。

算出方法	回収可能性適用指針の「企業の分類に応じた繰延税金資産の回収可能性に関する取扱い」および「タックス・プランニングの実現可能性に関する取扱い」等を適用するにあたっての，企業特有の具体的な検討の内容を開示することが考えられる。
主要な仮定	将来の課税所得の基礎となる業績予測に使用した計画（たとえば，中長期計画，事業計画または予算など）について記載するとともに，当該業績予測の重要な仮定（たとえば，予想販売数量，販売価格，市場成長率など）を記載し，それぞれの仮定について，前提となった状況や経営者による判断の背景を開示することが考えられる。
翌年度の財務諸表に与える影響	主要な仮定が変動することによって，繰延税金資産の取崩しが生じる可能性（たとえば，将来の販売数量が〇％減少した場合には，繰延税金資産の取崩しが発生する可能性がある旨）について記載することが考えられる。

2　①および②の事項について，会計上の見積りの開示以外の注記に含めて財務諸表に記載している場合には，会計上の見積りに関する注記を記載するにあたり，当該他の注記事項を参照することにより当該事項の記載に代えることができる（見積開示会計基準7項なお書き）。

22 税率差異注記

1 税率差異の基本的な考え方

(1) 税率差異の発生

会計上の税引前当期純利益に法定実効税率を乗じることで，税額の計算ができれば問題ないが，実際には税務上の課税所得を算定するために，会計上の税引前当期純利益に対して，種々の加算および減算調整を加える必要がある（正確には税引後当期純利益に加減算調整を行うことになるが，納税充当金損金不算入を考慮すると，実質的な起算点は税引前当期純利益となる。）。

また，繰越欠損金が使用可能であったり，課税所得の算定後に，税額控除の適用が可能な場合もあり，実際に算定される法人税等の金額は理論値（税金等調整前当期純利益に法定実効税率を乗じた金額）とかけ離れることも多くあるのではないかと思われる。

税効果会計の適用により法人税等調整額が計上されることで，実績値（実際に算定された法人税等の金額と法人税等調整額を合計した金額）を理論値にある程度近似させる効果はあるものの，税務上は永久差異となる加減算調整項目が存在することや，繰延税金資産の回収可能性を考慮した結果，繰延税金資産が全額または一部計上されないケースなどもあり，やはり理論値と実績値に乖離が生じることとなる。このとき，法定実効税率と税金等調整前当期純利益に対する法人税等（法人税等調整額を含む。）の比率（以下「税効果会計適用後の法人税等の負担率」という。）との間に差異がある場合には，当該差異の原因となった主な項目別の内訳を注記することとされている（税効果会計基準第四2，税効果会計基準（一部改正）19項(2)，財規8条の12第1項2号）。

(2) 税率差異注記の必要性

税率差異注記が必要とされるのは，財務諸表利用者が将来の法人税等の負担額を理解する情報の開示を求めていることに起因しているといえる。たとえば，交際費等の損金不算入を要因として法人税等の負担率が増大しているとすれば，将来においても，この傾向が続く可能性が高いことを推測することが可能とな

る。一方，業績の悪化に伴い，繰延税金資産の回収可能性を見直した結果，多額の取崩しが発生し，法人税等の負担率が増大しているケースでは，一時的な要因であり，翌期以降の法人税等の負担率は下がることが予測可能である。

また，税効果会計に関する注記は，繰延税金資産および繰延税金負債の発生原因別の主な内訳も開示することとしており，当該情報と併せて利用することにより，詳細な分析が可能となる。

具体的なイメージは図表3－22－1のとおりである。

図表3－22－1 税率差異の基本構造

〔前提条件〕
前事業年度に回収可能性がないと判断し，評価性引当額としていた株式評価損（500）について，当事業年度に売却の意思決定を行っている。このことに伴い，回収可能性があるものと判断し，当事業年度において繰延税金資産200を計上している。

税引前当期純利益	1,000	
法定実効税率	40%	
理論的な法人税等の金額	400	
税引前当期純利益	1,000	
受取配当金益金不算入	△200	A
交際費等損金不算入	300	B
減価償却超過額	400	繰延税金資産の回収可能性あり
合計（課税所得）	1,500	
法定実効税率	40%	
実際の法人税等の金額	600	課税所得1,500×法定実効税率40%
法人税等調整額の金額	△360	（減価償却超過額400＋株式評価損500）×法定実効税率40%
税効果考慮後の実際の法人税等負担額	240	C
税効果会計適用後の法人税等の負担率	**24%**	C÷税引前当期純利益1,000

実際の税率差異注記

法定実効税率	40%	
（調整）		
受取配当金益金不算入	△8%	A×法定実効税率40%÷税引前当期純利益1,000
交際費等損金不算入	12%	B×法定実効税率40%÷税引前当期純利益1,000
評価性引当額の増減	△20%	評価性引当額の増減額△200（△500×法定実効税率40%）÷税引前当期純利益1,000
税効果会計適用後の法人税等の負担率	**24%**	

(3) 個別財務諸表における税率差異の要因

個別財務諸表において，前記の差異となり得る項目の例としては，以下が挙げられる。

【永久差異項目等の事後的に課税所得に加減算されることのない項目】
- 交際費・寄附金損金不算入
- 役員報酬損金不算入
- 受取配当金益金不算入（合算課税済利益配当の益金不算入を含む。）
- 過少資本税制・過大支払利子税制
- のれん償却費
- 抱合せ株式消滅差損益
- タックスヘイブン対策税制により合算課税対象となった外国子会社等の課税対象金額
- グループ法人税制適用子会社株式の株式評価損（清算する場合）
- グローバル・ミニマム課税制度に係る法人税等

【課税所得と関係なく，税額を増減させる項目】
- 租税特別措置法上の税額控除
- 住民税均等割
- 控除対象外所得税
- 外国税額控除対象外の外国税

【その他の項目】
- 税率変更による法人税等調整額の増減
- 評価性引当額の増減
- 修正再表示しない場合の過年度税金
- 中小法人等に対する軽減税率
- 特定同族会社の特別税率
- グループ法人税制適用会社間での寄附金および受贈益

(4) 税率差異注記が不要となるケース

法定実効税率と税効果会計適用後の法人税等の負担率との間の差異が法定実効税率の5％以下である場合には，税率差異注記を省略することができる（財規8条の12第5項）。ここで注意すべきは，法定実効税率と税効果会計適用後

の法人税等の負担率の差額の絶対値が5％以下である場合ではないという点である。差異が「法定実効税率の5％以下」とされていることから，仮に法定実効税率が30％であるとすると，差異が1.5％の範囲内の場合のみ注記省略可能ということになる。

　また，税引前当期純損失が生じている場合においても，税率差異に関する注記は不要とされている。これは，当該差異の内訳として示される数値は異常なものが多くなり，税金費用の分析が困難になることや，一般的に，税引前当期純損失が生じている場合は税務上の繰越欠損金を有するため，税務上の繰越欠損金に関する情報（税効果会計基準（一部改正）38項から48項）の注記により必要な情報を把握することが可能であると考えられるためである（税効果会計基準（一部改正）57項本文）。

2 ｜ 連結財務諸表における税率差異の基本的な考え方

　連結財務諸表規則第15条の5第1項第2号では，個別財務諸表と同様に，連結財務諸表における税率差異に関する注記を記載することを要求している。また，連結財務諸表規則第15条の5第3項においては，法定実効税率と税効果会計適用後の法人税等の負担率との間の差異が法定実効税率の5％以下である場合には，注記を省略することができるとしており，個別財務諸表と同様の取扱いとなっている。また，税金等調整前当期純損失が生じている場合においても，税率差異に関する注記が不要となる点も変わらない（税効果会計基準（一部改正）57項本文）。

　連結財務諸表における税率差異についても，基本的な考え方は個別財務諸表における税率差異と変わらないものの，各連結会社の個別財務諸表にて発生している税率差異と連結修正仕訳により生じる税率差異がある。

　連結修正仕訳により生じる税率差異の発生メカニズムとしては，税金等調整前当期純利益と法人税等調整額のどちらか一方のみが連結調整により変動する場合，または両方が連動して変動する（もしくは両方とも変動しない）が，連結修正仕訳で計上した繰延税金資産または繰延税金負債の計算に用いられる法定実効税率が親会社と異なる場合に連結税率差異が生じる。このため，連結パッケージにて個社ごとの詳細な税務上の加減算項目や税効果会計対象項目を収集すること，ならびに税率差異となり得る連結修正仕訳の特定および集計が

求められる。連結財務諸表上で税率差異要因となり得る主な項目を挙げると，以下のとおりである。

【連結会社の個別財務諸表にて発生する項目】
- 各社の個別財務諸表で発生している税率差異
- 親会社と連結子会社における適用税率の相違

【連結修正仕訳により発生し得る項目】
- 未実現損益の消去
- 留保利益
- 連結上ののれん償却額
- 関連会社の時価発行増資による投資持分の変動
- 持分法による投資損益および持分法に係る税効果項目

(※) 後記のとおり，すべての項目がただちに税率差異となるわけではないことや，逆に連結修正仕訳の計上により税率差異が減少する場合もある点には留意されたい。

3 ┃ 連結会社の個別財務諸表にて発生する項目

(1) 各社の個別財務諸表で発生している税率差異

　各社の個別財務諸表で発生している税率差異については，連結修正仕訳により消去されるものを除き，そのまま連結財務諸表上も差異要因として残ることとなる。よって，各社における税率差異項目が連結財務諸表上，どの項目に含められるのかといった点を十分検討しておく必要がある。

(2) 親会社と連結子会社における適用税率の相違

　在外子会社のため適用税率が異なる場合や，国内子会社でも超過税率の有無や中小法人に該当するか否かなどによって，各社における法定実効税率は異なってくることとなる。このため，親会社における当期の法定実効税率をベースとし，これと異なる税率を適用している子会社における税額計算からは差異が発生する。具体的なイメージは図表3−22−2のとおりである。

第3章　22税率差異注記　*391*

図表3−22−2　親会社と子会社で適用税率が違う場合

〔前提条件〕
• 親会社については図表3−22−1の例を引き継いでいるものとする。
• 連結修正仕訳はないものとする。

	親会社	子会社A	子会社B	連結合計	
税金等調整前（税引前）当期純利益	1,000	400	600	2,000	
法定実効税率	40%	40%	30%	40%	
理論的な法人税等の金額	400	160	※1 240	800	※1 親会社の法定実効税率をベースとするため，600×40%となる。

実際の課税所得

	親会社	子会社A	子会社B	連結合計	
税金等調整前（税引前）当期純利益	1,000	400	600	2,000	
受取配当金益金不算入	△200	△100	△300	△600	A
交際費等損金不算入	300	200	100	600	B
減価償却超過額	400	0	0	400	
合計	1,500	500	400	2,400	
法定実効税率	40%	40%	30%		
実際の法人税等の金額	600	200	120	920	
法人税等調整額の金額	△360	0	0	△360	
税効果考慮後の実際の法人税等負担額	240	200	120	560	
税効果会計適用後の法人税等の負担率				**28%**	

実際の税率差異注記

法定実効税率	40%	
（調整）		
受取配当金益金不算入	△12%	A×親会社の法定実効税率40%÷税金等調整前当期純利益2,000
交際費等損金不算入	12%	B×親会社の法定実効税率40%÷税金等調整前当期純利益2,000
評価性引当額の増減	△10%	評価性引当額の増減額△200（△500×親会社の法定実効税率40%）÷税金等調整前当期純利益2,000
親会社と子会社の適用税率の差異	△2%	子会社Bの法定実効税率差異による税額差△40（※2）÷税金等調整前当期純利益2,000
税効果会計適用後の法人税等の負担率	**28%**	

※2 親会社の法定実効税率で算定した場合との差額40＝400×（40%−30%）すなわち，B社が連結の範囲に含まれていることにより，親会社の法定実効税率で計算をしたときに比べて税額が40減っていることとなる。

4 | 連結修正仕訳により発生する項目

(1) 未実現損益の消去

　未実現損益の消去に係る税効果については，前記「⑦2　未実現損益の消去に係る税効果」にて記載のとおり，基本的には連結消去した金額に対応する税効果を認識することとなるため，税率差異としては現れないこととなる（具体的なイメージは図表3－22－3のとおりである。）。しかし，未実現損益の消去に係る税効果には，売却元の連結会社における売却年度の課税所得に適用された法定実効税率が使用されることから，親会社の法定実効税率と異なる場合には差額が生じることとなる。また，売却元の連結会社に適用される税率が改正されたとしても繰延税金資産の金額は修正しないこととされており，当該部分については実際に未実現損益が実現した年度で税率差異となる。

図表3－22－3　未実現利益に係る税効果を全額計上しているケース

〔前提条件〕
- 子会社→親会社に販売がなされているケース（アップストリーム）
- 親会社と子会社の適用税率は同一である。
- 未実現利益の消去に係る繰延税金資産は全額（40）計上されている。

	親会社	子会社	連結消去	連結合計
税金等調整前（税引前）当期純利益	1,000	400	△100	1,300
法定実効税率	40%	40%		
理論的な法人税等の金額	400	160		**520**
実際の法人税等の金額	400	160		560
法人税等調整額の金額			△40	△40
税効果考慮後の実際の法人税等負担額	400	160	△40	**520**
税効果会計適用後の法人税等の負担率				40%⇒税率差異は発生していない。

　そして，未実現利益の消去に係る将来減算一時差異の額は，売却元の売却年度における課税所得の額を超えてはならないとされており，仮に消去金額のうち，一部または全部の繰延税金資産を計上できない場合には，売却年度および実現年度で税率差異が発生することとなる（具体的なイメージは図表3－22－4のとおりである。）。

　なお，未実現損失については，売手側の帳簿価額のうち回収不能と認められ

る部分は消去しないこととされていることから，そもそも連結仕訳が計上されないケースも多いと考えられるが，仮に未実現損失の消去を行っているケースでも，繰延税金負債を計上していれば，税率差異は発生しないこととなる。

しかしながら，未実現損失の消去に係る繰延税金負債を計上するにあたって，繰延税金負債の計上対象となる当該未実現損失に係る将来加算一時差異の額については，売却元の連結会社の売却年度における当該未実現損失に係る税務上の損金を算入する前の課税所得の額を上限としていることから，当該制限のもと，繰延税金負債の一部または全部を計上していない場合には，税率差異が発生する。また，売却年度における売却元の連結会社に適用される税率を使用して繰延税金負債を計算するため，未実現利益の場合と同様の税率差異が発生する可能性がある。

図表3－22－4　**未実現利益に係る税効果を一部計上しているケース**

〔前提条件〕
• 子会社→親会社に販売がなされているケース（アップストリーム）
• 親会社と子会社の適用税率は同一である。
• 未実現利益の消去に係る繰延税金資産の一部のみ（14）が計上されている。

	親会社	子会社	連結消去	連結合計
税金等調整前（税引前）当期純利益	1,000	400	△100	1,300
法定実効税率	40%	40%		
理論的な法人税等の金額	400	160		520
実際の法人税等の金額	400	160		560
法人税等調整額の金額			△14	△14
税効果考慮後の実際の法人税等負担額	400	160	△14	546
税効果会計適用後の法人税等の負担率				42%

⇒繰延税金資産が計上されない26部分に相当する税率差異が発生する。

(2)　留保利益による影響

留保利益に係る税効果については，前記「③4(1)①　将来の配当により解消する部分」にて記載のとおり，子会社からの配当受領により，親会社側で将来の追加納付が発生すると見込まれる部分に対し，繰延税金負債（借方の法人税等調整額）を計上することとなる。当該法人税等調整額の計上は，税金等調整前当期純利益との関連において計上されるものではないことから，連結固有の

税率差異となる。

タックスヘイブン対策税制の適用会社における留保利益のうち，外国源泉税部分について繰延税金負債を計上しているケースでも同様の整理となる。

また，配当を行わないことの取決めをしているケースなどでは，通常，繰延税金負債を計上しないこととなるが，投資の売却を意思決定したタイミングで繰延税金負債を計上する場合には，税効果の認識時点で税率差異が発生することとなる。一方で，投資の売却を意思決定した年度と売却年度が異なる場合であって，当該意思決定したタイミングで繰延税金負債を計上しないときには，実際の売却年度で税率差異が発生する。

(3) 連結上ののれん償却額による影響

連結上ののれんについては，前記「10 1 (2) 資本連結手続により計上されたのれんの税効果」にて記載のとおり，当初認識時に税効果を認識しないこととされている。このため，税金等調整前当期純利益にも，法人税等および法人税等調整額にも何ら影響しないことから，税率差異の要因とはならない。

また，のれんの償却が発生することによって，税金等調整前当期純利益が変動することとなるが，通常，子会社の投資の清算（売却）を意思決定する前においては，当該のれん償却により生じた子会社投資に係る一時差異に対する税効果は認識しないことから，法人税等および法人税等調整額については変動しない。このため，のれんの償却額は法人税等負担額を法定実効税率から乖離させる効果をもつといえる。

そして，グループ法人税制やグループ通算制度の適用により課税所得計算上，売却損益が計上されないケースを除き，投資の売却等の意思決定をしたタイミングで，のれん償却により生じた子会社投資に係る一時差異に対する税効果を認識することとなる。その際，法人税等および法人税等調整額の変動要因となる一方，税金等調整前当期純利益については，過年度にのれん償却額として認識済みであることから，何ら影響を与えない。このため，前記のケースでは，投資の売却等の意思決定のタイミングにおいても，税率差異が発生することとなる。一方，その後の売却年度においては，税率差異は生じない。

なお，親会社が子会社に対する投資の売却等を当該親会社自身で決めることができ，かつグループ法人税制の適用により課税所得計算上，売却損益が繰り延べられるケースについては，投資の売却等の意思決定をしたタイミングでは，

第3章 ②②税率差異注記　*395*

税効果を認識しないことから税率差異が発生しない。一方で，購入側の企業による当該子会社株式等の再売却等，法人税法第61条の11に規定されている，課税所得計算上，繰り延べられた損益を計上することとなる事由についての意思決定がなされた時点において，税効果を認識することとなるため，その時点で税率差異として現れることとなる。

(4)　為替換算調整勘定による影響

　為替換算調整勘定は連結包括利益計算書に計上され，税金等調整前当期純利益に対して影響を与えない。また，前記「③5　為替換算調整勘定に係る税効果」にて記載のとおり，税効果を計上する場合においても，相手勘定は為替換算調整勘定とすることから，法人税等調整額に影響を与えることもない。このため，為替換算調整勘定およびそれに伴う税効果から税率差異は発生しない。

(5)　連結子会社の時価発行増資等による投資持分の変動

　連結子会社が時価発行増資等を行うことによる投資持分の増減（支配の喪失を伴わないケース）により生じる持分変動による差額，およびそれに係る税効果は，資本剰余金として処理することとされている。このため，税金等調整前当期純利益や，法人税等および法人税等調整額には何ら影響を与えず，持分変動時において税率差異は発生しない。また，前記「⑤　株式の売却に伴う投資に係る税効果の振戻し」に記載のとおり，持分が増加して資本剰余金を計上した投資を売却する際，純資産の部の株主資本の区分に計上される売却損益の調整に対応するように計上される繰延税金資産および繰延税金負債は資本剰余金を相手勘定として取り崩すため，売却時においても税率差異は発生しない。

　なお，持分法適用会社については，持分変動差額を連結損益計算書に純損益として計上することとされているが，これに対応して税効果を計上したケースは，税金等調整前当期純利益と法人税等および法人税等調整額の関係が法定実効税率を介して保たれることとなるため，税率差異は発生しない。一方，仮に持分変動時点において持分変動差額を認識したものの，税効果を計上しなかったケースについては，税率差異が発生することとなる。

　また，持分法適用会社においては，利害関係者の判断を著しく誤らせるおそれがあると認められる場合には，持分変動差額を連結株主資本等変動計算書上の利益剰余金区分に計上することが認められているが（持分法実務指針18項た

だし書き），このケースでは，持分変動差額が税金等調整前当期純利益に影響することはないため，税率差異は発生しない。

(6) 持分法の適用による影響

持分法適用会社における損益の取込みは，一行連結といわれるように，投資会社に帰属する税引後の当期純損益を持分法による投資損益として営業外損益に計上することとなる。このため，連結子会社のように，各連結会社の税金等調整前（税引前）当期純利益と法人税等および法人税等調整額が連結損益計算書に総額で計上される関係にない。その結果として，営業外損益に計上される持分法による投資損益によって，税金等調整前当期純利益を増減させる一方，法人税等および法人税等調整額は変動しないため，法人税等負担額を法定実効税率から乖離させる効果がある。

また，前記「⑭ 持分法会計と税効果」にて記載のとおり，持分法適用会社における税効果は，基本的に連結における処理に準じて行うこととされている（持分法実務指針22項）。このため，前記した留保利益や，のれん償却についても，持分法の適用にあたって連結子会社同様に税率差異となりうるため，注意する必要がある。

5 │ 税率差異注記に係る会社法上の取扱い

会社法に基づく連結計算書類については会社計算規則の規定に従うことになるが，会社計算規則においては，開示を要する事項として連結税効果注記を個別に明記していない。この場合の注記の要否については，前記「㉑ 2(3) 連結税効果注記に係る会社法上の取扱い」を参照のこと。

【参考文献】

『ここが変わった！税効果会計　繰延税金資産の回収可能性へのインパクト』新日本有限責任監査法人編　中央経済社

『会計実務ライブラリー⑦　税効果会計の実務』新日本有限責任監査法人編　中央経済社

『図解でざっくり会計シリーズ1　税効果会計のしくみ』新日本有限責任監査法人編　中央経済社

『新会計制度の実務問題・4　税効果会計の実務』新日本監査法人編　中央経済社

『為替換算調整勘定の会計実務（第2版）』新日本有限責任監査法人編　中央経済社

『ヘッジ会計の実務詳解Q&A』新日本有限責任監査法人編　中央経済社

『連結手続における未実現利益・取引消去の実務』新日本有限責任監査法人編　中央経済社

『連結財務諸表の会計実務（第2版）』新日本有限責任監査法人編　中央経済社

『ケースから引く　組織再編の会計実務』新日本有限責任監査法人編　中央経済社

『設例でわかる　資本連結の会計実務』新日本有限責任監査法人編　中央経済社

『会計処理アドバンストQ&A』新日本有限責任監査法人編　中央経済社

『こんなときどうする？　減損会計の実務詳解Q&A』新日本有限責任監査法人編　中央経済社

『設例でわかる　包括利益計算書のつくり方』新日本有限責任監査法人編　中央経済社

『税効果会計の実務（第8版）』手塚仙夫著　清文社

『実務解説　連結納税の税効果会計（第2版）』足立好幸著　中央経済社

『税効果会計における「税率差異」の実務』中島努・中島礼子著　中央経済社

『ケース別　税効果会計の実務Q&A』佐和周著　中央経済社

『29年度税制改正後のタックス・ヘイブン対策税制』佐和周・菅健一郎著　中央経済社

『税効果会計の実務がわかる本』吉木伸彦・福田武彦・木村為義著　税務研究会出版局

『税効果会計　会計上の税引後利益を適正化する技法』稲葉喜子・三重野研一著　株式会社すばる舎

『自己株式の会計と申告実務Q&A（第4版）』渡邊芳樹・佐藤正樹著　中央経済社

『平成28年改訂版　関係会社間取引における利益移転と税務』小林磨寿美・佐藤増彦・濱田康宏著　一般財団法人大蔵財務協会

『租税法（第24版）』金子宏　弘文堂

「平成29年3月期「有報」分析」加藤大輔・小林正文・清宮悠太・中込佑介著　『旬刊経理情報』No.1490　中央経済社

「3月期決算特集『米国税制改革法の制定と日本企業への影響～12月決算会社の事例も踏まえ～』」吉田剛著　『週刊経営財務』平成30年3月12日号　税務研究会

「企業会計ナビ「平成27年3月期　決算上の留意事項」」新日本有限責任監査法人 HP
　　https://www.shinnihon.or.jp/corporate-accounting/accounting-topics/
　　2015/2015-03-17-01.html
「企業会計ナビ　解説シリーズ　連結（平成25年改正）「第1回：連結の範囲」」新
　　日本有限責任監査法人 HP
　　https://www.shinnihon.or.jp/corporate-accounting/commentary/consolidated/
　　2016-04-12-01.html
「企業会計ナビ　解説シリーズ　連結（平成25年改正）「第3回：段階取得」」新日
　　本有限責任監査法人 HP
　　https://www.shinnihon.or.jp/corporate-accounting/commentary/consolidated/
　　2016-04-12-03.html
「企業会計ナビ　太田達也の視点「有価証券の取得に係る財務調査費用の処理につ
　　いて」」新日本有限責任監査法人 HP
　　https://www.shinnihon.or.jp/corporate-accounting/ota-tatsuya-point-of-view/
　　2017-02-01.html
「企業会計ナビ　太田達也の視点「貸倒引当金の改正と会計・実務対応～段階的廃
　　止に伴う実務対応と留意点～」」新日本有限責任監査法人 HP
　　https://www.shinnihon.or.jp/corporate-accounting/ota-tatsuya-point-of-view/
　　2012-11-01.html
「企業会計ナビ　太田達也の視点「持分法適用会社の未認識項目に係る連結上の処
　　理～改正退職給付会計基準の適用2期目における留意点～」」新日本有限責任監
　　査法人 HP
　　https://www.shinnihon.or.jp/corporate-accounting/ota-tatsuya-point-of-view/
　　2014-12-01.html
「税効果会計に係る会計基準等の改正公開草案及びASBJで検討されているテーマ
　　の概説」情報センサー2017年8月・9月合併号　安原明弘著　新日本有限責任監
　　査法人 HP
　　https://www.shinnihon.or.jp/shinnihon-library/publications/issue/info-sensor/
　　2017-08-01.html

【執筆者紹介】（五十音順）

加藤　大輔（かとう　だいすけ）第3章 ⑨ ⑰ ⑳ ㉑

公認会計士　シニアマネージャー　FAAS事業部

建設業，製造業等の会計監査業務に従事したのち，アドバイザリーサービスを行う
FAAS事業部に異動。現在は，主にIFRSや新基準などの導入支援業務などに従事
している。

著書（共著）に『設例でわかる　キャッシュ・フロー計算書のつくり方Q&A』（中
央経済社）などがある。この他に，雑誌への寄稿，法人ウェブサイト（企業会計ナ
ビ）に掲載する会計情報コンテンツの企画・執筆に携わっている。

久保　慎悟（くぼ　しんご）第3章 ⑦ ⑪ ⑫ ⑮

公認会計士　公益社団法人日本証券アナリスト協会検定会員　シニアマネージャー
品質管理本部　会計監理部

大手資格試験予備校における財務会計論講師を経て，IFRS適用の大手食品会社の
監査，IFRS適用の大手投資会社および情報通信会社の決算支援に従事していた。
現在は，法人内における会計処理や開示に関する相談に対応しつつ，法人内外への
情報発信に従事している。

著書（共著）に『現場の疑問に答える会計シリーズ7　Q&A純資産の会計実務』，
『M&A・組織再編会計で誤りやすいケース35』など（以上，中央経済社）がある。

近藤　貴輝（こんどう　たかき）第3章 ③ ⑤ ㉒

公認会計士　シニアマネージャー　第4事業部

石油・ガス開発業，化学産業，個別受注製造業等の監査業務およびIFRS導入支援，
内部統制報告制度（J-SOX）導入支援，業務改善支援等の各種アドバイザリー支
援業務に従事。法人内における石油セクターナレッジや監査理論に関する研修講師
を多数務める。

2018年から2021年までEYパース事務所に駐在。

笹澤　誠一（ささざわ　せいいち）第1章〜第2章・第3章 ⑲

公認会計士　シニアマネージャー　第1事業部

製造業，化学業，商社等の監査業務および非監査業務に従事する他，雑誌等への寄
稿，外部向けのセミナー講師も務める。

著書（共著）に，『会計実務ライブラリー　連結決算の実務　第2版』，『すらすら
図解　経理用語のしくみ』（以上，中央経済社），『人件費をめぐる会計処理と税務』
（清文社）がある。

佐藤　範和（さとう　のりかず）第3章⑯

公認会計士
海運業，医薬品等製造業，電気機器製造業の監査業務に携わったのち，国内大手不動産業や電気機械製造業の会計アドバイザリー業務（日本基準・IFRS），日本基準における「リースに関する会計基準」（案）導入支援業務に従事。その傍ら，法人ウェブサイト（企業会計ナビ）のメンバーとして会計情報を発信する他，書籍の執筆活動も行っている。主な著書（共著）に『ケースでわかる売り手からみたM&A・組織再編の会計実務』（中央経済社）がある。

山﨑　昇（やまざき　のぼる）第3章⑥⑩⑬⑭

公認会計士　シニアマネージャー　第1事業部
これまで製造業・卸売業・IT関連サービス・人材関連サービスの監査業務および非監査業務に従事する一方，IPO（株式上場）準備会社に対する監査業務・公開準備支援業務等にも従事している。
また，法人内部の研修講師，外部向けのセミナー講師も務める他，実務補習所運営委員会副委員長を務め，後進育成にも従事している。

山澤　伸吾（やまざわ　しんご）序章・第3章①②④⑧⑱

公認会計士　シニアマネージャー　第4事業部　兼　品質管理本部　会計監理部
石油・ガス開発業の監査業務を担当するとともに，会計処理および開示に関して相談を受ける業務，ならびに研修を含む法人内外への会計に関する情報提供などの業務にも従事。2019年7月から2022年6月まで企業会計基準委員会（ASBJ）に出向。主な著書（共著）に『ケースから引く　組織再編の会計実務』，『こんなときどうする？　減損会計の実務詳解Q&A』（以上，中央経済社）などがある。

【編集責任者】吉田　剛
【編集・企画担当】笹澤　誠一，山澤　伸吾
【全体レビューア】大関　康広，小宮山　高路
【レビューア】（五十音順）
江村　羊奈子，角野　正一，北村　康行，榊原　史典，中根　將夫，藤原　拓，山澤　伸吾

【編者紹介】

EY 新日本有限責任監査法人について

EY 新日本有限責任監査法人は，EY の日本におけるメンバーファームであり，監査および保証業務を中心に，アドバイザリーサービスなどを提供しています。詳しくは ey.com/ja_jp/people/ey-shinnihon-llc をご覧ください。

EY ｜ Building a better working world

EY は，「Building a better working world ～より良い社会の構築を目指して」をパーパス（存在意義）としています。クライアント，人々，そして社会のために長期的価値を創出し，資本市場における信頼の構築に貢献します。

150カ国以上に展開する EY のチームは，データとテクノロジーの実現により信頼を提供し，クライアントの成長，変革および事業を支援します。

アシュアランス，コンサルティング，法務，ストラテジー，税務およびトランザクションの全サービスを通して，世界が直面する複雑な問題に対し優れた課題提起（better question）をすることで，新たな解決策を導きます。

EY とは，アーンスト・アンド・ヤング・グローバル・リミテッドのグローバルネットワークであり，単体，もしくは複数のメンバーファームを指し，各メンバーファームは法的に独立した組織です。アーンスト・アンド・ヤング・グローバル・リミテッドは，英国の保証有限責任会社であり，顧客サービスは提供していません。EY による個人情報の取得・利用の方法や，データ保護に関する法令により個人情報の主体が有する権利については，ey.com/privacy をご確認ください。EY のメンバーファームは，現地の法令により禁止されている場合，法務サービスを提供することはありません。EY について詳しくは，ey.com をご覧ください。

本書は一般的な参考情報の提供のみを目的に作成されており，会計，税務およびその他の専門的なアドバイスを行うものではありません。EY 新日本有限責任監査法人および他の EY メンバーファームは，皆様が本書を利用したことにより被ったいかなる損害についても，一切の責任を負いません。具体的なアドバイスが必要な場合は，個別に専門家にご相談ください。

ey.com/ja_jp

こんなときどうする？
連結税効果の実務詳解（第 2 版）

2018年 5 月10日　第 1 版第 1 刷発行	
2021年 3 月30日　第 1 版第 3 刷発行	
2024年 9 月 5 日　第 2 版第 1 刷発行	

編　者　EY新日本有限責任監査法人

発行者　山　本　　　継

発行所　㈱中　央　経　済　社

発売元　㈱中央経済グループ
　　　　パ ブ リ ッ シ ン グ

〒101-0051　東京都千代田区神田神保町1-35
　　　　　　電　話　03(3293)3371(編集代表)
　　　　　　　　　　03(3293)3381(営業代表)
　　　　　　https://www.chuokeizai.co.jp
　　　　　　印刷／東光整版印刷㈱
　　　　　　製本／誠　製　本　㈱

©2024 Ernst & Young ShinNihon LLC.
All Right Reserved.
Printed in Japan

＊頁の「欠落」や「順序違い」などがありましたらお取り替えいた
　しますので発売元までご送付ください。(送料小社負担)

ISBN978-4-502-50201-9 C3034

JCOPY〈出版者著作権管理機構委託出版物〉本書を無断で複写複製（コピー）することは，
著作権法上の例外を除き，禁じられています。本書をコピーされる場合は事前に出版者著
作権管理機構（JCOPY）の許諾を受けてください。
　JCOPY〈https://www.jcopy.or.jp　eメール：info@jcopy.or.jp〉